Ullstei

ÜBER DAS BUCH:

Mitternacht über dem Golf von Biskaya. Eine brandneue Segelyacht droht zu sinken, bei Sturmstärke neun schießt donnernd Seewasser in den Rumpf . . . Neue Boote sinken normalerweise nicht. Mick Savage hat die *Arc-en-Ciel* selbst gebaut und überführt sie nun für den Eigner, seinen Freund Thibault, nach La Rochelle in Frankreich. Was stimmt nicht mit dem Boot? Nachdem er sich in letzter Sekunde gerettet hat, beginnt Mick Savage zu recherchieren. Thibault ist verschwunden, den Kaufpreis für die Millionenyacht kann Mick Savage abschreiben. Micks hübsche Tochter wird entführt und er selbst bei einer Segelregatta von einer geheimnisvollen Motoryacht fast versenkt. Da setzt Micks attraktive Frau, Maklerin bei Lloyd's, die weltweiten Verbindungen des Londoner Versicherungsgiganten ein, und das private Drama entpuppt sich als international vernetzter Kriminalfall mit Millionenschäden und rätselhaften Todesfällen.

DER AUTOR:

Sam Llewellyn ist selbst ein erfahrener Hochseesegler und hatte sich bereits mit Sach- und Kinderbüchern in England einen Namen gemacht, als sein erster Segelthriller erschien, dem bald sechs weitere folgten (alle bei Ullstein erschienen oder in Vorbereitung). Geboren auf den rauhen Scilly-Inseln, lebt Llewellyn mit Frau und zwei Söhnen in Herefordshire und teilt seine Zeit auf zwischen dem Segeln und der maritimen Publizistik.

Sam Llewellyn

Ein Sarg mit Segeln

Roman

Ullstein

maritim
Ullstein Buch Nr. 23647
im Verlag Ullstein GmbH,
Frankfurt/M – Berlin
Titel der englischen
Originalausgabe:
Riptide
Ins Deutsche übertragen
von Uwe D. Minge

Ungekürzte Ausgabe

Umschlaggestaltung:
Vera Bauer
Umschlagillustration:
Marion Brandes

Printed in Germany 1995
Druck und Verarbeitung:
Ebner Ulm
ISBN 3 548 23647 2

August 1995
Gedruckt auf alterungs-
beständigem Papier mit
chlorfrei gebleichtem Zellstoff

Vom selben Autor
in der Reihe
der Ullstein Bücher:

Laß das Riff ihn töten (22067)
Ein Leichentuch aus Gischt (22230)
Schuß in die Sonne (22417)
In Neptuns tiefstem Keller (23235)
Als Requiem ein Shanty (23351)
Ein Sarg mit Segeln (23647)

Die Deutsche Bibliothek –
CIP-Einheitsaufnahme

Llewellyn, Sam:
Ein Sarg mit Segeln : Roman / Sam
Llewellyn. [Ins Dt. übertr. von Uwe D.
Minge]. – Ungekürzte Ausg. –
Frankfurt/M ; Berlin : Ullstein, 1995
(Ullstein-Buch ; Nr. 23647 :
Maritim)
ISBN 3-548-23647-2
NE: GT

Für Dave Burnett

1

Draußen schien die Sonne von einem makellos klaren Himmel. An der Slipbahn spielte die Pulteney Silver Band ein Potpourri bekannter Melodien von Gilbert und Sullivan. In der Werkhalle war es heiß, und der Schweiß lief mir hinter die Staubmaske, während ich die ungeöffnete Champagnerflasche im Schraubstock an der Werkbank ansägte.

Mary, meine Sekretärin, steckte ihren dicken, grauhaarigen Kopf durch die Hallentür. »Der französische Botschafter ist angekommen.«

Ich nahm die Maske ab und pellte mich aus dem weißen Overall, rückte die Krawatte zurecht, klopfte ein paar Glassplitter vom Blazer und den glänzenden schwarzen Mokassins, die Werftbesitzer bei festlichen Gelegenheiten zu tragen pflegen. Ich nahm die Champagnerflasche vorsichtig aus dem Schraubstock und marschierte ins Tageslicht hinaus.

Überall waren Flaggen aufgezogen, die in der schwachen östlichen Sommerbrise auswehten. Menschen waren auch da: Zum einen die übliche Ansammlung von Honoratioren aus Pulteney, die sich so weit wie möglich von der Kapelle entfernt zusammendrängten, um den langweiligen Tratsch des Küstenortes durchzuhecheln, zum anderen war da noch ein Knäuel von Männern in Lederjacken mit Kameras und Mikrophonen vom französischen Fernsehen und dem *Paris Match*, das sich um eine lange schwarze Limousine drängte, in der der Botschafter sitzen mußte. Schließlich gab es da noch die Journalisten der Fachpresse, die sich scheinbar ziellos hin und her treiben ließen und nur darauf hofften, daß der langweilige offizielle Teil bald vorüber sein würde und das Gratisbesäufnis beginnen konnte.

Ich packte die Champagnerflasche und schob mich rasch durch die Menge. Mein Ziel lag oben auf der Slipbahn: eine Yacht, deren hoch aufragender Mast bis in eine Wolke aus Schwalben reichte. Der Rumpf hatte die runden Formen eines Fischkörpers, auf seiner schimmernden schwarzen Plastikhaut wölbte sich ein goldener Zierbogen. Es war die *Arc-en-Ciel*, das neueste Produkt von Savage Yachts, meiner Bootswerft: der Anlaß für das ganze Getue.

Ich stieg die Stufen zum Podium vor ihrem Bug hinauf und befestigte die angesägte Flasche an einer Leine, dann stellte ich sie in das vorbereitete Kästchen.

Unter dem Podium schwankte die Menge wie ein Kornfeld und teilte sich. Zwei Männer und zwei Frauen näherten sich dem Aufbau. Sie wurden von drei Kameraleuten und einem halben Dutzend Fotografen begleitet, die mit klickenden Verschlüssen rückwärts vor ihnen her gingen. Da war der Botschafter im dunklen Anzug, daneben seine Frau in einem weiten Kleid, das sie zugleich kühl, adrett und sexy wirken ließ. Der Mann neben ihr, der sie zum Lachen brachte, war mein alter Freund Thibault Ledoux, der neue Eigner der *Arc-en-Ciel*. Thibault war ein kleiner Mann mit breiten Schultern, der aussah wie ein blauäugiger Zigeuner, ein Pirat oder ein Zirkusartist. Das alles war er in seinem Leben schon gewesen. Mit dem Botschafter unterhielt sich eine Frau mit dunklem Bubikopf und grünen Augen, die man aber erst sah, wenn man sehr nahe an sie herankam. Sie trug ein Leinenkostüm und sah darin genauso kühl wie die Frau des Botschafters aus, wirkte aber keinesfalls so sexy. Das war Mary Ellen Soames, und in den guten alten Tagen waren wir ein glückliches Ehepaar gewesen.

Die vier stiegen die Stufen zum Podium herauf. Ich verzog das Gesicht zu einem freundlichen Grinsen und bemerkte dabei einen großen Ölfleck auf meiner rechten Hand, den ich gerade noch am Geländer abstreifen konnte. Dann schaltete ich das Mikrophon ein und schüttelte Hände.

»Deine Rede!« zischte Mary Ellen aus dem Mundwinkel. Sie war eine hervorragende Stichwortgeberin.

Ich ging ans Mikrophon, blickte auf die Menge, den großen Wellblechschuppen und die in der Brise flatternden Fahnen hinunter. Ich sagte, daß die Firma Savage Yachts stolz darauf sei, bis jetzt so viele hervorragende Boote gebaut zu haben, aber besonders stolz wären wir darauf, daß wir die *Arc-en-Ciel* für unseren alten Freund Thibault Ledoux hätten bauen dürfen, der damit Regatten gewinnen würde. Dann überließ ich das Mikro Monsieur de Peyrefitte, dem französischen Botschafter.

Der Botschafter begann seine Rede. Die Bevölkerung von Pulteney hörte nicht mehr zu, denn die napoleonischen Seekriege sind in Südwestengland niemals richtig zu Ende gegangen. Der Botschafter führte aus, daß Thibault einer von Frankreichs glücklichsten Söhnen sei, ein Held, ein Vorbild für alle. Thibault grinste, nickte und versuchte edel auszusehen. Er war an derartige Sprüche gewöhnt. Nach einiger Zeit beendete der Botschafter seinen Sermon. Seine Frau packte die Champagnerflasche. »Gott schütze dieses Schiff«, piepste sie und warf die Flasche gegen den Bug. Sie zersplitterte an den Riefen, die ich ins Glas gesägt hatte. Ich schwitzte vor Erleichterung. Es war schon häufig passiert, daß eine Flasche bei der Taufe nicht zerbrach, was Unglück bedeutete, und ich konnte jede Menge Glück gebrauchen.

Die Kapelle intonierte die Marseillaise und verspielte sich dabei nur unwesentlich. Dann schlug mein Vorarbeiter die Keile hinter dem Slipwagen weg. *Arc-en-Ciel* donnerte die Ablaufbahn in die graugrünen Wellen hinunter, tauchte ein, knickste zweimal und schwamm dann elegant wie ein Schwan über ihrem Spiegelbild. Es wurde Beifall geklatscht, dann eilte die Menge zielstrebig auf die blau-weiß gestreifte Markise der Marktbude zu, die als Bar fungierte. Ich stand mit weichen Knien da, weil alles so gut abgelaufen war; augenblicklich war es eine Seltenheit, daß für mich etwas gut ablief.

Anschließend schwatzten die wichtigen Persönlichkeiten miteinander und tranken Champagner. Mary Ellens Chauffeur tauchte auf und erinnerte sie, daß es siebzehn Uhr sei und sie um neunzehn Uhr einen Termin in Bristol habe. Ich blieb allein mit Thibault zurück.

»Prima«, meinte Thibault. »Du hast das alles prima arrangiert. Bei meiner letzten Schiffstaufe ist die Flasche nicht zerbrochen. Hör' zu, ich hab' da ein Problem mit der Überführung. Ich bin voll eingespannt, meine Mannschaft ebenso. Kannst du das übernehmen? Ich leihe dir Yann aus.«

Ich sah auf die *Arc-en-Ciel* hinunter, die klar zum Auslaufen an der Pier lag. Dann blickte ich zur Werkshalle, wo die Savage-Yachten gebaut wurden. Sie war so leer wie meine Auftragsbücher. Zuletzt schaute ich auf die blaue See hinaus, die sich bis zum Horizont erstreckte. Hinter der Kimm wartete die Weite, wo ich hingehörte und wo ich mich zu Hause fühlte. »Ich werde es irgendwie einrichten«, murmelte ich.

»Danke!« Er klopfte mir auf den Arm. »Bei Gott, sieh uns nur an«, spottete er. »Wir sind richtig fette Hauskater geworden. Erinnerst du dich an die *Kraken?* Damals waren wir noch nicht so saturiert, stimmt's?«

Ich grinste ihn an. Mein alter Freund Thibault mochte tatsächlich ein fetter Hauskater geworden sein, ich nicht. »Ich erinnere mich gut«, sagte ich.

Anschließend fiel die Presse mit ihren Fragen über uns her – und das war's dann.

Eine Woche später war ich auf See, und es war Mitternacht in der Biskaya. Der Sturm fiel kreischend wie tausend Kettensägen aus dem tintenschwarzen Westen ins Rigg. Der Mond erschien nur kurz zwischen den Wolkenfetzen, er war an seinen spitzen, scharfen Sichelenden aufgehängt. Jedesmal zeigte er mir für einen Augenblick das Boot.

Auf der Slipbahn hatte das Boot groß gewirkt. Zur Rednertribüne hatten zwölf Stufen hochgeführt, aber jetzt, da ich in dieser schwarzen, heulenden Finsternis angeleint im Cockpit kauerte, schien es mir eine Nußschale zu sein.

Das Deck bockte unter meinen Füßen mit unangenehmen Spiralsprüngen. Im Mondlicht sah ich, daß der Mast durch den Winddruck zwanzig Grad aus der Vertikalen gedrückt wurde. Das war der Krängungswinkel, den man von einer Yacht unter voller Besegelung auf dem Solent vor Cowes erwarten konnte. Jetzt aber reichte dafür das kleine Dreieck der Sturmfock aus, die wir gesetzt hatten, um in dieser nassen Welt ohne Fixpunkt etwas Halt zu haben.

Es war eine größere meteorologische Veranstaltung, ganz ohne Zweifel. Aber ich war viermal um die Welt gesegelt und hatte stärkere Stürme erlebt.

Es rumpelte, und mit einem Krachen schlug die Niedergangsluke auf. Ein Kopf erschien. Bei Tageslicht wären die Haare gebleichte Stoppeln gewesen, die Haut mahagonibraun, der Hals dick wie der Schenkel eines Ringers. Das Mondlicht verfärbte alles zu einem leblosen Grau. Das war Yann Lebayon, der eine Mann, den Thibault aus seinem Team entbehren konnte.

Yann rief etwas. Der Sturm riß ihm die Worte vom Mund und trieb sie über die basaltschwarze See davon.

Ich brüllte: »Noch mal!« Salzwasser klatschte mir in die Augen.

Er drückte den Mund dicht an mein Ohr. Diesmal verstand ich ihn so deutlich wie ein Messer im Bauch. »Wir sinken!«

Einen Augenblick hörte die Weltuhr für mich auf zu

ticken. Dann drückte ich den Knopf des Autopiloten und stolperte durch die Luke nach unten.

Unter Deck war die *Arc-en-Ciel* eine Mischung aus High-Tech und Tradition, die jeden Seemann begeistern mußte. So hatten es die PR-Leuten in den Werbeprospekten ausgedrückt, als es sich für mich noch lohnte, Prospekte drucken zu lassen. Es war ein sanft gewölbter Raum, mit Mahagonipaneelen verkleidet, die aus Edelholzplantagen stammten. Die Navigationsecke erinnerte an das Cockpit eines Space-Shuttles. Dort glomm jetzt das bläuliche Licht der Notbeleuchtung. Der Boden bestand aus Ahornplanken mit Einlegearbeiten aus Stechpalmenholz, so wie es der Kunde ausdrücklich gefordert hatte.

Nur daß man jetzt den Boden nicht sehen konnte. Wo er hätte sein müssen, glänzte schwarzes, öliges Wasser. Jedesmal, wenn die *Arc-en-Ciel* überholte, rauschte das Wasser hin und her.

»Was ist mit den Pumpen?« Mein Herz pochte wie ein Dieselmotor.

»Die elektrischen arbeiten nicht«, erwiderte Yann.

Es hatte keinen Sinn, darüber zu diskutieren. *Arc-en-Ciel* verfügte über vier Pumpen; zwei wurden elektrisch betrieben, die beiden anderen per Hand. Es war unmöglich, daß beide elektrischen Pumpen zur gleichen Zeit den Geist aufgegeben hatten. Ich glitt auf den ledernen Navigationssitz.

Die Pumpenschalter standen in der EIN-Position. Dahinter steckte die Kraft von zwei insgesamt 50 PS starken Elektromotoren. Das Boot hätte von ihrem Jaulen erfüllt sein und wie eine wütende Katze zittern müssen, während das Wasser außenbords strömte.

Aber bis auf das Klatschen der Seen und das Heulen des Sturms war es im Boot still.

»Kurzschluß in der Verkabelung«, meinte Yann.

Doch da waren noch die Handpumpen, als Reserve für die elektrischen gedacht. Wir rissen die Schwengel aus den Halterungen, stießen sie in die Öffnungen und begannen zu pumpen. Es waren große Pumpen. Wir schwitzten beide und keuchten vor Anstrengung. Gelbes Licht spiegelte sich im schwarzen Wasser. Es klatschte an den Unterrand der niedrigsten Stufe der Niedergangstreppe, und ich behielt diesen Anhaltspunkt im Auge. Zwei Minuten später überspülte das Wasser die Stufe und näherte sich der nächsten.

»Ich habe die Toilette und den Rumpf gecheckt«, keuchte Yann. »Das Leck muß an der Maschine sein.«

Bootsmotoren benötigen zur Kühlung Wasser. *Arc-en-Ciel* hatte an Steuerbord unter der Maschine einen großen Seewassereinlaß.

Nachdem ich die Knebel gelöst hatte, schwamm die Motorabdeckung davon. Auf der Steuerbordseite unter dem Motorblock fanden meine Finger einen armdicken Wasserstrahl. Ich suchte nach dem Seeventil, dem Hebel, mit dem ich den Wassereinbruch beenden konnte. Ich hatte die Anlage selbst entworfen. *Alles auf der* Arc-en-Ciel *ist einfach, praktisch und sicher ausgelegt, damit ein Einhandsegler das große Boot auf allen Ozeanen, auch weitab von technischen Wartungsmöglichkeiten, beruhigt segeln kann:* Originalton Prospekt.

Was meine Finger hätten finden sollen, war ein massives Bronzeventil, fest am Rumpf verschraubt. An diesem Ventil hätte ein dickes Plastikrohr sitzen sollen, das mit zwei Schlauchschellen auf einem Stutzen befestigt war. Dieses Bronzeventil war noch da, so weit so gut, aber es war nicht mehr mit dem Rumpf verschraubt, sondern hing frei am Ende des Schlauchs. Dort, wo es am Rumpf hätte sitzen sollen, ertastete ich nur scharfkantiges, zerbrochenes Metall. Der Rumpf hatte also ein mit Metall eingefaßtes Loch von drei Zoll Durchmesser, durch das die Biskaya wie durch einen Feuerwehrschlauch ins Boot strömte. Ich begann die Schlauköpfe zu hassen, die den Prospekttext verfaßt hatten. Unter diesen Umständen konnte man die Broschüren bestenfalls dazu benutzen, sie in das Leck zu stopfen.

»Was hast du gefunden?« Yann pumpte weiter, das Gesicht glänzend vor Schweiß und Dieselöl.

Ich hätte einen klugen Spruch ablassen können, beispielsweise, daß wir ein kleines Problem hätten. Aber es gab keinen Grund, Worte zu vergeuden. Was wir hatten, war ein Wasserstrahl, stark genug, um Farbe von Stahl zu lösen, einen noch zunehmenden Sturm und hundert Meilen entfernt eine üble, ungeschützte Legerwallküste. Es gab da noch andere Probleme, die aber im Augenblick hinter der Notwendigkeit des Überlebens zurückstehen mußten.

Eine See donnerte gegen den Rumpf. »Das Seeventil ist abgerissen!« rief ich. »Bring mir einen Leckpfropfen!«

Wir hatten das während der Testfahrten vor der Übergabe lässig, mehr aus formellen Gründen durchexerziert. Yann stolperte zum Schrank und erschien mit einem Sack, in dem sich der Ersatz für abgerissene Seeventile befand: konische Keile aus weichem Holz und ein schwerer Gummihammer. Das Boot schlingerte heftig, als es in ein Wellental fiel. Die Notbeleuchtung flackerte und wurde schwächer.

Der Keil wollte nicht halten.

Jedesmal, wenn ich ihn in das Loch preßte, stieß ihn der Wasserdruck wieder heraus. Wir trugen normales Ölzeug, also Jacken und hochgeschnittene Latzhosen. Das Wasser war an Hals und Ärmel eingedrungen und vagabundierte jetzt innen herum. Wir begannen zu zittern. Wenn man lange genug zittert, verliert man Wärme, und die typischen Unterkühlungssymptome stellen sich ein: Man wird müde, tödlich müde, und man kann sich nicht mehr schnell bewegen oder klar denken. Solange man noch denken kann, ist es an der Zeit, schwere Entscheidungen zu treffen.

»Mehr Segelfläche«, grunzte ich.

»Bist du sicher?« fragte Yann. Soweit ich es beim Lärm der tobenden See beurteilen konnte, klang seine Stimme noch ziemlich ruhig.

Ich machte mir nicht die Mühe zu antworten. Das Wasser hatte die zweite der vier Stufen erreicht. Als ich die Luke aufzog, entwich komprimierte Luft zischend an meinen Ohren vorbei nach draußen.

Wir piekten unsere Lifebelts ein und kletterten hinaus. Im Cockpit war es so finster wie in einem Bärenhintern. Ich schaltete den Autopiloten ab und drehte das Ruderrad. *Arc-en-Ciel* beschrieb einen Bogen in den Wind, schwerfällig durch das Wasser im Rumpf.

Yanns breite Fischerschultern waren über die Winsch gebeugt, als er das Großsegel hochkurbelte. Das Segeltuch knallte fürchterlich. Der Sturm wartete wie ein erfahrener Wirtshausschläger ab, ehe er zum großen Hieb ausholte. Eine Bö drückte das Segeltuch als weiße Wolke über die Seite.

Hör auf! rief ein Teil meines Verstandes. *Sobald der Wind ins volle Segel einfällt, geht der Mast über Bord.*

»Fock setzen!« befahl ich, während das Deck unter meinen Füßen wegkippte.

Yann zog an der Schot. Das Segel rollte knallend und mit einem Schlag ab und füllte sich: eine fahle, geisterhafte Erscheinung im heulenden Chaos der Nacht.

Ich wirbelte das Rad durch die Hände, bis wir halben Wind hatten. Seine vollen vierzig Knoten stürzten sich in eine Segelfläche, die man bei einer leichten Sommerbrise im Hafen von Pulteney gesetzt hätte, um auch noch den letzten Hauch einzufangen.

Arc-en-Ciel versuchte sich aufzurichten, legte sich aber wieder auf die Backe, als der nächste Windstoß einfiel. Ich tauchte unter Deck ab und zog die Klappe hinter mir dicht.

Das Boot legte sich durch den Winddruck weiter und

weiter über. Der schwarze Binnensee klatschte gegen den Leerumpf, die Bodenbretter trieben darauf herum. Die Notbeleuchtung tauchte die Kajüte in ein höllisches blaues Halbdunkel.

Alles, was bisher vertikal gewesen war, lag jetzt horizontal, denn *Arc-en-Ciel* war um neunzig Grad gekentert.

Ich griff nach dem Hammer und den Keilen und versuchte nicht daran zu denken, was alles geschehen konnte, wenn sie so platt auf dem Wasser lag.

Arc-en-Ciel und ihre Schwestern waren breite, flache Boote, darum brauchten sie einen 2,6 m tiefen Flossenkiel, um die Stabilität zu gewährleisten. Sollte solch ein Boot mal ganz durchkentern, also um 180 Grad, so hatte das skeptische Seglervolk geflüstert, dann würde es eine perfekte Stabilität bekommen – mit dem Kiel nach oben. Gerüchte wie dieses hatten dafür gesorgt, daß die Werkshalle von Savage Yachts zur Zeit leer stand.

Doch jetzt hatte ich keine Zeit für solche Gedanken. Ich kletterte auf die Seite der Maschine, zog den dicken Keil aus der Tasche und steckte ihn in das Loch, wo früher das Seeventil gesessen hatte. Der armdicke Wasserstrahl war zu einem mäßigen Rinnsal geworden. Ich setzte den Keil sorgfältig an, dann schlug ich ihn mit dem Gummihammer ein. Das Rinnsal versiegte. Der Sicherheit zuliebe hieb ich nochmals zu, dann kroch ich in der Leichenhausbeleuchtung nach achtern, hämmerte gegen die Luke – und wartete.

Klemmstopper knallten, als Yann die Schoten fierte. Wellen donnerten an den Rumpf und überliefen ihn. Der extrem tiefe und schwere Flossenkiel mußte jetzt *Arc-en-Ciel* wieder aufrichten.

Sie blieb auf der Seite liegen.

Ich zitterte am ganzen Körper, denn hier drinnen war ich eingeschlossen. Ich hörte Wellen an die Luke klatschen.

Hätte ich sie geöffnet, wäre das Wasser hereingeströmt – letzter Vorhang, Ende der Fahnenstange, gluck-gluck-gluck! Falls das Boot durchkenterte, würde es länger dauern, aber das Ergebnis wäre dasselbe. Mit etwas Glück konnten wir uns dann noch in die Rettungsinsel flüchten. Aber ich hatte ein Jahr an diesem Boot gebaut und wollte die Frucht meiner Arbeit an Thibault Ledoux in La Rochelle abliefern. Thibault Ledoux war an einem neuen Boot interessiert, nicht an einer Rettungsinsel. Ich auch.

Also wartete ich unten in der Kajüte und fragte mich, ob das Boot in die richtige oder in die falsche Richtung rollen würde. Schweiß, vermischt mit Seewasser, lief mir in den Pullover.

Yann schuftete oben an der Winsch für die Rollfock. Langsam, tödlich langsam, würde sich das große Vorsegel Umdrehung für Umdrehung um das Stag wickeln wie eine Flagge um den Flaggenstock und immer kleiner werden. Eine Welle lief unter uns durch. Klick, klick, klick machte die Winsch und holte das Segel Zentimeter um Zentimeter langsam ein. Wieder eine Welle. Das Boot erzitterte, und das Herz blieb mir fast stehen. Das war das Ende, dachte ich.

Wieder eine Welle, wieder ein kleiner Herzstillstand. Aber danach fühlte ich eine Beschleunigung. Langsam zuerst, dann immer schneller richtete sich das Boot auf.

Es kam so schnell wieder hoch, daß die stinkende Suppe aus Wasser, Diesel und zerbrochener Einrichtung zur anderen Seite schoß und sie dort in noch kleinere, teuer zu ersetzende Stücke zerlegte.

Aber das Boot schwamm wieder aufrecht.

Ich riß die Luke auf, hievte mich in das pechschwarze Cockpit und sog gierig die frische Luft in meine Lungen.

Die See rumorte wie eine gereizte Bestie. Wir rissen das Großsegel herunter und banden es fest. Danach drehte ich das große, holzummantelte Ruderrad, bis ich am schwach grün beleuchteten Kompaß 116 Grad anliegen hatte. Am Ende dieses Kurses lag nach ein paar hundert Meilen, zuzüglich Windabdrift, Pertuis Berton, der Anfang des Fahrwassers, das uns nach La Rochelle hineinbringen würde.

Wir schalteten den Autopiloten wieder ein, rutschten nach unten und suchten die Pumpenschwengel. Breitbeinig gegen die bockigen Bewegungen des Bootes abgestützt, fingen wir an zu pumpen. Eine Stunde später war das Wasser draußen. Danach begannen wir aufzuklaren.

Es war, als wollte man mit einem Küchenschwamm eine Ölkatastrophe bekämpfen, die von einem Supertanker verursacht worden war. Um es noch deutlicher zu machen: Bei der Innenausstattung hatte Thibault Ledoux strikt darauf geachtet, daß sein Ruf als Liebhaber des anspruchsvollen Savoir-vivre keinen Schaden litt. Jeder konnte Rennen in einem leeren Yoghurtbecher gewinnen, aber es war Thibaults Spleen, sie auf einem richtigen Schiff zu gewinnen. Natürlich war auch sein Boot aus Plastik, doch dahinter war alles anders – *le style Ledoux*.

In den Vereinigten Staaten sind Tennisspieler die Helden der Nation, in England, Brasilien und Deutschland sind es die Fußballer, aber Frankreich liebt seine Segler, und Thibault stand seit fünf Jahren ganz oben in der Gunst des Publikums. Er hatte das breite Zahnpastagrinsen eines Dressman, aber mit einer Spur Schüchternheit, die Frauen dazu brachte, ihm den Kopf streicheln zu wollen. Er war ein ausgezeichneter Seemann und ein harter Regattaskipper, was ihn zum Vorbild einer ganzen Generation nachwachsender Segler gemacht hatte, der *l'equipe Ledoux*, des Teams von Ledoux. Er liebte das Ungewöhnliche, das Schöne – und gute Organisation.

Das tat die Öffentlichkeit auch. Ein Beweis dafür war der

Bildbericht im letzten *Nouvel Observateur*, der in der Bilge verrottete. Er zeigte das malerische Pulteney und schöne Frauen, Saint-Laurent-Blazer und Fernsehkameras, Thibaults breites strahlendes Grinsen und Mary Ellens selbstzufriedenes Lächeln. Außerdem einen Mann, dessen Kopf und Schultern die der anderen überragten; sein dickes rotes Haar stand ungebändigt vom Kopf ab, die vom Sonnenbrand malträtierte Haut auf seiner großen dicken Nase pellte sich, und über dem breiten Kinn war etwas, das man als Lächeln oder auch als Grimasse im Todeskampf bezeichnen konnte. Das war ich.

Yann hievte seinen schweren Körper in die Navigationsecke und preßte dabei einen Wasserschwall aus dem Schaumstoffpolster des Sitzes. Ich suchte zwischen den Büchsen herum, die wir aus dem Durcheinander gerettet hatten. Es war kalt und dunkel, der Wind heulte im Rigg. Ich fragte ihn: »Willst du eine Suppe?«

Er antwortete nicht, denn er war eingeschlafen.

Ich selber brauche nicht viel Schlaf, Einhandsegler leiden an chronischer Schlaflosigkeit. Ich riß eine der selbsterhitzenden Büchsen auf und trank den Inhalt. Er schmeckte nach Paraffin, wie es bei diesen Hotcans üblich ist. Danach spritzte ich Kriechöl in die Elektronik, die mir noch tauglich erschien, und krabbelte an Deck.

Hier draußen roch der Wind fast süßlich. Der Mond zeichnete einen kalten grauen Streifen auf die See. Andere Lichter waren nicht zu sehen, was eine Erleichterung bedeutete, denn die Biskaya wimmelte sonst von Schiffen mit defekten Radargeräten und miesen Ausguckposten.

So raste die *Arc-en-Ciel* durch die silberglänzende Nacht. Der Sturm fiel raumschots ein, bretthарte Gischtwolken sprühten auf, wenn wir die riesigen Wellenberge hinabsurften. Ich überließ mich trüben Gedanken. Thibaults Boot war dabei bei weitem nicht mein unangenehmster.

Als ich Pulteney vor zwei Tagen verlassen hatte, lag ein zwei Zoll hoher Stapel Briefe auf meinem Schreibtisch, von dem aus ich den Hafen überblicken konnte. Einige stammten von meinen Gläubigern, aber die meisten trugen in der linken oberen Ecke den Aufdruck eines fliegenden Fisches und hatten eine Briefmarke aus Marblehead, Massachusetts, auf dem Umschlag. Sie stammten von Art Shacker, dem Koordinator des Flying Fish Challenge für den America's Cup. Art wollte mich als Shoremanager engagieren und hatte mich drei Monate lang mit erstaunlicher Beharrlichkeit bearbeitet. Meine Freunde und die Familie hatten mir erklärt, daß Bootsbauer zur Zeit überall auf der Welt pleitemachten, Shoremanager dagegen lebten wie Schweizer Bankiers. Sie hatten recht. Nahm ich sein Angebot an, würde mich Shacker mit einem Schlag von meinen Schulden erlösen.

Aber Arts Projekte wurden wie Banken geführt. Wie Mary Ellen richtig ausgeführt hatte, würde ich wahrscheinlich einen ziemlich guten Bankräuber abgeben, aber als Bankmanager wäre ich verrückt geworden, und die Bank würde in Konkurs gehen.

Die Aussicht, mich zwei Jahre lang um die Bedürfnisse jugendlicher Regattafreaks in sorgfältig gebügelten Shorts und mit aufgeblasenen Egos kümmern zu müssen, spornte mich nicht gerade an. Die Briefe waren unbeantwortet geblieben.

Die Morgendämmerung erhellte den Horizont und zauberte ultraviolette Reflexe auf die gefährlich brechenden Wogenkämme. Die Sonne ging auf. Der Himmel änderte seine Farbe von Grau in ein Gewirr blauer Streifen zwischen grauen Wolkenballen. Meine Augen brannten vor Schlafmangel und Seewasser, meine Gedanken wanderten.

Gegen fünf Uhr morgens rumpelte die Luke auf. »Bonjour«, knurrte Yann und rieb sich den Schlaf aus den Augen.

»Hör' mal, was ich gerade gedacht habe: Das Seeventil hätte gar nicht brechen dürfen, oder? Es war doch neu! Unheimlich, wie?«

Er reichte mir eine Tasse Kaffee und setzte sich. Er atmete tief durch, um den Dieselgestank aus den Lungen zu treiben. Der Wind war auf Stärke sieben heruntergegangen. *Arc-en-Ciel* bewegte sich zwischen stampfenden Küstenfischern auf die unsichtbaren Türme von La Rochelle zu.

Ich schenkte dem allen keine Beachtung, denn ich dachte über das nach, was Yann gesagt hatte.

Neue Seeventile scheren nicht ab.

›Unheimlich‹ war genau das richtige Wort.

2

Wenn man achtundvierzig Stunden wach gewesen ist, bringt man kaum noch die Energie auf, sich ernsthafte Sorgen zu machen. Also gab ich es auf. Ich rollte mich in meinen Schlafsack, lag etwa fünf Sekunden in der nassen, schaukelnden Koje wach, dann duselte ich ein.

Als ich aufwachte, sagten mir die Schiffsbewegungen, daß der Sturm wieder zugelegt hatte. Ich steckte den Kopf durch die Luke. Spritzwasser verpaßte mir eine Dusche, lief mir den Rücken hinunter. Auf dem nächsten Boot mußte ich mir eine bessere Lösung für die Lukengarage einfallen lassen. Dann wurde mir siedendheiß klar, daß es kein nächstes Boot geben würde. Die Erinnerungen stürzten wieder auf mich ein, und meine Stimmung sank.

Savage Yachts of Pulteney hatte gute Handwerker beschäftigt. Es ist bekannt, daß Seeventile immer einen heiklen Gefahrenpunkt darstellen. Kein anständiger Handwerker würde ein angegammeltes Seeventil in ein Boot einbauen und schon gar nicht in ein völlig neues. Plötzlich packte mich ein starkes Verlangen, nach Hause zu fahren, meine Mitarbeiter aufzusuchen, wo auch immer sie inzwischen sein mochten, und ihnen ein paar unangenehme Fragen zu stellen.

Aber zuerst mußte ich Thibault Ledoux sein neues schikkes Boot ausliefern – und ihm erklären, warum die Maschine nicht lief, die Elektronik im Eimer war und in den Schränken Seewasser stand.

Das war keine verlockende Aussicht.

Ich hatte Thibault vor zehn Jahren kennengelernt. Damals saß ich vor den steilen Giebeln des holländischen Städtchens

Hoorn am Kai, das IJsselmeer zu Füßen, und schlürfte ein Bier, bevor ich einen Ölgroßhändler besuchen wollte, der Interesse hatte, mich für eine fünfte Weltumsegelung zu sponsern.

Da lief eine große Ketsch in den engen Hafen ein. Es war eine alte Ketsch mit einer Galionsfigur; der Name *Kraken* leuchtete golden auf einem mit Schnitzwerk verzierten Brett.

Die Galionsfigur stellte ein weibliches Seeungeheuer mit gigantischen Fangarmen und jugendlichen Brüsten dar, die mir außerordentlich realistisch geschnitzt schienen. Als sie vorüberglitt, drehte sie den Kopf und zwinkerte mir zu. Danach zündete sie sich eine Pfeife an, strich sich mit den großen Händen über die keineswegs hölzernen Brüste und hechtete ins Wasser.

Das Hemd klebte mir naß und kalt am Bauch, weil ich mein Bier verschüttet hatte. Irgendwo unter Deck der Ketsch sprang ein Motor an. Ein Mann in Ledermontur kam aus der Luke geschossen, schlitterte mit einem Krad übers Deck, raste nach vorne, auf den langen Klüverbaum hinaus. Dort packte er eine Leine und befestigte sie an seinem Hinterrad, dann riß er den Gashebel auf und schoß die fünfundzwanzig Meter zum Großtopp hinauf, wo ihn eine Frau mit Strapsen und lederner Unterwäsche in einarmigem Handstand erwartete.

Eine blecherne Stimme blökte vom Deck: »DER ZIRKUS KRAKEN IST DA!«

Die Ketsch machte fest. Ich bestellte mir ein neues Bier und blieb sitzen. Die Nacht brach herein, Scheinwerfer beleuchteten die Ketsch, der Zirkus begann. Die Artisten spielten mit dem Tod durch Feuer, dem Tod durch Ertrinken, dem Tod durch Absturz aus luftiger Höhe. Sie verwandelten *Krakens* Rigg in ein großes Zirkuszelt. Am nächsten Tag wurden sie von den honorigen Bürgern der Stadt Hoorn vertrieben, weil sie die öffentliche Ordnung störten. Ich habe meinen Sponsor nie kennengelernt, weil ich mit ihnen fuhr.

Es waren ungefähr zwanzig Leute: echte Akrobaten, Motorradartisten und ganz normale Verrückte fürs Grobe. Der einzige, der sich mit Booten auskannte, war der Zirkusdirektor, ein zweiundzwanzigjähriger Jollensegler mit Olympiaerfahrung, geboren in La Rochelle. Sein Name war Thibault Ledoux.

Der Zirkus *Kraken* lebte fünf Jahre. Dann wurde Thibault seriös und kehrte zum Regattazirkus zurück. Ein paar der alten »Kraken« blieben auch anschließend bei ihm. Ich aber ließ mich in Pulteney nieder und baute die Yachtwerft auf. Thibault war mir ein Freund geworden. Wenn ein Mann dich an einer dünnen Angelleine zwanzig Meter über einer brennenden Wasserfläche hält, entwickelt sich zwangsläufig ein Vertrauensverhältnis.

Also vertraute ich Thibault. Ich vertraute darauf, daß er sein neues Boot bezahlen würde. Er hatte mich gebeten, die letzte Rate zu stunden. Savage Yachts befand sich in finanziellen Schwierigkeiten, und ich hatte den Auftrag dringend gebraucht. Also sagte ich zu.

Yann brummte: »Hoffentlich hat er das Boot bezahlt?« Er grinste dabei, denn es war nur eine Neckerei. Sobald man ein Boot geordert hat, muß man es in Raten bezahlen. Kein Boot verläßt die Werft, bevor nicht die letzte Rechnung beglichen ist. »Na klar«, sagte ich und grinste.

Es war ein dünnes Grinsen. Vertrauen ist keine Einbahnstraße. Sah man sich den jetzigen Zustand des Bootes an, dann würde Thibault wenig Lust verspüren, das letzte Drittel des Kaufpreises locker zu machen. Aber wenn er nicht zahlte, und ich das Geld nicht schnell auf meine Bank bekam, war es das Ende von Savage Yachts.

Wir rodelten den ganzen Nachmittag an der Küste entlang. Der stürmische Seegang hatte sich in eine lange blaue

Dünung verwandelt, über der sich ein leuchtend saphirblauer Atlantikhimmel spannte. Hinter uns blitzten viele andere Segel. Alle Segler der englischen Südküste schienen in dieser Woche nach La Rochelle zu wollen. Mit etwas Glück mochte es mir gelingen, mich zu verdrücken, bevor sie mich fragen konnten, ob ich eine gute Überfahrt gehabt hatte.

Die grüne Küstenlinie der Île de Ré glitt an Steuerbord vorbei, nahe genug, daß man die weißen Brecher am Strand erkennen konnte. Wenn das Echolot gearbeitet hätte, wären die Anzeigewerte schnell zurückgegangen, denn der Grund stieg hier zügig zum flachen Strand hin an, wo die Muschel- und Austernfischer ihre Produkte mästeten. Aber das Echolot funktionierte ebensowenig wie die restliche Elektronik. Also hangelten wir uns von Tonne zu Tonne, bis schließlich die Getreidespeicher von La Pallice voraus erschienen, wir unter der Île-de-Ré-Brücke durchliefen und nach links in die Hafenzufahrt abbiegen konnten. Wir passierten einen Mastenwald in der neuen Marina Port des Minimes und hielten auf die beiden Türme der Einfahrt zum Alten Hafen zu. Hinter uns wurde der Himmel rot und streifig wie Blut, das in einer Lache zusammenläuft. Rote Tonnen leuchteten voraus in der Dunkelheit.

Ich hatte nicht vor, lange an Land zu bleiben.

Eine leichte Brise drückte uns durch die enge Einfahrt, der Turm de la Chaine blieb an Backbord. Ohne Maschine trieb die *Arc-en-Ciel* in das Hafenbecken auf die vielen Yachten zu, die darin an den Pontons festgemacht hatten. Der Schlick unter den Bögen der Pier stank schal und faul. Wir drehten nach Steuerbord durch die offenen Schleusentore in das Bassin-à-Flot und mogelten uns längsseits an Thibault Ledoux' Liegeplatz. Yann war früher Rigger auf der *Kraken* gewesen. Er jumpte auf den Ponton wie eine Großkatze und machte uns fest. Autogeräusche und Gesprächsfetzen drangen über die hohe schwarze Kaimauer zu mir herunter.

Plötzlich schlug mein Herz viel zu schnell, getrieben von der Unruhe des Landes mit seinen Millionen Menschen, alle miteinander beschäftigt, aber den Rücken der See zugewandt. Ich grinste grundlos und streckte die Muskeln, die man an Land brauchte.

Als ich La Rochelle zum letztenmal besucht hatte, war ich Mick Savage gewesen, ein erfolgreicher Bootsbauer und internationaler Held der sieben Meere, der mit seinem Freund Thibault über alte Zeiten quatschte, in denen sie zusammen das Rennen von La Baule nach Dakar gesegelt hatten. Das war erst ein Jahr her. Im Café du Nord hatten wir mit den Fischern einen *apero* getrunken. Thibault hatte mir sein neues Restaurant auf der anderen Hafenseite gezeigt, auf der vornehmen Seite. Es sei das einzig anständige Restaurant in dieser verdammten Touristenfalle, hatte er behauptet. So ein Restaurant hatte er sich seit seiner Kindheit gewünscht.

Meine Seestiefel dröhnten dumpf auf dem Ponton. Ich kletterte die Rampe hinauf und stand mitten in der großen Welt.

Überall Menschen, überall Autos. Sie drängten sich in einem betäubenden Jahrmarkt aus Lichtern und Lärm an mir vorbei. Ich stand da, umklammerte das Geländer der Pier und wartete darauf, daß der Boden aufhörte zu schwanken.

Sobald ich an Land kam, befiel mich immer wieder dieses komische Gefühl, das ich schon als zehnjähriger irischer Junge in meiner englischen Schule gehabt hatte. Dort boxte ich in der Altersklasse unter elf Jahren. Ich stand im grellen Licht des Rings und wartete auf den Gong, nahm nichts um mich herum wahr, nur daß ich die unsichtbare Grenze zu einer neuen Welt überschritten hatte, in der andere Regeln galten. Man mußte nur das Gemurmel der Menge aus seinem Bewußtsein verdrängen und seinen Weg gehen.

Das Schwanken hörte auf.

Ich schob die Hände in die Taschen und schlenderte den Kai in Richtung auf Thibaults Restaurant hinunter.

Die Tische draußen auf dem Pflaster waren voll besetzt. Der Wind war völlig eingeschlafen und der Abend warm. Ich bemerkte die schnellen Seitenblicke der Kellner, den Spott in ihren Gesichtern. Im Fenster eines Cafés sah ich meine massige Gestalt in schmutzigem Ölzeug widergespiegelt. Ein Hosenbein des Ölzeugs war zerrissen und flatterte um den Seestiefel. Die Haare standen ab wie die Borsten eines Stachelschweins, verklebt von Salz und Dieselöl. Das Gesicht bestand hauptsächlich aus einer großen, sonnenverbrannten Nase und einem breiten Kinn voll roter Stoppeln. Zwei rote Feuer brannten in den Augen.

Langsam ging ich auf dem Kopfsteinpflaster weiter in Richtung der Leuchtreklame und befreite mich von der Öljacke. ANDRÉ stand da zu lesen und MIXED GRILL, WEST BURGER. Ganz hinten leuchtete ein rotes CHEZ über dem Querbalken eines aquamarinblauen T. Ich drängelte mich durch die Tische im Freien und trat ein.

Die Tische trugen weiße Tücher, auf den Tellern waren teure Gerichte. Die Uhr über dem Klavier zeigte zehn Minuten vor neun.

Ein untersetzter Mann in blauem Pullover tauchte aus dem Nichts auf, seine gebräunten Hände baumelten aus den blauen Ärmeln. Er lächelte, aber das Lächeln erreichte nicht die Augen über den hohen Wangenknochen. Er schnarrte: *»Bonsoir?«* Er hatte die typischen Registrierkassenaugen eines *Maître d'hotel,* blitzschnell huschte sein Blick links und rechts über die benachbarten Tische.

»Guten Abend, Gérard. Ist der Chef da?«

Der dunkle Mann blieb so ruckartig stehen, als sei er

gegen eine Glastür gelaufen. »Monsieur Savage«, entfuhr es ihm, »mein Gott!« Er schlug die Hände vor den Mund.

Ich wiederholte: »Ist der Chef da?«

»Augenblick.«

Die Savages sind anglo-irischen Ursprungs. Drumcarty, der Familienstammsitz, lag fünf Meilen stromaufwärts von dem schäbigen kleinen Haus, in dem meine Mutter lebte, eine gebürtige Engländerin. Als Kind spielte ich den Dolmetscher für die Familie. So verlangten meine Cousins auf Drumcarty von mir, die neugierigen Touristen zu beschäftigen, während sie Frösche und Eiswürfel in die frischbezogenen Betten bugsierten. Natürlich war im Zirkus *Kraken* Französisch die Umgangssprache gewesen.

»Augenblick«, wiederholte Gérard.

Thibault war zwischen den Fischern von La Rochelle aufgewachsen. Schon in den alten Tagen, als eine Mahlzeit für uns oft nur aus einer Scheibe Toast bestand, hatte er feste Vorstellungen von seinem Restaurant gehabt. Es würde am Alten Hafen liegen und für die Touristen Tische auf dem Bürgersteig bereithalten. Für die Gourmets waren drin andere Tische vorgesehen. Für die Segler und die Einheimischen in den langen Wintermonaten, wenn die Touristen sonstwo waren und der Westwind kalte Regenschauer vom Atlantik mitbrachte, würde es hinten eine Bar geben, mit gemütlichen Sitzecken, alten Bildern und einem bullernden Ofen. Das Essen mußte erstklassig sein, es würde hauptsächlich aus Schalentieren bestehen, aber nur die Austern würden ungekocht serviert werden, nicht auch fast alles andere, wie es die entsetzliche *nouvelle cuisine* vorschrieb. Die Meeresfrüchte würden von der Île de Ré und den Bänken vor Marsilly und Esnandes nördlich der Stadt kommen. Liefern würden sie Fischer, mit denen Thibault aufgewachsen war und die immer noch seine Freunde waren.

Alles war so gekommen, wie Thibault es sich vorgestellt

hatte: die Touristen, die Gourmets und die Bar. Ihre Wände waren mit gerahmten Fotografien bedeckt: Thibault mit sturmzerzaustem Haar, blauen Augen und seinem bekannten breiten Grinsen. Thibault beim Segeln, beim Stapellauf einer neuen Yacht und als Regattasieger. Nur über seine Zeit beim Zirkus *Kraken* gab es wenige. Die Öffentlichkeit erwartete heute, daß er sich seriös benahm. Neben der Uhr über dem Klavier hing ein Barograph. Die Bartheke bestand aus Ulmenholz, auf den Hockern davor saßen Gäste.

Hinter der Bar stand ein Mädchen. Sie trug den blauen Pullover, der als Uniform CHEZ THIBAULT obligatorisch war. Sie hatte große Katzenaugen und rötliches Haar, das in einem Pferdeschwanz zusammengebunden war. Winzige Aknespuren nisteten noch an den Winkeln des breiten Mundes, den der leuchtendrote Lippenstift herausfordernd betonte. Mein Herz machte einen Sprung, als ich sie sah. Sie starrte mich an, als ob ich ein Geist wäre.

»Cognac«, bestellte ich, »einen großen.«

Sie bewegte sich nicht, starrte mich nur an. Ich blickte auf meine Hände nieder. Sie waren so groß wie immer, die durch das Salzwasser aufgeplatzten Riefen zeichneten rote Spuren in die ölgeschwärzte Haut.

»Mußt du die ganze Nacht hier herumhängen?« fragte ich.

»Verdammt, Dad«, erwiderte das Mädchen hinter der Bar, »was hast du denn diesmal wieder angestellt?«

Ich wartete, bis sie mir den Cognac gebracht hatte, dann erzählte ich ihr eine kurze, gereinigte Version des Geschehens. Sie setzte sich und musterte mich mit Mary Ellens Augen, diesen ruhigen, grünen kanadischen Augen, die zu sagen schienen: Ich verstehe dich, aber erwarte kein Mitgefühl.

Kellner kamen und gingen. Frankie erledigte ihre Bestellungen effektiv. Sie holte Flaschen mit den Aufschriften MUSCADET und GROS PLANT aus den Kühlschränken und kümmerte sich um die Bestellungen, ohne etwas zu verschütten. Der Cognac wärmte mich, dazu kam väterlicher Stolz. Im Herbst würde Frankie nach Oxford gehen, um moderne Sprachen zu studieren. Thibault hatte ihr angeboten, während der Saison bei ihm zu arbeiten, damit sie ihr Französisch aufpolieren konnte. Es gab keinen Grund, sich Sorgen um sie zu machen, sie konnte selber gut auf sich aufpassen.

Als ich fertig war, seufzte sie und lächelte das breite kanadische Lächeln; ein Lächeln, so vernünftig wie eine Busfahrt durch Toronto. Armer Irrer, sagte dieses Lächeln.

»Also ist das Boot ein Wrack«, stellte meine Tochter fest.

»Thibault wird sich vor Freude nicht gerade überschlagen«, gab ich zu.

»Ich glaube nicht, daß er sich darüber viele Gedanken machen wird.« Ihre Augen blickten berechnend. Auch das hatte sie von ihrer Mutter. Sie war von Mary Ellen erzogen worden, während ich versuchte, mit Regatten um die Welt unseren Lebensunterhalt zu verdienen, oder im Zirkus *Kraken* jobbte.

Oben klingelte schwach ein Telefon.

Frankie fuhr fort: »Er hat andere Dinge um die Ohren.«

Auf der Treppe waren hastige Schritte zu vernehmen. Die Tür mit der Aufschrift PRIVAT flog auf, Thibault Ledoux kam hereingerannt. Als er mich sah, blieb er wie angewurzelt stehen. Dann setzte er sein bestes Zahnpastalächeln auf und legte mir einen Arm um die Schultern. Er mußte sich dazu auf die Zehenspitzen stellen, und selbst dann war das Unterfangen schwierig für ihn. »Mick!« sagte er. »Was für eine Überraschung!«

Er hatte keinen Grund, überrascht zu sein, er kannte meinen Fahrplan. »Ich hab' dir dein Boot gebracht«, sagte ich. Jetzt war die Zeit für Erklärungen gekommen, aber ich war müde, und der Cognac vernebelte mein Hirn. Alle Erklärungen würden lausig klingen.

»Das Boot?« fragte er erstaunt. Seine Stimme klang höher als üblich. »Gute Überfahrt gehabt? Alles okay?« Er stand unter einem Foto, auf dem er unseren großen Trimaran über die Ziellinie der Regatta La Boule–Dakar steuerte. Ich saß neben ihm im Cockpit. Wir hatten beide in den letzten drei Tagen nicht länger als eine Stunde geschlafen, und ich sah aus wie ein bärtiges Musterexemplar für eine Sammlung lebender Toter. Thibault dagegen schien dem Werbeplakat für eine Gesundheitsfarm entstiegen zu sein.

Der Thibault in der Bar war nur mehr ein Schatten seiner selbst, verglichen mit der Fotografie. Er hatte schwarze Ringe unter den Augen. Nun packte er mich am Arm und zog mich ans Ende der Bar. »Gott sei Dank, daß du gekommen bist.« Er schien außer Atem zu sein. »Ich brauche hier jemanden, dem ich vertrauen kann, der sich um das Restaurant kümmert.«

»Hör' zu«, versuchte ich ihn zu unterbrechen. »Da ist etwas, das ich dir erzählen muß . . .«

»Später«, blockte er ab. »Ich muß gehen.« Seine Augen wanderten von mir zur großen Fensterfront des Restaurants. »Ein Glück, daß du da bist. Meine Geschäftsführerin ist abgehauen. Gérard und der Küchenchef kümmern sich um alles. Aber Gérard wird so leicht nervös. Du mußt hier nur eine Art Schiedsrichter spielen, okay?«

Wir gingen wieder an den Tresen. »Vielleicht komme ich heute nacht nicht zurück«, fuhr er fort. »Sollte es Probleme geben, wird dir Gérard helfen. Er ist ein Genie.« Dabei lächelte er Frankie an. »Wie übrigens deine Tochter auch.« Es überraschte mich, daß sie errötete.

Beim Zirkus *Kraken* war es ebenso gewesen. Thibaults Charme hatte nichts mit Sex zu tun. Jutta, die gigantische, radfahrende Lesbe aus Antwerpen, deren Spezialität es war, Glas zu fressen, pflegte jeden Abend heiße Wärmflaschen für ihn vorzubereiten und strickte ihm Wollmützen. Sobald man mit Thibault zu tun hatte, wurde man ein Teil seiner Familie.

»Wir hatten Ärger mit dem Boot«, versuchte ich es nochmals. »Es muß repariert werden.«

»Gut, bring's in die Werft. Yann wird dir sagen, in welche.« Er winkte abwehrend mit einer Hand, damit war das Thema für ihn abgeschlossen. Wir hatten ein Jahr lang über die *Arc-en-Ciel* nachgedacht, Wochen am Telefon verbracht, Dutzende von Plänen waren mehrfach hin und her geschickt worden. Aber jetzt, da sein neues Spielzeug eingetroffen war, schien es ihn nicht mehr sonderlich zu interessieren. Er packte meine Hand fest mit seinen beiden Pranken. »Bitte! Ich brauche jemanden, dem ich vertrauen kann. Kümmere dich um das Restaurant, ja?«

»Ich verstehe nichts von Gastronomie.«

Er lachte. »Kein Problem«, wiegelte er ab. »Du kannst organisieren, das reicht völlig.«

Das war schon immer seine Masche gewesen, und solange die Geschäfte problemlos liefen, kam er damit auch durch. Soweit es Thibault betraf, gehörte es zum Organisieren, die Öffentlichkeit glücklich zu machen. Meine Beziehungen zur Öffentlichkeit hatten immer anders ausgesehen. Der Grund für die leeren Auftragsbücher von Savage Yachts hatte nichts mit der Qualität meiner Boote zu tun. Es war nur so, daß ich die Presse ignoriert hatte, worauf mich die Presse ebenfalls ignorierte, außer wenn sie nicht umhin konnte festzustellen, daß meine Boote schnell, aber deshalb möglicherweise auch unsicher waren.

Thibault dagegen verfügte über außergewöhnliche Überzeugungskraft. Das hatte ihm schon beim Zirkus geholfen. Ich war Bootsmann, Navigator und Keybordspieler gewesen, und nach einem Monat hatte Thibault gefragt, ob ich mich nicht ein wenig als Messerwerfer produzieren wollte. Drei Tage später hatte ich mich an Deck unter Scheinwerfern wiedergefunden, trug Lederjeans und eine Schärpe mit sechs Wurfmessern, mit denen ich in den freien Raum zwischen den gespreizten Schenkeln der spanischen Rita zielte. Ich kratzte sie niemals auch nur an.

Nach dieser Erfahrung sollte das Restaurant eigentlich keine Schwierigkeit für mich sein.

Thibault schnappte sich eine rote Öljacke von einem Haken neben der Bar. Schon schloß sich die Eingangstür hinter ihm, die Gäste reckten die Hälse, um dem berühmten Mann nachzuschauen. Draußen röhrte ein schwerer Motor auf. Reifen quietschten auf dem Kopfsteinpflaster, ein Lamborghini schoß vorbei.

»Da geht er hin«, murmelte Frankie resignierend. »Willst du etwas essen?«

»Später.«

Es hatte zu regnen begonnen, warm und sanft. Ich latschte zum Ponton zurück. Yann stand an Deck und schoß Leinen auf. Ich sagte ihm, daß er aufhören solle, und wir gingen zusammen zum Restaurant zurück. Frankie wies uns einen Tisch zu, dann brachte sie ein paar Steaks und einen guten herben Burgunder. Ungefähr zwanzig Minuten lang aß Yann schweigend. Dann ließ er sich in seinem Sessel zurücksinken und starrte unter seinen dichten Augenbrauen hervor ein Halsband aus quadratisch geschliffenen Brillanten an, das eine Dame an einem der Nachbartische trug.

Ich fragte: »In welche Werft kann ich das Boot bringen?«

Yann erwiderte: »Zu Georges in Minimes, Chantiers Albert.« Er nahm einen tüchtigen Schluck Wein.

Ich kannte Georges bereits. »Ich denke, Thibault hat seine eigene Werft?«

»Geschlossen«, meinte Yann lakonisch. »Geh' zu Georges. Was war bloß los mit dem Seeventil?«

»Das werde ich herausfinden.« Ich hatte den Eindruck, daß er das Thema wechseln wollte.

Die Bar hatte sich gefüllt, unter den Gästen waren auch Engländer.

»La Rochelle«, stellte Yann fest, »scheint bei euch beliebt zu sein.«

»Vergiß die Ausländer«, knurrte ich. »Ich bin jetzt hier Geschäftsführer.«

Er grinste mich an und fuhr sich mit der Hand über die blonden Borsten. *»Exploitateur«*, grunzte er. »Ich gehe zu meiner Freundin. Solltest du mich brauchen, bekommst du meine Telefonnummer an der Bar.«

»Danke für deine Hilfe.«

»Es war mir eine Ehre, dem Geschäftsführer assistieren zu dürfen.« Er trank sein Glas aus und stapfte in den Regen hinaus.

Dumpf musterte ich die eleganten Gäste, die sich an den Tischen Krustentiere einverleibten. Einige winkten mir zu. Also waren die größeren Boote aus England inzwischen angekommen. Auf der Pier trieben sich ihre Crews auf der Suche nach Austern und Muscadet herum. Zu *Thibault* ging man der Austern wegen, jedenfalls wenn man Kenner und ein echter Yachtie war.

Ich grinste den Winkenden zu. Keiner kam herüber, was mir nur recht war.

Also goß ich mir Wein nach und sah Frankie zu, wie sie Flaschen mit beiden Händen aus den Kühlschränken holte. Dabei machte ich mir ein paar Gedanken. Ich fragte mich, warum Thibault nicht nur das Ankunftsdatum seines neuen Bootes vergessen hatte, sondern auch sofort zu einer wichtigen Verabredung fuhr, sobald ich durch die Tür gekommen war. Mir schien, daß er nicht sonderlich erfreut gewesen war, mich zu sehen. Es war die Reaktion von Leuten, die plötzlich andere Leute sehen, denen sie Geld schulden.

Quatsch, mischte sich der Teil von Mick Savage ein, der auf ein Bett fallen und drei Tage durchschlafen wollte. Du kannst

Thibault vertrauen, er ist einer deiner wenigen alten und treuen Freunde.

Aber da war der andere Teil von Mick Savage, der durch eine harte Schule gegangen war, die ihn sehr skeptisch gemacht hatte. Trotz des Cognacs und der Müdigkeit erschnüffelte dieser Savageteil in der salzigen atlantischen Brise die feine Duftmarke von Ratten.

Hör' auf, sagte ich mir, es ist eine schlechte Angewohnheit von dir, immer das Schlimmste zu denken. Die körperliche Erschöpfung vergiftet das Gehirn, schuld ist nur der Schlafmangel.

Ich schleppte mich zum hinteren Ende des Restaurants, und Frankie geleitete mich durch die private Tür. Oben an der Treppe war ein Flur, von dem an beiden Seiten Schlafzimmer abgingen, ganz hinten lagen eine Küche und ein Wohnzimmer. Als Thibault das Restaurant neu eröffnet hatte, war das seine bevorzugte Residenz gewesen. Jetzt machte die Wohnung einen unbenutzten Eindruck. Frankie führte mich durch eine Tür und zu einem Bett. »Deins«, sagte sie.

Ich ließ mich darauf fallen.

»Probleme?« fragte sie.

Ich war zu müde, um die Maske aufrechterhalten zu können, wie es in Mary Ellens Familie üblich war. »Scheint so«, knurrte ich.

Sie musterte mich mit ihrem kanadischen Blick. So, so, besagte er, und wann wirst du's endlich lernen? »Das kommt dabei heraus, wenn man sich nur auf Booten herumtreibt«, meinte sie.

Es war die Kurzfassung meiner Lebensgeschichte.

3

Ich wurde zwanzig Meter von den braunen Ufern des River Barrow entfernt geboren, also in der unteren rechten Ecke Irlands. Damals war der Fluß noch mit Booten übersät. Dabei handelte es sich um kanuähnliche Doppelender, die von einem Mann gerudert wurden. Ihre Linien hatten sich seit der Bronzezeit nicht geändert. Weiter gab es rotbraune Holzboote, die sich schwer taten in dem engen Fahrwasser zwischen den Schlickbänken, wenn sie zu den Umschlagplätzen von New Ross gelangen wollten. Schließlich waren da noch die Segelboote meiner reichen Verwandten, der Savages auf Drumcarty Castle, das drei Meilen stromaufwärts von unserem schmutziggrauen Haus in Carthystown lag. Und dann waren da noch die Lachsfischer.

Als ich noch sehr klein war, gab es in meinem Leben drei Konstanten: erstens meinen Vater mit seinem grimmigen Gesicht, in dem eine dicke, poröse Nase über den grauroten Bart ragte. Zweitens meine Mutter. Sie war blaß, und ihr ehemals blondes Haar befestigte sie mit Kämmen in einem Knoten am Hinterkopf. Und drittens den ständigen Streit zwischen den beiden.

Der Streit dauerte lebenslang. Ich lag in meinem Bett und hörte ihn beginnen, sobald sie erwachten. Den ganzen Tag ging es zwischen ihnen hin und her. Zeitweise wurde der Streit durch eine Nachricht von Onkel James angefacht, der im Schloß lebte. Danach wurde er immer lauter und wilder – und mein Vater betrank sich mit Whisky.

Ich haßte diesen Streit, bevor ich noch wußte, worum es ging. Wenn ich im Haus herumschlich, konnte ich aus den Fenstern über den verwilderten Garten zum Fluß blicken.

Neben dem Garten lag eine Slipbahn, auf der jeden Tag drei Männer in hohen Gummistiefeln und schlammverkrusteten Ölmänteln ein langes Lachsboot zu Wasser brachten, in dessen Heck das Netz sauber aufgeschossen lag. Eines Tages, ich muß fünf Jahre alt gewesen sein, traf ein Brief vom Schloß ein.

»Dieser Hund«, zischte mein Vater, als er ihn las, »dieser Bastard!«

Meine Mutter fauchte: »Nicht in Gegenwart von Michael!«

»Verdammt sei Michael!« schnarrte mein Vater. »Verdammt sind wir alle, verdammt deinetwegen, du käsige Närrin!«

Das ohnehin bleiche Gesicht meiner Mutter wurde aschfahl, ihre Lippen wurden zu einem Strich. O nein, dachte ich, nicht schon wieder! Ich kann es nicht ertragen.

Das Fenster stand offen, es war Juni, und es regnete ausnahmsweise nicht. Durch das Fenster hörte ich die Stimmen der Lachsfischer, die zu ihrem Boot gingen. Ich schlüpfte von meinem Stuhl. Mein Vater begann sie anzubrüllen. Keiner der beiden merkte, daß ich nach der Türklinke langte und in die muffige Vorhalle schlich. In meinem Kopf gab es nur einen Gedanken: Raus!

Ich rannte durch den frischen Duft der feuchten Brennesseln den Pfad hinunter. Die Männer waren dabei, das Boot an Leinen ins Wasser zu ziehen. John Tinnelly drehte sich um und blickte mich an. Er war kaum anderthalb Meter groß, und die Sonne schien durch seine Fledermausohren, ließ sie seltsam rosa leuchten. Ich schluckte. »Kann ich mitkommen?«

Er runzelte die Stirn. »Was sagt deine Mutter dazu?«

»Sie hat's mir erlaubt.« Ich hielt den Atem an und wartete auf den Blitzstrahl, der Lügner zerschmettert.

»Warum nicht?« meinte John.

Jemand setzte mich auf das Netz. Die vier Riemen tauchten ein, das Boot glitt auf den satinbraunen Fluß hinaus. Das schmutziggraue Haus voller Streit schrumpfte zusammen, wurde hinter dem breiten Wasserstreifen ganz unwichtig. Frieden senkte sich herab, den ich noch nie erlebt hatte.

Von diesem Augenblick an war ich verloren.

Mit siebzehn lernte ich Mary Ellen in der Karibik kennen. Wir arbeiteten in Venezuela, und Mary Ellen wurde vom Storch in die Wade gebissen (wie man in Carthystown sagen würde). Daraufhin segelten wir von Venezuela nach England in einem Boot zurück, das ich selber gebaut hatte. Frankie fuhr als Baby an Bord mit. Das Wetter wurde übel. Als wir Southampton erreichten, hinterließ mir Mary Ellen einen Zettel mit der Adresse einer englischen Freundin und reiste sofort nach London ab.

Ich fuhr ihr hinterher, und wir lebten in Earl's Court in einer Wohnung, die nach den Küchendünsten der anderen Mieter stank, wenn die Fenster geschlossen, und nach den Abgaswolken der Warwick Road, wenn sie geöffnet waren. Tagsüber arbeitete Mary Ellen für einen Versicherungsagenten, ich verkaufte Wein bei Harrod's, Frankie krabbelte in der stinkenden Bude der fetten Jen herum, unserer Tagesmutter in der Cathcart Road.

Nach drei Monaten begann mir das Haar auszufallen, und ich ließ mich in Wirtshausschlägereien ein. Mary Ellen meinte, daß ich mich verändern müßte. Also zog ich nach Pulteney, reparierte das Boot mit der Hilfe von Freunden und meldete mich für eine Einhandregatta rund um die Welt. Meine Familie kam, um mich zu verabschieden. Frankie wußte nicht, was Abschied bedeutete. Aber ich wußte es. Mary Ellen wußte es auch.

Wir standen auf dem Kai des Millbay Dock in Plymouth. Das Wasser war voll alter Gemüseabfälle. Mary Ellen sagte: »Sei vorsichtig.«

»Wirst du hier sein, wenn ich zurückkomme?«

»Warum nicht?«

Sie lächelte ihr praktisches kanadisches Lächeln, drückte mir die Hand und küßte mich. Es war ein schneller Kuß ohne Leidenschaft. Dann ging sie fort, ohne nach links oder rechts zu schauen. Tags zuvor hatte sie mich eine Bürgschaft für ein Haus in Islington unterschreiben lassen.

Während des Rennens telefonierten wir einige Male über Kurzwelle. Sie erzählte mir, daß sie einen Job bei Lloyd's bekommen hätte, des größten und besten Versicherungsmaklers der Welt. Auch sonst liefe alles bestens. Der Job hatte viel mit Teebrühen zu tun und wenig mit Versicherungsgeschäften. Aber Mary Ellen hatte vieles im Kopf, das sie sich selbst und der Welt beweisen wollte. Sie wurde den Teewagen schnell los. Nachdem ich noch ein paar Weltumsegelungen hinter mich gebracht hatte, war sie auf dem besten Weg, eine große Nummer im McMurdo-Syndikat zu werden.

Ein Syndikat bei Lloyd's besteht aus einer Gruppe von Underwriters, die das Risiko einschätzen und die Prämie festlegen, mit der Risiko zu versichern ist. Hinter den Underwriters stehen Tausende von Privatleuten, die das Kapital für die Deckungssummen stellen. In guten Jahren, wenn die Einnahmen aus den Prämien die Auszahlungen in Schadensfällen überschreiten, wird der Profit unter den Privatleuten aufgeteilt. In einem schlechten Jahr, wenn also die Auszahlungen die Prämien übertreffen, müssen die Geldgeber tief in ihre Taschen greifen, um die Verluste auszugleichen, für die sie bis zum letzten Goldzahn im Gebiß verantwortlich sind. Underwriter, die ein effektives Syndikat aufgebaut haben, stehen unter einem ständigen Ansturm von Maklern, deren Aufgabe es ist, für die Kunden Versicherer zu finden. Makler müssen clever sein und dürfen nicht allzu viele Skrupel haben. Gute Underwriter müssen scharf sein wie eine Rasierklinge, sehr zuverlässig und dürfen sich zu keinen irrationalen Handlungen hinreißen lassen.

Mary Ellen war ein Naturtalent.

Sie hatte auf der Pier gestanden, als ich zurückkam, und auch das nächste Mal und die anderen Male darauf.

Sie hatte die Belastung auf sich genommen, Frankie aufzuziehen und es geschafft, sich ein Leben einzurichten, das es ihr gestattete, die lästigen Erinnerungen an Caracas und das Hochseesegeln auf dem Atlantik zu verdrängen.

Vor sieben Jahren war ich eines Nachmittags in Mary Ellens Wohnung in London aufgetaucht. Sie war von Islington zur Butler's Wharf umgezogen, in ein großes Apartment voller Lichtreflexe von der Themse, die unter dem Balkon vorbeifloß. Der Zirkus *Kraken* benötigte eine Reparatur, nachdem jemand eine brennende Zigarette in ein Petroleumfaß geworfen hatte, ohne es vorher zu leeren. Ich wollte Mary Ellen und Frankie für eine Woche in meine Wohnung nach Pulteney einladen, damit sie etwas Seeluft schnuppern und sich unter dem Seglervolk des Dorfes entspannen konnten. Einige Segler kannten wir seit unseren gemeinsamen Tagen in der Karibik. Normalerweise brauchte Frankie keine Einladung, aber Mary Ellen war so verbissen in ihre Arbeit, daß es schwieriger war, sie aus ihrer Wohnung herauszulocken, als einen Aal aus einem Kanonenrohr.

Ich schloß mit meinen Schlüsseln auf. Ich hatte bei dem Unfall leichte Verbrennungen erlitten und dazu den extremen Kurzhaarschnitt eines Hardrockers, wie er bei den Krakenleuten obligatorisch war. Meine Jeans hatten etwas unter dem Kontakt mit Säure gelitten. Die Wohnung in Butler's Wharf war mit großem Aufwand eingerichtet. Ein Bronzekopf aus Benin stand auf einem Marmorblock aus Carrara, die Wände waren leicht gelb marmoriert. Ein großes Louis-Seize-Sofa stand unter dem Fenster vor dem mit Akten überladenen Kaffeetisch, an dem Mary Ellen zu arbeiten pflegte.

Der Kaffeetisch war voller als üblich. Ein Mann saß in dem gotischen Armsessel. Mary Ellen blickte auf. Ihr dunkles

Haar war aus dem Gesicht gekämmt, wie immer bei der Arbeit. Sie hatte feine Gesichtszüge, die Nase war leicht gebogen. Sie lächelte, ein kurzer Sonnenstrahl, der kurz hinter grauen Wolkenbänken aufblitzt. »Ich bin beschäftigt«, sagte sie. »Mick, das ist Justin Peabody.«

Der Mann lächelte. Er hatte breite Schultern. Was er noch an Haaren hatte, war blond und kurzgeschnitten. Sein Händedruck war fest, der Griff eines Mannes, der mit seinen Händen zupacken konnte. »Mary Ellen hat mir viel von Ihnen erzählt«, meinte er. »Was macht der Zirkus?«

Ich musterte ihn sorgfältig. Leute, die es mit Allgemeinplätzen hielten, dachten, daß ich verrückt sei, Mary Ellen sechs Monate hintereinander allein zu lassen, um mich auf Segelbooten herumzutreiben, Messer zu werfen und mich vor vernünftiger Arbeit zu drücken. Aber Justin hatte intelligente blaue Augen und stellte seine Fragen so, als sei er ehrlich interessiert. Also unterhielten wir uns. Nach einiger Zeit hörte Mary Ellen auf zu arbeiten und gesellte sich zu uns. Wir gingen essen zu Manzi's in der Nähe des Lancaster Square, ein Fischrestaurant, wo die Bedienung unfreundlich und das Essen gut war. Wir erlebten alle drei einen schönen Abend, der am Ende fast als lärmend bezeichnet werden konnte. Mir wurde klar, daß Justin nicht zum erstenmal mit Mary Ellen zum Dinner aus war. Aber Mary Ellen und ich hatten ein Abkommen geschlossen: Ich fragte nicht, was passierte, wenn ich nicht da war, und das galt umgekehrt auch für sie. Sollte sich einer von uns ernsthaft für jemand anderen interessieren, würden wir darüber sprechen.

Bis jetzt war es zu einer derartigen Aussprache nicht gekommen.

Beim Armagnac machte mir Justin einen geschäftlichen Vorschlag. Er arbeitete als Versicherungsmakler. Makler brauchen und lieben Informationen über alles. Normalerweise bekommen sie die von dem dichten Agentennetz, das Lloyd's überall auf der Welt unterhält. Justin erläuterte mir, daß es Versicherungsfälle mit ungünstigem Verlauf für das beteiligte Syndikat gab, in denen es günstiger wäre, jemanden einzuschalten, der nicht als Angestellter von Lloyd's bekannt war. Der konnte dann die richtigen Fragen an den richtigen Orten stellen. Justin war Segler und hatte ein teures Boot am exklusiven Ende des Solent liegen. Er hatte von mir gehört, und das nicht nur von Mary Ellen. In Justins Augen waren die Dinge, die Mary Ellen an mir auszusetzen hatte, nur Vorteile. Ich sollte für ihn die Ohren aufsperren. In diesem speziellen Fall sollte ich die Reparaturkosten für einen holländischen Frachter überprüfen.

»Die Hunde auf der Werft haben mit der Gabel geschrieben«, meinte er. »Sie haben den Schiffer über den Tisch gezogen. Verdammt unsportlich.« Das war die Art, wie er sprach, um seinen messerscharfen Verstand zu kaschieren. »Können Sie sich darum kümmern?«

Ich kümmerte mich darum und fand einen unzufriedenen Büroschwengel auf der Werft, der eine Aussage machte. Ich schickte die Aussage an Justin und kehrte zum Zirkus *Kraken* zurück. Justin sandte mir einen Scheck, und Frankie bekam ein Pony, das auf einer Farm in den Hügeln hinter Pulteney lebte, wo sie es reiten konnte, wenn sie zu Besuch kam.

Danach war ich viel für Justin tätig. Er nannte mich seine Detektivabteilung, aber das war nur ein kleiner Scherz, denn die Untersuchungen, die ich für ihn führte, hatten gewöhnlich nur mit überhöhten Rechnungen oder mit gestohlener Ladung zu tun. Falsche Bärte und körperliche Gewalt waren zur Aufklärung nicht erforderlich. Es ist nur so, daß die meisten Leute von Lloyd's bei jeder Gelegenheit ihren Nadelstreifenanzug tragen. Nadelstreifen aber erregen in den Docks von Southampton Aufmerksamkeit, besonders dann, wenn die Männer darin eine Menge Fragen stellen.

Was mich anging, so hatte ich einen schlechten Geschmack bei der Auswahl meiner Kleidung und einen irischen Akzent, den ich nach Belieben an- und abschalten konnte. Außerdem konnte ich Fragen so stellen, daß sie nicht wie Fragen klangen. Die Folge war, daß ich neben meinem Schreibtisch in Pulteney, wo ich die Geschicke von Savage Yachts leitete, einen Aktenschrank voller Briefe dankbarer Underwriter stehen hatte. Und alles für das »Herumtreiben auf Booten.«

Frankie stand noch immer neben dem Bett.

Ich fragte: »Was ist los mit Thibault?«

»Was soll los sein?«

»Er sieht verdammt schlecht aus.«

Frankie war noch nicht in dem Alter, in dem man sich Gedanken über das Aussehen zweiunddreißigjähriger Männer macht. »Ich finde, er sieht wie immer aus. Vielleicht ist er ein wenig müde. Allerdings habe ich in letzter Zeit wenig von ihm gesehen.«

»Ich dachte, er leitet das Restaurant?«

Sie blickte mich wieder mild tolerant an. »Da gibt es nichts zu leiten. Einmal im Monat muß man einen Streit zwischen dem Küchenchef und der Geschirrspülerin schlichten.«

»Ich bin der neue Geschäftsführer.«

Sie musterte mich mit kühlen Augen von Kopf bis Fuß. »Eine Idealbesetzung für den Job«, spottete sie. »Aber du wirst ins Bett gehen wollen.«

Ich nickte, mein Hirn klatschte weich im Kopf hin und her. »Bleibst du mir gewogen?«

Sie lächelte verlegen. »Sicher«, antwortete sie. »Aber jetzt muß ich zurück an die Bar.«

Ich fiel in den typischen Halbschlaf, der einen im Stadium völliger Erschöpfung überkommt, wenn man ein paar Cognacs zuviel getrunken hat. Undeutlich nahm ich wahr, daß der Verkehr nachließ und das Gemurmel unten aufhörte. Ich wartete auf Frankies Schritte auf der Treppe wie damals, wenn sie die Ferien in Pulteney verbracht hatte. Viel später kam sie nach oben, ging dann aber wieder. Auf dem Kai draußen vor dem Fenster wurde ein Motorrad angeworfen; es heulte auf wie ein Wolf und verschwand in der Nacht.

Ich benötigte einige Zeit, bis ich wieder einduselte. Mein Kopf schlug sich mit Problemen herum, deren Ausmaße sich zu verändern begannen. Eine der besten und ältesten Grundregeln eines Werftbesitzers heißt: Übergib niemals ein Boot, ehe es nicht ganz bezahlt ist. Ich hatte mich nicht an diese Regel gehalten. Jetzt brauchte ich eine freundschaftliche Unterhaltung mit Thibault, damit er mir erklären konnte, daß alles seine Richtigkeit hatte. Aber der Thibault, der aus dem Restaurant gesprintet war, hatte nicht so ausgesehen, als sei er in der Stimmung für freundschaftliche Unterhaltungen.

Ich fiel in einen unruhigen Schlaf.

Am nächsten Morgen weckte mich Frankie mit einer Tasse Kaffee, die so vorzüglich war, daß sie aus dem Restaurant unten kommen mußte. Sie wirkte frisch und ausgeruht. Die unschuldigen Sommersprossen auf ihrem Nasenrücken standen in krassem Gegensatz zum uralten katzenartigen Wissen ihrer Augen. Ich fragte: »Was Neues von Thibault?«

Sie schüttelte den Kopf. »Ich bin gerade erst zurückgekommen.« Ihr Blick hielt dem meinen nicht stand.

Ich forschte: »Zurück?«

»Jean-Claude hat mich mit seinem Motorrad gebracht.«

»Wer ist Jean-Claude?«

»Ein Freund.«

Ich blickte sie an, sie starrte zurück. Ich war achtzehn Jahre älter als sie. Ich öffnete den Mund, um zu fragen, um was für eine Art Freund es sich handelte.

Frankie wußte genau, was ich fragen wollte. Sie sagte: »Dein Bad läuft über«, und verließ das Zimmer.

Damit war mir gerade eine Unabhängigkeitserklärung überreicht worden. Ich stand auf und stolperte durch das Apartment. Bei Tageslicht erinnerte es mich bedrückend an die Wohnung in Earl's Court: Flur, einige Schlafzimmer und ein Wohnzimmer mit einem winzigen Büro. Bootsposter mit Eselsohren hingen an den Wänden, die Möbel waren lieblos zusammengestoppelt. Das sah aus, als wolle hier niemand lange leben. Das Bad lief nicht über, weil Frankie das Wasser nicht aufgedreht hatte. Ich rasierte mich und quetschte eine heiße Dusche aus den rülpsenden Röhren.

Wie gewöhnlich mußte ich mich bücken, um mein Gesicht im Spiegel sehen zu können. Es war ein großes Gesicht mit dicken roten Augenbrauen, einer großen roten Nase und einem Kinn, das Mary Ellen als aggressiv bezeichnet hatte. Ich zog einen Kamm durch das rote Gestrüpp auf meinem Kopf und ignorierte dabei eine graue Strähne, die sich in den Vordergrund drängen wollte. Dann zog ich saubere Jeans und ein Greenpeace-T-Shirt an.

Arc-en-Ciel wiegte sich leicht auf dem Wasser, ihr Mast war höher als andere, die neben dem dräuenden grauen Festungsturm an der Hafeneinfahrt in den Himmel ragten. Ihr Anblick erinnerte mich daran, daß ich andere Sorgen hatte als die Bettgeschichten meiner Tochter, besonders da sie volljährig war.

Mit diesen Gedanken ging ich ins Restaurant hinunter.

Mein Plan war es, an einem Tisch in der Sonne zu sitzen und ein Croissant zu essen. Danach wollte ich Georges anrufen, um mit ihm einen Sliptermin abzusprechen, bei dem ich das Seeventil untersuchen und die notwendigen Reparaturen vereinbaren konnte. Inzwischen würde Thibault zurückgekehrt sein – und mir grinsend den letzten Scheck überreichen.

So einfach lief es aber nicht ab.

Als ich in die Bar kam, sprach Gérard mit zwei fremden

Männern. Seine Hände flatterten wie Schmetterlinge vor der Brust. Die Männer waren untersetzt und kräftig. Sie steckten in zu engen grauen Anzügen und wirkten in der sorgfältig durchgestylten Atmosphäre der Bar völlig deplaziert. Einer war breitschultriger als der andere. Der Dünnere trug einen schwarzen Aktenkoffer mit Zahlenschlössern. Eine alte Frau mit langen falschen Wimpern saß auf einem Stuhl. Ihre Finger wanderten wie Spinnenbeine zu ihrer Kaffeetasse, denn ihre Augen unter den künstlichen Wimpern waren blind.

Gérard warf mir einen Blick zu wie ein Ertrinkender, dem man einen Strohhalm zuwirft. Ich kratzte mein bestes Französisch zusammen und fragte: »Kann ich Ihnen helfen?«

Die Männer in Grau richteten ihre kleinen schwarzen Augen auf mich. Sie schienen von dem, was sie sahen, nicht sonderlich beeindruckt zu sein. Der Kleinere der beiden erkundigte sich: »Wer sind Sie?«

Die Erfahrungen mit Savage Yachts hatten mich mit der Welt der dicken schwarzen Aktentaschen ausreichend vertraut gemacht. Ich gab vor, ihn nicht gehört zu haben. »Kann ich Ihnen helfen?« wiederholte ich, aber meine Lippen waren vor schlimmen Ahnungen wie taub.

Der breite Mann meinte: »Wir möchten mit M'sieur Ledoux oder seinem Vertreter sprechen.«

Ich entgegnete: »Wenn Sie Ihre Nummer hinterlassen, wird Monsieur Ledoux Sie zurückrufen.«

»Wer sind Sie?« mischte sich der Dünne wieder ein.

»Ich bin ein Freund von Monsieur Ledoux und kümmere mich zeitweise um das Restaurant. Gérard hier ist nur ein Angestellter. Monsieur Ledoux hat mich mit der Geschäftsführung beauftragt, weil er geschäftlich unterwegs ist. Wohin, weiß ich nicht. Darf ich Ihnen etwas anbieten?«

Unisono erwiderten beide: »Nein, danke.« Es klang, als hätte ich ihnen Gift offeriert.

Der breite Mann reichte mir eine Visitenkarte mit dem Aufdruck Jacques ARNOLD, Banque du Charente. Verdammte Scheiße, dachte ich, zur Hölle mit dir, Thibault. »Wir hatten eine Verabredung«, meinte er ironisch. »Vielleicht hat M'sieur Ledoux sie vergessen.«

»Bei Leuten, die sich in der Situation von M'sieur Ledoux befinden, soll so etwas nicht ungewöhnlich sein«, spöttelte der Kleinere. Ich stellte fest, daß ich ihn nicht mochte.

»Ich wünsche Ihnen einen guten Morgen!«

Sie gingen. Gérard begann wie Espenlaub zu zittern, ohne einen Ton herauszubringen. Ich fühlte mich, als ob ich eine fünfpfündige Eisstange geschluckt hätte.

Seit er sich vom Zirkus *Kraken* getrennt hatte, war Thibault auf dem besten Weg gewesen, ein Nationalheld zu werden. Menschen, die er nie gesehen hatte, benannten ihre Kinder nach ihm. Ich hatte angenommen, daß er so solvent wie die Banque Nationale de Paris war. Diese Vermutung und die Tatsache, daß er ein alter Freund war, hatten mich veranlaßt, ihm das Schiff zu übergeben, bevor es völlig bezahlt war.

Aber Monsieur Arnold und sein zynischer Freund sahen so aus, als stünde für sie eine Menge Geld auf dem Spiel. Es schien, als hätte sich Thibault von einem reichen Freund in jemanden verwandelt, der sich ein Boot bestellt hatte, das er nicht bezahlen konnte.

Ich aß das Croissant ohne Enthusiasmus. Ein Fischer mit schwarzer Baskenmütze fuhr in einem schwarzen Citroën-Lieferwagen vor. Zwei *ecailleurs* in grünen PVC-Schürzen halfen ihm beim Ausladen der Plastiknetze voller Austern. Ich ging nach hinten und zog Frankie hinter der Bar hervor, wo sie Gläser polierte.

Sie musterte mich unsicher. Wahrscheinlich fürchtete sie, daß ich ihr seltsame Fragen über ihren Freund Jean-Claude stellen würde. Das hätte ich nur zu gern getan, aber ich fragte: »Wo ist Thibault, wenn er nicht oben wohnt?«

»Er übernachtet niemals hier«, erwiderte sie, nicht übermäßig beeindruckt. »Es ist nicht chic genug für ihn. Er hat ein Haus, das Manoir de Causey.«

»Wo ist das?«

»Außerhalb der Stadt in Richtung Surgères, ungefähr zehn Meilen. Du nimmst am besten den Lieferwagen.«

»Welchen Lieferwagen?«

»Er gehört dem Restaurant. Könntest du zum Lunch zurück sein? Gérard ist etwas durcheinander, du solltest mir beim Decken der Tische helfen.«

»Das muß wohl sein«, murmelte ich.

Ich rief die Chantiers Albert an. Georges begrüßte mich wie ein alter Freund, was er auch war. Ich sagte: »Leider habe ich Arbeit für dich.«

»Prima«, erwiderte er. »Komm gleich rüber – nein, komm etwas später, dann gehen wir zusammen essen.«

»Ich kann jetzt nicht. Wir trudeln am Abend mit der Tide bei dir ein.«

»Ah, wie immer stets in Eile.«

»Immer in Eile.« Ich legte auf.

Auf der Pier waren die *ecailleurs* fertig mit Ausladen. Jetzt brachen sie die Austern auf und warfen sie auf einen Berg aus gestoßenem Eis. Thibaults Lieferwagen hatte eine große rot-blaue Aufschrift an der Seite: CHEZ T. Schwitzend vor Wärme und Angst kurvte ich in den Verkehr hinaus.

4

Das Manoir de Causey entsprach nicht unbedingt den Vorstellungen, die man sich von der Behausung eines Seglers macht, der Ärger mit seiner Bank hat. Es hatte ein Mansardendach, schmiedeeiserne Balkone und ein Türmchen an jeder Ecke. Die Auffahrt führte schnurgerade aufs Portal zu, sie schimmerte hell im Morgenlicht zwischen einer Allee aus Roßkastanien. Von einer Südterrasse aus führte ein gepflegter Heckenweg zu einem Obelisk.

Auch Drumcarty Castle besaß seine Heckenwege und Obelisken, aber selbst vor zweihundert Jahren, als meinen Vorfahren noch der größte Teil der rechten unteren Ecke Irlands gehört hatte, war es nie so gepflegt gewesen. Vielleicht war Drumcarty Castle größer, aber kein Savage hätte solchen Aufwand getrieben, um seinen Besitz ordentlich zu halten – selbst wenn er ihn sich hätte leisten können.

Ich lenkte den Citroën durch einen goldglänzenden, schmiedeeisernen Bogen auf einen Parkplatz. Ein Mann in blauem Pullover harkte den makellos sauberen weißen Kies. Sogar nach dem Standard eines internationalen Superstars war das Anwesen Spitzenklasse.

Das kalte Gefühl in meinem Magen verstärkte sich. Vielleicht war das Manoir doch genau die richtige Art Behausung, die einem in den Sinn kam, wenn man an einen Yachtie dachte, der Ärger mit seiner Bank hatte, aber hochstapeln wollte.

Ich kletterte aus dem Wagen, lief über den knirschenden Kies zum Portal und zog an der Glocke. Ein gelbes Motorrad parkte neben der Tür. Irgendwo weit entfernt im Haus ertönte ein gedämpftes Läuten. Niemand kam.

Ich zog wieder. Nichts. Hinter mir war der Platz leer, der Mann mit der Harke verschwunden. Über mir schossen Schwalben hin und her, sie tschirpten.

Irgend jemand begann zu schreien.

Es war eine Frauenstimme, gedämpft durch die Ferne. Ein Mann unterbrach sie. Seine Stimme klang abgehackt und südländisch, voller Schärfe und Gewalttätigkeit. Ich probierte die Türklinke.

Vor mir lag ein gefliester Flur, lang genug, um den Eindruck zu erwecken, daß er am Ende zusammenlief. Die Stimmen hallten von den glatten Flächen wider. Die Frauenstimme war voller Angst. Ich begann zu rennen.

Am Ende des Flurs war eine kurze Steintreppe. Eine schlichte Tür führte aus dem Dienstbotenbereich in eine weiß-goldene Halle mit einer wie eine Lyra geschwungenen Doppeltreppe zum Obergeschoß. Der Lärm kam aus einem der Räume neben der Halle. Ein Mann fluchte, eine Hand klatschte auf Fleisch. *»Ah, bon«*, knurrte der Mann, *»ah, bon.«* So knurrte auch ein Hund, der das Bellen eingestellt hatte und anfing zu beißen.

Eisen klapperte auf Stein. Die Frau begann zu schreien. Ich öffnete die Tür.

Es war einer dieser kleinen Salons, die in großen französischen Häusern üblich sind. Über einem großen Kamin hing ein nicht sehr gutes modernes Ölgemälde. Im Kamin brannte trotz des warmen Tages ein Feuer aus Holzscheiten. Im Feuer lag eine Frau, die sich auf den Scheiten wand.

Der Mann stand vor ihr. Er war schlank, hatte die beweglichen Hüften eines Discokönigs und das Gesicht eines verdorbenen griechischen Gottes. Die Nase war zu gerade, der Mund zu voll, ein Dreitagebart bedeckte das eckige Kinn, eine rabenschwarze Locke fiel ihm in die Augen. »Nun mach schon, Bianca«, fauchte er. »Wo ist er?« Dann hörte er mich und drehte sich mit dem schnellen, gefährlichen Reflex um, den ich nur zu gut aus meiner Boxerzeit kannte.

Ich ging an ihm vorbei, packte den Arm der Frau im Kaminfeuer und zog sie hoch.

Sie stand auf der Kaminplatte und klopfte sich die heiße Asche von der Lederhose.

»Alles in Ordnung?« fragte ich.

Sie nickte. Sie sah aus wie eine von Goya gemalte Zigeunerin: langes schwarzes Haar, braune, durchscheinende Haut, die sich rosa über den Wangenknochen spannte. Die Augen waren blau und funkelten wütend.

Der Schönling ignorierte mich und fragte beharrlich: »Wo ist er?«

Ich hatte keine Ahnung, wen er meinte.

Die Frau kam zu mir herüber und stellte sich etwas versetzt neben mich. Sie zischte: »Dieses dreckige Schwein behauptet, Monsieur Ledoux zu suchen.« Sie runzelte die Stirn. »Sind Sie nicht Mick Savage?«

Das klang gut in meinen Ohren. Ich griff zum Telefon. Sie wollte abwehren, änderte aber ihre Meinung.

Der hübsche Junge sagte: »Legen Sie auf!«

Ich wählte die Notrufnummer.

Die Hand des hübschen Jungen verschwand in der Seitentasche seiner ledernen Motorradjacke. Im Telefon hörte ich eine Stimme: *»Allo? Allo?«* Seine Hand kam wieder aus der Tasche, um einen langen silbernen Finger reicher, der im Licht glitzerte. Das Telefon blökte: *»Allo?«* Er befahl: »Legen Sie auf!« Seine Augen funkelten mit der Intensität eines Rauschgiftsüchtigen.

Die Luft war plötzlich eiskalt. Ich legte sacht den Hörer auf, nur jetzt keine schnelle Bewegung. Er kam auf mich zu, leicht nach Schweiß riechend. Er wickelte sich die Telefonleitung um die Hand und zog. Mit einem sanften Plopp kam sie aus der Wand.

Im Kamin lag ein Schürhaken von den Ausmaßen eines eisernen Bootshakens. Die Frau ergriff ihn und schleuderte ihn, traf den Mann damit voll an der Schulter. Er ging zu Boden und lag ausgestreckt auf dem glänzenden Parkett. Dann rollte er sich herum, das Messer noch immer fest in der Faust. Fünf Jahre im Zirkus *Kraken* hatten mich gelehrt, Messern aus dem Weg zu gehen. Ich trat auf sein Handgelenk.

Er gab ein Geräusch von sich, das irgendwo zwischen einem Grunzen und einem Quietschen lag. Seine Finger öffneten sich, das Messer rutschte über den Boden und blieb am Vorhang hängen. Ich bückte mich danach. Irgendwo klingelte es: das dumpfe Läuten, das ich gehört hatte, als ich an der Türglocke gezogen hatte. Meine Finger schlossen sich um das Messer. Eine Tür schlug zu. Ich erhob mich, das Messer fest im Griff. Das Herz pochte mir im Hals.

Der hübsche Junge war verschwunden. Seine schweren Stiefel polterten durch den Flur. Die Frau lehnte sich gegen die Kaminumrandung. Ihre Wut war verflogen, ihr Gesicht ganz grau. Ich fragte: »Haben Sie sich verbrannt?«

Sie hielt mir den rechten Arm hin. Er war schlank, gebräunt und muskulös, mit einem goldenen Gliederarmband am Handgelenk. Über dem Armband befand sich ein breiter Streifen geröteter, versengter Haut. »Nicht weiter schlimm«, meinte sie.

»Was wollte der Kerl?«

Sie hob die Schultern, ihre Augen blickten so unschuldig drein wie ein leerer Himmel. Irgendwo hinten im Haus schlug eine Tür zu. »Setzen Sie sich«, schlug ich vor. Ihre Hände zitterten.

»Nein.«

In der Halle erklangen wieder mehrere Schritte. Die Tür öffnete sich, ein eleganter Mann mit Schnurrbart und Anzug trat ein, ihm folgten drei andere elegante Männer in Anzügen. Der Mann hielt einen dicken, offiziell aussehenden Briefumschlag schützend vor seine Brust.

Er blickte erst das Messer in meiner Hand an, dann mich. Er hatte harte schwarze Knopfaugen. »Wo ist M'sieur Thibault Ledoux?«

»Nicht da«, erwiderte ich, klappte das Messer zusammen und steckte es in die Tasche.

»Es hat keinen Zweck, ihn zu verleugnen«, beharrte der mit dem Schnurrbart.

»Wer sind Sie?«

»Jean Lomas, Banque de Cahors.«

»In welcher Angelegenheit?«

»Das geht nur M'sieur Ledoux und die Bank etwas an.«

Die Frau schob sich das Haar aus dem Gesicht und reckte das Kinn streitbar vor. »Wie der Herr Ihnen gerade mitgeteilt hat, befindet sich M'sieur Ledoux nicht hier. Bitte gehen Sie jetzt.« Ihr Bauch war bretthart gespannt, voller Angst, was als nächstes passieren würde.

Ein grimmiges Lächeln umspielte Monsieur Lomas' Schnurrbart. »Tut mir leid, daß ich Sie auffordern muß zu gehen.« Er klopfte auf den Umschlag. »Dieses Schreiben erlaubt mir, das Manoir de Causey in Besitz zu nehmen.«

Neben mir fluchte die Frau: *»Merde!«* Das war es dann wohl, dachte ich, leb' wohl, Savage Yachts. Thibault, du Bastard, wo bist du?

Lomas fuhr fort: »Würden Sie also bitte das Haus verlassen?«

Die Bank du Charente hatte nach ihm im Restaurant gesucht, die Banque de Cahors suchte ihn im Manoir. Männer mit Messern versuchten herauszufinden, wo er sich aufhielt. Sobald Banken und Messerstecher Schlange standen, um den Braten zu schlachten, gingen Bootsbauer leer aus. Ich fühlte mich hundert Jahre alt.

»Zeigen Sie mir die Dokumente.«

»Engländer?«

»Ire.«

Er reichte sie mir.

»So«, fuhr er auf englisch fort, »alles in Ordnung, nicht wahr?«

Ich zuckte die Schultern. »Scheint so.«

»Was ist mit mir?« mischte sich die Frau ein. Sie stand dicht neben ihm und blickte ihm über die Schulter. »Das kann doch nicht wahr sein«, sagte sie mit einer veränderten, sanften Stimme. Verwundert runzelte sie die Stirn – wie die verfolgte Unschuld persönlich.

»Ich fürchte doch.« Monsieur Lomas sah ernst drein. Er hatte zur Kenntnis genommen, daß er sich in Gesellschaft einer schönen Frau befand.

»Bon.« Sie packte meinen Arm und stützte sich darauf. Es war eine überraschend vertraute Geste. Ich blickte sie an. Ihr linkes Auge, das Lomas nicht sehen konnte, blinzelte mir zu. »Dieser verdammte Thibault. Er hat uns gebeten zu bleiben, und jetzt wird sein Haus beschlagnahmt. Nun gut, dann sollten wir packen.«

Ich verstand. »Ja, das sollten wir wohl. Sie haben doch nichts dagegen?«

Monsieur Lomas ließ seine schwarzen Augen genießerisch über die Frau gleiten. Die Farbe war in ihr Gesicht zurückgekehrt, aber ein Rest Wut brannte noch in ihren Augen. M'sieur Lomas stellte fest, daß er sich nicht nur in Gegenwart einer schönen Frau befand, sondern ihr auch einen Gefallen tun konnte. Er schwankte kurz, ob er den eiskalten Banker herauskehren oder sich daran erinnern sollte, daß er ein heißblütiger französischer Macho war. »Natürlich«, stimmte er zu.

»Ich packe auch für dich, *Cheri.*«

Ich lächelte ihr zu. »Wir werden uns ein Hotel suchen

müssen. Also, das ist wirklich eine Zumutung.« Sie hob die Schultern und verließ schnell den Raum. Monsieur Lomas' Blick folgte dem Schwung ihrer Hüften in der engen Lederhose. Sein Mund unter dem Schnurrbart blieb offen. Ich fürchtete, daß er ihr einen seiner Begleiter nachschicken würde, daher lenkte ich ihn schnell ab: »Haben Sie einen Mann wegfahren sehen, als Sie ankamen?«

Er schluckte und wurde wieder ein funktionierender Banker. »Ein Mann rannte aus der Tür und fuhr auf einem Motorrad davon. Aber jetzt sollten wir beide Madame beim Packen helfen.« Wir hörten die Frau singen, als wir die Treppen emporstiegen, ein erfreuliches, heiseres Geräusch. Es führte uns in einen großen Raum, dessen Decke Szenen mit Diana, der Göttin der Jagd, schmückten. Auf dem Messingbett waren Hemden gestapelt. Ein Bild des Silbury Hill von David Inshaw hing an der Wand, ein großes kompliziertes Telefon und ein verchromter BMW-Motor standen herum. Ich vermutete, daß es Thibaults Zimmer gewesen war. Ich fand einen Koffer in einem der Schränke und schmiß ein paar Anzüge hinein, wobei ich mich bemühte, so auszusehen, als ob es meine wären.

Monsieur Lomas musterte den David Inshaw, dann das schwellende göttliche Fleisch an der Decke. Er leckte sich die Lippen. Hinter seinem Rücken hatte die Frau ein Schubfach in einem geschwungenen Sekretär geöffnet, zwei dicke Aktenordner in ihren Koffer geworfen und ein paar Lagen Hemden darüber gepackt. Sie nickte mir zu.

»Das war's, *Cheri*. Jetzt gehört alles Ihnen, M'sieur«, schnurrte sie.

Monsieur Lomas produzierte eine galante Verbeugung.

Die Frau zog den Reißverschluß des Koffers zu, richtete ihre dunkelblauen Augen auf Monsieur Lomas und bedachte ihn mit einem strahlenden Lächeln. Monsieur Lomas' Zunge kreiste rastlos über seine Lippen. Im Augenblick waren seine Gedanken sicherlich nicht mit Koffern beschäftigt.

Ich nahm einen Koffer in jede Hand. »Werden Sie auch das Restaurant übernehmen?«

»Das Restaurant ist eine GmbH. Leider kommen wir da nicht heran.«

»Leider«, bestätigte ich.

Einer seiner Männer begleitete uns zum Lieferwagen. Ich lud die Koffer ein und kletterte auf den Fahrersitz.

Die Frau zischte: »Bringen Sie mich irgendwo hin.« Sie zitterte wieder.

Wir fuhren die Kastanienallee hinunter. Das Manoir schrumpfte im Rückspiegel zu einem teuren Puppenhaus zusammen, der Mann im dunklen Anzug hob sich noch vom hellen Kies ab.

Die Frau stöhnte: »Puh!« Dann blickte sie mich an. »Danke, lieber Ehemann. Ich heiße Bianca.«

Ich schüttelte ihre Hand, sie war warm und etwas feucht. In ihrem Lächeln lag nervöse Anspannung. »Worum ging es eigentlich?« fragte ich.

»Thibault hat Probleme. Sie sind sein Freund, nicht wahr? Ich habe für sein Team gearbeitet, seine Reisen organisiert und auch anderes in seinem Leben.«

»Warum hat Sie der Junge ins Feuer gestoßen?«

»Weil er ein Schwein ist.« Es war eine so ruhige Feststellung, als ob sie schon eine Menge Schweine kennengelernt hätte. Wir waren jetzt außerhalb des Parks und fuhren durch ein Dorf. »Halten Sie bitte an der Apotheke dort.«

Ich brachte den Wagen vor dem grünen Kreuz zum Stehen. Sie kaufte sich eine Tube Brandsalbe. »Danke«, meinte sie in einem Ton, als sei sie daran gewöhnt, daß alle Menschen taten, was sie wünschte. »Nur gut, daß ich eine Lederhose trug, sonst wäre ich jetzt gegrillt.«

»Wer war der Kerl?«

Sie zuckte die Schultern. »Jemand, der Thibault finden will.«

»Eine seltsame Methode.«

»Wenn Sie ein großer Boß sind, können Sie sich Ihre Methoden aussuchen.«

Sie machte nur Konversation. Plötzlich wandte sie sich mir zu, als wolle sie mir etwas sagen, das ihr wirklich durch den Kopf ging. »Bitte bringen Sie mich zur Werkstatt.«

»Zur Werkstatt?«

»Ich zeige Ihnen den Weg.«

Sie strich Salbe auf ihre Verbrennungen, dabei klemmte sie die Zunge niedlich zwischen die Zähne.

»Was ist hier eigentlich los?«

»Thibault hat Schulden«, sagte sie und verzog ironisch das Gesicht. »Wahrscheinlich haben Sie sich das schon gedacht. Die Banken wollen seinen Besitz. Aber da gibt es noch andere, die wer weiß was von ihm wollen.«

Das hatte ich mir schon gedacht. Daß sie es mir erzählte, stimmte mich keineswegs heiterer.

»Sie schienen sich im Haus gut auszukennen.«

»Ich habe dort gewohnt«, murmelte sie. »Viele von uns wohnten dort.«

»Waren Sie auch auf der *Kraken*?«

»Nein«, erwiderte sie, »ich war anderweitig beschäftigt.« Sie schien mir für den Zirkus auch noch zu jung zu sein. »Aber Sie waren dabei.«

Ich nickte. Wieder fragte ich: »Was ist passiert?«

»Ich war fort. Als ich zurückkam, hatten schon alle das Haus verlassen. Dieser Kretin mit dem Messer dachte, ich wüßte, wo Thibault ist. Deshalb stieß er mich ins Feuer.«

»Thibault hat Sie angerufen, damit Sie ein paar Sachen für ihn retten?«

»Gestern abend.«

»Was hat er gesagt?«

»Daß ich die Sachen holen soll, die ich eingepackt habe.« Sie ließ den Kopf hängen. »Ich kann es noch nicht glauben.« Sie zog einen blauen Schal aus der Tasche und trocknete sich die Tränen ab.

»Was waren das für Sachen?«

Sie schüttelte den Kopf, das Gesicht im Schal vergraben. Aber ich konnte auf der Seide keine feuchten Flecken entdecken.

Sie lotste mich zurück nach La Rochelle, am Alten Hafen vorbei und in ein Gewerbegebiet. An einem kastenartigen Gebäude aus Stahl und Glas stand über der Eingangstür zum Büro: EQUIPE LEDOUX. Ein Katamaran lag auf einem Flecken verdorrten Gras, durch ein Gestell unter dem Luvschwimmer in Schräglage gehalten. Der Parkplatz war leer, nur ein paar rostige Stahlträger lagen darauf herum.

Alle Farbe war aus Biancas Gesicht gewichen. Bleich und besorgt kaute sie an einem Daumennagel. Ich stellte den Motor ab. Die Absätze ihrer Cowboystiefel klapperten auf dem Asphalt, als sie zur Bürotür hinüber ging und sie zu öffnen versuchte. Verschlossen. Sie zog einen Schlüsselbund aus ihrer Tasche und versuchte, einen Schlüssel ins Schloß zu stecken. Vergeblich. Sie versuchte es mit einem anderen, dann probierte sie es an den großen Stahltoren der Werkshalle. Der Platz machte einen so verlassenen Eindruck, als hätte man ihn endgültig aufgegeben. Ich kannte diesen Eindruck von meiner eigenen Werft. Keine der Türen ließ sich öffnen. Ich erinnerte mich daran, wie schnell Yann am Vorabend das Thema gewechselt hatte.

Bianca kam zurück, langsam und schleppend. Sie kletterte in den Wagen, faltete die Hände im Schoß und starrte auf sie hinunter.

»Probleme?« erkundigte ich mich.

Sie wandte den Kopf, um mich anzublicken. Die Tränen waren jetzt echt. Ihre schwarzen Haare klebten an den

Wangen, sie versuchte nicht, sie zurückzustreichen. »Man hat die Schlösser ausgewechselt«, schluchzte sie. »Alle meine Freunde sind fort.«

Ich wendete und fuhr in Richtung Hafen zurück.

»Fünfzehn Leute«, sagte sie, »das ganze Team. Alle sind weg.« Sie weinte wieder. »Ich weiß nicht, wo ich hin soll. Bastarde!«

»Wer?«

»Er hatte Takler, Bootsbauer, eine ganze Crew. Alle haben für ihn gearbeitet. Dann kommen diese Hunde ...«

»Diese Hunde von den Banken?«

Sie rieb sich die Augen mit dem Schal. »Sie sollten sich fragen, wer hinter den Banken steckt.«

Ich klemmte den Lieferwagen zwischen zwei riesige Sattelschlepper und bog in Richtung Innenstadt ab. Das ärgerliche Dröhnen der Hörner überhörte ich. »Es ist nicht Thibaults Schuld, daß alles zusammengebrochen ist«, sagte Bianca.

»Wann wollen Sie ihm die Papiere übergeben?«

»Er holt sie vom Restaurant ab.« Sie biß sich auf die Lippen. »Hören Sie, ich weiß nicht, wo ich wohnen soll. Ist da noch Platz in dem Apartment über dem Restaurant?«

»Sicher.«

Sie wiederholte: »Es ist nicht Thibaults Schuld.«

Ich hatte auf der Basis von »no cure, no pay« für Lloyd's gearbeitet, hatte Boote gebaut, war Rennen rund um die Welt gesegelt und hatte über Seen aus brennendem Petroleum gehangen. Das sind alles ziemlich riskante Geschäfte. Aber bei keiner dieser Beschäftigungen bin ich jemals auf jemanden gestoßen, der zugegeben hätte, daß er an seinem Konkurs selbst schuld war.

Außer, so schien es mir jetzt, ich selbst.

5

Der Ire Johnny Tinelly war ein freundlicher Mann. Jeden Tag, wenn er mit seinen Leuten fischen ging, schlich ich mich aus dem dunklen Haus und hockte auf dem Netzballen, während das Boot über die bewegten Wasser des Barrow tanzte. Johnny, Mick, Pat und Andrew brachten mir das Lachsfischen bei und wie man das Netz aussetzen mußte, damit die Korken eine gleichmäßige Parabel auf der Oberfläche bildeten. Niemals durfte mehr als die Hälfte des Flusses abgesperrt werden, so wollte es das Gesetz. Dann begann das Holen. Der Strom verengte die Parabel zu einem sich zuziehenden Sack. Ich hatte gute Augen, bessere als die der Männer, deshalb sah ich als erster die Bewegungen im Wasser, die bedeuteten, daß Fische im Netz waren. Der Steert des Netzes hing schwer herab, die Fische darin kämpften. Johnny knurrte: »Zuerst die Führungsleine, Jungs«, als ob die anderen Männer nicht schon seit zwanzig Jahre die Führungsleine zuerst geholt hätten. Endlich war der Fang an Bord, lange, zuckende Silberbarren, die mit dem Langstein vor den Kopf geschlagen und dann in den Sack geworfen wurden. An Land trug ich den Sack, außer wenn er zu schwer war. Sehr häufig war er zu schwer. Dann marschierte ich vorneweg, als ob ich das alles selber vollbracht hätte.

An Regen- oder Nebeltagen, wenn uns niemand beobachten konnte, kam manchmal das Langnetz zum Einsatz. Es lagerte unter einem Felsen, denn sein Gebrauch war verboten, weil man damit mehr als die Hälfte des Flusses absperren konnte. Nicht, daß wir damit mehr Fische gefangen hätten. Aber das Langnetz hatte einen hintergründigen Wert für den abergläubischen John Tinelly, es war ein Symbol der Unabhängigkeit. Andrew, ein dunkelhaariger Mann mit grauem Gesicht, war gegen die Benutzung des Langnetzes, wenn ich dabei war. Aber Johnny pflegte mir dann auf meine siebenjährige schmale Schulter zu schlagen und zu sagen: »Es ist doch der Junge, der dem Boot Glück bringt.« Und schon wurde das Langnetz ausgesetzt.

Eines Tages im März saßen meine Eltern und ich im dunklen Eßzimmer. Es gab eine Terrine Irish Stew, der wie feuchte Wolle roch, dazu kam der schwache chemische Whiskeyduft aus dem Glas meines Vaters. Wir schwiegen. Ich konnte nicht entwischen, denn die Tide war zum Fischen zu niedrig, und der Regen peitschte draußen die graugrünen Felder.

Plötzlich wurde an der Tür gehämmert. Meine Mutter stand auf. Als sie zurückkam, hatte sie einen Brief in der Hand. »Er ist für dich«, stellte sie fest.

»Mach' ihn auf«, knurrte mein Vater hinter seinem Bart.

Der Wortwechsel verstummte, aber eine Spannung begann sich aufzubauen wie bei einem Aal, der Schleim absondert.

Meine Mutter öffnete erst den Mund, dann den Brief. Sie las ihn, dann fixierte sie mich mit ihren blaßblauen Augen. Ohne meinen Vater anzublicken, reichte sie ihm das Schreiben.

Der las, dann trank er sein Glas leer und fluchte: »Dieser Hund! Was glaubt er, wer er ist? Weiß er, welches Jahr wir schreiben? Die Welt hat sich seit 1916 verändert ...«

»Nicht vor dem Jungen«, bat meine Mutter.

»Es geht ihn aber an«, schnaubte mein Vater. »Dein Onkel James beschuldigt dich, daß du Beihilfe beim gesetzwidrigen Fang seiner Lachse geleistet hast. Er schreibt, daß er nichts anderes vom Kind eines Bolschewiken und einer Engländerin erwartet hat. Beim nächsten Mal wird er die Hunde auf dich hetzen.«

Ich starrte in seine wilden blauen Augen. Mein Körper war zu Stein geworden, kalt und schwer. »Nein«, stammelte ich, »das hab' ich nicht getan.«

»Laß ihn in Ruhe«, zischte meine Mutter.

Der Streit schärfte seine Krallen, erhob sich über dem Eßtisch in die Luft und hieb seine Klauen in beide. Ich schlich mich fort.

Wenn nicht gefischt wurde, saßen die Lachsfischer im *Cruiskeen Lawn* und schlürften in kleinen Schlucken Guinness aus Flaschen. Sie erinnerten mich dann an große, übelriechende Nachtvögel. Johnny Tinnelly hockte neben dem Koksfeuer. Ich schob die Hände in die Hosentaschen und marschierte zu ihm hinüber. »Zu naß zum Fischen, wie, Johnny?«

Er blickte vom Feuer auf. Sein Gesicht war grau und verschwollen vom Stout und von der Hitze. Seine Hand zuckte hoch und schlug mich aufs Ohr. Schmerz schoß durch meinen Kopf. Tränen strömten aus meinen brennenden Augen. Er brüllte: »Verschwinde, du adliger Verräter!«

Schuld war das Langnetz. Jemand hatte es gefunden und zu Onkel James gebracht. Tinnelly war raus aus dem Lachsboot, genau wie ich. Aber Tinnelly saß im *Cruiskeen Lawn* fest, während ich demnächst nach England zur Schule geschickt werden sollte.

Bevor ich abreiste, wurde ich aufs Schloß befohlen. Onkel James saß im Salon unter der langen Reihe von Bildern, die Angelica Kaufmann gemalt hatte. Neben seinem Ellbogen stand ein Telefon, er schrieb einen Brief. »Ah«, sagte er aufblickend. »Ahnst du, warum du hier bist?«

»Nein«, entgegnete ich. Ich konnte Onkel James nicht leiden, weil ihn meine Eltern nicht mochten. Er stieß mich auch durch seine lange Nase, die schuppige Glatze und die fahlblauen Glotzaugen ab.

»Weil ich dein Schulgeld bezahle«, sagte er gewichtig.

»Ich bin das Oberhaupt der Familie und für alle verantwortlich.«

Ich wußte nicht, was er von mir erwartete, also sagte ich: »Danke.«

»Danke mir nicht. Wir wollen dich nur loswerden, dich in die Welt schicken. Du machst hier Ärger.« Er winkte mit seiner gelben Hand. »Also geh!«

Ich lief die Auffahrt unter den tropfenden Bäumen hinunter und fühlte mich fremd und einsam. Wegen Tinnelly überkam mich eine große Traurigkeit. In der nächsten Woche fuhr ich mit dem Schiff nach England hinüber.

Das Restaurant war leer. Frankie polierte Gläser in der Bar. An den Straßentischen saßen Touristen und vertranken die müßige Stunde vor dem Lunch. In der Bar hockten ein paar Greise und die blinde Alte, deren Finger sich um ein Glas Pernot klammerten. Frankie meinte: »Du kommst spät«, und warf dabei einen abschätzigen Blick auf Bianca. Wieder eins von seinen Flittchen, besagte dieser Blick. Mary Ellen und ich mochten unsere Übereinkunft haben, aber von siebzehnjährigen Töchtern kann man nicht erwarten, daß sie das akzeptieren.

Die alten Männer musterten Bianca mit ihren trüben Augen und murmelten: *»Bonjour.«* Dann widmeten sie sich wieder ihren Studien, wie Frankies Brüste ihr T-Shirt mit der Aufschrift ›Rettet den Regenwald‹ in Bewegung setzte.

»Ich muß Thibault finden.«

Sie schüttelte den Kopf. »Warst du im Manoir und in der Werkstatt?«

Ich nickte.

Sie trocknete ein Glas ab und knallte es in das Regal über der Bar. Was sie anging, so war sie eine praktisch denkende Person, und ich und mein Dämchen waren ihr nur im Weg. »Ich fürchte, ich kann dir nicht helfen. Zu deiner Information: Gérard fühlt sich nicht wohl, in der Küche gibt es ein Problem: André – der Chefkoch – findet die Austern nicht gut. Giselle – sie ist die Geschirrspülerin, deren Bruder Christophe die Austern geliefert hat – meint, daß sie in Ordnung sind. Natürlich verteidigt sie ihn. Mit mir wollen sie nicht reden, weil ich zu jung bin. Du sollst hier der Geschäftsführer sein, vielleicht könntest du dich also etwas sinnvoll betätigen?«

»Frankie, das ist Bianca. Sie steckt in Schwierigkeiten. Ist oben im Apartment noch Platz für sie?«

Frankie vergaß ihre Effektivität, der berechnende Blick verschwand. Hinter der professionellen Fassade schlug ein warmes Herz, immer bereit, den Heimatlosen und Verlassenen ein altmodisches Willkommen zu bieten. »Sicher«, meinte sie mit einem breiten Grinsen. »Ich übernachte dann eben bei Jean-Claude.«

Ich erinnerte mich an das Motorrad in der Nacht. Ohne jeden Enthusiasmus entgegnete ich: »Wenn du sicher bist?« Ihre Augenbrauen schossen in die Höhe, der berechnende Blick war wieder da. Ihre Ausdrucksmöglichkeiten wurden langsam subtiler. *Du bringst deine Geliebte mit – ich gehe zu meinem Geliebten,* besagte ihr Gesicht. Aber das war mein Problem, nicht das der Frau. »Komm mit, Bianca, ich zeige dir alles.«

Bianca folgte ihr. Ich atmete tief durch und schob mich durch die doppelte Schwingtür in die Küche.

André, der Koch, war ein breiter, blasser Mann mit einem Walroßschnurrbart und eng zusammenstehenden Rosinenaugen. Er schwitzte über einem großen Gasherd, der wie eine gereizte Schlange zischte. Ich stellte mich ihm und seinen vier athletisch aussehenden Gehilfen vor. Giselle stand am hinteren Ende der Küche, eine verrunzelte alte Frau mit einem verknoteten Schal unter dem Kinn. Mit beiden Armen auf die Spüle gestützt, starrte sie blind die weiß getünchte Wand an.

Sie sah aus, als stünde sie unter Schock. Ich fragte: »Wo liegt das Problem?«

Sie wandte den Kopf. Ihr Gesicht war zerfurcht und gebräunt, in den Falten rannen Tränen. »Christophe«, erwiderte sie.

»Was ist mit ihm?«

»Er ist ein alter Freund von M'sieur Thibault, schon seit M'sieur Thibault ein Kind war. Würde er ihn so übers Ohr hauen, wie es dieser Mann behauptet?«

»Natürlich nicht.« Ich wollte sie nicht nur beruhigen, mich beeindruckte auch wieder diese Loyalität.

»Austern sind Austern«, brummte André.

Dagegen war nur schwer etwas zu sagen.

»Wir werden sehen. Bringen Sie mir von den Austern!« Ich setzte mich an den Tisch und machte ein Gesicht, von dem ich hoffte, daß es dem eines Michelin-Inspektors ähnelte.

Es war ein einfaches, aber delikates Mahl: eine Flasche Chablis und ein Dutzend der frischen Austern. Ich aß sie mit äußerster Bedächtigkeit und großem Aufwand. Giselle beugte sich schweratmend über meine Schulter und reichte mir Zitronenscheiben. »Es ist kein gutes Austernjahr, wirklich nicht. Das Wetter war ungünstig. Auch ist Christophe nicht mehr so jung wie früher. Trotzdem liefert er hervorragende Austern.«

Sie sprach mit großer Vehemenz. André blickte von einem Barschfilet auf. »Laß ihn in Ruhe essen!« Die Austern waren gut. Ich sagte ihr das, und Giselles Kinn schoß in die Höhe, ihr Blick wurde triumphierend. Dann fügte ich hinzu, daß sie kleiner waren, als sie sein sollten, und das brachte das Feuer in Andrés Augen zurück. Ich schenkte beiden ein Glas Chablis ein, dann ging ich wieder in die Bar. Hinter mir blieb Harmonie zurück.

Durch die Schwingtüren kamen langsam die Mittagsgäste

hereingesickert. Ich stieg die Treppe zum Apartment hinauf. Dort setzte ich mich an den Schreibtisch in dem kleinen Büro, das vom Wohnraum abgeteilt war. Es verfügte über einen Aktenschrank und eines dieser komplizierten Telefone, die Thibault so liebte. Der Raum mußte als Büro für das Restaurant gedient haben, denn er war mit Rechnungen übersät. Ich stapelte sie auf und schob sie in eine Ecke.

Dann nahm ich den Hörer und wählte England an.

Mary MacFarlane antwortete. Sie war meine Sekretärin, die Witwe des alten Henry, dem die South-Creek-Werft in der Nähe von Pulteney gehört hatte. Henry war gestorben, und Mary hatte die Werft verkauft. Jetzt nahm sie Anrufe für mich entgegen. Ich sah sie vor mir, wie sie hinter dem Schreibtisch thronte: breit wie ein Scheunentor in ihrem blauen Pullover und einem lohbraunen Rock. »Oh, hallo«, sagte sie. »Du bist also gut angekommen.«

»Kann man sagen.« Hätte ich ihr alles erzählt, hätte sie sich verpflichtet gefühlt, Mitleid zu äußern, und ich war nicht in der Stimmung dafür. »Hast du von Thibault Ledoux gehört?«

»Nichts.« Mein Herz rutschte in die Hose. »Es kamen nur zwei Anrufe von der Bank. Sie wollen den letzten Scheck für die *Arc.*«

Da waren sie nicht die einzigen. »Das ist in Arbeit. Wer noch?«

»Art Shacker. Er braucht deine Antwort innerhalb von zwei Wochen, weil er mit seinen Sponsoren reden muß.«

»Danke.«

»Das Flying Fish Challenge muß doch eine ziemlich aufregende Sache sein«, meinte sie suggestiv.

»Ja«, sagte ich und versuchte positiv zu klingen. »Tu' mir einen Gefallen. Kannst du die Arbeitsblätter für die *Arc-en-Ciel* heraussuchen?«

»Es sind ungefähr zweitausend.«

»Die Blätter mit den Seeventilen. Gib mir die Lieferfirmen und Einbauer durch.«

Ich teilte ihr die Telefonnummer des Restaurants mit und legte auf. Bianca saß im Nebenraum und sah mich mit heißen Augen an. Als sie merkte, daß ich zurückstarrte, wich ihr Blick aus.

»Was haben Sie in Thibaults Haus gemacht?«

»Sechs oder sieben vom Team haben dort gewohnt.«

»Und er hat Ihnen nicht erzählt, wo er hingeht oder was er vorhat?«

Ihre Unterlippe schob sich schmollend vor. »Ich bin seine Assistentin, nicht seine Mätresse. Ich war verreist und kam an diesem Morgen zurück. Er rief mich an und bat mich, ein paar wichtige Papiere mitzubringen. Die habe ich.«

Ich erinnerte mich an Thibaults Gesicht am Vorabend. Die Haut war dünn wie Pergament gewesen, zu stramm über die Knochen gezogen. »Ich verstehe nicht, warum der Bursche mit dem Messer Sie ins Feuer gestoßen hat.«

Wieder wichen ihre Augen aus. »Thibault leitet ein großes Unternehmen, er will Boote bauen und Rennen gewinnen.« Ihr Mund verzog sich wehmütig. »Ich vermute, wo das große Geld ist, sind auch dreckige Geschäfte nicht weit.«

»Wollen Sie sich etwa für seine Geschäfte opfern?«

»Er hat Sie gebeten, sich um sein Restaurant zu kümmern, also tun Sie das. Thibault hat eine besondere Art, Menschen zu motivieren. Jedenfalls weiß ich nicht, wo er jetzt steckt.«

»Was stand in den Papieren, die Sie mitgenommen haben?«

»Das weiß ich nicht.« Jetzt hatte sie einen widerspenstigen Zug im Gesicht. Selbst wenn ich's wüßte, würde ich es Ihnen nicht erzählen, besagte diese Miene.

»Wo sind sie?«

»Ein Mann hat sie abgeholt.« Ihre Augen waren von einem ganz besonderen Blau, tief wie der Abendhimmel; hell und intensiv stachen sie von der gebräunten Haut ihres Gesichts ab.

»Welcher Mann?«

»Ich hatte sie im Restaurant für ihn hinterlegt. Ich habe ihn nicht gesehen.«

Sie mißtraute mir. Das beruhte auf Gegenseitigkeit. Ich glaubte ihr kein Wort, aber sie würde mir nichts erzählen.

Ich stand auf, und sie folgte mir. Befürchtete sie, daß ich ihr Zimmer nach den Aktenordnern durchsuchen würde?

»Die Leute von Thibaults Team – wo sind sie?«

»Ich habe gerade telefoniert. Sie sind seit drei Tagen fort. Thibault hat sie weggeschickt, weil alles zu Ende sei.«

»Gibt es einen neuen Geschäftsführer?«

»Thibault ist der Geschäftsführer.«

Draußen senkte sich die Sonne zum westlichen Horizont. Wir hatten fast Hochwasser. Kleine Windstöße strichen über den inneren Hafen. Wenn Thibault schon vor drei Tagen gewußt hatte, daß er bankrott war, hätte er beim Stapellauf zumindest eine Ahnung davon haben müssen, als er mich bat, das Boot zu überführen.

Vertrauen ist keine Einbahnstraße.

Ich nahm meine dreckige Öljacke vom Haken.

»Gehen Sie auf Ihr Boot?« fragte Bianca.

»Nur ein kleiner Ausflug.« Ich wollte alleingelassen werden. Aber sie hatte bereits ihren Mantel an.

Unten saß Frankie auf einem Barhocker und aß ein Sandwich. Ich fragte, ob sie mitkommen wolle. Sie blickte zuerst Bianca an, dann mich. Das Strickmuster ihrer Gedanken war klar: Sobald Bianca mit mir zusammen war, wurde sie von der Heimatlosen und Verlassenen wieder zu einer schamlosen Herumtreiberin. »Nein«, preßte sie hervor. Ihr Mund wirkte verkniffen, aber vielleicht lag das am Sandwich.

Ich grinste sie an, um ihr zu zeigen, daß meine Seite der Familie ihr nicht böse war, und ging.

Von außen sah die *Arc-en-Ciel* gar nicht so schlecht aus. Ich kletterte vom Steg auf das Seitendeck und drehte mich um, wollte Bianca eine Hand reichen. Aber sie war schon an Bord.

»Können Sie steuern, wenn wir das Boot schleppen? Die Maschine funktioniert nicht.«

Sie musterte die schwachen dunklen Schatten, die der Windhauch aufs Wasser zauberte. »Warum segeln wir nicht?«

»Zu wenig Wind.« Die Durchfahrt zwischen dem Tour Saint-Nicolas und dem Tour de la Chaine ist eng. Beim Segeln mußte jeder an Bord wissen, was zu tun war.

Bianca meinte: »Es steht kein Strom. Wir schaffen es leicht.« Routiniert stopfte sie ihr schwarzes Haar unter eine salzverkrustete rote Baseballmütze.

»Haben Sie schon gesegelt?«

»Ein wenig.« Sie lehnte sich an den Großbaum und steckte die Hände in die Taschen. Ihre Augen waren gegen das Sonnenlicht zusammengekniffen. Plötzlich wußte ich, woher ich sie kannte.

Ich setzte mich und spürte, wie mir das Blut ins Gesicht stieg. »Sie sind Bianca Dufy.«

»Das war ich mal.«

Bianca Dufy war Frankreichs maritimes Gegenstück der Jeanne d'Arc gewesen. Fünf Jahre lang hatte sie Kreise um alle Konkurrenten gesegelt, sowohl bei den Olympischen Spielen als auch bei Regatten für Mehrrumpfboote, sogar beim Captain's Cup. Ich lese keine Segelmagazine, aber sogar ich hatte ihr Foto auf den Titelseiten gesehen. Sie hatte sich schnell einen Ruf als harte Gegnerin erworben, die gern für sich blieb. Aber eines schönen Tages war sie von ihrem Boot gestiegen und hatte sich in Luft aufgelöst.

»Wir segeln«, entschied ich.

Zuerst tat sich nicht viel. Bianca hatte die Fock ausgerollt, wir trieben durch die enge Durchfahrt in das blaue Wasser der Fahrrinne.

Draußen wehte der Wind gleichmäßiger. Wir setzten alles Tuch, das wir hatten. Das Heckwasser wurde zu einer langen, gurgelnden Furche in der schmutzigen See. Die roten Faßtonnen begannen schneller vorbeizugleiten.

»Schön«, sagte Bianca. Ihr Gesicht hatte den verkniffenen Ausdruck verloren. Die Augen wanderten über das Boot, prüfend, scharf, ernsthaft interessiert.

Ich fühlte so etwas wie Stolz. Die *Arc* war mein Baby. Für kurze Zeit konnte ich vergessen, daß sie das Eigentum eines Bankrotteurs war, unter Deck ruiniert und nur von einem Holzpflock schwimmfähig gehalten. Sie hatte einen eleganten Rumpf und ein effektives Rigg. Und sie lief wie auf Schienen.

»Da drüben«, sagte Bianca und zeigte nach Westen.

Da drüben, wo sich die Sonne südlich der Île de Ré der Feuerlinie des Horizonts näherte, kamen weiße Segel näher.

»Übernehmen Sie«, meinte ich.

Sie packte das Ruder. Ich griff zum Fernglas, um die Segel zu studieren.

Es war eine Ketsch, ein achtzig Fuß langes Monster mit einer Segelfläche von der Größe eines Tennisplatzes und Winschen, die stark genug waren, um mit Elefanten Tauziehen zu spielen. Sie hatte ein großes weißes Deck, auf dem Menschen wie Ameisen herumkrabbelten. Auf den ersten Blick sah sie wie eine Rennyacht aus, aber die Aufbauten und Persenninge zeigten, daß sie jemand zur Fahrtenyacht umgebaut hatte. ›Spielzeug eines reichen Mannes‹ stand in unsichtbaren Lettern auf dieser Ketsch geschrieben.

Sie sahen uns kommen: ein schmales, hohes Großsegel und eine riesige Genua über einem sechzig Fuß langen Rumpf, der zu breit und zu flach fürs Fahrtensegeln war. Weiterhin sahen sie nur zwei kleine Figuren im Cockpit und nicht den Schwarm, den man auf einem Boot von der Größe der *Arc-en-Ciel* erwarten konnte. Die Segel der Ketsch killten leicht, als sie sachte in der Dünung stampfte.

Bianca stieß auf sie herab wie ein Falke. Eine Bö wanderte dunkel übers Wasser, *Arcs* Mast bog sich wie eine Ähre im Kornfeld; die Heckwelle riß zischend von ihrem sanft gerundeten Rumpf ab. Leise verkündete Bianca: »Ich gehe vor ihnen durch.« Sie lief auf Steuerbordbug hoch am Wind. Die Ketsch lag hoch am Wind auf Backbordbug, die Crew saß auf der hohen Kante wie eine Reihe Affen. Ihr Bug riß einen schäumenden weißen Knochen aus der langen blauen Dünung. Wir waren fast auf Kollisionskurs, jeder hätte das so beurteilt, der *Arc* nicht so gut kannte wie ich.

Am Ruder hätte ich gewußt, wie ich vor ihrer Nase vorbeizischen konnte. Aber Bianca würde nicht so hart segeln, dachte ich, schließlich stand sie zum ersten Mal am Ruder eines fremden Schiffes. Ich holte die Genua noch eine Spur dichter und blickte sie fragend an. Sie kauerte auf der Cockpitbank, eine Hand leicht auf dem Ruder. Ihre Augen waren unter dem langen Mützenschirm nicht zu sehen, nur ein paar schwarze Haarlocken wehten im Wind. Sie hatte alle Nervosität abgelegt und wirkte entspannt wie eine schlafende Katze. Eben voraus und an Steuerbord war der Rumpf der Ketsch ein blutroter Streifen, der tief in den Wellen lag und sich zuversichtlich einen Weg nach Luv bahnte.

»Wenden Sie jederzeit«, drängte ich.

Das andere Boot war jetzt hundert Meter entfernt. Jemand rief: »Raum!« Sie wollten ihr Wegerecht durchsetzen.

Bianca hielt Kurs.

Die Ketsch war eine vierzig Tonnen schwere Klinge aus stahlharten Verbundwerkstoffen, die mit knapp zwölf Knoten durchs Wasser schnitt. Ich hörte das Klicken der Winschen auf ihrem Deck, das Kreischen einer Möwe, das Rauschen der Bugwelle unter ihrem Steven.

Bianca hielt Kurs.

Arc-en-Ciel lief gerade und leicht, sie erzeugte nur eine kleine Heckwelle. Die Crew der Ketsch brüllte jetzt. Wir hatten noch zehn Meter Raum. Dann fünf. Ich konnte die Zinkcreme auf der Nase des Vordeckmannes riechen. Er drehte sich um und rannte zum Mast, wo er sich an eine Want klammerte. Dann schob sich das hohe rote Vorschiff mit dem Bugkorb aus Nirostahl zwischen uns.

Als wir vor dem Steven der Ketsch vorbeischossen, trennten uns knapp anderthalb Meter.

»Wende!« befahl Bianca und wirbelte das Rad herum. Der Großbaum kam über, ich kurbelte an der Genuawinsch. Wir lagen jetzt zehn Meter in Luv und vor dem roten Boot. Dessen Segel killten in unserem Abwind, auf dem Vordeck fluchte laut ein Mann. Ich merkte, daß ich vor einer Minute zum letzten Mal geatmet hatte.

Bianca brüllte etwas über die Schulter zurück, das wie Maschinengewehrfeuer klang. Damit baute sie ihre Spannung ab. Dann fiel sie ab und schoß hinter dem Heck der großen Ketsch vorbei. Die Crew blickte uns nach. Sie hatten harte braune Gesichter, auf denen der weiße Sonnenschutz wie eine Kriegsbemalung wirkte. Ihre Shorts waren marineblau und hatten scharfe Bügelfalten. Ihre Polohemden leuchteten burgunderrot, passend zur Farbe des Rumpfes. Über dem Herzen prangte ein weißer Schriftzug: WHITE WING.

Einer der Männer trug keine Uniform. Er war älter als der Rest, begann Übergewicht anzusetzen und lutschte an einer Zigarre. Sein Blazer und die weiße Hose verkündeten: *Eigner.* Man konnte nicht sagen, daß seine Augen unfreundlich blickten, sie funkelten schlicht feindselig. Dabei waren sie auf Bianca fixiert. Bianca lachte – aber zu laut. Sie legte mir einen Arm um die Schultern und küßte mich auf die Wange. Dabei verharrten ihre Augen auf dem Mann mit der Zigarre.

Die Segel der *White Wing* wurden achteraus kleiner. Ich

hatte sie beobachtet, als wir vor dem Bug der Ketsch durchliefen. Sie waren bretthart getrimmt gewesen. Man hatte dort nicht den leisesten Versuch gemacht, etwa langsamer zu werden und die Kollision zu vermeiden.

Wären wir in einem Rennen gewesen, hätte ich das noch verstanden. Aber davon war keine Rede. Auf der *White Wing* war man bereit gewesen, uns in der Mitte durchzusägen und das eigene Boot zu beschädigen. Alles nur, um uns für einen kleinen Scherz zu bestrafen.

Ich fragte: »Kennen Sie das Boot?«

Sie lächelte mich an, es war ein nach innen gerichtetes Lächeln voller Triumph.

»Nein«, log sie. Dann murmelte sie: »Ich falle ab«, und drehte *Arcs* Bug in Richtung Küste.

6

Alberts Werft lag am Port des Minimes, einer dieser riesigen Betonmarinas, die nach französischem Brauch an den Zufahrten zu den alten Häfen auf Gäste warteten. Es gab dort ein Aquarium für die Touristen, eine Anzahl Yachtmakler für die Phantasten und eine Reihe Werften, Schiffsausrüster und Versicherungsvertreter für die ernsthaften Segler. Chantiers Albert war die bekannteste Werft. Sie bestand aus einer schmutzigen Halle, die innerhalb einer Ziegelmauer am Ende der Slipbahn stand. In der Halle herrschte das übliche Heulen der Sandstrahlgebläse, Winkel- und Schwingschleifer. Überall konstatierte ich bemerkenswerte Ordnung, die das Merkmal guter Handwerker ist.

Georges Albert war ein blasser Mann in dunkelblauem Overall. In einem Winkel seines mürrischen Mundes klebte eine Gitane. Er hatte dicke Tränensäcke unter den Augen, die, wenn es Hängematten gewesen wären, für die Besatzung eines Linienschiffs ausgereicht hätten. Die Werft hatte er von seinem Vater geerbt, der noch hölzerne Fischerboote gebaut hatte. Georges' Herz hing immer noch am Holzbootsbau, aber er wußte, auf welcher Seite sein Brot gebuttert war, also baute er jetzt in Kunststoff. Für mich hatte er schon einige Boote fertiggestellt. Er war ein guter Handwerker, zuverlässig und genau wie ein preußischer Finanzbeamter.

Einmal hatte er mich in England besucht, um mit mir die Ausstattung eines Bootes zu besprechen. Mary Ellen war an diesem Wochenende zu Besuch gewesen, und Georges hatte Titine, seine Frau, mitgenommen. Wir verbrachten einen Abend, der nett begann und fürchterlich endete. Georges tanzte auf der Bar, während ich »Feets Too Big« auf dem

Klavier der *Mermaid* spielte. Mary Ellen war so weit aufgetaut, daß sie sich auf dem Rückweg bei mir einhängte. Seitdem waren Georges und ich Freunde.

Als er mich sah, schraubte er sich aus seinem Stuhl hoch und grinste; die Zigarette hüpfte in seinem Mundwinkel. Dann sah er Bianca. Sein Lächeln kühlte um mehrere Grade ab, er setzte sich wieder. Mich überraschte das. Vor einigen Jahren, als ich ihn zum letzten Mal gesehen hatte, hätte Georges mehr Zeit für eine schöne Frau als für einen ihm bekannten Bootsbauer aufgewendet. Er fragte mich, wie die Dinge so liefen.

»Gut«, log ich. »Und bei dir?«

Er erklärte, daß er viel zu tun hätte, und deutete aus einem schmutzigen Fenster auf die aufgeslipten Boote draußen. Ich nickte verständnisvoll, dann ließ ich ihn den üblichen Sermon abspulen, mit dem ein Bootsbauer den Boden für einen hohen Preis vorbereitet.

Bianca wanderte die Straße hinunter zu einem Ausrüster, um sich ein paar Seestiefel zu kaufen. Gleich sah Georges wieder froher aus. Wir gingen zum Ponton hinunter. *Arc-en-Ciel* lag längsseits und bewegte sich leicht in den letzten Ausläufern der Dünung. »Schöne Linien«, meinte er. »Ist sie schnell?«

»Schneller als du denkst. Wem gehört eine Ketsch mit dem Namen *White Wing?*«

»Ach du Scheiße«, knurrte Georges. Er schnippte seine Kippe ins Hafenwasser und zündete sich eine neue Zigarette an. »Diese Bande!«

»Welche Bande?«

»Sie treiben die Leute hier zum Wahnsinn«, erklärte Georges. »Sie sind Teil der mediterranen Invasion. Der Eigner heißt Crespi. Er hat sich bei uns in eine Menge Firmen eingekauft. Will uns erzählen, wie man segelt, wie man Geld macht. Was ist mit ihm?«

»Wir haben ihm ein Ohr abgesegelt.« Ich erzählte ihm, was Bianca gemacht hatte.

»Und dieser Kerl hat euch keinen Raum gegeben?«

»Keinen Zentimeter.«

»So sind diese Mafiosi aus dem Süden.«

»Wie meinst du das?«

»Wir in La Rochelle sind umgängliche Leute. Wir hatten schon eine Fußgängerzone, bevor Fußgängerzonen modern wurden. Wir sind gute alte Basisdemokraten. Aber dieser Crespi macht sich jetzt hier breit und benimmt sich wie Iwan der Schreckliche. Es kümmert ihn nicht, wer dabei unter die Räder kommt. Und er ist nur einer von vielen«, grollte Georges, der früher überzeugter Kommunist gewesen war. »Da gibt es noch andere, etwa den verdammten Alphonse Feuilla, der seine Apartmenthäuser am Strand der Île d'Oléron in die Höhe zieht. Jemand sagte ihm, daß er dort nicht bauen dürfe, weil es ein Naturschutzgebiet sei. Feuilla begann, mit Banknotenbündeln in Richtung der Bürokratie zu winken, und goß seinen Beton weiter. Dann gab er sich total überrascht, als die Baustelle geschlossen wurde.« Georges schüttelte den Kopf. »Verdammte Ausbeuter, die ganze Bande.«

Ich grinste Georges an. Er benutzte das Wort Ausbeuter im stalinistischen Sinn, um jemanden zu bezeichnen, der nicht in einem Kollektiv arbeitet. »Selber Ausbeuter und faschistischer Lakai«, scherzte ich.

Er zuckte mit den Schultern. »Schon gut«, meinte er. »Aber was ist mit der Frau, was hast du mit ihr zu tun?«

»Sie hat mir geholfen, das Boot herzubringen.«

»Und dabei hat sie dich beinahe versenkt.«

Das entsprach allerdings fast der Wahrheit. »Was hast du gegen sie?«

»Ich?« Er sah erstaunt drein, außer um die Augen.

»Ja, du.«

Er grinste breit. »Na gut«, sagte er. »Sieh sie dir doch an. Sie ist zu hübsch, also ist sie teuer und hysterisch. Aber ich bin keine einundzwanzig mehr. Mit Titine läuft alles ruhig und glücklich, genau wie bei dir und deiner Mary Ellen.«

Georges hatte Mary Ellen an dem Wochenende in England erlebt, als sie sich selbst eine Pause verordnet hatte und für ein paar Tage die Gesellschaft von Menschen wünschte, die nichts von Versicherungen verstanden. Sie und ich feierten derartige Flitterwochen ungefähr fünf- oder sechsmal im Jahr. Georges hatte uns nie anders kennengelernt, deshalb dachte er wohl, daß dies unser gewohntes Verhältnis war.

Wir kletterten auf die *Arc.* Im klaren Abendlicht sah ihr Innenleben aus, als ob es jemand mit Handgranaten bombardiert hätte. Georges roch die dieselgeschwängerte Luft und warf seine Zigarette über Bord. Mit einem hornigen Daumennagel kratzte er einen Teerfleck vom Lack.

»Der Hauptkühlwassereinlaß ist abgebrochen.«

Er runzelte die Stirn. »Abgebrochen?«

»Sieh's dir an.«

Wir hoben die Abdeckung von der Maschine. Er legte sich auf den Bauch, zog eine Taschenlampe aus seinem Overall und steckte einen Arm in die Bilge. »Du hast recht.«

»Ich will wissen, warum.«

»Natürlich. Ich setze gleich morgen jemanden darauf an.«

»Je schneller, desto besser.«

Wir kletterten aus dem Dieselmief wieder ins Cockpit. »Es ist Thibaults Boot, nicht wahr?« Er blickte mich mit seinen tiefliegenden, traurigen Augen an. »Wer bezahlt die Rechnung?«

»Thibaults Versicherung.«

Er zog eine neue Zigarette heraus. »Das ist ein großer Auftrag. Die Maschine muß überholt werden, dazu ein neues Seeventil, Reparatur der Elektronik, Wiederherstellung der Inneneinrichtung ...«

Ich mußte an die Vollstreckungsbefehle und die ausgetauschten Schlösser der Werkshalle denken. »Er hat das Boot versichert.«

Georges' Augen wurden noch trauriger. »Mick, versichert oder nicht versichert, niemand in dieser Stadt gibt Thibault Ledoux noch einen Sou Kredit.«

»Was ist passiert?«

Er hob die Schultern und verdrehte die Augen. »Keine Ahnung. Ich bin nicht mal sicher, daß er es selbst weiß. Ich kenne ihn, seit wir Kinder waren. Weißt du, daß er sich mit diesem Kerl Feuilla eingelassen hat?«

»Feuilla?« hakte ich nach.

»Der Baulöwe. Vor sechs Monaten bekam Feuilla Probleme auf der Île d'Oléron. Vielleicht wollte er deshalb den Lokalmatador kaufen. Also stiegt er als Hauptsponsor bei Thibault ein. Bestimmt hat er eine Menge Geld reingepumpt, aber er hat sich mit den Menschen hier verrechnet und sein Projekt in den Sand gesetzt. Ich hab' dir ja erzählt, daß sie ihn nicht bauen lassen. Wahrscheinlich hat er deshalb plötzlich seine Zahlungen eingestellt. Außerdem läßt er unten im Süden einen Herausforderer für den America's Cup bauen. Das kostet alles viel Geld. Vielleicht konnte er Thibault nicht länger halten.«

Ich stöhnte nur.

»Diese Bianca kam vor sechs Monaten hier an, gerade als Thibault das Manoir gekauft hatte. Sie führten sich auf wie ein Millionärsehepaar.« Er zuckte mit den Achseln. »Jedenfalls sagte er, als ich ihn zum letztenmal sah, daß er unter Druck stehe. Ihm gehören drei Boote: ein alter Sechzigfüßer, den er nicht verkaufen kann, ein großer Trimaran, den er unten im Süden bauen läßt, und zusätzlich die *Arc-en-Ciel* von dir. Das sind eine Menge Belastungen.«

Beim Stapellauf schien es ihm noch gut zu gehen, dachte ich. Aber wegen der letzten Rate mußte es in seinem Interesse gelegen haben, sorglos auszusehen. Ich erinnerte mich an das fahle, gestreßte Gesicht Thibaults letzte Nacht. Der Eisklumpen lag wieder in meinem Magen.

»So«, fuhr Georges fort, »da haben wir also unseren alten Kumpel Thibault, den Star der Hochseeregatten, der wie ein Fürst mit einem eingeschworenen Team von fünfzehn Mann lebt. Er segelt Rennen, baut Boote, die in der eigenen Werft ausgerüstet werden – und dann plötzlich ... puff!« Georges formte mit seinen harzverklebten Händen eine Explosionswolke. »Nichts mehr! Jetzt kriegt er hier nicht mal mehr eine Zeitung, es sei denn, er hat Bargeld in der Hand.«

»Dann habe ich ein Problem.«

Das Schweigen lastete. Schließlich entschied Georges: »Laß das Boot hier. Ich kümmere mich um das Seeventil und schicke ein paar Leute für eine Woche an Bord, zum Selbstkostenpreis. Wir machen es sauber, vielleicht kannst du's danach an jemand anderen verkaufen.« Er schien sich nur für sein Feuerzeug zu interessieren.

Es gibt feste Regeln im Bootsbau. Erfolgreiche Bootsbauer machen keine Sonderangebote, nicht mal gegenüber alten Freunden. Erfolgreiche Bootsbauer haben immer vor Augen, wie übel eine Sache ausgehen könnte; damit ersparen sie sich Enttäuschungen. Trotzdem werden sie oft genug enttäuscht. Aber das hier war ein Sonderangebot.

Georges blickte auf. »Und achte auf Bianca.« Er begann ein Lied zu summen, es hieß *Poison Ivy.* Giftiger Efeu, den man betrachten, aber nicht berühren darf.

»Keine Sorge.«

Bianca kam mit ihrem Stiefelsack herangeschlendert, und wir nahmen ein Taxi zum Restaurant. Ich bahnte ihr einen Weg durch eine Busladung japanischer Touristen an den Tischen im Freien. Die alten Männer und die blinde Frau saßen wieder in der Bar. Ich ging hinter den Tresen, stellte zwei Gläser auf die Theke und goß ein.

Bianca meinte: »Jetzt werden Sie mich wieder fragen, wo Thibault ist. Aber ich weiß es immer noch nicht.«

Ich nahm einen Schluck Wein und stützte mich auf die Bar. Der Burgunder war voll, rund und herb, er half nicht gegen meine Müdigkeit. »Ich habe Ihnen heute morgen einen Gefallen getan«, begann ich. »Tun Sie mir jetzt einen.«

»Was wollen Sie?«

»Wo bewahrte Thibault seine Unterlagen auf?«

Ihr Gesicht wurde undurchsichtig. »Welche?«

»Er sagte mir, daß das Boot, das ich auslieferte, versichert ist. Ich wüßte gern bei wem, damit ich den Schaden melden und die Reparatur bezahlen kann.«

Sie blickte mich ungefähr zehn Sekunden scharf an und kaute an ihrer Unterlippe. Dann sagte sie: »Manchmal ist es schwer, sich daran zu erinnern, wer ein Freund ist.« Sie zog einen Rechnungsblock über den Tresen zu sich heran und kritzelte etwas darauf. »Das ist der Agent, über den er die Versicherung abgeschlossen hat. Vielleicht kann er Ihnen helfen.«

Im Restaurant erhob sich Stimmengewirr. »Die Engländer sind da«, sagte Bianca. »Ich gehe.«

»Wollen Sie nichts essen?«

Sie lächelte, es war ein weicheres Lächeln, als sie es mir jemals geschenkt hatte. Ich roch plötzlich ihr Parfüm, außerdem traf mich die Erkenntnis wie ein Blitzschlag, daß sie und ich vielleicht auf derselben Seite gegen die kalte, feindliche Welt standen. Sie legte ihre Hand auf meine und schwirrte ab.

Die Engländer, die hereingekommen waren, teilten sich, um Bianca passieren zu lassen. Sie glitt mit der Eleganz eines Rehs, das an Rindviechern vorbeiläuft, zwischen ihnen durch. Ich faltete den Zettel, den sie mir gegeben hatte, und streckte ihn in die hintere Tasche meiner Jeans.

Die Gruppe Engländer bestand aus einer Frau und drei

Männern, die zu kurze, lohfarbene Hosen, zu lange Pullover und blaue Docksider trugen. Der Mann in der Mitte rief: »Gütiger Gott! Da ist ja der Ire!«

Das sind so die kleinen Freuden, an die man sich gewöhnen muß, wenn man mit Justin Peabody befreundet sein will. Ich riß den Blick von Bianca los, legte die Hände flach auf die Bar und nuschelte in meinem besten Irisch: »Guten Abend, Lady and Gentlemen – und Justin. Was kann Ihr ergebener Diener für Sie tun?«

Justin öffnete den Schlitz, der ihm als Mund diente, und stieß ein eselartiges Gewieher aus, das er sich nur im Urlaub leistete. In den Maßanzügen, die er während der Arbeit trug, sah er groß und geschmeidig aus. Die Segelklamotten dagegen ließen seine Football-Schultern breiter erscheinen, seinen Nacken dicker. Seine Stirn war von der Sonne verbrannt, die zerzausten blonden Haare standen starr vom Kopf ab. Er sah aus wie ein Wikinger bei einem besonders gelungenen Überfall. »Mickey!« Er war der einzige Mensch, der mich Mickey nannte. »Was machst du denn hier?«

»Ich arbeite.«

Sie bestellten Gin-Tonics. Justin fragte: »Wo ist Frankie?«

»Sie kommt gleich.«

Er war mit seinem Boot *Ariadne* in La Rochelle, und wir schwatzten über das Segeln. Dabei schien es ihn etwas zu irritieren, daß ich als Barkeeper der Diener und er als Gast der Boß war. In seinem strikt konventionellen Weltbild kam dies der Wahrheit wohl nahe genug, um peinlich zu sein.

Ich goß allen etwas mehr Gin ein. Die Privattür öffnete sich, und Frankie trat ein. Sie war in Schale, trug einen blauen Pullover und einen roten, sehr kurzen Minirock, Lippenstift und Lidschatten. Sie lächelte, als sie mich sah, und schaffte es sogar, das Lächeln für Justin beizubehalten. Sie mochte mich als Barbaren ansehen, aber sie wußte, mit wem sie sich gutstellen mußte.

Justin machte sie mit seiner Crew bekannt. »Halsstarriges Geschöpf«, polterte er. »Ich hatte ihr angeboten, während des Sommers zur Crew der *Ariadne* zu stoßen, aber sie zieht es vor, in einer Hafenkneipe zu arbeiten.« Wieder sein breites Grinsen. »Sieht fesch aus heute abend, da muß ein Mann im Spiel sein.« Ha, ha, lachten die anderen.

Frankie wandte sich ab und polierte Gläser, die bereits funkelten. Ich blickte über die weißen Tische hinaus auf die Straße, wo sich eine Menschenmenge auf dem Kai entlangschob. Es wurde kühl da draußen, dafür sorgte schon der große Atlantik. Lampen spiegelten sich im tintenschwarzen Hafenwasser. Von der offenen See grüßten blitzende Tonnen herüber. Rauch brannte mir in den Augen.

Ein Motorrad jaulte über das Kopfsteinpflaster und stoppte mit einem artistischen Powerslide des Hinterrads vor unserer Tür. Danach stand das *Moto* wieder in der Richtung, aus der es gekommen war. Der Fahrer schlenderte ins Restaurant.

Es war ein schlanker, athletischer Kerl mit den Schultern eines Boxers und schmalen Hüften. Er trug eine schwarze Lederjacke, Jeans und schwere Lederstiefel, die aufs Pflaster knallten, als ob sie mit Hufnägeln beschlagen wären. Er hatte das Gesicht eines verdorbenen griechischen Gottes, die Nase war zu gerade, der Mund zu voll.

Ich öffnete die Klappe in der Bar und bahnte mir einen Weg zu ihm. Der Rocker stolzierte zwischen den Tischen hindurch, seine Augen blickten in alle Ecken, als suche er jemanden.

»Guten Abend«, grüßte ich leise und nett. Aber mein Mund war trocken, denn ich hatte den Kerl schon mal gesehen. Es war der hübsche Junge, der versucht hatte, Bianca im Kamin des Manoir de Causey zu rösten.

Sein Blick wanderte nach hinten zur Bar. »Wo ist Frankie?«

Mein Herz krampfte sich zusammen. »Wen darf ich melden?«

Er zündete sich eine Marlboro so an, wie es die Typen in den Gangsterfilmen machen, und spähte durch den Rauch zur Bar. »Jean-Claude«, meinte er cool.

»Na schön«, entgegnete ich und dachte: Frankie, du verdammte Närrin. Die Tür im Bartresen klappte, Frankie war da. Ihre Augen leuchteten glücklich, sie lächelte. Der hübsche Junge lächelte zurück, ein breites, sonniges Lächeln, voll der Wärme des Südens. Es sah aus, als ob er wirklich erfreut wäre, sie zu sehen.

Ich spürte, wie mein Blut zu brodeln begann. »Sind Sie gekommen, um Frankie zu besuchen, oder wollen Sie Ihr Messer abholen?«

Jetzt blickte er mich voll an und erkannte mich. Er drehte sich um und wollte gehen. Ich war zu wütend, um klar denken zu können. Schnell griff ich zu und packte den Kragen seiner Lederjacke. »Sie sind also der Freund meiner Tochter. Dann erzählen Sie mir doch mal etwas von sich.«

7

Er schlug zu. Ohne Vorwarnung, der Schlag kam ansatzlos. Es gab einen Bums gegen meinen rechten Wangenknochen, keinen sehr harten Schlag, aber hart genug, daß meine Augen zu tränen begannen. Seit ich aus dem Boxring meiner Schule geklettert war, hatte ich mich mit niemandem mehr geschlagen. Ich hätte ihm als erster eine feuern sollen, sagte ich mir. Seine Stiefel knallten auf dem sauberen Holzfußboden, stießen einen Stuhl um. Er flüchtete.

Irgendwo in meinem Hinterkopf flüsterte eine Stimme: *Sei vorsichtig, Savage, er hat ein Messer.* Aber die alten Reflexe hatten übernommen, und ich war zu beschäftigt, um auf innere Stimmen zu hören. Ich schubste einen Kellner zur Seite und riß die gläserne Schwingtür auf. Der junge Bursche stand breitbeinig über einer gelben Suzuki und trat den Kickstarter. Ein Fries japanischer Gesichter sah mit höflichem Interesse von der Terrasse aus zu. Ich arbeitete mich über einen Metalltisch voller Drinks vorwärts, dann sprang ich ihn an, packte seinen Kopf unter meinen Arm und zog ihn zur Seite. Wir schlugen schwer auf das Kopfsteinpflaster, die Luft pfiff aus meinen Lungen. Der Motor heulte neben mir. Der Bursche stank nach Patchouliparfüm. Er drehte sich zur Seite und packte meine linke Hand. Er war stark, mein Griff um seinen Hals ließ nach. Er zog an meinem Arm, ich verstand nicht warum. Da schrie er in mein Ohr: »Frankie sagt, daß du gern Klavier spielst!« Jetzt sah ich, daß der Motor eingekuppelt war, das Hinterrad wirbelte herum, die Speichen bildeten vor den Lichtern des Cafés eine silberne Scheibe. Jean-Claude zog an meinen Arm, weil er meine Hand in die Speichen klemmen und mir die Finger abrasieren wollte.

Frankies Name in seinem Mund jagte mir das Blut wie Raketenbrennstoff durch die Adern. Ich öffnete den Schwitzkasten und rollte zur Seite, dabei verdrehte ich seine Hand. Ich spürte, daß mein Fuß etwas Weiches traf. Er grunzte. Jetzt schrien Leute, irgendwo trillerte eine Pfeife. Plötzlich ließ er mich los, sprang mit einer Akrobatenrolle hoch und trat mich vor die Brust. Ich taumelte einen Schritt zurück, stolperte über einen Poller und stürzte aufs Pflaster. In der roten Dunkelheit heulte ein Motorrad auf. Das Jaulen wurde leiser und verklang in den nächtlichen Geräuschen der Stadt.

Ich zog mich auf den Poller. Ein Polizist kam auf mich zugetrottet. Gérard stand vor dem Restaurant, die Hände erhoben. Die Menge begann sich zu zerstreuen. Schüttelfrost packte mich als Reaktion darauf, daß ich fünf Sekunden lang jemanden hatte umbringen wollen.

Zu Gérard gewandt, stöhnte ich: »Kümmere dich um die Polizei.« Grinsend verbeugte ich mich vor den Japanern, deren Tisch ich umgestoßen hatte. Kellner umschwärmten sie wie Antikörper, die einen Infektionsherd unschädlich machen wollen. Ich stieß die Restauranttür auf.

Frankie wartete drinnen, die Arme schlaff an der Seite. Ihr Mund war ein blutleerer Strich. »Wo ist Jean-Claude?« fragte sie.

Ich atmete tief durch. »Er mußte plötzlich gehen.«

»Du hast ihn geschlagen!«

»Er schlug mich zuerst.«

»Du hast ihn gepackt. Ich hab's gesehen. Er ist mein *Freund*. Du bist *eifersüchtig*, deshalb hast du ihn geschlagen. Du bist jämmerlich!«

Unfair, verdammt unfair. »Laß mich erklären.« Aber es war Mary Ellens Aufgabe, die ruhige Stimme der Vernunft zu verkörpern. In der Version, die Frankie schon mit der Muttermilch eingesogen hatte, war Daddy lieb, aber wild, und man konnte nie wissen, was er als nächstes tun würde. Also sieh zu, daß du deinen Spaß mit ihm hast, Darling, aber traue ihm niemals.

»Du bist gekommen, um mir alles zu verderben. Mammi hat es gewußt. Sie sagt, daß ich verrückt bin, für einen deiner Freunde zu arbeiten.«

Justin kam heran. »Bist du in Ordnung?«

Frankie zischte: »Er ist ein *Tyrann!*«

»Ach, komm«, beschwichtigte sie Justin. »Der junge Mann hat ihn geschlagen. Ich spendiere dir einen Drink.«

»Gin-Tonic«, erwiderte Frankie und blickte mich dabei nicht an. Sie wußte, daß ich es haßte, wenn sie Alkohol trank; Mary Ellen dachte genauso.

Ich stand da. Meine Rippen waren nicht gebrochen. Ich vermied es, Justin oder seine betretenen Begleiter von der *Ariadne* anzublicken. Ich blies auf die Knöchel, wo ich mir die Haut an dem modischen Dreitagebart des Freundes meiner Tochter abgeschabt hatte. »Dein lieber Freund hat Bianca in ein Kaminfeuer geworfen. Er hat versucht, meine Hand im Hinterrad seines Motorrads zu verstümmeln.«

»Schade, daß er keinen Erfolg hatte!« Dann brach sie in Tränen aus und rannte zur Treppe. Die Tür knallte zu. Da stand ich nun, blutend an Knöcheln und Seele. Du hast alles versaut, dachte ich. Du hast die Selbstbeherrschung verloren. Du hast getan, was die Skeptiker von dir erwarteten.

Savage, dachte ich, dein Leben ist ein Scherbenhaufen.

Justin unterbrach meine Gedanken: »Das war Pech, aber ich hätte an deiner Stelle dasselbe getan.« Ich fühlte mich nicht getröstet.

Jemand räusperte sich neben meinem Ellenbogen: Gérard. »Sind Sie verletzt?« fragte er.

Ich schüttelte den Kopf.

»Wir haben ein Problem«, fuhr er fort.

»Die Polizei?«

»Mit der Polizei haben wir uns arrangiert. M'sieur Thibault hat mir erklärt, daß Sie sich um das Restaurant kümmern, solange er weg ist.« Seine Kaninchenaugen blickten ängstlich. Ich nickte. »Die Frau, die den Abwasch macht, hat uns versetzt.«

»Giselle?«

»Sie hat angerufen, daß sie nicht kommen kann. Wir haben keine Geschirrspülerin.«

»Warum nicht?«

»Ihr Bruder hat ein Problem. Sie muß ihm helfen.« Er seufzte. »Das kommt oft vor.«

Ich seufzte ebenfalls. »Wo sind die Schürzen?«

»Pardon?«

»Die Schürzen!« An diesem Abend war Abwaschen alles, wofür ich mich fit genug fühlte. »Es sei denn, Sie finden jemand anderen.«

Justin meinte: »Wir hauen ab und essen an Bord. Komm doch vorbei, wenn du Zeit hast.« Die Ariadner zahlten linkisch. Man erwartet zu seinem Gin Erdnüsse, nicht eine Prügelei.

Ich bahnte mir mit den Ellenbogen einen Weg durch die Schwingtüren in den Dampf und das Geklapper der Küche. Dort postierte ich mich vor dem Abwaschbecken und goß mir ein Wasserglas vom Kochburgunder ein. Es war fünf vor acht Uhr. Ich fand Gummihandschuhe für meine geschundenen Knöchel und begann mit dem Abwasch.

Mein Zorn flaute ab. Gib Frankie Zeit, sich abzukühlen, dachte ich. Finde Jean-Claude und frage ihn, warum er Thibault sucht.

Um 21.45 Uhr war der große Stoß Teller von den Hauptgerichten bewältigt. Meine verletzten Knöchel brannten trotz der Gummihandschuhe. Gérard erschien neben meinem Ellenbogen und flüsterte: »Jemand möchte Sie sprechen.«

»Sagen Sie ihm, daß ich beschäftigt bin.«

»Es ist M'sieur Feuilla, M'sieur Thibaults Sponsor.«

»Er wird zu M'sieur Thibault wollen.«

Gérard schüttelte den Kopf. »Er möchte mit Ihnen sprechen.«

Ich trocknete meine Hände ab, hängte die Schürze an den Haken und ging ins Restaurant.

Ein kleiner Mann saß an einem der Tische, vor sich ein Glas Mineralwasser. Er hatte weißes langes Haar, das wie eine Löwenmähne aus dem Gesicht gekämmt war, einem Gesicht, das die Farbe und Struktur einer Walnußschale aufwies. Er saß zurückgelehnt und betrachtete die Fotografien Thibaults mit stechenden Augen. Die Gäste blickten ihn verstohlen an, nicht weil sie wußten, wer er war, sondern weil er eine Atmosphäre um sich verbreitete, die man nicht ignorieren konnte, genausowenig wie man ein Feuerschiff ignorieren kann.

Als er mich sah, erhob er sich und kam mit ausgestreckten Händen auf mich zu. »M'sieur Savage, ich habe schon viel von Ihnen gehört.« Sein Französisch war rauh und südlich. »Hören Sie zu: Ich habe ein Problem und benötige Ihre Hilfe. Kommen Sie mit.«

»Wohin?«

»Ich möchte Ihnen etwas zeigen. Ich benötige nur eine Stunde Ihrer Zeit – nicht mehr.« Seine kleine schmale Hand packte meinen Arm und steuerte mich zur Tür des Restaurants. »Thibault hat angerufen«, fuhr er fort. »Er sagte, daß er fort müsse.«

»Sagte er auch wohin?«

»Natürlich nicht. Typisch Thibault.« Ein langer schwarzer Wagen parkte illegal auf dem Bürgersteig. Ein Polizist wollte gerade eine Tirade loslassen. »Friede, mein Sohn«, stoppte ihn Feuilla. Ein Chauffeur riß den Schlag des Wagens auf. »Rein, rein«, befahl der Baulöwe.

»Moment, ich habe hier zu tun.«

Ich roch das teure Leder der Sitze. Der Wagen schnurrte, schob sich vom Bürgersteig auf die Straße und verließ den Alten Hafen.

»Dieser Atlantik ist schuld«, nörgelte Feuilla. »Er erzeugt ein kühles Volk, so selbstbewußt, daß es keine Führerschaft akzeptiert, keine kommerzielle Führerschaft.« An einem Schild mit der Aufschrift PORT DES MINIMES bogen wir nach rechts ab. Die Gebäude wurden weniger. Draußen war jetzt ein Geräusch zu hören: ein Hubschraubermotor. Die Limousine verließ die Straße und fuhr auf einen Betonplatz, der etwa die Größe eines Basketballfelds hatte. In der Mitte heulte ein kleiner Helikopter wie eine elektrische Hornisse.

»Rein, rein!« befahl Feuilla wieder. Flink trottete er über den Beton und kletterte an Bord. Ich zog den Kopf ein und folgte ihm. Falls jemand wußte, was Thibault zugestoßen war, dann sein Sponsor.

Drei Sitze waren frei. Wir befestigten die Sicherheitsgurte, und die Maschine jaulte auf. Die Lichter von La Rochelle blieben schnell unter uns zurück. Links erstreckte sich das Land, mit Lichtflecken übersät. Rechts lag die leere schwarze See, auf der nur gelegentlich der Blitz einer Tonne flackerte. Wir flogen längs der Küste nach Süden.

Etwas Kaltes berührte meine Hand, eine Flasche. Champagner.

Vor zehn Minuten hatte ich noch Geschirr gespült. Mir war zum Lachen zumute, aber Feuilla schien mir nicht der Mann zu sein, der es spaßig finden würde, wenn man ihn auslachte. Also nickte ich und netzte meinen Mund mit den kleinen kalten Nadeln. Dann zügelte ich mein Temperament, bis die Welt um mich herum wieder so leise sein würde, daß ich Fragen stellen konnte.

Unter uns wurden die Lichter weniger, nur ein strahlender Fleck inmitten eines dicken schwarzen Kissens aus Dunkelheit blieb. Der Helikopter legte sich auf die Seite und ging tiefer. Er landete so zart wie eine Motte. Vor den Fenstern beleuchtete grelles Flutlicht große Betonmischer und Bulldozer auf einer Lichtung im Pinienwald. Hinter den Maschinen ragten Betonträger empor, Moniereisen lugten aus den Enden wie Zahnpasta aus der Tube. Die Moniereisen waren rostig. Der Motor wurde langsamer, verstummte.

»Willkommen im Royaume des Phares.«

Im Königreich der Leuchttürme? Georges hatte es doch nur spaßeshalber so genannt. Jetzt waren wir da, auf einer Lichtung zwischen Bäumen, und es sah keineswegs wie ein Spaß aus. Eher schon danach, daß hier eine Menge Geld im Wald verrottete: ein abgebrochenes Projekt. Es roch nach Desaster.

»Kommen Sie.« Feuilla führte mich zu dem einzigen fertiggestellten Gebäude auf der Lichtung, einem Betonkasten von ungefähr zehn Meter Höhe. Er stieg eine Treppe hinauf, bis wir auf dem Dach standen. »Das Carré des Phares. Hier sind wir.«

Er winkte mit dem Arm, das Flutlicht erlosch.

Wir standen mitten auf einer bewaldeten Anhöhe der Île d'Oléron. Meine Augen begannen, sich an die Dunkelheit zu gewöhnen. Hinter den Pinien schien der Mond auf die ferne See. Über drei Viertel des Horizonts verteilt, blinkten Leuchttürme einander ihre verschlüsselten Glühwurm-Botschaften zu.

»Nun?« fragte Feuilla. »Hier nimmt man den Apéritif.«

»Schön«, entgegnete ich. Es war schön, wenn man zu den Leuten gehörte, die Apéritifs mochten und gern Leuchttürme betrachteten.

»Ja. Aber man will mich nicht bauen lassen.«

»Man?«

»Die Regierung. Diese Leute haben Vichywasser statt Blut in den Adern. Ich habe das Land gekauft. Jetzt erzählen sie mir, es darf nur von Bäumen und Vögeln genutzt werden. Ich habe Pläne für zehn Swimmingpools und vierhundert Apartments. Ich bin nett zu diesen Bürokraten, die mir die Genehmigungen besorgen können. Ich werde mich um sie kümmern, wie ich mich auch um die Leute kümmere, die zu Hause für mich arbeiten. Aber sie wollen nicht auf mich hören. Sie sagen: keine Häuser, weil ich ihnen suspekt bin. Ein Fremder.«

»Tut mir leid, das zu hören.«

»Ja«, erwiderte Feuilla. Offensichtlich hatte er das vorausgesetzt. Er hob eine Hand, die Lichter gingen wieder an. Vorsichtig stieg er die Treppe hinunter. Er war ein alter Mann, stellte ich fest. Es war nur seine Energie, die ihn jünger erscheinen ließ, als er tatsächlich war. »Also muß ich meinen Ruf aufbessern. Dafür brauchte ich Thibault. Aber dieser Thibault ist verschwunden. Deshalb möchte ich, daß Sie die *Plage d'Or* für mich segeln.«

»Die *Plage d'Or*?«

»Das Boot. Ein gutes Boot, das ich für Thibault gekauft habe.«

Er mußte von dem Sechzigfüßer sprechen, als dessen Ersatz die *Arc-en-Ciel* gebaut worden war. Thibault hatte ihn selbst finanziert, aber viele Sponsoren liebten es eben, ihren Einfluß auf ihre Skipper hochzuspielen. Es war ein schnelles Boot, wenn auch nach den Standards von Savage Yachts etwas überholt. »Sie liegt in Sables d'Olonne. Thibault ist nicht da, um sie zu segeln. Deshalb möchte ich, daß Sie sie an seiner Stelle in der Tour de Belle-Île segeln.«

Die Tour de Belle-Île war eine offene Regatta. Die meisten der großen, schönen Boote des Jahres nahmen daran teil, schwimmende Reklametafeln für ihre jeweiligen Sponsoren. Das französische Fernsehen würde während der besten Sendezeit Berichte über das Rennen ausstrahlen.

»Ich möchte, daß die Öffentlichkeit von meinem Projekt

hier erfährt.« Sein kleiner Arm wies mit einer napoleonischen Geste über die Lichtung. »Ich will Aufsehen. Alle werden mich unterstützen, sobald sie mehr darüber wissen. Man wird die Politiker unter Druck setzen. Ihre Aufgabe ist es, mir das Medieninteresse zu sichern.«

»Schön«, meinte ich.

Er fragte: »Wie gehen die Geschäfte?«

»Mittelprächtig.«

Wir kehrten zum Hubschrauber zurück. Feuilla blickte mir eine Sekunde zu lange in die Augen. Er hatte seine Schularbeiten gemacht und wußte, wie es um meine Geschäfte stand. »Ich hörte, daß Sie ein Angebot von Art Shacker prüfen?«

»Ihr Geheimdienst hat gute Quellen.«

Er lächelte. »Wir bauen im Süden selbst einen America's-Cup-Herausforderer.« Seine Augen blickten jetzt hart und verschlagen. »Vielleicht treffen wir uns später als Konkurrenten wieder. Aber lassen Sie mich jetzt nicht im Regen stehen. Yann wird mit Ihnen segeln, er kennt das Revier. Nehmen Sie sich für das Rennen, was Sie benötigen. Wie ich hörte, ist Bianca Dufy in der Stadt.« In seinem Gesicht blitzte so etwas wie ein großväterliches Lächeln auf.

»Es ist mir eine Ehre.«

»Die Ehre ist ganz auf meiner Seite. Um das zu beweisen, werde ich Ihnen einen bestimmten Betrag zahlen, ganz gleich, ob Sie gewinnen oder verlieren. Dazu kommt noch ein Erfolgsbonus.« Er lachte, weil wir beide wußten, mit Ehre hatte es nicht das geringste zu tun. Er nannte eine Summe, mit der ich die Werftrechnung bezahlen und mir einen Platz auf der Fähre nach England kaufen konnte. Dann wurde er geschäftsmäßig. »Fahren Sie so schnell Sie können nach Sables d'Olonne, oder schicken Sie Bianca hin, um das Boot zu holen. Eine Crew wird aufzutreiben sein. Sollten Sie Thibault sehen, sagen Sie ihm, daß ich sehr verärgert bin.«

»Sie wissen nicht, wo Thibault ist?«

»Nein.« Wieder blickte er mich einen Augenblick zu lange an. »Ich glaube, er ist dumm. In der Tat ...« Er blickte auf seine Hände nieder, kräftige, kurze, zupackende Hände. »Sollte Thibault auftauchen, können Sie ja die Regatta zusammen segeln. Kommt er nicht, wäre es schön, wenn Sie den Eindruck erwecken würden, daß er an Bord ist. Wäre Ihnen das möglich?«

»Schon«, entgegnete ich, »aber warum?«

»Er ist der Lokalmatador, das hat Gewicht. Ich wäre Ihnen dafür sehr verbunden.«

Sollten wir gewinnen, würde man Thibault das Verdienst daran zuschreiben, nicht mir. Aber Feuilla war ein einflußreicher Mann, und eine Hand wäscht die andere. Außerdem litt Mick Savage im Augenblick an einem empfindlichen Mangel an einflußreichen Freunden.

Wir kletterten in den Helikopter.

»On y va«, sagte Feuilla.

Er flog mit mir zurück nach La Rochelle. Als wir aus dem Chopper gestiegen waren, schüttelte er mir die Hand. Seine Handfläche war feucht, die Wangen sahen bei dieser Beleuchtung grau aus, die Lippen blau. Ich kehrte an den Abwaschtisch zurück.

Als schließlich alles sauber war, zeigte die Uhr eins. Ich schüttete ein Glas des Kochburgunders auf Feuillas Champagner und ging nach oben.

Die Erschöpfung macht sich immer erst einen Tag nach einer schweren Reise bemerkbar. Auf den letzten Treppenstufen waren meine Beine so weich, daß ich mich fragte, ob ich es bis zu meinem Schlafzimmer schaffen würde.

Die Wohnung roch wunderbar feminin und lag im Dunkeln. Ich setzte mich auf mein Bett und durchsuchte meine Taschen. Laß nie etwas in deinen Taschen, hatte mir meine Mutter beigebracht. Wenn es Geld ist, stellt es eine Versuchung für die Dienerschaft dar, ist es etwas anderes, dann werfen sie es weg, weil sie ein faules Gesindel sind und für nichts zu gebrauchen. Dabei hatte es bei uns niemals auch nur einen Diener gegeben.

Ich stapelte die Münzen auf und legte die Papiere übereinander. Obenauf packte ich den Zettel mit dem Namen des Versicherungsagenten, den mir Bianca in der Bar gekritzelt hatte: Agences Giotto.

Dann legte ich meinen Kopf auf das Kissen – und schon war es wieder Morgen.

Dem Telefonbuch entnahm ich, daß die Agences Giotto im Port des Minimes ihr Büro hatte.

Von mir abgesehen, war das Apartment leer. Es war zehn Uhr. Schwermut legte sich auf mein Gemüt, als mir bewußt wurde, daß ich kein klärendes Gespräch mit Frankie geführt hatte. Ich schlich nach unten, um mir einen Kaffee zu besorgen. Frankie half der Blinden, die falschen Wimpern anzukleben. Die alte Frau brachte ihren Kreislauf mit Kaffee und Cognac in Schwung. Frankie blickte mich aus den Winkeln ihrer Katzenaugen an und hob die Nase in die Luft.

Ich sagte: »Dein Freund Jean-Claude ist ein Gangster.«

Sie erwiderte: »Du hast ihn angegriffen.«

Die Schwermut vertiefte sich, aber ich ignorierte sie. »Hör' mir bitte zu. Er ist ein Messerheld. Ich bin gestern in Thibaults Haus auf ihn gestoßen, wo er versuchte, mich abzustechen. Ich wünsche, daß du dich nicht mehr mit ihm triffst.«

»Oh!« Ihr Unterton machte klar, was sie von meinen Wünschen hielt. »Glaubst du wirklich, daß ich dir diesen ganzen Quatsch abnehme?«

»Ja.«

Vor fünf Jahren, kurz nachdem ich dem Zirkus *Kraken* den Rücken gekehrt hatte, hatte mir Mary Ellen Frankies Schlafzimmer in Butler's Wharf gezeigt. Ich fand einen Stapel

Sammelalben, die über mehrere Jahre gingen. Sie waren voller Zeitungsausschnitte über die seglerischen Erfolge eines gewissen Michael Savage.

Aber das war vor fünf Jahren gewesen.

»Ich glaube dir kein Wort.« Frankies Gesicht war rot. »Und weißt du, warum nicht? Weil du eifersüchtig bist.«

»Quatsch!«

»Du bist verdammt eifersüchtig. Mutti sagt das auch. Sie erklärte mir, sobald ich anfangen würde, mit einem Jungen auszugehen, würdest du wütend werden, weil es bedeutete, daß du nicht mehr im Mittelpunkt meines Universums stehst. Sie sagt, daß du zuviel Zeit allein verbracht hast, allein auf deinen Booten. Deshalb denkst du nur an dich selbst.«

»Ich versuche nicht, dich zu belehren ...«

»Doch, das tust du.«

Ich packte ihr Handgelenk. »Hör zu!«

»Mach nur weiter so«, fauchte sie. Ihre Augen blitzten. »Schlag mich doch, das paßt genau in dein System!«

Ich ließ sie los.

»Danke«, zischte sie. »Übrigens, wer hat dir Vorschriften gemacht, mit wem du ausgehen darfst, als du so alt warst wie ich?«

Als ich in ihrem Alter war, hatte ich meine eigene Charterfirma auf Antigua, und seit zwei Jahren hatte mir niemand mehr Vorschriften gemacht.

Frankie warf mir diesen hochmütigen kanadischen Blick zu und marschierte hinaus.

Der Name der alten Frau war Annie. Sie tröstete mich damit, daß junge Menschen immer verliebt wären. Ihre blinden Pupillen bewegten sich unablässig unter den schrecklichen falschen Wimpern.

Ich stimmte ihr zu und sagte mir, daß es keinen Sinn hatte, auf Frankie wütend zu werden.

»Ein schlechter Kerl«, sagte die alte Annie. »Aber es ist das Alter. Sie wird vernünftig werden.«

Ich sagte ja, natürlich, das würde sie. Und das war alles, was ich für meine Tochter tun konnte, obwohl ich sie liebte. Ich fragte mich besorgt, ob sie lange genug leben würde, um ihre Chance zu bekommen.

8

Die Agences Giotto belegte das gesamte Erdgeschoß eines Gebäudes, das aussah, als sei es erst während der letzten Woche aus dem Boden gestampft worden von einem, der bisher Gewächshäuser gebaut hatte. Die Teile, die nicht aus Glas waren, bestanden aus marineblauem Kunststoff. Drin saß eine stark geschminkte Blondine hinter einem Plastiktisch. Faltblätter auf einem Kaffeetisch priesen billige Yachtversicherungen an. Schiffe fuhren über die Plastikwände. Die meisten waren Yachten, es gab aber auch einige kleinere Frachter darunter. SECURITÉ EN MER versprachen die Poster: Sicherheit auf See – mit Giotto.

Die Reklame roch nach Hardselling, nach großem Umsatz, kleinen Prämien und schwer durchsetzbaren Forderungen im Schadensfall. Irgendwo hinter diesem ganzen Aufwand würde ein Makler mit einem Draht zu einem Underwriter stehen. Er würde Policen auf Teufel komm raus verscherbeln und hoffen, daß niemandem etwas passierte. Sollte eine Schadensregulierung fällig werden, würde es lange dauern, bis man das Geld sah, denn vor dem Weg zur Bank würde es jede Menge Ausflüchte geben. Es war nicht die Agentur, wo ich ein Boot wie die *Arc-en-Ciel* versichert hätte.

Die Blondine wollte mir erzählen, daß der Patron zum Lunch gegangen sei. Ob ich nicht einen Termin vereinbaren wollte? Ich verneinte und marschierte durch das Büro in einen der hinteren Räume. Sie ergriff ein Haustelefon und vermittelte mir blitzartig einen Termin bei Monsieur Buffet.

Monsieur Buffet hatte einen Bürstenhaarschnitt, eine goldgeränderte Brille und ein ernstes Lächeln. Er trug einen

Tweedanzug aus Kunstfaser. Er plazierte mich in einen tiefen Ledersessel und lehnte sich in seinem gepolsterten Drehstuhl zurück. Dann fragte er, was er für mich tun könne.

»Sie sind der Versicherer eines Bootes mit dem Namen *Arc-en-Ciel*«, stellte ich fest.

Sein Lächeln wurde breiter. »Wir gehören zu einer großen Kette kleiner Agenturen in ganz Europa, M'sieur. Wir haben allein in Westfrankreich sechsundzwanzigtausend Yachten versichert. Wenn ich kann, werde ich Ihnen gern helfen.« Über den Pausbacken blickten seine Augen keineswegs hilfsbereit. »Sicher haben Sie die Versicherungspolice zur Hand.«

Ich hatte keine Versicherungspolice.

»Ich habe das Boot konstruiert und gebaut.« Geduldig erklärte ich ihm die Schwierigkeiten mit Lieferung und Bezahlung. »Wegen der Abwesenheit von Monsieur Ledoux möchte *ich* den Schaden melden.«

Das Lächeln gefror, als ob Monsieur Buffet auf eine Zitrone gebissen hätte. »Der Versicherungsnehmer ist M'sieur Ledoux, und Sie wollen den Schaden zu Ihren Gunsten anmelden?«

»Richtig.«

»Tut mir sehr leid, aber die einzige Person, die eine Schadenssumme kassieren könnte, ist M'sieur Ledoux. Solange wir nichts von ihm hören, sehen wir uns nicht in der Lage, Ihnen zu helfen.«

»Hat er nicht mit Ihnen gesprochen?«

»Nein.« Zwei rundliche weiße Hände erschienen auf dem Schreibtisch und rückten einen Stapel Papiere zurecht. Eine Hand zog von oben ein Blatt herunter wie ein Kartenspieler. Ich war entlassen.

Ich war nicht überrascht, daß er nicht bezahlen wollte. Aber es überraschte mich, daß sich Thibault nicht bei ihm gemeldet hatte. Wenn man pleite ist und ein beschädigtes

Boot hat, sind die ersten, denen man das mitteilt, der Sponsor und der Versicherer. Es lag doch sonst nicht in Thibaults Natur, so übertrieben zurückhaltend zu sein.

Während ich zur Rezeption zurück ging, fuhr draußen ein langer Mercedes vor. Ein untersetzter Chauffeur mit dunklem Teint öffnete den hinteren Schlag. Zwei Männer stiegen aus. Der erste war tief gebräunt, hatte eine rotblonde Mähne im Afrolook und trug Bermudashorts mit dem Markenzeichen von Frangipani. Witternd blickte er sich nach links und rechts um, dann sagte er etwas zu jemandem auf dem Rücksitz. Der Mann stieg aus.

Er hatte schwarzes, krauses, öliges Haar. Sein mediterranes Gesicht war gut geschnitten, aber durch Wohlstand fleischig geworden; die Wangen begannen zu hängen. Er trug einen khakifarbenen Leinenanzug. Dynamisch betrat er das Büro.

Die Empfangsdame blickte auf wie elektrisiert. »M'sieur Crespi«, hauchte sie.

Er schenkte ihr ein zerstreutes Lächeln, ohne den Schritt zu verlangsamen. Er und sein Handlanger marschierten direkt in das hintere Büro.

»Crespi?« erkundigte ich mich.

»Der Eigentümer.« Die Sekretärin hatte rosa Wangen vor Erregung. »Er besucht uns.«

Ich sagte: »Aha.«

Der Eigentümer Monsieur Crespi war der Mann, der am Vorabend im Cockpit der *White Wing* gesessen hatte. Es war also Monsieur Crespi gewesen, der nicht einen Zoll wich, als Bianca mit der *Arc-en-Ciel* vor seiner Nase durchlief. Die Männer hinter M'sieur Crespi mochten offiziell als Privatsekretär und Chauffeur firmieren, wirkten aber eher wie seine Leibwächter. Es gibt nicht viele Versicherungsmakler, die eine Leibwache beschäftigen müssen.

Es wurde zwölf Uhr, ehe ich wieder am Alten Hafen

anlangte. Die Tische auf der Straße waren voll besetzt. Gérard stand in der Tür, er öffnete und schloß den Mund wie ein gestrandeter Fisch.

»Mademoiselle – es geht ihr nicht gut.«

»Mademoiselle?«

»Frankie.«

Ein Loch breitete sich aus, wo mein Magen hätte sein sollen.

Schnell ging ich hinein. Frankie stand hinter der Bar und polierte Gläser, den Rücken mir zugewandt. Normalerweise waren ihre Schultern gerade, aber jetzt hing der blaue Pullover herab, und ihr Kopf war auf die Brust gesunken.

Meine Stimmung fiel in den Keller. In Frankies Kindheit hatte es eine endlose Prozession verletzter Würmer und dreibeiniger Mäuse gegeben. Sie nahm sie alle mit nach Hause und kümmerte sich um sie – bis sie starben. Jedesmal, wenn sie tot waren, sanken Frankies Schultern und Kopf so herab. Das Ende der Welt schien ihr gekommen.

Mary Ellen war der Auffassung gewesen, daß diese emotionale Berg- und Talbahn aufhören würde, sobald Jungen ins Spiel kamen. Aber Mary Ellen neigte stark dazu, die Gefühle anderer Menschen an ihren eigenen felsenfesten Überzeugungen zu messen. Frankie war noch nicht alt genug, um Männer von dreibeinigen Mäusen zu unterscheiden. Auch Baz von unserer Tankstelle war ein ziemlich netter Bursche gewesen, vorausgesetzt man schätzte es, daß die eigene fünfzehnjährige Tochter mit einem fünfundzwanzigjährigen Schnösel ausging, der sich seinen Namen auf die Knöchel hatte tätowieren lassen. Aber Frankie hatte versucht, ihn vor sich selber zu schützen. Er hatte ihr Taschengeld akzeptiert und es mit Sharon von der Frittenbude ausgegeben. Und die Schultern waren herabgesunken.

Natürlich hatte immer jemand anderer schuld. Diesmal

war ich es. Alles, was ich hätte sagen können, war nur wieder: *Er ist ein kleiner Gauner. Ich habe es für dich getan, weil ich dich liebe.*

Tatsächlich sagte ich: »Frankie ...«

Sie wandte sich um.

Gewöhnlich war Frankies Gesicht herzförmig. Jetzt aber war das linke Auge blau und zugeschwollen, die Wange dick, die Lippe geplatzt, die Haut mit Schwellungen bedeckt.

Als ich wieder sprechen konnte, krächzte ich: »Was ist passiert?«

Sie blickte mich mit ihrem gesunden Auge an, dabei polierte sie mechanisch das Glas in ihrer Hand. »Ein Unfall.« Ihre Stimme klang tränenerstickt.

»Was ist passiert?«

»Ich hasse dich!«

»Was hat er dir angetan?«

»Er sagte, es war meine Schuld, daß du dich mit ihm geprügelt hast. Er stieß mich, und ich stürzte. Ich schlug mit dem Kopf auf einen Stuhl. Jean-Claude trifft keine Schuld. Es tat ihm sehr leid. Er kann nicht dafür, daß er so ist.«

Mein Herz trommelte wild, ich konnte kaum atmen. »Wo wohnt er?«

Sie warf das Glas, das sie hielt, nach meinem Kopf. Es flog vorbei. Da rannte sie hinter der Bar hervor und auf die private Tür zu. Ich stand da wie angenagelt und lauschte auf die Schluchzer, die schon auf der Treppe begannen. Gérard schlich sich heran und rang die langen gelben Hände. Er sagte: *»Les femmes, c'est comme ça.«*

Ich ging, holte mir einen Handfeger und eine Müllschippe und beseitigte die Glasscherben. Dann stapfte ich die Treppe hinauf und klopfte an Frankies Tür.

»Geh weg!«

Ich drehte mich um. Bianca stand vor mir und schüttelte

bittend den Kopf. »Es bringt nichts, mit ihr zu sprechen, wenn sie wütend ist.«

Ich holte tief Luft, um ihr zu sagen, daß sie sich verdammt noch mal um ihre eigenen Angelegenheiten kümmern solle. Aber dann atmete ich langsam aus. Bianca mischte sich nicht ein, sie versuchte, aus Freundlichkeit zu vermitteln – das war ein Unterschied. Ich packte Frankie und Jean-Claude in eine Schublade meines Gehirns und schob sie zu. Dann versuchte ich, Bianca anzugrinsen, denn es gab da ein paar Fragen, die ich ihr stellen wollte.

Wir setzten uns in die großen, schmierigen Sessel im Wohnzimmer. Sie hielt den Rücken gerade und die Knie auseinander wie eine Tänzerin.

»Wer ist Monsieur Crespi?«

Sie hatte gelächelt, ihr göttliches, etruskisches Halblächeln. Aber jetzt gefror das Lächeln. »Crespi?«

»Der Mann auf der *White Wing*. Der Mann, dem die Versicherungsagentur Giotto gehört.«

»Ich weiß nicht, von wem Sie reden.«

»Quatsch!«

Es herrschte Schweigen. Schließlich sagte sie: »Sie verstehen gar nichts, nicht mal Ihre eigene Tochter.« Sie blickte mich durch ihre Wimpern an.

Es war ein primitiver Versuch, mich abzulenken, aber ich faßte es als Ermutigung auf, weiter in sie zu dringen. »Sie mögen Crespi nicht. Es hat Ihnen Spaß gemacht, ihn dumm aussehen zu lassen. Warum?«

»Weil er ein Schwein ist. Ich möchte darüber nicht sprechen.«

Ich nahm einen neuen Anlauf. »Haben Sie sich um Thibaults Versicherungen gekümmert?«

»Nein.«

»Wieso wußten Sie dann von den Agences Giotto?«

Ihr Gesicht wurde völlig ausdruckslos. »Thibault vertraut

Ihnen, also habe auch ich Ihnen vertraut. Zwischen den Papieren, die ich aus dem Manoir mitgenommen habe, waren Dokumente von Giotto.«

»Also wußten Sie, daß Crespi der Eigentümer von Giotto ist?«

»Nein«, erwiderte sie anscheinend völlig desinteressiert. »Ich zeige Ihnen diese Papieren, falls Sie wollen.«

Das war wieder ein Ablenkungsmanöver, doch diesmal konnte ich es nicht ignorieren. »Ich dachte, jemand hätte sie abgeholt?«

»Thibault sagt, daß Sie ein alter Freund sind, aber er schuldet Ihnen Geld. Ich mußte seine Interessen wahren.«

»Thibault ist auf der Flucht. Freunde sind Leute, die einem helfen, wenn man in der Tinte steckt. Außerdem – ich trage kein Messer bei mir.«

»Verstehe.« Sie ging in ihr Zimmer und schloß die Tür. Ich betrachtete solange die Holztäfelung. Als Bianca wiederkam, war ihre Stirn gerunzelt. »Sie sind weg«, sagte sie.

»Was heißt das, sie sind weg?«

»Jemand mußt die Akten gestohlen haben.«

Ich ging in ihr Zimmer, das nach ihrem Parfüm roch. Das oberste Schubfach des Frisiertischs stand offen. Es war leer.

»Es waren zwei Ordner«, erläuterte Bianca. »Ich habe sie gestern abend hier deponiert. Frankie war den ganzen Morgen in der Wohnung. Ich werde sie fragen.« Sanft klopfte sie an Frankies Tür.

Ich ging in mein Zimmer zurück, das nicht so gut roch, stellte mich ans Fenster und blickte hinaus. Das Hafenwasser unter den alten grauen Türmen sah grau und glatt aus. Ich konnte nebenan Stimmen hören, leise und vertraulich. Frankie begann zu weinen, Bianca tröstete sie. Ich spürte, daß ich mich für Bianca zu erwärmen begann. Sie kannte mich nicht, hielt nur loyal zu Thibault. Das erklärte alles, außer warum sie Crespi ein Schwein genannt hatte.

»Bon«, sagte Bianca, »schlaf' dich aus.«

»Aber die Bar«, wandte Frankie ein.

»Niemand will dich mit diesem Gesicht in der Bar sehen.«

Ich verließ mein Zimmer. Frankie sah mich durch ihre offene Tür und drehte sich weg. Schnell berichtete Bianca: »Jean-Claude war am Morgen hier, in Frankies Zimmer. Sonst ist niemand dagewesen.«

»Dann werde ich ein paar Worte mit Jean-Claude wechseln müssen.«

»Er wohnt in Saint-Agrève.«

»Wo ist das?«

»Hat sie mir nicht gesagt. Ich vermute, daß es eine Wohnsiedlung ist.«

Ich ging nach unten und befragte die blinde Annie an der Bar.

»Das liegt etwas außerhalb der Stadt«, erklärte sie, »neben dem Friedhof. Es ist eine große Neubausiedlung. Kennen Sie die Hausnummer?«

»Leider nicht.«

Die Sonne kam heraus, als ich aus der Stadt fuhr. Saint-Agrève war ein Viereck aus rosa und dunkelbraunen Gebäuden, um einen Hof mit gelbem Kies angeordnet. Der Kies glänzte im harten Licht des Atlantiks. Zwei Kinder kämpften in einer Ecke und beschimpften sich mit hohen, schrillen Stimmen.

Fünf Aufgänge mit Briefkästen waren vorhanden, und an den Briefkästen standen nur die Nachnamen. Ich kannte Jean-Claudes Nachnamen nicht, also kaufte ich eine Ausgabe des *Ouest-France* in einem Kiosk, ging damit zu den Wohnhäusern zurück und setzte mich auf den Teppich aus zerbrochenen Bierflaschen im Schatten des Müllhauses. Alle Aufgänge führten auf den zentralen Hof hinaus, es war ein guter Beobachtungsplatz.

Es war 16.30 Uhr, die Bewohner kamen nach und nach von

der Arbeit zurück. Die Frauen trugen leichte Kleider, die Männer Overalls oder sportliche Jacken und Hosen mit permanenter Bügelfalte: die Uniform der kleinen Büroangestellten. Ich hoffte, daß ich in meinen verbeulten Jeans und T-Shirt wie ein Arbeiter aussah, auf den sich kein zweiter Blick lohnte.

Um 17.15 Uhr hatte ich die erste Seite gelesen. Als ich für Justin arbeitete, hatte ich oft genug auf Treppenstufen herumgehangen, um jetzt nicht ungeduldig zu werden. Der Trick besteht darin, daß man jedes Wort einzeln liest und dabei die Lippen bewegt. So dauert es lange, und die Passanten denken, daß man blöd genug ist, um ignoriert zu werden.

Um 17.30 Uhr brummte ein Motorrad wie eine gelbe Hornisse um die Ecke. Es waren schon mehrere Motorräder vorbeigejault, aber nur wenige gelbe. Der Fahrer trug schwarzes Leder und einen weißen Helm.

Ich hielt mir die Zeitung vors Gesicht. Der Fahrer schob die Maschine in einen Schuppen mit Eternitdach und lief mit seinen eisenbeschlagenen Stiefeln knirschend über den Kies. Dabei nahm er den Helm ab und warf seine schwarzen Locken zurück. Er hatte eine gerade Nase und wulstige Lippen. Die Lippen, die Frankie so gern küßte.

Ich stand auf, faltete die Zeitung zusammen und steckte sie hinten in meine Jeans. Mein Herz klopfte stärker, als es sollte. Ich trat vor und begrüßte Jean-Claude: *»Salut.«*

Aber ich hatte seine schnellen Reflexe vergessen. Er blickte mich an und begann sofort zu rennen. Die Stiefelnägel klapperten laut über den Beton. Er lief in einen der Wohnsilos.

Ich spurtete hinterher.

9

In dem geräumigen Flur standen fünf oder sechs Leute zusammen und unterhielten sich. Im Hintergrund wartete eine Reihe von Aufzügen mit grauen Metalltüren. Keine stand offen. Jean-Claude rannte schnurstracks an den Liften vorbei, stieß eine Tür auf und verschwand. Die Bewohner von Saint-Agrève hatten so etwas schon öfter gesehen. Sie fuhren mit ihrer Unterhaltung fort, machten nur lässig Platz, als ich ihm hinterherrannte.

Hinter der Tür befand sich eine Treppe. Die Stiefel donnerten schon auf dem nächsten Podest über mir. Ich hielt mich dicht an der Wand, meine weichen Bootsschuhe machten kein Geräusch auf den Stufen. Über mir verstummten die Stiefel, auch ich blieb stehen.

Einen Augenblick hörte ich nur das Klopfen meines Herzens.

Etwas kam den schmalen Schacht heruntergesegelt und klatschte feucht auf das Treppengeländer; ein dicker Schleimklumpen. Meine Wut kam zurück. Ich begann, Stufe für Stufe höher zu schleichen. Die Stiefel blieben still. Warte nur, du Bastard, dachte ich.

Er hustete. Das Echo hallte von den Betonwänden wider. Dann stieß er sein keckerndes Lachen aus. *»Te voilà, beau-papa!«* rief er. Da bist du ja, Schwiegervater. Er begann wieder zu rennen.

Das Treppenhaus dröhnte vom Lärm seiner Stiefel. Ein Stockwerk höher quietschte eine Türfeder, danach waren die Stiefel nicht mehr zu hören. Ich stürmte die letzten beiden Treppen empor, packte die Tür, bevor sie zuschlug, und riß sie auf. Vor mir lag ein kahler Korridor, von dem Türen abgingen; sieben Türen zur Linken. Der Hacken eines Stiefels verschwand um einen Pfosten.

Das Blut hämmerte in meinem Kopf. Nur die Ruhe, dachte ich. Du weißt jetzt, wo er wohnt. Geh' langsam und lässig weiter, leise wie eine Maus, lies die Nummer der Wohnung ab und ruf' die Bullen an. Überlaß alles weitere den zuständigen Behörden. Dieser Gauner hat Geschäftspapiere gestohlen, die Eigentum von Thibault Ledoux sind. Danke, Herr Wachtmeister. Aber die kleine Stimme in meinem Hinterkopf brüllte, ich sei ein Feigling. Ich befahl ihr, still zu sein, die Polizei würde sich um die Angelegenheit kümmern. Jean-Claudes Tür hatte die Nummer 507 und einen Spion. Na gut, dachte ich, dich habe sicher, und begann, mich umzudrehen.

Die Tür schwang nach innen auf. Zwei Männer schossen heraus – so schnell wie Kanonenkugeln. Einer von ihnen war Jean-Claude. Ich hatte keine Zeit, mir den anderen näher anzuschauen, weil sich sein Kopf meiner Nase näherte. Ich drehte mich zur Seite und fing den Rammstoß mit dem Wangenknochen auf. Mein Kopf dröhnte. Jemand hieb mir in den Magen. Ich krümmte mich zusammen. Jemand zog mich in die Wohnung. Ein niedriger Tisch stand im Weg, krachend brach ich mit ihm zusammen. Die Tür fiel zu. Meine Rippen arbeiteten hektisch, während ich nach Luft rang.

Sie kamen über den weißen Fliesenboden auf mich zu, jeder von einer Seite, damit ich mich nicht auf beide gleichzeitig konzentrieren konnte. Ich rollte mich auf die Knie und packte ein schwarzes eisernes Tischbein, an dem noch Holzreste hingen. Das warf ich dem Kerl an den Kopf, der mich gerammt hatte. Er hatte einen braunen Crewcut, das wirbelnde Tischbein traf ihn an der Stirn knapp darunter. Er taumelte zurück, Blut floß wie ein glänzender roter Vorhang über seine Augen. Das war's dann für dich, dachte ich, hatte aber keine Zeit, mich toll zu fühlen, weil Jean-Claude aus dem toten Winkel kam und mich hart gegen die Hüfte trat.

Ich rollte mich fort. Mein Bein fühlte sich an wie mit einer stumpfen Axt getroffen. Silber blitzte an Jean-Claudes stählerner Sohle auf, als er auf meinen Kopf zielte. Ich duckte ab, packte seinen Fuß, als der Stiefel vorbeizischte, und zog. Er ging zu Boden. Ich kam halbwegs hoch und versuchte, ihm auf das Bein zu treten, konnte aber noch nicht richtig stehen. Er kroch weg. Hinter der Frühstücksbar war eine kleine Küche, dort krabbelte er hinein. Ich versuchte hinterher zu robben, aber mein Bein funktionierte noch immer nicht richtig. Außerdem mußte ich ständig ein Auge auf den anderen Kerl haben, der in seinem Gesicht herumschmierte, um die Maske aus Blut loszuwerden.

In der Nachbarwohnung sang jemand Opernarien, der Lift jaulte in seinem Schacht. Das Leben lief völlig normal weiter in Saint-Agrève. Außer in Nummer 507, da versuchten Jean-Claude und sein Freund, einen Iren umzubringen.

Ich hievte mich auf die Füße. Geschirr splitterte in der Küche, Jean-Claude kam um die Frühstücksbar herumgeschlichen. Er hielt ein langes Küchenmesser in der Hand, mit der Schneide nach oben, in der sogenannten Schlitzerposition. Er grinste jetzt, ein häßliches, verrücktes Grinsen. Mein Magen fühlte sich schwach und nervös an. »Ich werde es dir langsam besorgen«, zischte er. »Frankie liebt es auch langsam. Also werde ich ihren Daddy genauso langsam verarzten.«

Die Kälte in meinem Magen wich so schnell, als hätte jemand darin ein Feuer angezündet. Ein Sofa stand neben mir. Ich warf ein Kissen nach ihm, aber er stand nur da und lachte. Ich konnte wieder atmen, das Bein, das er lahmgelegt hatte, ließ sich wieder belasten. Ich warf ein zweites Kissen, griff dann nach dem Vorhang. Er kam auf mich zu, seitwärts wie eine Krabbe, das Messer vor dem Körper. Energisch riß ich am Vorhang. Er kam mit der Stange und allem daran herunter. Ich warf den ganzen Kram in Jean-Claudes Richtung.

Es war ein billiger Nylonvorhang, mit orangefarbenen Blumen bedruckt. Er verhüllte seinen Kopf, ich packte ihn. Wir drehten uns umeinander wie Tänzer auf dem Parkett eines Ballsaals. Jean-Claude wich zur Seite aus, kämpfte grunzend mit dem Gewebe. Das Fenster war jetzt hinter ihm, eine große Glasscheibe, die vom Boden bis zur Decke reichte. Hinter dem Fenster war ein Balkon, jenseits davon erstreckten sich die Häuser und Türme von La Rochelle bis zur blauen See. Ich packte seine Lederjacke und seinen Messerarm und warf ihn durch das Fenster.

Das Glas zersprang mit ohrenbetäubendem Getöse. Jean-Claude ließ das Messer fallen, stolperte durch den Rahmen und knallte so hart gegen das Balkoneinfassung, daß die Wände zitterten. Das Messer fiel unten in den Hof. Ich trat durch das Loch im Fenster und packte ihn am Kragen seiner Lederjacke. Er war über der Brüstung zusammengebrochen. Ich zog an seinem Kragen, bis er gerade außer Balance war.

Jetzt waren mehrere Kinder unten im Hof, sie spielten Fußball. Das Klappern des Messers ließ sie innehalten. Ihre Gesichter wurden zu blassen Scheiben, als sie nach oben blickten. *Was, wenn er fiel?*

»Wo sind die Papiere?«

Jean-Claude stellte sich dumm. »Welche Papiere?« Er blickte in fünfundzwanzig Meter Leere, dann kam harter gelber Kies. Glasscherben funkelten darauf in der Sonne.

Ich zog an seinem Kragen. Er rutschte weiter über die Brüstung, sein Gewicht lag nun auf den Oberschenkeln. Der Kopf hing herunter, nur meine Hand an seinem Kragen hielt ihn noch. »Du hast sie aus Biancas Zimmer gestohlen. Sag mir, wo sie sind, sonst lasse ich los!«

Jean-Claude traf eine schnelle Entscheidung. »Im Mülleimer.«

Ich zog ihn ein paar Zentimeter zurück, aber nicht weit genug, daß er aufatmen konnte. »Wer hat dich beauftragt, sie zu stehlen?«

»Arthur.«

»Arthur und weiter?«

Er antwortete nicht. Ich verpaßte ihm wieder einen kleinen Stoß, und er rutschte weiter ins Nichts hinaus. »Arthur und weiter?«

Er antwortete nicht. Statt dessen verrenkte er sich seitwärts, um meinem Griff zu entkommen. Aber er hatte sich verrechnet. Er schoß zu weit vorwärts und drehte sich dabei. Plötzlich hing sein ganzes Gewicht am Kragen der Jacke. Seine Beine flogen in die Höhe, Sonnenlicht spiegelte sich auf seinen Stiefeln, als sie über die Brüstung glitten. Er hing vor dem Balkon, am Kragen seiner Jacke von mir gehalten. Die Kinder unten schrien. Er auch.

Meine Finger begannen sich zu öffnen.

O nein, dachte ich. Ich muß mich gegen Messerstecher wehren, aber ich will doch niemanden umbringen! Ich griff mit der anderen Hand nach, suchte einen Halt. Jean-Claude zappelte, grabschte nach der Kante des Balkons. Als er den Arm hob, rutschte er aus dem Ärmel der Jacke. Jetzt hing er nur noch in einem Ärmel, mit der anderen Hand versuchte er, den Balkon zu erhaschen.

Vergeblich. Dann hörte ich ein Reißen. Der Ärmel, in dem er hing, riß der Länge nach am Saum auf.

Er fiel.

Die Fußballer unten schrien wieder. Er drehte sich in der Luft, schlug auf die Balkonbrüstung der Wohnung unter uns, prallte ab, seine Finger suchten nach dem Gitter. Er verfehlte es. Er fiel weiter, mit den Füßen voran. Die Füße trafen auf die übernächste Brüstung unter uns. Geschafft!

Er landete auf dem Balkon.

Ich hörte das Splittern von Glas. Die Fußballer applaudierten begeistert. Irgendwo schrie jemand. Mir wurde schlecht. Hoffentlich hat er das überlebt, dachte ich.

Hinter mir knirschte Glas, und ich drehte mich um.

Jean-Claudes Zimmergenosse stand vor der zerborstenen Scheibe. Er balancierte auf den Ballen und fixierte mich aus blutverschmierten Augen. In der rechten Hand hielt er eine große Glasscherbe.

»Jetzt schneid' ich dir den Kopf ab«, drohte er und kam einen Schritt auf mich zu.

Mir war noch immer übel. Meine Knie zitterten, ich wich einen Schritt zurück. Er machte einen Schritt vorwärts. Das Balkongitter preßte sich in meinen Rücken. Ich konnte den Abgrund hinter mir spüren. Die Zähne blitzten weiß in seinem braunen Gesicht. Er hielt den Abstand, beherrschte ihn mit dem Glasdolch. Die Freunde meiner Tochter wußten ihre Klingen zu führen, das mußte man ihnen lassen.

Mein Gehirn befahl mir: Vorwärts! Greif ihn an!

Aber mein Körper hatte genug vom Kämpfen. Er wollte den Befehlen des Hirns nicht mehr gehorchen.

Ein Blutrinnsal lief aus dem Bürstenhaarschnitt in die hundebraunen Augen. Er blinzelte.

Ich zog den Kopf zwischen die Schultern und griff an.

Nach den Maßstäben fortgeschrittener Straßenrowdies war es eine rührende Aktion. Aber er hatte ein Auge voller Blut und meinen Angriff nicht erwartet. Ich schlug ihm in den Magen, neunzig Kilo Muskeln und Knochen saßen dahinter. Er knallte an die Wand und rutschte an ihr herunter. Die Glasscherbe entfiel seiner Hand, er begann zu röcheln, als ob er vergessen hätte, wie man atmet.

Der Mülleimer stand in der Küche, ich leerte ihn in die Trümmer. Die Schnellhefter steckten zwischen dem Inneneimer und der äußeren Hülle fest. Als ich sie herauszog, jaulten draußen Polizeisirenen. Ich wusch mir das Blut von den Händen, klemmte mir die Ordner unter den Arm und verließ die Wohnung. Ich stiefelte die Treppe hinunter und verließ das Haus durch den Hinterausgang.

Jemand hatte dort Bäume gepflanzt und die Stämme unten mit Kunststoffolie umhüllt, um die Feuchtigkeit im Sand zu halten. Das Plastik war zerrissen und flatterte in der Seebrise. Ich humpelte schnell weiter. Reifen quietschten, mehr Sirenen heulten im Hof.

Ich schwankte zur Hauptstraße, wo ich den Lieferwagen geparkt hatte, und fuhr zurück zum Alten Hafen.

10

Steinmetzwerkstätten und kleine graue Häuser zogen als schwindelerregender Streifen vor meiner Windschutzscheibe vorbei. Ein Firmenschild verkündete: PAPETERIE PHOTOCOPIE. Ich hielt.

Das Mädchen im Laden musterte mich, dann blickte sie stirnrunzelnd wieder weg. Aber sie fotokopierte mir den Inhalt der Ordner und stopfte die losen Blätter beflissen in einen braunen Umschlag. Ich stützte mich auf die Ladentheke und versuchte, mich nicht in eine Schachtel voller Bleistifte zu übergeben. Als ich bezahlte, konnten meine Finger kaum das Geld halten. Mit Gummibeinen stolperte ich zum Auto zurück und fuhr zum Bahnhof.

Dort schlurfte ich zur Gepäckaufbewahrung und schob die Kopien in ein Schließfach.

Zurück im Restaurant, ging ich durch den Kücheneingang und lief gleich die Treppe hinauf. Oben knallte ich die Originale auf den Tisch. Auf der braunen Pappe waren blutige Fingerabdrücke.

Das Gesicht im Spiegel des Badezimmers blickte mich abwechselnd scharf und verschwommen an. Das Kinn wirkte unter den roten Stoppeln geschwollen, aber das meiste Blut gehörte Jean-Claudes Zimmerkumpel.

Ich war müde und zitterte. Meine Augen ließen sich nicht fokussieren, ich konnte kaum lesen. Erschöpft legte ich den Kopf auf das kühle Wachstuch der Tischplatte.

Schreckliche Dinge ereigneten sich: Thibault saß mit Bianca und Frankie unter Wasser um einen Tisch herum und spielte Karten. Allerdings waren die Spielkarten Blätter aus den Schnellheftern. Sie schienen die Regeln nicht zu kennen. Eine davon lautete: Jedesmal, wenn jemand eine Seite auf den Tisch legte, machte jemand hinten im Dunkel einen Schritt vorwärts. Die Stiefel dieser Person verursachten auf dem Boden ein metallisches Klicken. *Wach auf!* schrie ich. Das Licht funkelte auf einem Gegenstand, den die Person in der Hand hielt: ein gigantisches Tranchiermesser. Die Person war Jean-Claude.

Wach auf! schrie ich wieder.

Die Stiefel klapperten weiter.

Ich wachte auf.

Es waren nicht Jean-Claudes Stiefel, es war das Telefon. Ich stolperte durchs Zimmer und nahm ab. Der Hörer schien aus Blei zu sein.

»Georges«, meldete sich eine Stimme, »von der Werft.«

»Was gibt's?« Es fiel mir schwer, mich daran zu erinnern, wer Georges war und von welcher Werft er sprach.

»Dein Boot ...« fuhr die Stimme fort.

»Ist alles in Ordnung damit?«

»Die Arbeit geht gut voran.« Die Stimme klang vorsichtig. »Aber ich denke, du solltest herkommen.«

»Jetzt?«

»Es ist wichtig«, beharrte Georges. In seiner Stimme lag ein Unterton, der das Müsli aufrührte, das einmal mein Gehirn gewesen war.

»Na gut«, erwiderte ich.

Es kostete mich zwei Versuche, den Hörer wieder auf die Gabel zu legen. Ich streifte meine Kleider ab und wankte unter die Dusche, wo ich den Kaltwasserhahn aufdrehte. Das half. Ich wechselte über zu brühend heiß und dann wieder zu kalt. Schließlich schlüpfte ich in ein paar Klamotten und wankte steif hinunter in die Bar.

Gérard blickt mich erschreckt an. »Sie sind verletzt«, stellte er fest.

»Kaffee.« Es schien mir ein langer Satz zu sein.

Der Kaffee half noch mehr als die Dusche. Nach einer Minute war ich fast bei vollem Bewußtsein.

Mit dem Lieferwagen des Restaurants brauchte ich zehn Minuten bis zur Werft. Georges saß in seinem Büro. Das Gesicht hager und nikotingelb, schielte er durch den Rauch seiner Gitane.

Er zog eine Schublade auf und holte ein annähernd rundes Werkstück heraus, das aus gelbem Metall bestand. »Sieh dir das an«, forderte er mich auf.

Ich stellte meine Augen auf scharf. Es war ein Kühlwasser-Seeventil von 150 mm Durchmesser. Ich hätte es auch in einem dunklen Raum wiedererkannt, weil es von dem Typ war, den Savage Yachts einzubauen pflegte. Ich drehte es um, las den Namen des Herstellers. Auch der stimmte. Die Wolken in meinem Gehirn begannen sich zu lichten. Ich fröstelte, meine Hand zitterte. Es war dasselbe Ventil wie in der *Arc-en-Ciel.* Und es war gebrochen, genau wie das auf der *Arc-en-Ciel.* Aber es konnte nicht von ihr stammen.

»Gib mir dein Messer.«

Er reichte mir ein Lagouille mit Horngriff. Ich klappte es auf und kratzte mit der Rückseite der Klinge am Bronzebeschlag. Ich mußte kaum Kraft aufwenden. Metallsplitter fielen auf das Löschpapier, die Bronze war etwa so fest wie verrottetes Holz.

»Kein Zink«, bemerkte Georges. Er blickte auf seine Zigarettenpackung nieder, sie war leer. Er zerknüllte sie, warf sie in den Papierkorb, dann zog er das Silberpapier aus einer neuen, die auf dem Schreibtisch bereit lag. »Es stammt aus der *Arc-en-Ciel.*«

Mein Magen fühlte sich an wie mit Zement ausgegossen. »Mach keine dummen Witze!«

»Das hab' ich Guy, dem Schlosser, auch gesagt. Wie kann so etwas auf einem neuen Boot passieren?«

Ich öffnete den Mund und schloß ihn wieder. Dafür gab es keine Erklärung – auf einem neuen Boot.

Seeventile werden aus Bronze hergestellt, einer Legierung aus Kupfer und Zink. In Seewasser ist Bronze der Elektrolyse unterworfen. Was bedeutet, das Seewasser wird zum elektrischen Leiter zwischen Elementen, die in der galvanischen Spannungsreihe unterschiedlich angesiedelt sind. Das Zink in der Bronze ist die Anode, der Stahl der Propellerwelle ist die Kathode. Erdet man weder das Seeventil noch die Welle, werden mit der Zeit die Zinkatome aus der Bronze gelöst und lagern sich auf der Stahlwelle ab. Zurück bleibt ein poröser Kupferschwamm.

Mit der Zeit. Nach einem Jahr vielleicht. Aber *Arc-en-Ciel* war nur eine Woche im Wasser gewesen.

»Vielleicht hast du ein gebrauchtes Seeventil eingebaut?«

»Ich bitte dich!«

Er zuckte die Achseln und paffte Rauchwolken in die Luft. »Was zum Teufel geht dann vor?«

»War ein Erdungskabel befestigt?«

»Ja.« Das Erdungskabel zieht die Spannung aus den Metallbeschlägen.

»Zinkanode?« Die Opferanode ist ein Zinkbarren, der sich um den Rest der elektrolytischen Ströme kümmert.

»Die Anode war neu, in einwandfreiem Zustand.«

In meinem Kopf summte es wie in einem alten Radio, in dem eine Röhre lose ist. Es war einfach unerklärlich. »Laß uns einen Blick auf den Durchlaß im Boot werfen.«

Er stand auf. Die Abendluft war warm und weich wie frische Milch. Wir kurvten um die aufgepallten Yachten zum Kopf der Slipbahn, wo *Arc-en-Ciel* über einer Öllache auf dem Beton stand, den glatten schwarzen Rumpf von Pallhölzern gestützt. Wir kletterten die Leiter hoch und unter Deck. Sie hatten die Polster herausgenommen und den beschädigten Lack bis auf das rohe Holz abgezogen. Als wir ankamen, hatte das Boot wie ein Wrack ausgesehen, jetzt sah es nur halbfertig aus. Das war schon ein Fortschritt.

Georges wühlte in einer Werkzeugkiste neben der offenen Motorraumklappe. »Hier ist das Gegenstück.«

Das Gegenstück war ein Bronzering, der den Stutzen durch den Kunststoffrumpf geführt und abgedichtet hatte. Ich nahm das Seeventil in die eine, den Ring in die andere Hand und setzte sie zusammen. Es war ein sauberer Bruch. So sauber wie gesägt. Ein harter Schlag, und es fiel heraus …

Aber es hatte keinen Schlag gegeben.

Ich brachte die Bruchstücke an Deck. Dort oben lag eine Kabellampe, und ich hielt die zerbrochenen Teile unter ihr Licht. Die kristalline Struktur glänzte dunkelgolden, hier und da glitzerten im Inneren des Rohrs silberne Streifen.

Dort hätten keine silbernen Streifen sein dürfen.

»Selbst wenn das Zink raus war, hätte es nicht ohne weiteres brechen dürfen.«

»Vielleicht hat es einen Schlag bekommen?«

Yann war unten gewesen, er hätte dem Ding einen Schlag verpassen können. Aber damit hätte Yann Selbstmord begangen. Außerdem waren da die silbernen Streifen.

Ich sagte zu Georges: »Bau' ein neues Seeventil ein, überprüf' die anderen und die Anode.«

»Klar.«

»Ich behalte diese Teile. Habt ihr einen Metallurgen in der Stadt?«

Wir gingen zurück zum Büro, und Georges gab mir die Telefonnummer eines Spezialisten. Er sah mich so empört an wie ein Bootsbauer einen Kollegen, der Schund in seine Boote einbaut.

Ich erwähnte nichts von der Rechnung und er auch nicht.

Ich rief den Metallurgen von seinem Schreibtisch aus an. Sein Name war Docteur Kerdelo, und er arbeitete noch spät.

Ich hievte meinen schmerzenden Körper in den Lieferwagen, trat aufs Gaspedal und fuhr zu seinem Labor.

Es handelte sich um eine Spezialgießerei für Sondermetalle draußen in der Nähe der Kräne von La Pallice. Kerdelo nahm mich vor dem Aufzug in Empfang. Er hatte einen Bürstenhaarschnitt und eine lange, boshafte Nase. »Geht's wieder um Titan?« erkundigte er sich. »Bei Georges geht es immer um Titan.«

Ich zog das gebrochene Seeventil aus der Tasche. »Darum geht es.«

Er betrachtete es sorgfältig und murmelte dabei leise vor sich hin. Schließlich blickte er mich über den Rand seiner Brille an. »Typische Elektrolyseschäden an Bronze. Auf der Innenseite. Im Rohr ist etwas anderes.«

Er führte mich in ein aufgeräumtes Labor mit einem resopalbeschichteten Arbeitstisch. Ein leicht säuerlicher Geruch nach Reagenzien hing in der Luft. Es war spät, aber Dr. Kerdelo war kein Mann, der sich drängen ließ.

Er nahm eine Pipette, schüttete verschiedene Säuren zusammen und tröpfelte die Mixtur auf einen der silbernen Streifen im gebrochenen Seeventil. »Zink«, stellte er lakonisch fest.

Ich starrte ihn an. »Was?«

»Die Innenseite des Rohrs ist mit Zink ausgekleidet, sehen Sie.« Er zog ein Mikroskop heran, justierte das Objektiv, trat zurück und strich sich über seine Kasperlnase.

Ich schaute hinein. Die silbernen Streifen sahen aus, als seien sie innen in das Seeventil hineingeschmiert worden. »Das ist unmöglich!«

»Aber eine Tatsache«, beharrte Kerdelo, sehr zufrieden mit sich selbst.

»Worin liegt der Sinn, ein Seeventil innen mit Zink auszukleiden?«

Er nahm die beiden Teile und prüfte sie genau. »Ein

mechanischer Bruch«, stellte er fest. »Man kann nur schwer eine Vermutung anstellen. Vielleicht hat jemand das Objekt bewußt der Elektrolyse ausgesetzt, es zerbrochen und dann das Innere galvanisiert, um die beiden Hälften zusammenzuhalten. Aber sobald es in Seewasser kam, dann natürlich ...« Er lachte. »Also, diese Theorie ist wohl sehr unwahrscheinlich.«

Ich grinste ihn so breit an, wie ich es vermochte. Wenn man dieses speziell behandelte Seeventil dem Seewasser aussetzte, begann der elektrolytische Fraß. Das Zinkfutter mußte innerhalb weniger Tage weggeschmolzen sein. Und dann fielen die zuvor gebrochenen Teile auseinander.

Mitten in der Biskaya, zum Beispiel.

Kerdelo verriet keine Neugier, und ich tat nichts, um sie zu erregen. Ich nahm die Metallteile, lud ihn mit Begleitung zu einem Gratisdinner ins *Chez Thibault* ein und hoppelte zum Lift. Ich drückte den Rufknopf, starrte die Wand an und versuchte zu verdauen, was ich mit eigenen Augen gesehen hatte.

Es war nicht leicht.

Bis jetzt hatte sich in meinem Hinterkopf hartnäckig die Idee gehalten, daß es sich um einen katastrophalen Fertigungsfehler handelte, einen Blindgänger beim Gießen oder um ungewöhnliche Materialermüdung. Aber davon konnte keine Rede mehr sein.

In der Absicht, die *Arc-en-Ciel* zu versenken, hatte jemand das Seeventil ausgebaut, es in eine Salzlösung an eine stählerne Kathode gelegt und starkem Strom ausgesetzt, bis es nur noch die Festigkeit faulen Holzes hatte. Dann hatte er es mit einem Hammer zerschlagen. Zuletzt hatte er es innen galvanisiert und wieder im Boot verschraubt.

Es gab nur einen Grund, so etwas zu tun. Man wollte, daß das Seeventil brach und ein Loch von der Größe eines Babykopfs fünf Fuß unter der Wasserlinie hinterließ. Sollte die Yacht später gehoben werden, würde das Zinkfutter längst abgebaut sein, und meine Werft würde weltberühmt dafür werden, daß sie vergammelte Seeventile einbaute. Es war eine fast perfekte Zeitbombe gewesen.

Jemand fragte mich: »Welches Stockwerk?«

Ich merkte, daß ich im Lift lehnte und die Tür offen stand. Langsam schlurfte ich zum Lieferwagen. Es kam mir vor, als ob ich dabei über Treibsand lief.

Ich saß im Lieferwagen und grübelte, was da passiert sein mochte. Das Ergebnis war, daß ich mich noch schlechter fühlte als vorher. Nach einiger Zeit fuhr ich langsam zum Alten Hafen zurück.

Jemand hatte versucht, das Boot zu versenken, und es war ihm egal gewesen, ob die Crew dabei ertrank oder nicht. Ursprünglich war geplant, daß Thibault die Überführung selbst besorgen sollte. Ich hatte den Job erst zehn Tage vor der Abreise übernommen.

Also konzentrierte sich alles auf den Zeitpunkt, als das fehlerhafte Seeventil eingebaut worden war.

Zwei Wochen vor dem Stapellauf hatten wir einen Besichtiger an Bord gehabt und alles war in Ordnung gewesen. Danach hatte das übliche Chaos vor der Fertigstellung geherrscht. Bei Savage Yachts gab es keinen Grund zur strengen Personenkontrolle, die meisten Zulieferer kamen und gingen, wie es ihnen beliebte.

Jeder hätte es gewesen sein können.

Jeder, der mich loswerden wollte – oder Thibault.

Oder jemand, der das Boot loswerden wollte und dem es egal war, wer dabei mit auf Tiefe ging.

Dafür gab es nur eine Begründung: Das Boot sollte über die Versicherung in Bargeld umgewandelt werden.

Bianca hatte gesagt, daß es Dokumente der Agences Giotto zwischen den Papieren gab, die ich von Jean-Claude zurückgeholt hatte.

Ich fuhr zum Bahnhof, öffnete das Schließfach und nahm die Kopien heraus, die ich hatte machen lassen. Dann fuhr ich zum Restaurant zurück.

Die Originale lagen auf dem Wachstuchtisch, wo ich sie hatte liegen lassen. Das Wohnzimmer war dunkel, nur unter Frankies Zimmertür fiel ein Lichtstrahl hervor. Ich rief: »Guten Abend!« Sie antwortete nicht.

»Bist du da, Frankie?«

Die Tür öffnete sich, sie kam heraus. Die Schwellungen in ihrem Gesicht ließen nach. Über dem Arm trug sie einen Seesack und ein Paar Stiefel. Mein Herz sank. »Willst du weg?«

»Ja.« Sie machte eine Pause. »Ich überführe zusammen mit Bianca die *Plage d'Or* für das Rennen.« Sie sah mich forschend an. »Was hast du mit deinem Gesicht gemacht?«

»Ein kleiner Unfall.« Ich zögerte, wußte nicht, wie ich es ihr sagen sollte. Also sagte ich es ohne Umschweife. »Ich möchte nicht, daß du dich nochmals mit Jean-Claude triffst.«

Ihr Gesicht gefror. »Darüber rede ich nicht«, erwiderte sie.

»Und deine Mutter will es auch nicht.«

»Laß Mutter aus dem Spiel.«

»Er ist ein Dieb, ein Gangster und ein Messerstecher.«

»Das beweist nur, daß er immer auf der Schattenseite des Lebens gestanden hat. Er mußte sich allein durchschlagen, *er* hatte keinen reichen Onkel. Du und er, ihr sprecht verschiedene Sprachen.« Sie legte mir die Hand auf den Arm. »Versuch', ihn zu verstehen. Ich liebe dich, Dad. Ich möchte, daß ihr Freunde werdet.«

Ich klappte den Mund zu, der mir vor Staunen offengeblieben war, dann knurrte ich: »Das ist unmöglich. Ich fürchte, du bist eine romantische Närrin. Du wirst ihn nicht wiedersehen – basta!«

Trotzig reckte sie das Kinn vor, antwortete aber nicht. Verdammt, Savage, dachte ich, wann wirst du lernen, richtig mit Menschen zu reden, statt dich ständig um dich selbst zu drehen?

Aber jetzt war es zu spät. Ich hatte Frankie die Wahrheit gesagt, dafür haßte ich mich. Und sie hegte dasselbe Gefühl für mich. Wortlos warf sie sich den Seesack auf den Rücken und marschierte los.

»Guten Segelwind.«

Sie schlug die Tür hinter sich zu und rannte die Treppe hinab.

Ich setzte mich vor die Akten.

Aber ich öffnete sie nicht sofort. Ich saß nur da und starrte aus dem Fenster auf den schmalen Spalt schwarzen Wassers zwischen den dunklen, massigen Umrissen des Tour Saint-Nicolas und des Tour de la Chaine. Draußen blinkten die Lichter der Tonnen wie kleine rote Augen so vertraulich, als ob sie wüßten, daß Mick Savage ein großer Scheißkerl war. *Er mußte sich allein durchschlagen. Er hatte keinen reichen Onkel.*

Bald nach dem Vorfall mit dem Langnetz war ich eines Morgens hinunter gekommen. In der Halle stand ein großer düsterer Kasten, einem Zwergensarg nicht unähnlich. Mein Vater saß im Eßzimmer, das er als Arbeitszimmer benutzte. Die Luft roch nach altem Alkohol und frischem Geißblatt. Auf dem Tisch stapelten sich etwa einen Fuß hoch angeschmutzte Papiere.

Er ließ mich wissen, daß die Papiere etwas mit einem Buch zu tun hätten, an dem er arbeitete. Das Buch hieß »Die Erben von Grania«. Er erklärte, daß es vom Schicksal Irlands handelte und eine Menge Dinge ändern würde, wobei er mit dem Kopf drohend in Richtung Schloß deutete. Das Buch stand immer kurz vor dem Abschluß, wurde aber nie beendet.

Vater fragte: »Hast du die Kiste gesehen?« Seine Augen waren feucht, die Nase rot. »Es ist deine Schulkiste. Du gehst fort zur Schule, nach England. Das ist ein schreckliches Land. Es ist die Idee deines Onkels, denn wir könnten uns das Schulgeld nicht leisten.«

Ich nickte. Ich hatte schon von der Schule gehört, meine Mutter hatte mir heimlich davon erzählt, wahrscheinlich weil sie mich darauf vorbereiten wollte. Seit der Affäre mit dem Langnetz war Carthystone für mich ein Ort des giftigen Schweigens und der abgewendeten Blicke geworden.

Er fuhr fort: »Sie stehlen dir dein Erbe, Junge, und ich kann nichts dagegen tun. Das ist bitter – sehr bitter.«

»Mir ist es egal.« Eigentlich erregte mich der Gedanke, aus dem dunklen Haus in dem grünschwarzen Tal herauszukommen und so exotische Orte wie Bournemouth kennenzulernen.

»Aber mir ist es nicht egal! O ja, es bekümmert mich, ganz gleich, was du denkst.« Er griff nach seiner Flasche. »Nun gut. Wir können uns damit trösten, daß du jetzt unter dem direkten Schutz des Familienoberhaupts stehst.« Vater sagte das mit verzogenem Mund, und selbst im zarten Alter von sieben Jahren wußte ich, daß er es nicht ehrlich meinte.

Zwei Tage später reiste ich ab.

Im Grunde war die Schule keine schlechte Sache. Sie war in einem großen Haus am westlichen Ufer von Poole Harbour untergebracht. Der Direktor war ein alter Mann, der früher District Commissioner in Nigeria gewesen war. Er behandelte uns Kinder, als ob er einen meist gutherzigen, aber gelegentlich kriegerischen Stamm vor sich hätte. Ich schloß ein paar Freundschaften, boxte leidenschaftlich gern und segelte auf dem Achterwasser von Poole Harbour. In keinem Fach war ich sonderlich gut – außer im Segeln. Nur die Ferien im stickigen Gewirr der Familienintrigen von Carthystown wurden mir zur Qual.

Das Schlimmste war, daß meine Eltern beschlossen hatten, sich nicht mehr einzumischen, seit mein Onkel die Ausbildung übernommen hatte. Im Haus war es todlangweilig. Oben im Schloß lebten ein paar Cousins und Cousinen, ungefähr in meinem Alter, mit denen ich mich unterhalten sollte. Also radelte ich jeden Tag zwei Meilen auf der Chaussee, die durch den verwilderten Wald zum Schloß führte.

Als ich ungefähr dreizehn war, begannen einige meiner Cousinen ziemlich attraktiv auszusehen. Ich selbst war nicht gerade ein Bild von einem Kerl. Ich hatte einen Mop roter Haare, eine Nase, die bereits Spuren des Boxens aufwies, und war schon fast einsachtzig groß.

In der Schule hatte man versucht, mir Klavierspielen beizubringen. Mein Musiklehrer hatte es aufgegeben, aus mir einen neuen Chopin zu machen, aber die Stunden wurden bezahlt. Statt nun still mit mir herumzusitzen, hatte er sich die Zeit damit vertrieben, Boogie-Woogie zu spielen; das war seine große Leidenschaft. Ich merkte mir ein paar Läufe und übte sie am Piano in der Turnhalle. Sobald der Onkel im Schloß daheim außer Hörweite war, »vermöbelte« ich Pinetop Smith und Fats Waller auf dem verstimmten Flügel im großen blauen Salon, wo Mrs. C. F. Alexander angeblich All Things Bright and Beautiful komponiert hatte.

Es war an einem feuchtheißen, bedeckten Abend im August, als Murphy, der Sekretär meines Onkels, in den Salon kam. Murphy war ein blasser, dunkelhaariger Dubliner mit einem maliziösen Funkeln in den Augen. Er verbeugte sich verdächtig tief vor meiner grünäugigen Cousine Dervla, die sich in einer faszinierenden Art über mich beugte, und sagte: »Ihr Onkel würde Sie gern oben im Solarium sehen.«

Das Solarium war ein großer runder Raum im ersten Stock des grauen Steinturms. Im Treppenaufgang herrschte ein eigentümlicher Geruch nach Weihrauch, Knoblauch und scharfen Gewürzen. Ich drehte den schweren Türknopf und trat ein.

Ein Feuer brannte im Kamin. Die Luft war zum Ersticken heiß und mit dem Rauch aus zwei Kupferkesseln geschwängert. Onkel James saß an einem Tisch vor dem Feuer, auf den strähnigen, graublonden Locken einen Fez. Der Tisch war mit Büchern bedeckt. Er blickte auf. »Willkommen«, begann er. Seine Augen glichen fahlblauen Scheinwerfern, die zu dicht beieinander saßen. »Willkommen in Ägypten. Dein Name ist Achmet. Bring mir den Lunch!«

Auf einem der Kupferkessel stand eine Pfanne mit irgend einem Gericht. Ich ging über den türkischen Teppich und ergriff sie.

»Nein!« rief er. »Das Hemd muß heraushängen.«

»Was?«

»Du bist ein Ägypter«, erklärte er. »Die Bauern werden dort Fellachen genannt. Sie tragen ihre Hemden über den Hosen, du unwissender Junge. Meine Familienpflichten erlauben mir keine ... äh, physische Abwesenheit. Folglich muß ich im Geiste reisen. Also *tiffin*, Achmet!«

»Wie bitte?« fragte ich. Soweit ich wußte, war *tiffin* ein indisches Wort und kein ägyptisches.

»Hemd raus!«

Ich zerrte mein Hemd aus der Hose. Er sah mit seinen blauen Glotzaugen zu, als ich ihm das dampfende Gericht zwischen ein Diagramm der Großen Pyramide und der Memoiren eines Ahnen stellte, der das Kanalisationssystem von Alexandria reformiert hatte. »Du mußt mich Effendi nennen.«

»Effendi.«

»Du mußt mir den Lunch reichen.«

Ich blickte auf. Dervla stand in der Tür und hielt sich mit einer Hand den Mund zu. In ihren Augen flackerte eine teuflische Flamme, die sichtbaren Teile ihres Gesichts waren purpurrot vor unterdrücktem Gelächter.

»Sage: ›*Tiffin*, Effendi ...‹«

Mein Hemd, dachte ich. Und Dervla sah zu. Lieber Gott, laß mich im Erdboden versinken.

»Sprich!« befahl er. »Sprich!«

Ich versuchte es, brachte aber keinen Ton heraus. Sein Bellen hallte im Gewölbe wider. Ich wollte ihm sagen, daß er still sein und aufhören solle, sich wie ein Verrückter zu benehmen. Aber er war das Familienoberhaupt, direkt verantwortlich für mich, hatte er gesagt. Auch meine Eltern hatten das gesagt, also mußte es stimmen. Wenn er in Gedanken verrückte Reisen nach Ägypten machen wollte, dann durfte er das wohl.

Ich stammelte: »Hier ist Ihr *tiffin*, Effendi.« Von der Tür her erklang ein verächtliches Schnauben, dann war Dervla verschwunden. Onkel James begann zu essen, seine Augen glitten über die Abmessungen der Großen Pyramide.

Erniedrigt schlich ich aus dem Raum, steckte mein Hemd wieder in die Hose und radelte durch den verwilderten Wald vom zerfallenen Schloß nach Hause.

Mit dem Abstand kam der Trotz. Pharao, dachte ich. Er hält sich für einen Pharao, meine Eltern sind seine Höflinge, und ich bin sein Sklave. Ich haßte die ganze Familie mit der reinen, glühenden Leidenschaft eines Dreizehnjährigen.

Ich wandte mich wieder dem Tisch zu und begann, die Schnellhefter durchzusehen.

Bald erkannte ich, warum Thibault Bianca gebeten hatte, die Papiere außer Reichweite der Gläubiger zu bringen. Es handelte sich um Eigentumsurkunden, mehrere Sparbücher mit erklecklichen Summen und um eine Versicherungspolice der Agences Giotto. Sie lautete auf das Boot *Arc-en-Ciel*. Vor zwei Wochen hatte Thibault es für zweihunderttausend Pfund versichert und die erste Monatsprämie im voraus bezahlt.

Der Verkaufspreis der *Arc-en-Ciel* lag bei hundertzwanzigtausend Pfund, plus oder minus einem Zehner. Davon hatte er mir achtzigtausend bezahlt. Er hätte einen guten Schnitt gemacht, wenn das Boot zu den Fischen gegangen wäre, schön tief, nur weil jemand sehr kreativ das Seeventil manipuliert hatte.

Hör' auf, sagte ich mir. Es ist dein alter Freund Thibault Ledoux, kein griechischer Reeder, der versucht, mit seinen Alimentezahlungen Schritt zu halten.

Schwitzend stand ich auf, ging wieder ans Fenster und starrte auf die blinkenden Tonnen. Mein Kopf schmerzte. Während der Regatta La Baule–Dakar war der vor uns liegende Jamie Arbuthnot über Bord gefallen. Jamie mußte nach zwei Stunden im Wasser tot sein. Aber Thibault war sechzig Meilen vom Kurs abgewichen und hatte zwölf Stunden lang Suchkreise gefahren. Dadurch waren wir in der Regattawertung chancenlos zurückgefallen, sehr zum Ärger unseres Sponsors. Wieder sah ich Thibault vor mir, wie er das Boot hin und her prügelte. Sein Kopf schmerzte von der grellen Tropensonne, während er nach dem alles entscheidenden dunklen Punkt suchte, aber nur die glitzernde Wasserfläche sah. Als wir dann schließlich abdrehten und nach Süden segelten, war ein anderes Glitzern in Thibaults Augen: Tränen der Enttäuschung.

Und jetzt versuchte sich Mick Savage selbst davon zu überzeugen, daß derselbe Thibault seinen Geldschwierigkeiten dadurch entrinnen wollte, daß er zwei seiner ältesten Freunde ersaufen ließ.

Ich konnte keine Silbe davon glauben.

Ich setzte mich hin und wartete darauf, daß sich mein Herzschlag normalisierte. Nachdem mein Kopf wieder klar war, rief ich meine Sekretärin Mary in England an.

Sie sagte: »Ich hab' versucht, dich zu erreichen.«

»Ich war hier.«

»Schon recht. Wir hatten Probleme mit dem Telefon.«

»Hast du die Arbeitsblätter gefunden?«

»Na klar.«

»Und?«

»Das neue Seeventil wurde Anfang Juni von Chris Barnes eingebaut.«

Das war drei Wochen vor dem Stapellauf gewesen. Chris Barnes war der Sohn von Chiefy Barnes, dem Vormann des Rettungskreuzers in Pulteney. In seiner Freizeit war er RNLI-Ingenieur. Er würde niemals ein schlechtes Seeventil einbauen. Auch mußte der Besichtiger es begutachtet und nach dem Einbau abgenommen haben.

»Kannst du mir eine Liste der Werftbesucher in den letzten beiden Wochen vor dem Stapellauf besorgen?«

Marys Stimme wurde übertrieben geduldig. »Hier sind etwa fünfhundert Leutchen rumgeschlichen. Daran wirst du dich doch erinnern? Und auch daran, daß wir kein Besucherbuch führen. Deshalb kann ich das nicht.«

»Nein«, stimmte ich zu. Sackgasse.

»Hast du sonst noch Aufgaben für mich?«

»Nein.«

»Ich war auf der Bank.« Ihre Stimme klang gepreßt. »Der verdammte Lenin meint, daß er nichts mehr machen kann.«

Lenin war Mr. McLennan, der Bankdirektor. »Was meint er damit?«

»Er zieht den Stöpsel raus. Das Problem mit dem Telefon war, daß sie es abgestellt hatten.«

Ich hatte gewußt, daß es so kommen würde, konnte es aber immer noch nicht glauben. »Und warum ist es jetzt wieder angeschlossen?«

Stille, dann erwiderte sie: »Ich habe etwas Geld aufgetrieben.«

»Dein Geld.«

Schnell entgegnete sie: »In meinem Alter kann ich es sowieso nicht mehr ausgeben.« Damit legte sie auf.

Ich saß stumm da und blickte auf die Versicherungspolice nieder.

Niemand würde Mike Savage auch nur einen Sou für eine Versicherungspolice geben, die auf Ledoux lautete. Nur Thibault konnte den Schaden melden. Aber Thibault war nicht präsent. Ich mußte ihn also zwischen die Finger bekommen. Aber niemand wußte, wo er war.

Doch wenn das niemand wußte, dann konnte man auch nicht wissen, daß ich es nicht wußte.

Also konnte ich den Schadensfall in seinem Namen melden, seine Unterschrift fälschen und das Restaurant als Adresse angeben. Dann konnte ich den Scheck abfangen, ihn auf der Rückseite mit Thibaults Unterschrift indossieren und ihn an McLennan weiterreichen.

Das war natürlich Betrug, eine dieser Notlügen, die ich für Justin Peabody öfter zum Platzen gebracht hatte, als ich mich erinnern konnte. Es war ein krummes Ding. Ich hatte noch nie in meinem Leben ein krummes Ding gedreht.

Genausowenig wie Thibault jemals in seinem Leben jemand anderen – außer sich selbst – in Lebensgefahr gebracht hatte.

Vielleicht mußte jeder mal damit anfangen. Denke praktisch, Savage. Fälsche die Unterschrift. Bezahle die Werftrechnung. Es macht doch keinen Unterschied.

Ich atmete tief durch.

Thibaults Unterschrift hatte ich auf einem Vertrag im Ordner gesehen, als das Mädchen die Fotokopien machte. Ich blätterte die Dokumente durch.

Der Vertrag war nicht da.

Ein Konkurs ist nicht gut für die Konzentration, besonders wenn er von heftigen Prügeleien begleitet wird. Vielleicht hatte ich die Seite übersehen? Ich ging in die Küche, goß mir ein volles Wasserglas Burgunder ein und kehrte zu dem Ordner zurück.

Immer noch kein Vertrag.

Es war ein langer, harter Tag gewesen. Ich starrte nachdenklich auf den Ordner nieder, aber es half nichts.

Das Mädchen im Kopierladen hatte die Papiere herausgenommen und sie in den Kopierer eingelegt. Sobald sie aus der Maschine kamen, hatte sie sie mit der Oberseite nach unten auf einem Tisch gestapelt. Der Vertrag war mit absoluter Sicherheit im Hefter gewesen, als ich ihn in die Wohnung gebracht hatte.

Aber dann hatte ich ihn den ganzen Tag Bianca überlassen.

Ich schlitzte den Umschlag auf, den ich vom Bahnhof abgeholt hatte, und nahm die Kopien heraus. Der Vertrag war da, etwa in der Mitte des Stapels, mit der Unterschrift am unteren Rand. Ich legte ein Blatt dünnes weißes Papier darüber, nahm einen Bleistift und zeichnete die Unterschrift nach. Savage wechselte das Metier, um den Krieg zu überleben, aber er war ein lausiger Fälscher. Die Unterschrift ähnelte dem Original kein bißchen. Tja, dachte ich hoffnungsvoll, Übung macht den Meister.

Also übte ich und kritzelte weiter Thibaults Unterschrift auf ein Stück Schmierpapier. Während ich kritzelte, dachte ich über Fallgruben nach.

Da der Vertrag bei den Kopien gewesen war, aber nicht bei den Originalen, mußte ihn jemand herausgenommen haben. Er mußte in der Zeit entwendet worden sein, nachdem ich ihn auf den Tisch gelegt hatte und bis ich von Chantiers Albert zurückgekommen war.

Ich las den Vertrag durch. Er besagte, daß Thibault Ledoux ein Drittel der Firma Transports Drenec gehörte, einer Reederei, die ein Schiff mit dem Namen *Poisson d'Avril* besaß. Faszinierend.

Mein Körper schmerzte wie ein verfaulter Zahn. Genauso bohrte in mir die Besorgnis über Frankies Mitleid mit diesem miesen Schurken Jean-Claude und die Befürchtung, daß mich Thibault gelinkt hatte. Außerdem war da noch der Umstand, daß Mike Savage, der bisher aufrecht durch diese verbrecherische Welt gewandelt war, Betrug und Urkundenfälschung begehen wollte.

Ich trank den Rest Burgunder aus. Das zweite Glas schmeckte besser als das erste. Es ölte die Maschinerie, ich begann klarer zu denken. Ich nahm den Ordner mit den Originalen und die Kopien und begann, sie Blatt für Blatt nebeneinander auf dem Tischtuch zu vergleichen.

Es dauerte zehn Minuten, aber dann hatte ich acht Kopien übrig.

11

Alle fehlenden Papiere hatten mit Transports Drenec und der *Poisson d'Avril* zu tun. Da war beispielsweise ein dreiseitiger Besichtungsbericht, von einem gewissen Marcel Bonnard erstellt. Er war der örtliche Sachverständige einer Klassifikationsgesellschaft in Saint-Jeanne-des-Sables. Weiter fehlte die Charterparty, die besagte, daß Transports Drenec die *Poisson d'Avril* von der Lignes Etoile gechartert hatte. Die Versicherungspolice basierte auf dem Besichtigungsprotokoll und war von der Agences Giotto ausgestellt worden. Und da gab es noch einen Brief, der bewies, daß die *Poisson d'Avril* für hunderttausend Dollar von einem griechischen Reeder gekauft worden war.

Ich verglich das mit der Versicherungspolice. Die Versicherungssumme lautete auf 391 000 Dollar. Der Brief über den Verkauf und die Versicherungspolice waren nur drei Wochen auseinander datiert.

Werften sind ein teures Pflaster. Aber selbst wenn man das berücksichtigte, war es schlicht unmöglich, innerhalb von drei Wochen 291 000 Dollar in einem Schiff zu verbauen.

Das letzte Mal, daß ich von einer Reparaturrechnung in vergleichbarer Höhe gehört hatte, war vor einem Jahr gewesen. Justin hatte mich auf der Werft angerufen. »Komische Sache«, hatte er in seiner pflaumenweichen Art gesagt, »ein Schiff namens *Vida* ist vor Kap St. Vincent auf der Reise von Marseille nach Rio untergegangen. Sehr plötzlich. Ein schrecklicher alter Eimer, aber hoch versichert. Würdest du dich darum kümmern?«

Also flog ich nach Portugal und recherchierte. Nach einer heißen, mühevollen Woche zwischen den Tennisplätzen und den Bierbars an der Algarve machte ich die Crew der *Vida* ausfindig.

Der angolanische Koch wohnte in einem kleinen Landhaus am Meer. Er hatte Explosionen gehört, erzählte er. Kurz davor hatte ihn der Erste Offizier angewiesen, Lunchpakete für die ganze Mannschaft fertigzustellen. Der Koch, ein schlichtes Gemüt, war über etwas anderes verärgert gewesen. Es gab ein Gerücht, daß die Offiziere zwei Wochen vor dem Sinken Zimmer im *Da Gama*, einem Luxushotel in Faro, gebucht hatten. In seinen Augen war das Rassendiskriminierung. Ich überprüfte das Gerücht im *Da Gama* und stellte fest, daß es stimmte. Die Forderungen, die die Eigner der *Vida* aus Singapur an die Versicherung stellten, wurden nicht bezahlt. Die Offiziere saßen jetzt im Gefängnis, die Reeder hatten ihren Firmennamen gewechselt.

Ich begann zu verstehen, warum Thibault daran gelegen war, die Dokumente, die mit der *Poisson d'Avril* zu tun hatten, vor den Augen der Öffentlichkeit zu verbergen.

Weiter war interessant, daß auch andere sie geheimhalten wollten, beispielsweise Bianca. Und dieser Arthur, in dessen Auftrag Jean-Claude sie aus der Wohnung gestohlen hatte. Wer das auch war.

Ich zog das Telefon heran und wählte Mary Ellens Nummer in London. Sie antwortete sofort – wie immer. Das Telefon stand auf dem Kaffeetisch vor dem Sofa. Es gibt drei Anschlüsse, die sie alle gleichzeitig benutzt. Hinter ihr würden sich die Lichter in der schwarzen, öligen Themse spiegeln. »Oh«, sagte sie. Ich konnte mir die Bewegung ihrer Hände vorstellen, mit denen sie sich die Haare aus dem feingeschnittenen Gesicht schob. »Du bist es.« Mein Herz sank.

Wir hatten bei Frankies Erziehung zusammengewirkt. Die Woche über hatte sie bei Mary Ellen gelebt, an den Wochenenden und während der Ferien kam sie zu mir nach Pulteney. Die meiste Zeit gelang es uns, gemeinsam in derselben Richtung zu ziehen. War das nicht der Fall, gab es bei Mary Ellen keine Chance für einen Kompromiß. Ich sagte: »Hier tut sich was.«

»Das hat mir Frankie erzählt.« Ihre Stimme klang scharf und kantig, als ob es ihr schwerfiele, sich zu beherrschen.

»Frankie hat sich einen äußerst üblen Freund angelacht. Du würdest ihn nicht mögen.«

»Ich würde ihn nicht verprügeln. Um Himmels willen, kannst du dich denn nicht einmal beherrschen?«

»Sie hat dich angerufen?«

»Sie und auch Justin. Wenn du den Burschen nicht leiden kannst, sollte es dir doch möglich sein, mit ihr darüber zu sprechen.«

»Heute nachmittag wollte er mir die Kehle durchschneiden.«

»Du solltest deine Tochter gut genug kennen, um zu wissen, daß sie um so sturer wird, je mehr Wind du machst.« Nach einer Pause fuhr sie in anderem Ton fort. »Er wollte dir die Kehle durchschneiden?«

»Richtig.«

»Wegen Frankie?«

»Teilweise.«

Jetzt klang ihre Stimme besorgt. »Wo ist sie?«

»Segeln.«

»Ohne den Freund?«

»Ohne den Freund.«

»Ich glaube, du schuldest mir ein paar Erklärungen.«

»Nicht jetzt. Die Lage hat sich stabilisiert.« Jean-Claude mochte tot sein oder im Krankenhaus liegen, aber das würde Mary Ellen nicht sonderlich trösten. »Ich habe da noch eine Versicherungsgeschichte.«

»Oh?« Das klang wachsam und erbost.

»Es geht um ein Schiff mit dem Namen *Poisson d'Avril.*«

»*Poisson d'Avril* heißt Aprilscherz«, stellte sie fest, hart und geschäftsmäßig, vielleicht etwas zerknirscht. Versicherung war Versicherung. »Nein«, sagte sie, »nie gehört. Warum fragst du nicht Justin?« Dann kam wieder diese gewisse Schärfe in ihre Stimme. »Und bei allen Heiligen, kümmere dich um Frankie. Ich nehme an, du weißt, was du tust, aber ich will Frankie in einem Stück wiederhaben.« Damit legte sie auf.

Es war ein Rückzug – gewissermaßen. Unsere Beziehung befand sich wieder im Gleichgewicht. In ihren Augen wußte ich also wieder, was ich tat, mehr oder weniger.

Die Schmerzen in meinem Körper und meinem Kopf kehrten mit doppelter Stärke zurück. Ich sammelte die Fotokopien ein, sank auf das Bett und war weg.

Es machte Onkel James Spaß, mich zu manipulieren. Im einen Augenblick war ich die Hoffnung der Familie, im nächsten ein schändlicher Bastard. Mit fünfzehn Jahren hatte ich begriffen, daß ich ihm völlig gleichgültig war. Seine Sticheleien waren nur ein schmutziges Spiel, das er liebte, weil er zuviel Macht hatte und sie zu wenig gebrauchen konnte.

Mein Vater war zu einem mysteriösen Botengang für die Republikaner aufgebrochen, als er von einem Lastwagen überfahren wurde. Sein Tod hatte im Leben meiner Mutter wenig verändert. Sie flatterte wie ein Geist durch die schmuddeligen, zunehmend feuchteren Räume des kleinen Hauses in Carthystown. Ich war im Internat gewesen, als mein Vater starb, und kam zum Begräbnis nach Hause. Die Feier war billig und bedrückend. Vater wurde nicht in der Familiengruft beigesetzt, sondern auf einem Friedhof voll polierter schwarzer Granitgrabsteine, der an einem Berghang über dem Dorf lag. Im Kamin glomm ein großer Haufen Papierasche, von dem ich annahm, daß er die Reste der »Erben von Grania« darstellte. Der Schreibtisch war aufgeräumt, der

Raum kalt und feucht. Meine Schulzeit war fast vorbei. Onkel James erlaubte mir, zu bleiben und meiner Mutter Gesellschaft zu leisten. Aber das Schloß war kalt und voller Verwandter, die sich zur Beerdigung versammelt hatten. Meine Mutter hatte kein Interesse daran, mich zu sehen. Im großen Haus gab es eine Art Empfang. Ich stahl mich mit meiner Cousine Dervla früh davon und schlug mich in die Büsche.

Dervla führte mich zu einer Höhle, wo sie mir die Kunst des Küssens beibrachte. Sie ging in Dublin zur Schule. Verächtlich blickte sie mich mit ihren leuchtend grünen Augen an. »Du weißt aber auch gar nichts«, schnurrte sie.

»Wie meinst du das?«

»Entweder bist du nur mit Jungen zusammen auf dem Internat, oder du bist schwul.« Dervla hielt Dublin für eine fortschrittliche Stadt voller Kultur.

»Halt den Mund!« Ich küßte sie wieder. Ihre Zunge war ein wundervolles Ding, ihre Arme schlangen sich um meinen Nacken, und ihr heißer Atem wehte an meinem Ohr vorbei. Sie hatte richtige Brüste. Ich hatte noch nie so etwas wie sie im Arm gehalten.

Jemand heulte im dunkelgrünen Dickicht. Es war eine typische Carthystone-Stimme: hoch und verkrampft.

»Tot!« schrie die Stimme. »O Gott, er ist tot!« Dervla rollte sich zur Seite.

»Sei still!« fuhr eine andere, beherrschte Stimme dazwischen. Das war Murphy, der Sekretär von Onkel James. »Miss Dervla?« rief er, gurrend wie eine berechnende Taube. »Michael! Seid ihr da oben?«

Dervla strich ihren Rock glatt. Sie sah rot und erhitzt aus, allerdings nicht so rot und erhitzt wie ich mich fühlte. Murphy schob sich aus dem Dickicht. Er trug eine schwarze Krawatte. »Eine schlechte Nachricht«, kündigte er an. »Ihr Onkel ist vom Fahrrad gefallen. Er ist tot. Gott sei seiner armen Seele gnädig.«

»Oh!« stieß Dervla hervor und begann zu weinen.

Nach und nach fand ich die Einzelheiten heraus. Onkel James hatte eine Menge Whiskey getrunken und aus einer wunderlichen Laune heraus beschlossen, eine Fahrradtour zu unternehmen, um den Kopf wieder klar zu bekommen. Als er so durch den Wald holperte, war er geradewegs über einen niedrigen Steilhang gefahren und hatte sich das Genick gebrochen.

Ich war schockiert und ernst. Der Ernst wich Trübsinn. Es war bekannt, daß er ein aufwendiges Ritual für seine Beerdigung ausgebrütet und für mich dabei eine tragende Rolle vorgesehen hatte.

Die Verwandtschaft drängte sich immer noch im Haus zusammen, wo sie giftig über das Unheil tuschelte, daß zwei Brüder in so kurzer Zeit nacheinander gestorben waren. Es wurde viel Whiskey getrunken und eine ernste Rede nach der anderen gehalten. Dervla wollte aus Respekt vor dem Toten nicht mehr zur Höhle kommen. Das Begräbnis fand am Donnerstag statt.

Noch am selben Tag kam ein Notar mit wäßrigen Augen in unser Haus. Ich saß am Eßtisch, während er mir eröffnete, daß mir mein Vater zehntausend Pfund hinterlassen hätte. Zu meiner alleinigen Verfügung, kein Mitglied der Familie durfte mir hineinreden, wie ich sie ausgab.

Meine Mutter wurde mit dem Haus in Carthystown bedacht – und dem Manuskript der »Erben von Grania«. »Der Erlös daraus soll ihr einen geruhsamen Lebensabend sichern«, hatte mein Vater geschrieben.

Der Kamin war leer, die Asche im Mülleimer. Es gab keine Kopie, außerdem war das Buch zweifellos schlecht gewesen.

Mutter sah so fahlgelb aus wie altes Elfenbein. »Und was ist mit dem Rest des Geldes?« fragte sie.

Der Notar räusperte sich. »Das restliche Barvermögen beläuft sich auf dreihundertundein Pfund«, erwiderte er.

Darauf herrschte eine lange, schreckliche Stille. Schließlich blickte meine Mutter an ihrer langen, hohen Nase entlang auf mich herunter. »Ich will mit dir nichts mehr zu tun haben«, zischte sie so bitter, als ob das alles meine Schuld sei. »Geh ins große Haus! Gott weiß, daß zwei Tyrannen tot sind, ich will hier keinen neuen haben.«

Ich ging. Was der *Dungarvan Leader* eine große, repräsentative Trauergemeinde nannte, wuselte um die protestantische Kirche herum. Wie es schien, hatte ich meine ganze Familie verloren. Aber ich war fünfzehn und haßte Familien.

Die Kirchenglocken begannen zu läuten, die Menge bebte erwartungsvoll. Ich marschierte zum Portal, wo ein schwarzer Wagen meine Cousins und Cousinen ausspie. Wir gingen in die Kirche. Dervla war in Schwarz, ignorierte mich aber. Wir setzten uns auf die vorderen Bänke, die einander gegenüber standen. So waren sie von früheren Savages angeordnet worden, die den Wunsch gehabt hatten, ihre Glaubensbrüder ständig beobachten zu können. Meine Mutter vermied es, mich anzusehen, sie war weiß vor eifersüchtiger Wut. Ich wollte ihr gern etwas Tröstliches sagen, aber ich wußte, daß sie mir nicht zuhören würde.

Im südlichen Seitenschiff hinter dem Sarg stand eine Tür offen. Der Dean of Clonnel begann zu murmeln. Die Tür führte in die Gruft der Savages.

Jede Menge Gemurmel folgte, schließlich wuchteten die Träger den Sarg in die Höhe und trugen ihn in die Gruft. Die Familie folgte, auch Murphy, der Sekretär. Er trug eine schwarze Tasche, wie sie altmodische Ärzte benutzen.

Die Träger schoben den Sarg in das dafür vorgesehene Fach. Murphy holte aus der schwarzen Tasche eine Flasche Jameson's Whiskey. Er entfernte die Folie und plazierte die Flasche neben den Sarg, dazu stellte er ein Trinkglas. Im Glas lag ein Schlüssel mit einem Schild, auf dem stand: GRUFT.

Onkel James hatte sich schrecklich davor gefürchtet, lebendig begraben zu werden.

Etwas passierte in mir. Mir schien, daß mein Hirn plötzlich voller Luftblasen sei. Sie perlten durch die stumpfsinnige Menge, die verrotteten Särge, über die ganze blödsinnige Scharade, die Onkel James befohlen hatte, das Oberhaupt der ganzen blödsinnigen Familie Savage. Es gab nur einen Weg, die Blasen loszuwerden.

Ich begann zu lachen.

Mein Gelächter hallte in der Gruft wider wie das Gekreisch eines Wellensittichschwarms. Tränen liefen mir aus den Augen. Ansonsten herrschte erschreckte Stille, die alles nur noch komischer machte.

Johlend taumelte ich durch das Seitenschiff, in dem der Gestank schlecht getrockneter Begräbnisanzüge hing. Ich stahl ein Fahrrad vor dem *Cruiskeen Lawn* und fuhr später mit mehreren Bussen und der Eisenbahn zum Büro des Notars in Wicklow. Dort versorgte ich mich mit dreitausend Pfund in bar. Einen Scheck über siebentausend Pfund schickte ich an meine Mutter. Zuletzt stieg ich auf ein Schiff nach Westindien.

Ich war fünfzehn und hatte alle Brücken hinter mir abgebrochen. Nie wieder würde ich zulassen, daß mir eine Familie Kummer bereitete.

Das Telefon weckte mich. Auf dem Kai draußen summte die Menge, und das Licht im Raum schien eher auf Mittag als auf Morgen zu deuten.

Ich rollte mich aus dem Bett und griff nach dem Hörer. Mein Mund war verklebt. Eine Stimme am anderen Ende meldete sich: »Wer spricht?« Es war eine Männerstimme, sehr offiziell.

Ich sagte meinen Namen.

»Polizei. Ich schicke Ihnen gleich einen Beamten«, schnarrte die Stimme. »Bleiben Sie dort.«

»Aha«, erwiderte ich.

Er legte auf.

Ich kletterte unter die Dusche. Die Schmerzen ließen nach. Die Schwellungen in meinem Gesicht waren zurückgegangen, aber nicht so weit, daß ich mich hätte rasieren können. Ich fand ein paar Klamotten und besorgte mir eine Tasse Kaffee. Schritte erklangen auf der Treppe.

Es war ein Mann in Anorak, Polyesterhose und Turnschuhen. Er hatte einen runden Kopf, dessen Kugelform durch einen schwarzen Crewcut noch betont wurde. Sein Gesicht hatte einen harten, verschlossenen Ausdruck.

»Jonzac«, stellte er sich vor. »Polizei.«

Wir setzten uns an den Tisch mit der roten Wachstuchdecke. Jonzac hatte unfreundliche braune Augen, die im Zimmer herumwanderten, als hätte er schon viele derartige Räume gesehen und könne sie kein bißchen leiden. Er fragte: »Wo waren Sie gestern nachmittag?«

»Zu welcher Zeit?«

»Zwischen 16.30 und 18.00 Uhr.«

»Warum?«

»Man hat Sie vom Friedhof hierher fahren gesehen. Einen Engländer, der aussah, als ob er in einen Kampf verwickelt gewesen sei.«

Einen Iren, dachte ich.

»Also, was haben Sie gemacht – anständige Bürger in Wohnsilos erschreckt?« Seine Stimme klang belustigt, seine Augen waren es nicht.

Ich entschied, daß es am besten war, bei der Wahrheit zu bleiben. »Ein mieser Bursche ist hinter meiner Tochter her.«

»Jean-Claude Dupont.«

»Woher wissen Sie das?«

Er gestattete sich die Andeutung eines Lächelns. »Er liegt im Krankenhaus, unter Bewachung. Er scheint aus dem

Fenster gefallen zu sein. Schwere Prellungen, vermutlich innere Verletzungen.«

»Warum steht er unter Bewachung?«

»Wir kennen den Kerl.«

»Wie das?«

Der Polizist schien sich zu entspannen. »Er kam vor sechs Wochen aus dem Süden hier an. Wir haben Drogen in seiner Wohnung gefunden, überwiegend Amphetamine. Ein gefährlicher kleiner Bastard.«

»Meine Tochter ist siebzehn, ein Alter, in dem sie sich leicht beeindrucken läßt. Dupont hat mich mit einem Messer angegriffen.«

»Verstehe.« Er zuckte mit den Schultern. »Vielleicht hätte ich genauso gehandelt. Trotzdem muß ich Sie bitten, mich auf die Wache zu begleiten.«

»Warum nicht?«

Er brachte mich in ein grün gestrichenes Verhörzimmer auf dem Revier und nahm meine Aussage auf. Dabei tippte er mit einem Finger auf einer altertümlichen, mechanischen Schreibmaschine. Wie sich herausstellte, kannte er mich aus der Zeitung. Außerdem besaß er selbst eine Tochter, daher hatte er keine Schwierigkeiten, einen besorgten Vater zu verstehen. Ich erzählte ihm genug, um diesen Eindruck zu verstärken, aber nicht mehr. Dabei fragte ich mich, was Thibault getan hatte, daß er von Schmalspurgangstern aus dem Süden gejagt wurde, die für einen gewissen Arthur arbeiteten.

Mein Verhör dauerte den ganzen Nachmittag. Danach spendierte ich Jonzac einen Drink in der *Bar Pilote.* Er erzählte mir von seinen Segelerlebnissen mit einem plumpen Trailerboot, was die Leute immer gern machen. Ich bat ihn wie jemand, der sich um das Wohlergehen seiner Tochter ernsthaft sorgt, es mich wissen zu lassen, falls er mehr über Jean-Claude erfuhr.

Wir tranken aus, schüttelten einander die Hände und trennten uns als Freunde. Langsam schlenderte ich am Kai zurück zum Restaurant. Gérard stand in der Tür – in heller Panik. »Wir haben heute keine Austern!« jammerte er. »Und keine Giselle! Wo ist Christophe?«

Ich wußte es nicht und wartete hinter der Bar, während er ins Telefon kreischte. Ich glaubte nicht, daß Thibault seine Freunde absichtlich hatte ersäufen wollen. Aber ich war überzeugt, daß Thibault sich in ernste Schwierigkeiten gebracht und mich und Frankie mit hineingezogen hatte.

Ein vernünftiger Mensch hätte die Schadensmeldung gefälscht, sich seine Tochter geschnappt und wäre mit dem ersten Flugzeug nach Hause geflogen.

Die blinde Annie saß an der Bar und brütete über ihrem Glas Pastis. Dabei sang sie leise vor sich hin, aber kein Ton stimmte. Sie hörte mich kommen. »Wo ist die schöne Frankie?«

»Segeln.«

»Alle machen Urlaub. Frankie ist auf See, Christophe und M'sieur Thibault sind am Strand. Und der Herr Engländer macht Ferien in unserer schönen Stadt.«

»Ire«, korrigierte ich. »Und es sind keine Ferien.«

Sie grinste, dabei platzte die dicke Farbe von ihren alten Wangen; die langen künstlichen Wimpern klapperten furchterregend.

Ich schenkte ihr einen weiteren Drink ein, weil sie mich an die Schluckspechte im *Cruiskeen Lawn* in Carthystown erinnerte, als alle Dinge schlimm, aber unkompliziert gewesen waren. Im Augenblick schien Unkompliziertheit außer Mode geraten zu sein.

Um acht Uhr verließ ich die Bar und lief den Kai hinunter zum Ponton.

Justins Boot war eine Oyster Lightwave. Ich zog mich an Bord und steckte den Kopf durch die Luke. Justin saß mit seiner Crew um einen wunderschönen Tisch aus Sykomoreholz herum. Sie hatten gegessen, jetzt waren sie beim Trinken. Ihre Gesichter waren von Wein und Sonnenbrand gerötet. »Mickey!« röhrte Justin. »Komm runter, alter Junge.«

Die anderen am Tisch sahen mich nervös an. Schließlich war ich jemand, der sich in Bars prügelte. Ich stieg den Niedergang hinunter, klemmte mich auf die unterste Stufe und akzeptierte ein Glas Wein. »Warum segelst du nicht mit dem neuen Boot?« fragte Justin.

»Weil der verfluchte Eigner verschwunden ist. Außerdem hat jemand versucht, das Ding zu versenken. Jetzt steht es in der Werft. Aber darüber möchte ich nicht sprechen. Hör' zu, Justin, können wir uns in Ruhe unterhalten?«

Seine blauen Augen waren vom Wein schon etwas trübe, aber noch immer wachsam. »Na klar«, antwortete er. »Worüber?«

»Über Geschäfte. Ich gebe dir einen Cognac aus.«

Er stand auf. Er war ein großer Cognacliebhaber, außerdem ließ er keine Gelegenheit aus, ein Geschäft zu machen. Leute, denen eine Oyster Lightwave gehört, müssen viele Geschäfte machen, um sie zu bezahlen. »In Ordnung«, stöhnte er und zog eine Show ab, die künstliches Widerstreben darstellen sollte. Er wies seine Crew an, ihn in einer halben Stunde in der Bar bei *Chez Thibault* zu treffen, und sprang beschwingt auf den Ponton.

Ich führte ihn in den abgelegenen Teil des Hafens, in die *Bar du Nord*, eine der letzten seriösen Kneipen von La Rochelle. Der Ober brachte uns Kaffee und Cognac. Justin schnüffelte eine Weile an seinem Glas und erzählte von Regatten, die er beinahe gewonnen hätte. Schließlich erkundigte er sich: »Was ist dein Problem?«

»Hast du von einem Schiff namens *Poisson d'Avril* gehört?«

Er nahm einen kleinen Schluck Cognac und schürzte seine Lippen wie ein Schimpanse. »Warum?« fragte er. Seine

Augen waren Schlitze. Ich hatte sie so gesehen, wenn er bei Lloyd's einem Underwriter, dessen Gehirn kleiner war als der Knoten seiner Etonkrawatte, einen dicken Packen Risiken unterjubelte. »Was weißt du von dem Schiff?«

»Ich habe ein Gerücht gehört.«

Er stützte seine rote Stirn in die Hand und starrte in die bernsteinfarbene Flüssigkeit in seinem Glas. »Komischer Name«, murmelte er. »Kommt mir irgendwie bekannt vor. Was ist damit?«

»Etwas stinkt an der Sache. Was, wenn es ein Versicherungsbetrug wäre?«

Er blickte mich mit Augen an, die trotz des Cognacs kühl und stetig blieben. »Kümmere dich darum. Sieh zu, was du herausfinden kannst. Wenn dabei etwas faul ist, bring' mir ein paar Beweise. Ich unterrichte dann die betroffenen Underwriter.« Er machte eine Pause. »In dem Fall teilen wir uns die Kommission mit siebzig zu dreißig zu deinen Gunsten.«

»Schön«, stimmte ich zu. »Kannst auch du die Ohren offen halten?«

»Sicher, aber ich will nichts versprechen. Alle Welt ist in Urlaub. Noch einen Cognac?«

Ich lehnte ab. Was ich schon getrunken hatte, führte sich in meinem Kopf auf wie eine Fledermaus im Mülleimer.

Justin schaute sich mein Gesicht genau an, entdeckte die Blutergüsse. »Noch eine Prügelei?«

»Nur ein kleiner Nachschlag mit demselben Burschen. Er kommt nicht wieder.«

Justin legte den großen Kopf zurück und lachte so dröhnend, daß die Gläser hinter dem Tresen schepperten. »Gut gemacht. Darauf müssen wir einen heben, ich bestehe darauf!«

Also tranken wir noch mehr Cognac und schwatzten über England, die Regatten, die Zukunftsaussichten. Drei Minuten lang war es, als säßen wir in La Rochelle, um mit guten

Freunden einen netten Urlaub auf einer hübschen Yacht zu verleben.

Dann öffnete sich die Tür, und ein dünner Mann trat ein. Er war wie ein Fischer gekleidet: blaue Leinenjacke, ebensolche Hose und schwarze Baskenmütze, bis zur Nase hinabgezogen. Er murmelte: »Messieurs, 'dames«, und ging zur Bar.

Es war Christophe, der die Austern für das Restaurant lieferte. Jetzt war ich nicht mehr in Urlaub. Ich erinnerte mich an Annies Worte in der Bar: *Christophe und M'sieur Thibault sind am Strand.*

»Entschuldige mich, Justin.«

»Ich gehe besser wieder an Bord zurück.«

Ich stand auf und lehnte mich neben Christophe an die Theke. Er blickte mich nervös an. Sein Gesicht war wie braunes Leder und das Kinn eisgrau von den Bartstoppeln; die Augen unter der Baskenmütze waren gerötet. Er sah alt und besorgt aus, und ich wußte auch, warum.

Ich fragte ihn: »Bringen Sie mich jetzt zu Thibault?«

12

Christophe öffnete den Mund, um etwas zu sagen, schloß ihn aber verängstigt wieder.

Ich meinte: »Ein so großes Problem verschwindet nicht von alleine. Sie und ich sind Thibaults Freunde. Er braucht uns.«

Er starrte in sein Glas. Schließlich nickte er. »In Ordnung. Warum nicht?«

»Wir treffen uns in fünfundzwanzig Minuten am Kasino.«

»Gut.«

Ich ging zum Restaurant zurück, stiefelte nach oben in die Wohnung und setzte mich an den Tisch. Dort tippte ich einen Brief an die Agences Giotto, worin ich die Reparaturkosten für *Arc-en-Ciel* der Versicherung meldete. Georges' Kostenvoranschlag heftete ich dazu. Dann schlenderte ich nach unten, verließ das Restaurant durch den Vordereingang und wanderte unter dem drohend aufragenden Tour de la Chaine über das Kopfsteinpflaster zu den grellen Lichtern des Kasinos.

Christophes Lastwagen stand an der Hafenpromenade, ein grauer Citroën mit einem Wellblechaufbau. Ich stieg ein. Drin roch es nach altem Fisch. Christophe fuhr sehr schnell, schlenkerte durch die hell erleuchteten Straßen nach Nordwesten. Schließlich blieben die Häuser zurück und machten weitläufigen Fabrikanlagen Platz, die wir ebenfalls hinter uns ließen. Der Verkehr wurde dünn. Wir rüttelten über einen schmalen, mit Steinwällen eingefaßten Feldweg. Von Zeit zu Zeit blickte sich Christophe über die Schulter um, doch andere Autos waren nicht zu sehen. Die einzigen Lichter stammten von einem kleinen Dorf. Ich erinnerte mich dunkel an die Karte, auf der es als Esnades eingetragen war. Im Westen hatte die Nacht jene leuchtende Leere, die typisch ist für eine ruhige See.

Aus dem Feldweg wurde ein Pfad. An seinem Ende huschten die Scheinwerfer des Citroën über eine Reihe Boote, die an einem Bach neben den hölzernen Hütten der Austernfischer lagen. Daneben schimmerten eingezäunte Wasserbecken zum Frischhalten des Fangs. Christophe parkte auf einem kleinen gepflasterten Platz und schaltete die Scheinwerfer aus.

Meine Augen gewöhnten sich an die Dunkelheit. La Rochelle war ein roter Widerschein im Süden, die Île de Ré lag schemenhaft in der See. Hinter dem Deich aus Feldsteinen lief die Tide auf, eine rauschende schwarze Wasserfläche, die um Stangen und Käfige für die Muscheln und Austern spülte. Die Luft roch nach verrottetem Tang und toten Krustentieren.

Christophe lief am Deich entlang zu einem einzeln stehenden Schuppen, der sich vor dem Lichtschein von La Rochelle abhob. Er humpelte auf seinen dünnen Beinen. Fischer bekommen Arthritis schon in jungen Jahren.

Auf halber Strecke zum Schuppen hob er einen Stock auf und klopfte damit gegen ein Faß.

Ich hörte ein Klicken, als würde ein Riegel zurückgeschoben, und folgte der humpelnden Gestalt durch eine dunkle Tür.

Sie war so niedrig, daß ich mich bücken mußte, um mir nicht den Kopf zu stoßen. Jemand schloß die Tür hinter mir. Einen Augenblick stand ich still da, gefangen in atemberaubendem Gestank nach Teer und vergammeltem Fisch und in einer rabenschwarzen Finsternis, die rote Schatten vor meinen Augen tanzen ließ.

Ein Feuerzeug klickte. Die Flamme wurde langsam größer, näherte sich dem Docht einer Petroleumlampe, die schließlich einen gelben Schein auf den Zementboden, die sauber aufgehängten Netze und einen Haufen orangefarbener Bojen in der Ecke warf. Ein Mann mit schwarzem Haar saß in einem Klappstuhl neben einem Tisch, der nur aus einer alten Tür und zwei Böcken bestand. Er sprang schnell auf und griff nach einer Flasche auf dem Tisch.

Ich merkte, daß ich den Atem angehalten hatte. Jetzt stieß ich ihn mit einem langen Seufzer aus. »Thibault!«

Er trug einen alten blauen Pullover, Jeans und Seestiefel. Seit mehreren Tagen hatte er sich nicht rasiert. Er schüttelte mir die Hand nach französischer Sitte. Normalerweise hatte er einen warmen, festen Griff, aber heute nacht war seine Hand kalt und feucht. Es mochte an der Beleuchtung liegen, aber seine schwarzen Bartstoppeln schienen mit weißen Flecken durchsetzt zu sein. Die Haut spannte sich über den Knochen. Das berühmte strahlende Zahnpastalächeln fiel so müde und gequält aus, als ob er ertappt worden wäre. »Hallo, Mick. Hätte mir denken können, daß du mich finden würdest. Setz' dich.«

Ich setzte mich auf einen Hummerkorb und dachte dabei an die vergoldeten Barocksofas und bemalten Stuckdecken im Manoir de Causey. Freundlich, langsam und ruhig fragte ich: »Thibault, was zum Teufel läuft hier ab?«

Er wechselte den Griff an der Flasche von der Schlag- zur Gießhaltung, dann goß er drei Gläser voll und schob uns je eins zu. Es roch nach noch mehr Cognac.

Thibault setzte sich wieder. Sein betrübtes Grinsen war nur noch ein schwacher Abklatsch des verrückten Gelächters beim Zirkus *Kraken*. »Ich suche den Kontakt zu meinen Wurzeln, zu den Fischern meiner Kindheit.«

Er machte mich wütend. »Ich bin nicht den ganzen Weg hier heraus gekommen, wo du dich wie eine Ratte im Loch versteckst, um mir deine blöden Witze anzuhören!«

Er fuhr in seinem Stuhl zurück, als ob ich ihn geschlagen

hätte. Sein Gesicht wurde unter der Bräune aschfahl. Schon besser.

»Was treibst du hier?« fragte ich.

»Ich verstecke mich«, zischte er, als wäre das Wort etwas Schmutziges, das er ausspucken mußte.

»Vor wem?«

»Ich schulde allen möglichen Leuten Geld. Dir auch.«

»Wir kennen uns seit zehn Jahren.«

»Vor dir verstecke ich mich auch nicht.« Er blickte mir gerade in die Augen.

»Vor wem dann?«

»Da gibt es mehrere.«

»Man versteckt sich nicht vor Bankiers.«

»Ah«, meinte er, »du hast die Banker getroffen. Nein, man versteckt sich nicht vor Bankiers.«

Ich erinnerte mich an Jean-Claude, wie er vor dem Balkon an seinem Kragen gebaumelt hatte. »Also versteckst du dich vor Arthur.«

Er stieß sein Glas um. »Wer ist Arthur?«

»Jemand, der dir eine Todesangst einjagt.«

Er blickte auf seine Füße und schwieg.

»Was bringt dir das Versteckspiel?«

Er lachte. Ich hatte ihn noch nie so bitter lachen hören, es war ein schockierendes Geräusch. »Daß ich am Leben bleibe, bis das Geld kommt.«

»Das Geld«, wiederholte ich, »ja. Weißt du, was mit deinem neuen Boot passiert ist?«

»Nein, was denn?«

»Das Seeventil am Kühlwassereinlaß ist gebrochen«, erklärte ich, »weil es jemand zerschlagen und dann provisorisch zusammengesetzt hat. Du weißt nichts davon?«

»Verstehe nicht ...«

Ich erklärte es ihm in großen Zügen. »Also drängt sich mir ein übler Verdacht auf. Ich muß vermuten, daß du das Seeventil hast sabotieren lassen, weil du die Versicherungssumme kassieren willst.«

Er lehnte sich zurück und nahm mit geschlossenen Augen einen Schluck Cognac. Dann sagte er: »Ich verstecke mich, und schon glauben meine alten Freunde, daß ich fähig bin, um des schnöden Mammons willen ein Boot zu versenken; sie für Geld zu töten.« Er schwieg. Der Docht der Petroleumlampe machte ein kleines, zischendes Geräusch. »Aber ich verdiene es wohl nicht besser. Trotzdem stimmt es nicht.«

»Was also ist die Wahrheit?«

Er öffnete die Augen wieder. »Das willst du nicht wissen, garantiert nicht.«

»Thibault, du sprichst mit *mir.*« Ich wurde wieder ärgerlich, denn er versuchte, sich um den Kern der Sache zu drücken. Schlimmer, er verriet das Vertrauen zwischen Freunden. Ich schob ihm die Schadensmeldung zu, die ich an die Versicherung geschrieben hatte. »Unterschreib' das.«

Er las den Brief, dann sagte er: »Nein.«

»Warum nicht?«

»Weil du das dem Versicherungsagenten zeigen mußt. Dann weiß er, daß du mich getroffen hast. Also werden sie dir Fragen stellen, aber nicht gerade höflich.«

»Arthur ist der Versicherungsagent?«

»Richtig.«

»Arthur Crespi.«

Er starrte mich an. »Woher weißt du das?«

»Wo liegt das Problem mit Crespi?«

»Er ist ein Hurensohn.«

»Und Bianca?«

»Bianca ist eine gute Freundin. Eine von uns. Aber sie wahrt ihre eigenen Interessen.«

»Wie meinst du das?«

»Ich kenne Bianca schon lange. Sie möchte, daß man denkt, sie sei ausgeflippt, vielleicht meschugge. Aber das ist sie nicht. Sie hat für alles, was sie tut, gute Gründe, nur kenne ich ihre Gründe bis heute nicht.«

Er zog einen Block zu sich heran und schrieb mit einem Kugelschreiber etwas darauf, dann reichte er ihn Christopher, der seine Unterschrift darunter kritzelte. »Hier«, sagte er, »anstelle der Versicherung. Fürs erste, bis wir wieder ins Reine kommen.«

Auf dem Blatt stand, daß Thibault Ledoux seinen Zwei-Drittel-Anteil an der Yacht *Arc-en-Ciel* auf mich übertragen hatte. Es war unterschrieben, datiert und bezeugt. »Falls du große Probleme bekommst, kannst du jetzt das Boot verkaufen. Behalte, was ich dir schulde, und gib mir den Rest.«

Ich wußte nicht, wie ich darauf reagieren sollte. Es war eine überwältigende Geste. So sagte ich nur: »Danke. Hast du mit der Polizei gesprochen?«

Er lächelte wehmütig. »Ich würde gern zur Polizei gehen, aber dafür ist es zu spät.«

»Wovon sprichst du?«

Er hörte nicht länger zu. »Sei still!«

Draußen klatschte das Wasser auf den Kiesstrand, und irgendwo in der Ferne pfiff ein Strandläufer. Aber ganz in der Nähe schnurrte ein Automotor.

Thibault sprang auf, die Lampe verlöschte. Ein Schwall salziger Seeluft blies in die Hütte. Christopher fragte: »M'sieur Thibault?« Keine Antwort.

Schritte knirschten auf dem groben Kies vor der Hütte. Ich schob das von Thibault unterschriebene Papier in die Tasche, ging zur Tür und zog sie auf. Zwei dunkle Schatten zeichneten sich gegen den Himmel ab, teures Aftershave stieg mir in die Nase. Jemand knipste eine Taschenlampe an. Es war, als würde mir plötzlich die Sonne ins Gesicht scheinen. Eine Stimme knurrte: »*Ce n'est pas lui.*« Das ist er nicht.

Plötzlich war ich ebenso um Thibault besorgt wie er selbst es gewesen war.

»Wo ist er?« fragte die Stimme, ruhig, hart, ohne Schwung oder Spannkraft.

Ich fragte auf englisch: »What?«

»Das ist der aus dem Restaurant«, stellte die Stimme fest. »Was machen Sie hier?« Durch die offene Tür hinter mir hörte ich das leise Scheuern von Riemen an der Bordwand eines Bootes. Sie atmeten zu schwer und hörten es nicht. Wieder fragte ich auf englisch: »What? Wer zum Teufel sind Sie?«

»Passen Sie auf, wie Sie reden«, knurrte die Stimme. Eine Hand stieß mich heftig vor die Schulter. Ich taumelte rückwärts.

Hinter dem Deich riß jemand an der Anlasserschnur eines Außenborders.

Der Strahl der Taschenlampe verließ meine Augen. Sein starkes Lichtbündel durchbohrte die Dunkelheit, blieb an einem Boot hängen, einem der flachgehenden Scows, die hier zur Austernernte benutzt wurden. Es lag zwanzig Meter vom Strand entfernt und stampfte in der schwarzen See. Am Heck hing ein starker Außenborder, über den sich Thibault beugte.

Die Männer mit den Taschenlampen wurden plötzlich munter. Einer fluchte. Der Außenborder sprang an. Der Bug der Scow kam in die Höhe und setzte sich auf ein weißes Schaumkissen, als Thibault das Gas aufdrehte. Die Bugwelle schrumpfte in der Ferne zur Spitze eines V zusammen, das auf die schwarzen Pfeiler der Île-de-Ré-Brücke zielte.

»Nicht«, sagte einer der Männer. Sie standen jetzt still, dunkel und wie erstarrt vor dem roten Lichtschein von La Rochelle. Einer von ihnen zielte mit einem langen Ding am

Strahl der Taschenlampe entlang. Ein Stock, dachte ich. Warum hatten sie einen Stock?

Dann erhaschte ich einen Blick auf glänzendes Metall und wußte, daß es kein Stock war.

Es war ein Gewehr.

13

Der Mann senkte das Gewehr. Meine Knie waren aus Gummi, dann blendete mich wieder die Taschenlampe. Der Lauf zielte auf meine Brust. Es war eine doppelläufige Flinte mit Ober- und Unterlauf.

Die Läufe bewegten sich, sie stießen in meinen Solarplexus. Ich ging zu Boden. Mein Gesicht lag in Austernschalen, und ich versuchte mich zu erinnern, wie man atmete und fortlief. Der Atem kam schnell wieder, aber nicht schnell genug. Es ist unpraktisch, auf grobem Kies wegzulaufen, besonders wenn man kaum Luft bekommt und sich Männer mit Taschenlampen und Flinten mit einem zu unterhalten wünschen.

»Wo ist er hin?«

Der Windhauch war schwach, voller Salz, Schlick und Aftershave. Er seufzte in den Gräsern der Marsch. Ich hatte mächtige Angst.

»Vielleicht spricht er nicht französisch«, vermutete die ruhige Stimme, schnurrend wie eine Spielzeugkatze. »Er ist Engländer.«

Ire, dachte ich.

»Er spricht französisch«, entgegnete der andere Mann. In meinem Hinterkopf meldete sich Thibaults Stimme: *Sie werden dir Fragen stellen, aber nicht gerade höflich.*

»Okay«, fuhr die ruhige Stimme fort, »Ende der Vorstellung! Wohin will er?«

Ich antwortete nicht, sondern konzentrierte mich darauf, Luft zu bekommen, einen Kubikmeter Luft mit jedem Atemzug. Etwas Kaltes legte sich sanft an meine Wange: ein Zwillingsring aus Metall. Die andere Stimme erklärte: »Das ist eine Schrotflinte. Falls Sie stumm bleiben, kann ich Ihnen einen Gefallen tun. Ich drücke auf den Abzug, dann fliegen Ihre Zähne über den Strand und die untere Hälfte Ihres Gesichtes auch. Aber Sie werden nicht sterben. Sie werden stark bluten, nie wieder eine Frau küssen und sich eine Menge Gedanken darüber machen, wie Sie durch einen Strohhalm essen können. Vielleicht macht Sie das ja glücklich? Ich zähle bis drei. Eins ...«

Meine Eingeweide krampften sich zusammen. Die Läufe bohrten sich in mein Gesicht. »Ich weiß nicht, wo er hin ist.«

»Zwei«, sagte die Stimme ungerührt. Das kalte Metall schien sich zu spannen, als ob es den Druckpunkt am Abzug spürte.

»Ich mußte ihn finden, er schuldet mir Geld. Woher soll ich wissen, wohin er fährt?«

Die erste Stimme sagte etwas, das ich nicht verstand. Der Mann mit der Flinte knurrte: *»Merde.«* Der Druck der Mündungen auf meinem Gesicht ließ nach. Das Herz klopfte mir wie ein Dampfhammer in der Brust. »Stehen Sie auf«, befahl die ruhige Stimme. »Sie sagen, er schuldet Ihnen Geld. Wofür?«

Ich kam auf die Knie. »Ich habe ihm ein Boot gebaut, das er nicht bezahlt hat.«

Stille, nur die Wellen klatschten leise an den schmutzigen Strand. »Wie heißen Sie?«

Ich fragte mich, warum ich es ihm sagen sollte. Aber warum eigentlich nicht? »Michael Savage. Und Sie?« Meine Angst war mit der Mündung der Flinte verschwunden. Jetzt war ich wütend.

Der Mann mit der Flinte knurrte drohend wie ein Hund. Der andere hob eine Hand. Ich konnte sein Aftershave riechen – Rosenessenz, die man in Kerosin gelöst hatte. »Das ist unwichtig«, stellte er schnurrend fest. »Okay.« Ich hörte ein sanftes Klicken, der Flintenträger nahm die Patronen heraus. »Aber wir mögen Sie nicht. Also verschwinden Sie aus dem Restaurant, okay? Und verlassen Sie La Rochelle!«

Einen Augenblick dachte ich, sie würden jetzt gehen. Aber dann ruckte die dunkle Silhouette vor dem helleren Horizont, die Läufe funkelten wie Schlangen im Sternenlicht. Sie trafen mich leicht, aber präzise am Solarplexus. Es schmerzte.

»Wir treffen immer den Punkt«, kommentierte die sanfte Stimme. Tränen schossen mir in die Augen. Schritte knirschten auf dem Kies. Ich hörte ein Feuerzeug klicken und das Klirren von zerbrechendem Glas. Der Nebel vor meinen Augen glühte rot auf. Ich zwinkerte, um ihn zu vertreiben.

Aber es waren Flammen, die auf dem Dach von Christophes Schuppen entlangliefen. Sie tropften von den Traufen, kleckerten an den Holzwänden herunter und leckten unter die überhängende Dachkante. In ihrem Schein konnte ich Christophe erkennen, der wie angewurzelt dastand, die Arme so steif abgespreizt, daß er wie ein Kruzifix aussah. Am Rand des Feuerscheins liefen zwei Männer fort. Einer war Crespis Fahrer, der andere hatte eine Afrofrisur, die im zuckenden Widerschein der Flammen rotgolden leuchtete. Dieser Kerl hatte Crespi die Tür der Agences Giotto geöffnet.

Christophe begann, hohe, verzweifelte Schrei wie ein Seevogel auszustoßen. Anstatt die Burschen zu verfolgen, wandte ich mich dem Schuppen zu. »Eimer!« befahl ich.

Christophe drehte den Kopf und starrte mich mit kugelrunden Augen über offenem Mund an. Dann schien er zu erwachen.

Er rannte zur Hintertür und kam mit zwei schwarzen Gummieimern zurück. Die Flammen hatten sich schnell ausgebreitet, das rauchige Orange des Petroleums hatte sich in die smaragdgrüne Transparenz salzdurchtränkten Holzes verwandelt. Es begann zu knistern.

Wir füllen die Eimer in der See, Wasser klatschte über meine Hose. Der erste Guß traf mit lautem Zischen und Brausen auf das Holz. Die Flammen sprangen in die Höhe. Weiter hinten am Strand waren jetzt Rufe zu hören, Menschen kamen gerannt, untersetzte Männer in Overalls und Stiefeln, mit Eimern in den Händen. Ich stellte sie in einer Kette vom Ufer zur Hütte auf. Das Wasser begann an der Spitze der Eimerkette wie aus einer verletzten Arterie zu strömen. Auch hatte jemand einen Schlauch in einen Austerntank gelegt. Die Flammen wurden kleiner und verlöschten.

»Bien!« stellte ein großer Mann fest und beugte den Kopf, um sich eine Zigarette anzuzünden. *»C'est fini.«* Christophe hatte seinen Eimer umgedreht und saß darauf. »Wie ist das passiert?«

Christophe hob das alte, unschuldige Gesicht. »Eine Zigarette«, behauptete er.

»Aber du rauchst doch gar nicht«, wunderte sich der Große.

Christophe schob die Hände in die Taschen seiner ausgeblichenen blauen Jacke und stand auf. Die Schuppentür stand offen, er ging hinein.

»Verrückt«, murmelte der große Mann. Er sah besorgt aus, bald würde er anfangen, Fragen zu stellen.

»Schock«, lenkte ich ihn ab. Ich wollte derjenige sein, dem er hier die Fragen stellte.

Der große Mann sagte: »Er hat Glück gehabt.« Wir schüttelten uns die Hände, dann ging er mit den anderen Fischern den Strand entlang zurück.

Ich sah den gelben Kreisen ihrer Taschenlampen nach, die von der schwarzen glatten See zurückgeworfen wurden. Dann ging ich in die Hütte.

Christophe hatte eine Lampe angezündet, stand unter den schwarzen, tropfenden Dachsparren im Qualm und fingerte an einem halbgeschmolzenen Terylenenetz herum.

Ich fragte: »Wer waren diese Kerle?«

Seine Augen waren rund und unschuldig wie die eines Babys. »Was für Kerle?«

»Die Kerle, die dir deinen Schuppen angezündet haben.«

Die Cognacflasche stand unversehrt auf dem nassen Tisch. Ihr Hals klapperte gegen das Glas, als er eingoß. »Ich habe niemanden gesehen.«

»Christophe, ich bin ein Freund von Thibault. Ich will ihm helfen.«

»Er schuldet Ihnen Geld, das haben Sie ja auch dem Mann gesagt.«

Zumindest gab er jetzt zu, daß ein Mann dagewesen war. »Jemand stieß mir eine Kanone ins Gesicht. Ich hätte ihm auch gesagt, daß ich der Kaiser von China bin.«

Verächtlich knurrte er: »*Merde.* Ich war in der *Résistance.*«

»Der Krieg ist vorbei.«

Er blickte sich in der verkohlten Hütte um, als ob er sie zum ersten Mal sähe. Dann öffnete er den Mund. In seinem Unterkiefer standen noch zwei Zähne wie gelbe Grabsteine. Er lachte.

Er lachte, bis ihm die Tränen in die tiefliegenden blauen Augen traten. »Thibault schuldet auch mir Geld.« Er blickte sich in dem verwüsteten Schuppen um, in dem sich kein Krieg abgespielt hatte. Er lachte so heftig, daß er sich krümmen mußte. »Und Thibault ist ihnen wieder entwischt!«

Nach einiger Zeit beruhigte er sich. »Als er noch ein Kind war, kam er oft hierher, um mir bei den Austern zu helfen. Ich habe ihm mal ein Boot gebaut, ein richtiges Boot aus Holz, mit einem roten Segel. Er hätte fast mein Sohn sein können. Später schuldete er mir Geld, keine großen Summen, nicht die Summen, die ein Sohn seinem Vater schulden mag. Er hat immer gut von Ihnen gesprochen. Er vertraute Ihnen.« Die alte Wärme lag wieder in seinem Lächeln. Der loyale Christophe und sein alter Kumpel Thibault.

»Irgend etwas hat ihn verändert.«

»Seit ungefähr vier Wochen. Zuerst war er besorgt, da bedrängten ihn die Banken. Aber dann sagte er: ›Alles ist aus, verstecke mich.‹«

»Vor zwei Nächten.«

»Vor zwei Nächten. Ich habe Menschen gesehen, die sich Sorgen um ihr Geld machen. Und ich habe während des Krieges Menschen gesehen, die Angst um ihr Leben hatten. Thibault fürchtet um sein Leben.«

»Aber wer jagt ihn?«

Er hob die Schultern. »Leute aus dem Süden. Ich weiß es nicht.« Er trank Cognac direkt aus der Flasche und sah alt, einsam und verloren aus, weil Leute, die er nicht kannte, einen Mann zu töten versuchten, der so etwas wie sein Sohn war.

»Machen Sie sich keine Sorgen. Der alte Thibault wird's schon schaffen, nicht wahr?«

Er grinste. »Ja, der gute alte Thibault.«

Also setzten wir uns, grinsten uns an, und Christophe goß Cognac nach. Aber unser beider Grinsen war so falsch wie die Wimpern der blinden Annie.

Schließlich stand er auf, steckte die Flasche ein und fuhr mich in seinem Laster zum Restaurant zurück. Ich schloß mit meinem Schlüssel auf. Die Küchenuhr zwischen den Fotografien von Thibault in der hinteren Bar zeigte zwanzig nach eins. Meine Magennerven protestierten schmerzhaft, in meinem Kopf rumorte der Cognac. Ich taumelte ins Bett und schlief sofort ein.

Cognac ist kein gutes Betäubungsmittel. Ich wurde schlagartig wach – mit dem Gefühl, daß es zu früh zum Aufstehen war. Graues Dämmerlicht fiel durch das Fenster, unten am Kai warf jemand lautstark Fischkisten in einen Lastwagen. Meine Uhr zeigte 05.30. Ich konnte nicht wieder einschlafen, hatte aber das Gefühl, daß es ein verdammt harter Tag werden würde.

Ich rollte mich aus dem Bett und mischte etwas Pulverkaffee mit Wasser. Dann bahnte ich mir meinen Weg durch einen Dschungel aus weiblichen Kosmetika zum Waschbecken, um mir Wasser ins Gesicht zu spritzen.

Jemand hämmerte unten an die Restauranttür.

Ich stieg hinunter, dabei klammerte ich mich an das Geländer. Es war Jonzac, der Polizist. Er hatte Tränensäcke unter den Augen, und sein rehbrauner Wettermantel war dunkel vom Nieselregen. Er entschuldigte sich: »Hoffentlich ist es nicht zu früh für Sie. Ich bin gerade auf dem Nachhauseweg von der Nachtschicht.«

»Schon in Ordnung. Kommen Sie rein.«

Wir gingen nach oben. Er nahm einen Kaffee an. »Es geht um Ihren Freund Jean-Claude.«

»Ja?«

»Ich wollte Sie warnen. Er ist aus dem Krankenhaus geflohen, und wir fahnden nach ihm. Ich vermute, daß er die Stadt verlassen hat. Aber ich dachte, da Ihre Tochter darin verwickelt ist ...«

»Vielen Dank.«

»Jean-Claude Dupont ist natürlich nicht sein richtiger Name.«

»Oh?«

»Er heißt Lucas Baragouin, geboren im Midi. Er war fünfmal im Knast, wegen Diebstahl, Raub, Drogenverkauf. Allerdings nicht kürzlich, es scheint, er hat jetzt einen festen Job gefunden. Bei wem, wissen wir nicht.«

Ich beherrschte mein Gesicht. Ich wußte es. Aber wenn ich es der Polizei sagte, würde es Thibault nicht helfen.

Jonzac räusperte sich nervös. »Ich habe in der Zeitung gelesen, daß Sie morgen mit Thibault Ledoux zusammen das Belle-Île-Rennen segeln werden.«

»Das ist richtig.«

Er lächelte, dann fuhr er sich mit der Hand über die

braunen Haarstoppeln. »Erlauben Sie mir, daß ich Ihnen viel Erfolg wünsche.« Jetzt sprach er nicht mehr wie ein Polizist, sondern wie ein Wochenendsegler, der das Gefühl hat, mit einem Star des Sports in Berührung gekommen zu sein.

»Sie haben Glück, daß Sie professionell segeln können. Auf See ist alles so frei, so harmlos.«

Ich lächelte mit einem Gesicht, das sich wie Pappe anfühlte. »Genau«, bestätigte ich.

Er ging.

Ich machte mir eine weitere Tasse Kaffee. Dann kramte ich in meinen Taschen nach der Übertragungsurkunde, die mir Thibault gegeben hatte. Sie trug tatsächlich seine Unterschrift, auch die von Christophe war noch da. Es war alles in Ordnung.

Ich nahm einen Umschlag, adressierte ihn an meinen Versicherungsagenten in England und verfaßte ein Begleitschreiben, in dem ich ihn bat, das Boot als Sicherheit zu nehmen. Um neun Uhr brachte ich den Brief zur Post und schickte ihn als Einschreiben nach England.

Das hätte es für mich sein können. Gewinne die Regatta, fahre nach Hause und verkaufe das Boot.

Aber jemand hatte das Seeventil sabotiert und versucht, mich zu ertränken. Außerdem hatte ich einen Job für Justin Peabody zu erledigen.

Und für meinen alten Kumpel Thibault.

14

Ich kehrte in die Wohnung zurück, denn schließlich galt es, eine Regatta vorzubereiten. Also suchte ich mir ein Handbuch, eine Seekarte und den Gezeitenatlas aus dem Regal hinter der Bar heraus und begann, mir Notizen über Tide und Strömungen zu machen. Es wurde erwartet, daß wir Thibault an Bord hatten, und dies war Thibaults Hausrevier, folglich würde jeder Fehler sofort eine Meile gegen den Wind stinken. Natürlich hatte ich Yann an Bord, und auch er war hier zu Hause. Aber da gab es eine alte Regel von mir: *Überlasse nichts einem anderen!* Außerdem war es eine gute Therapie, nachdem mir jemand eine Schrotflinte an den Kopf gehalten hatte.

Die Regel datierte noch aus der Zeit, als ich auf den British Virgin Islands zu jobben begonnen hatte. Die Kleidung, die ich zu Onkel James' Beerdigung angehabt hatte, lag damals noch unten in meinem Koffer. Ich hatte Henry Green besucht, einen entfernten Cousin, der einen Charterstützpunkt in Road Town betrieb. Henry freute sich, mich zu sehen. Er war ein hochgewachsener dünner Mann, und es war immer schwer zu erkennen, ob er gerade schlief oder nicht. Meine Größe verführte ihn dazu, mich für älter als fünfzehn Jahre zu halten. Er suchte dringend einen Skipper für eine Yacht, die von einigen Seglerlaien aus Des Moines, Iowa, gechartert worden war. Nachdem ich ihm vorgeführt hatte, daß ich das Boot rückwärts aus seinem Liegeplatz steuern konnte, gab er mir den Job. Die Chartergäste wollten Sonne, Spaß und Meer in anscheinend wahlloser Zusammenstellung. Um ihnen diese Kombination zu bieten, bedurfte es peinlich genauer Planung. Mir machte diese Planung Spaß.

Skipper, die daran glauben, daß sich alles von allein ergeben würde, brachten ihre Gäste mit Sonnenbrand, seekrank und gelangweilt zurück. Meine kamen fit wie die Schmeißfliegen wieder und hatten nicht mal einen Kater.

Innerhalb eines Monats hatte ich einen gründlichen Schnellkurs über die Vorlieben von Chartergästen in Westindien und über große Boote absolviert. In mir schlummerten Regattaambitionen seit dem Dingisegeln in Pool Harbour. Außerdem konnte ich Boogie-Woogie auf dem Piano klimpern. Nach sechs Wochen hatte ich das Siegerboot der Swanregatta bei der Antiguawoche geskippert, konnte mich kaum noch an Irland erinnern und war überzeugt, daß ich ein Held war.

Mit dem Geld, das mir mein Vater hinterlassen hatte, kaufte ich die *Freya.* Das war eine Ketsch von dreißig Fuß Länge, die zwei Dänen von den Azoren herübergesegelt hatten. Sie war billig, weil an ein paar Stellen verrottet. Ich zog sie aus dem Wasser, erbettelte und borgte mir Beschläge, Farbe und Holz. Die Leute hatten Mitleid mit dem Jungen ohne Haut auf der Nase, dessen Zehen sich durch die Spitzen der Schuhe bohrten. Vier Monate später lag die *Freya* wieder im Wasser. Ich veranstaltete während des Tages mit ihr Rundfahrten zwischen den Inseln, und in der Nacht schlief ich im Ruderhaus.

Eine Woche vor meinem siebzehnten Geburtstag warf ein Kreuzfahrtschiff, so groß wie ein weißer Wohnblock, Anker im blauen Wasser vor Road Town. Ich borgte mir einen Kanister Diesel und motorte hinaus, um zu sehen, ob ich ein Geschäft machen konnte. An der hoch aufragenden weißen Bordwand ging ich längsseits. Oben über der Reling zeichnete sich ein Fries aus Menschenköpfen vom strahlenden Blau des karibischen Himmels ab. Ich hatte den Ersten Offizier schon früher kennengelernt, er hatte angeboten, mir gegen die übliche Provision ein paar Kunden herunterzuschicken, damit ich mit ihnen die Long-John-Silver-Gedächtnistour, wie er es nannte, machen konnte.

So saß ich also in meinem Boot, trank eine Cola, betakelte eine Leine und fühlte mich großartig auf der blauen See in der prallen Sonne. Eine Frauenstimme fragte: »Darf ich an Bord kommen?«

Sie war groß, hatte einen schwarzen Prinz-Eisenherz-Haarschnitt und klare braune Haut. Ihre Augen waren graublau, das Weiße schimmerte blauweiß. Sie hatte lange, schlanke Beine und einen sehr kurzen Minirock. Ihr Name war Mary Ellen Soames. Sie blickte erst mich an, dann *Freya.* »Ist das wirklich Ihr Boot?«

Ich nickte und getraute mich nicht zu sprechen.

»Wow«, sagte Mary Ellen. »Es ist wunderschön.«

Zwei fette Frauen in bedruckten Kleidern kamen die Gangway heruntergewuselt, ihnen folgten die reptilienhaften Ehemänner mit weißen Mützen. Mary Ellen warf mir einen Blick zu, den ich sofort verstand: verzweifelt und voller Widerwillen.

Ich sagte: »Auf geht's!«, warf die Leinen los und stieß *Freya* von der Bordwand des Kreuzfahrtschiffs ab – ohne die anderen Gäste. Damit schrieb ich zweihundert Dollar in den Wind, die ich dringend benötigt hätte. Und der Erste würde wegen der entgangenen Provision schäumen. Aber das war mir egal. Ich war verliebt.

Mary Ellen hatte vor sechs Monaten an der McGill-Universität graduiert und die Kreuzfahrt in einer Tombola gewonnen. Sie liebte Fisch zum Essen, zog Wein Bier vor und Art Tatum den Rolling Stones. Und sie war noch nie auf kleinen Yachten gewesen.

Wir schnorchelten. Ich brachte sie zu »The Baths« auf Virgin Gorda, das damals noch fast unberührt war von Menschen. Wir folgten den Walen durch den Sir Francis Drake Channel. In der zweiten Nacht sagte sie, daß sie nicht auf das Kreuzfahrtschiff zurück wolle. In der dritten wiederholte sie es und meinte es ernst. Am vierten Morgen plünderte ich mein Bankkonto in Road Town, sie schrieb an ihre Eltern, und wir segelten an den Inseln entlang nach Süden.

Ein Jahr später lagen wir in Aruba und ankerten vor einem Strand, der von den Managern obskurer Banken bevölkert wurde. Hinter dem Strand lagen die Banken, ein weißer Betondschungel, in dem Kriminelle mit weißem Kragen herumschlichen und den Leuten Honig ums Maul schmierten. Mary Ellen hatte den Kopf auf meine Knie gelegt. Ihre Augen hoben sich strahlend von der kaffeebraunen Haut ihres Gesichts ab. »Ich bekomme ein Baby«, eröffnete sie mir.

Wir stießen auf das Baby an. Danach liebten wir uns mit einer Zärtlichkeit, die wir noch nie zuvor gespürt hatten. Später segelten wir über eine schwarze, phosphoreszierende See nach Venezuela, um seriös zu werden. In einem Vorort von Caracas heirateten wir in einer heißen, dunklen Kirche. Ich war knapp achtzehn und die Braut einundzwanzig. Unsere Pensionswirtin gab eine Party mit Rum und breitem weißen Grinsen unter den flüsternden Palmen. Alles würde gut werden.

Nach anderthalb Stunden legte ich die Seekarte zur Seite, stand auf, um mir die Beine zu vertreten, und wanderte nach oben in das Apartment.

Ich fand mich in Frankies Zimmer wieder. Neben dem Bett lagen ein paar Bücher, Pflichtlektüre der Universität; in einem steckte ein Brief vom Dekan ihres College. Drei mit Blumen bedruckte Kleider, ihr Ferienoutfit, hingen auf Bügeln an einer Bilderleiste. Auf einem Foto stand Mary Ellen lächelnd neben einem Beet voller Lupinen und Levkojen vor ihrem Wochenendhaus in Suffolk.

Als ich mich wieder der Tür zuwandte, stieß mein Fuß gegen den Papierkorb, in dem zerbrochenes Glas klirrte. Ich blickte hinein.

Das Glas stammte von einem Bilderrahmen, und das Bild im Rahmen zeigte mich.

Im Restaurant saß niemand. Als ich zum Kai hinunterging, regnete es immer noch. Es war ein stetiger atlantischer Nieselregen. Die *ecailleurs* saßen auf dem Pflaster, rauchten Gitanes und öffneten Austern.

Ich schlenderte wieder ins Lokal und heizte die italienische Espressomaschine an. Der Koch kam vom Fischmarkt zurück, und der Bäcker erschien mit dem Brot. In der Küche klapperte Porzellan. Die Räder der täglichen Routine begannen sich zu drehen.

Der Himmel über den Türmen riß auf, Sonnenstrahlen tauchten das Hafenwasser in milchiges Grün. Gérard erschien. Die Zahnräder faßten schneller ineinander, die Welt begann betriebsam zu summen. Das Telefon klingelte.

Eine Männerstimme auf der anderen Seite meldete sich: »Mr. Savage? Wie schön, daß ich die Gelegenheit habe, mit Ihnen zu reden.« Er sprach englisch, mit einem leichten amerikanischen Akzent. »Mein Name ist Crespi.«

Alles war so schön ruhig und friedlich gewesen. »Mr. Crespi, was kann ich für Sie tun?«

»Ich habe mit meinem Freund M'sieur Feuilla gesprochen. Er erzählte mir, daß Sie Schwierigkeiten mit dem Boot haben, das Sie an M'sieur Ledoux verkauft haben.«

»Hat er das?«

»Wir sollten uns treffen«, schlug Crespi vor.

»Wo?«

»Ich bin zur Wettfahrt mit meinem Boot in La Rochelle und habe in Minimes ein Büro, die Agences Giotto.«

»Ich war schon dort.«

»Man hat es mir gesagt. Um halb drei?«

»Gut.« Es hätte ein völlig Fremder sein können, der das sagte. Zur Sicherheit rief ich Feuillas Büro im Süden an.

Das Mädchen, das sich meldete, hatte eine Stimme wie schwarzer Samt. »M'sieur Feuilla?« fragte sie. »Natürlich.«

Feuilla meldete sich: »Ich habe Besuch, aber legen Sie los.« Ich konnte Männerstimmen im Hintergrund hören. In La Rochelle sind Büros ruhige Geschäftsräume, aber Feuillas Büro würde ein heißer, feuchter Raum sein, verpestet durch den Gestank bitteren Kaffees und schwarzen Tabaks, wo sich ehrsame Männer drängten, die mit viel Lärm ihre Pläne schmiedeten.

»Also, was ist?«

»Yann und Bianca Duffy bringen das Boot von Sables d'Olonne hierher. Sie werden heute einlaufen.«

»Schön«, freute er sich. »Schön. Wer hat sonst noch gemeldet?«

Ich hatte die Meldeliste vor mir und rasselte die Namen runter. Es war keine ernstzunehmende Regatta. Es gab eine Maxiklasse, außerdem waren ein paar Sechzigfüßer wie die *Plage d'Or* am Start, und dann kam der Rest, der aus zweitklassigen Eintonnern und Serienbooten bestand.

»Aha.« Er machte eine Pause. »Können Sie auch die Maxis schlagen?«

»Sollte kein großes Problem sein.« Die Boote waren zum größten Teil veraltet und langsam. Niemand wollte seinen glänzenden Windhund bei einem rauhen Gang durch die östliche Biskaya ruinieren.

»Auch Crespi nicht?«

»Wir werden unser Bestes geben.« Crespis *White Wing* war kein federleichter, geschonter Hafenmaxi, sie würde sich auch bei einem Rennen um die Welt zu Hause fühlen – und sie war schnell.

»Ihr Engländer«, bemerkte Feuilla. »Immer so unterkühlt.«

»Iren.«

»Wie bitte?«

»Erzählen Sie mir mehr über Monsieur Crespi.«

Feuilla schien zu zögern. »Warum?«

Ich wollte nicht über Thibault reden. »Damit ich den Gegner kennenlerne.«

»Ich kenne M'sieur Crespi schon eine ganze Weile. Er ist ein *völlig skrupelloser* Mann.« Feuillas lässiger, halb spöttischer Schutzschild war plötzlich weg. Seine Stimme schnitt wie eine Messerklinge. Ich konnte mir vorstellen, wie die funkelnden Augen unter der weißen Mähne hart wurden. »Außerdem hat er viele Leute in La Rochelle verprellt. Und auch in seiner Heimat.« Der Humor war wieder da. »Er besteht darauf, Versicherungen billiger zu verkaufen als seine Mitbewerber. Mir ist sehr daran gelegen, daß er geschlagen wird. Aber jetzt«, schloß er, »muß ich hier weitermachen. *Bonne chance.*«

Soweit es Feuilla betraf, waren Boote Reklametafeln, die Regatten gewannen. Skipper waren eine Art Leitende Angestellte.

»Ich werde tun, was ich kann.«

Wir würden das Rennen gewinnen. *Plage d'Or* bekam die Ehre, Thibault Ledoux den Ruhm. Mick Savage bekam den Scheck.

Schecks waren genau das, was bei mir Konjunktur hatte – ganz besonders jetzt. Schecks und Informationen über Crespi.

Ich rief Yann an und fragte ihn, wer mir in der Stadt mit Informationen über Crespi weiterhelfen konnte. Er riet mir, Yves Marchand anzurufen, einen Journalisten beim *Ouest-France.* Ich wählte die Nummer. Der Mann, der sich meldete, hatte eine hohe, betriebsame Stimme. »Yann«, meinte er, »ja, natürlich. Ich weiß, wer Sie sind. Schön, mit Ihnen zu sprechen. Was kann ich für Sie tun?«

»Was wissen Sie über Monsieur Crespi?«

»Er tauchte hier vor einem Jahr auf, aus dem tiefen Süden. Ein Baulöwe. Er begann mit ein paar Objekten westlich der Rhône. Vor zwanzig Jahren waren da nur Sanddünen und Moskitos, *parcs d'huitres*, ein oder zwei Touristen, nichts Wichtiges. Aber Sonne, verstehen Sie? Sonne so heiß wie der Anstich eines Hochofens. Und das Meer. Die Preise an der Côte d'Azur waren in den Himmel geschossen, die kleinen Leute hatten kein Ziel mehr für die Ferien, wußten nicht, wohin sie mit den Kindern fahren sollten. Also stampfte man Retortenstädte nach Art von Port Grimaud aus dem Boden, aber nicht so schick, riesige Marinas, große Wohnblöcke. Haben Sie kürzlich mal Sète gesehen? Nun, Gott helfe Sète. Ich erinnere mich an die Stadt, als sie noch die alte war. Aber da unten gibt es eine Menge Geld. Privates Geld, staatliches Geld, Gelder der EG. Und viel Unterstützung durch die Werbung. *White Wing*, Crespis Boot, wird von einer Stadt im Süden gesponsert. Die haben da eine Bootswerft, wo Regattayachten gebaut werden. Alles auf Kosten der Steuerzahler.«

»Und Crespi sitzt wie eine Spinne im Netz.«

Marchand wurde ironisch. »Burschen wie Crespi plazieren sich in die Mitte und nehmen dankend die Vorteile wahr, die aus allen Richtungen an sie herangetragen werden.«

»Warum hat er sich überhaupt die Mühe gemacht, nach La Rochelle zu kommen?«

»Weil er Geld gerochen hat. Er besitzt eine Kette von Versicherungsagenturen überall in Frankreich, in Europa, in der Welt. Niemand kann heute ohne eine Versicherung auskommen.« Ich mußte an Christophes brennenden Schuppen denken. »Falls Sie noch was wissen möchten, rufen Sie ruhig wieder an.« Marchand legte auf.

Ich trank noch einen Kaffee und fragte mich, über welche Talente man verfügen mußte, um in die Mitte des Netzes zu gelangen und all die schönen Dinge abzusahnen. Mir jedenfalls schienen diese Talente abzugehen.

Aber es mangelte mir nicht an Anrufen. Ich war jetzt lange genug in La Rochelle, daß alle Welt wußte, wo ich steckte.

Mary rief aus Pulteney an und teilte mir mit, daß es keine Fortschritte gab.

Dann meldete sich Art Shacker aus Marblehead. Er habe gehört, daß die Geschäfte bei mir nicht sonderlich gut liefen. Warum ich es mir denn nicht leicht machen und bei der America's-Cup-Kampagne mitmischen wolle? Man würde mir einen goldenen Einstand bereiten, so daß mein Banker denken würde, seine sämtlichen Geburtstage fielen auf diesen einen Tag. Art bestand darauf, daß wir uns treffen und alles besprechen sollten. Er war wirklich ein zäher Typ. Ich entgegnete, daß ich darüber nachdenken würde. Danach ging ich wieder dazu über, mir Gedanken über Arthur Crespi zu machen.

Kurz vor dem Lunch kamen Bianca und Frankie in die Bar. Frankie blickte mich gerade an. Die Blutergüsse in ihrem Gesicht waren abgeschwollen, ihre Haut war rosa vom Wind und sonnengebräunt; das Weiße ihrer Augen leuchtete klar wie Milch. Sie lächelte mich an und ging nach oben. Sie hatte mir nicht vergeben, aber ein Lächeln war besser als nichts. Es munterte mich auf, aber nicht genug.

Bianca setzte sich an die Bar, das Gesicht dunkelbraun wie das einer Zigeunerin. Das schwarze Haar hatte sie zu einem Pferdeschwanz zusammengebunden, und an ihren kleinen Ohren trug sie goldene Ringe.

Ich schob ihr ein Bier hinüber, dabei behielt ich die Privattür im Auge.

Bianca packte meine Hand mit einem warmen, Mut machenden Griff. »Frankie ist jung. Sie wird darüber hinwegkommen.«

Ich blickte in ihre dunkelblauen Augen. Sie wirkten älter

als sie selbst. »Das Boot läuft gut«, erzählte sie lächelnd. Sie war ein Mitglied des Teams.

Es gab viele Dinge, die wir nicht voneinander wußten. Sie wußte nicht, daß ich die Papiere über die *Poisson d'Avril* gesehen hatte, die sie aus den Ordnern entfernt hatte. Sie wußte nicht, daß ich Thibault getroffen hatte. Und ich wußte nicht, welches Spiel sie trieb.

Ich brachte ein gequältes Grinsen zustande. Um halb drei Uhr fuhr ich mit dem Lieferwagen zur Agences Giotto, um mich mit Monsieur Arthur Crespi zu unterhalten.

Die Sekretärin führte mich in ein nüchternes Büro mit einem Schreibtisch auf Böcken und Klappstühlen aus Aluminium. Crespi saß hinter dem Schreibtisch und streckte eine Hand aus, die es fertigbrachte, sich zur gleichen Zeit warm und fest anzufühlen. »Setzen Sie sich«, begrüßte er mich. »Setzen Sie sich.« Seine leichten Hängebacken waren mäßig gebräunt, das schwarze Haar kräuselte sich gepflegt über dem viereckigen, nicht unschönen Gesicht. Er roch leicht nach Talkumpuder. Sicherlich mußte er sich zweimal am Tag rasieren.

»Sie haben ein Problem mit Ihrem Boot«, begann er. »Mein Agent sagt, daß es auf den Namen Thibault Ledoux versichert ist. Ich vermute, daß M'sieur Ledoux Sie nicht voll bezahlt hat?«

»Wer hat Ihnen das erzählt?«

»Auch mein Agent.« Er lächelte. »Ich habe viele Firmen. Wenn ich an einen Ort komme, wo ich segeln will, dann analysiere ich die Fortschritte im Geschäft und höre mich um, beispielsweise nach besonderen Ereignissen seit meinem letzten Besuch. Mein Agent sagte mir, daß Sie ihn besucht haben.«

»Die Versicherung läuft auf Monsieur Ledoux' Namen. Ihr Agent hatte keine Veranlassung, mich auszuzahlen.«

»Aber Sie haben dadurch ein Problem.« Das Lächeln

blieb. Es war die bekannte südfranzösische Gigolomarke: strahlend weiße Zähne, Lachfältchen um die Augen. »Ich will Ihnen mal was sagen. Ich bin Segler, wie Sie wissen. Kein Experte wie Sie natürlich.« Das Lächeln wurde breiter. »Ich habe die *White Wing* so umgebaut, daß ich damit Regatten segeln kann, aber mit Komfort. Ich beobachte Ihre Karriere nun schon einige Zeit, und ich muß sagen, ich bewundere, was Sie machen.« Er schlug die Augen nieder, als wäre er verlegen.

»Boote so zu bauen, wie man sie sich selbst erträumt, ist eine gute Sache. Darauf kommt es an, man muß seinem Traum folgen. Ich habe das Privileg, Menschen, die ich bewundere, in ihren Träumen unterstützen zu können. Ich bin Geschäftsmann, kein Sportler. Ich lasse Boote bauen und bezahle Männer, die sie für mich segeln, ermögliche es ihnen, damit ihren persönlichen Ehrgeiz zu befriedigen. Es ist eine Art Lebensaufgabe.« Er beugte sich vor, die Hände flach auf dem Tisch; er war jetzt ernst. Die Kraft seiner Persönlichkeit füllte den Raum wie ein billiges Aftershave. Ich mußte mich daran erinnern, daß dieser Mann Thibault in ein Versteck getrieben hatte, daß seine Gauner Thibaults Papiere gestohlen und mir tödliche Angst eingejagt hatten. *Vive le sport!*

»Also«, fuhr er fort, »kann es für mich nicht befriedigend sein, einen Mann wie Sie in Schwierigkeiten zu sehen, weil er den entschuldbaren Fehler gemacht hat, seinem Freund zu vertrauen. Im Finanzgeschäft halten sich Vertrauen und Mißtrauen die Waage. Sport lebt vom Vertrauen. Sobald man sich nicht an die Regeln hält, ist es aus mit dem Sport.« Beschwörend hob er die Hände. »Was ich Ihnen vorschlage, ist folgendes: Sie wollen diese Sache erledigt haben, damit Sie hier hinausgehen und Ihr Leben weiterleben können. Wir sind alle vielbeschäftigte Männer, ich verstehe das. Da die Underwriter nur nach einer Schadensmeldung von Thibault

Ledoux zahlen werden und da Ihr Boot in der Werft liegt, sehe ich nicht ein, warum wir die Angelegenheit nicht etwas ... beschleunigen sollen. Wir zahlen Ihnen den nötigen Betrag direkt aus und warten auf M'sieur Ledoux' Meldung des Schadens.«

Er lehnte sich zurück und lächelte, ganz um mein Wohlergehen besorgt. Die dunklen Augen blickten wachsam.

Ich blickte gerade zurück.

Crespi konnte nicht wissen, daß ich die Verbindung zwischen ihm und seinen Leibwächtern hergestellt hatte. Außerdem setzte er als einfache Wahrheit voraus, daß die Welt voll naiver Segler war, die bereitwillig auf jeden Vorschlag eingingen, wenn sie damit ihr Boot aus dem Schlamassel holen konnten. Er konnte nicht wissen, daß ich viel Zeit damit verbracht hatte, Leute zu beobachten, die reich werden wollten, indem sie überhöhte Reparaturrechnungen einreichten oder schwimmende Wracks versicherten. In diesem Geschäft ist es schwer, lange naiv zu bleiben.

Was er mir gerade angeboten hatte, hatte nichts mit der Versicherung zu tun oder mit *le sport.* Es war der Versuch mich auszuzahlen, mich und meine Schnüffelnase loszuwerden. Und noch etwas anderes.

»Übrigens«, erkundigte sich Monsieur Crespi, »sind Sie kürzlich mit Thibault zusammengetroffen? Man hört in letzter Zeit so wenig von ihm. Ich brauche natürlich seine Unterschrift, um die Auszahlung zu autorisieren. Reine Formalität.«

Ich schenkte ihm ein Lächeln, von dem ich hoffte, daß es seinen Anforderungen an einen Sportler entsprach. »Ich sehe ihn morgen. Er wird die *Plage d'Or* segeln. Ich bin auch dabei.«

»Wirklich? Das ist ja toll!« sagte er sportlich begeistert.

»Was Ihr Angebot angeht – meinen Sie das wirklich ernst?«

»Als allgemeine Firmenpolitik nicht. Aber wir wissen, wer

Sie sind. Deshalb können wir die Angelegenheit beschleunigen.« Seine Augen blickten so freundlich wie zwei Teerkugeln.

»Ich melde mich, sobald ich die Rechnung von der Werft habe. Wenn Sie mir das Papier heraussuchen lassen, das Thibault unterschreiben soll, lege ich es ihm morgen vor.«

Ich stand auf. Wieder schüttelten wir uns die Hände. Ich wartete, bis die Sekretärin die Übertragungsurkunde gefunden hatte, dann drückte ich mit der Schulter die Tür auf und stapfte in den Regen.

Soweit bist du nun gekommen, Savage, dachte ich. Auf diese Weise erledigt man das. Der nette Mann will dich auszahlen. Du kannst jetzt also Thibaults Unterschrift auf dem Formular fälschen, mit dem Geld die Werftrechnung bezahlen, und danach kannst du wie der Blitz hier verschwinden und deine Tochter mitnehmen.

Das *Wie* war völlig unkompliziert. Aber was mich wirklich interessierte, war das *Warum.*

15

Am Abend stand ich hinter der Bar, als die Regattaflotte mit der Tide einlief. Ein halbes Dutzend dicker Aluminiummasten erschien im Spalt zwischen dem Tour de la Chaine und dem Tour Saint-Nicholas. Die Touristen standen von ihren Tischen auf und verteilten sich auf dem Kopfsteinpflaster, um die großen Yachten zu bestaunen, die sich im abendlichen Atlantiklicht klar und glänzend abzeichneten. Sie glitten an ihre Liegeplätze, die von den Funktionären morgens freigemacht worden waren. Flaggen knatterten an den weißen Masten, die den Kai säumten. TOUR DE BELLE-ÎLE, stand darauf. TOUTES VOILES DEHORS.

Für mich roch das Restaurant plötzlich nach altem Rauch und verschütteten Getränken, ein abgestandener Mief, der meine Lungen nicht erfreute. Ich ging nach draußen, um frische Luft zu schnappen.

Plage d'Or lag am Außensteg, Yann zog gerade eine riesige Kriegsflagge am Vorstag hoch. Darauf war ein Leuchtturm mit einer Krone zu sehen, und die Inschrift lautete: ROYAUME DES PHARES. Bianca kam den Steg herauf, in blauen Leinenshorts, die ihre schönen Beine betonten. Ihr Gesicht leuchtete von der Sonne und dem Wind. Sie packte meinen Arm. »Spendieren Sie mir einen Drink.«

Es war der richtige Abend, um von einer schönen Frau am Arm gepackt zu werden. »Bier?« fragte ich.

»Pastis.« In ihrer Stimme schwang eine Leichtigkeit mit, die ich noch nie bei ihr gehört hatte. »Ich bin ein Geschöpf des Südens. Heute muß es Pastis sein.«

Ich goß ein. Ihr Hals war sehnig und braun, und sie trank gierig. Eine schwache Brise wehte, der Himmel war klar. Ich hätte jetzt draußen auf dem Wasser sein und nicht in der Bar hocken sollen. Bianca bemerkte: »Das alte Schlachtroß wittert Blut, richtig?«

»Was meinen Sie?« Aber ich wußte, was sie meinte. Sie hatte mich daran erinnert, daß ich in einer schmutzigen Welt festsaß, in der es zu viele Menschen gab. Ich fühlte mich stumpf wie ein Gummimesser.

»Morgen segeln Sie«, fuhr sie fort, »dann geht es Ihnen besser.«

Ich nickte. Sie verstand mich. Plötzlich fühlte ich warme Zuneigung für sie. Wir waren auf derselben Seite.

Ich sagte: »Thibault wird mit uns segeln«, und goß mir einen Cognac ein.

»Das ist ja phantastisch!« freute sie sich. Ihr Gesicht glühte begeistert. »Was ist mit Ihnen?« erkundigte sie sich. »Freuen Sie sich nicht auch?«

»Sicher.«

Ihre Hand berührte meine, als sie nach der Pastisflasche griff. Sie goß sich einen gehörigen Streifen ein, dann nahm sie meine Hand. »Wo liegt das Problem?« Ihre Augen waren groß und heiß, es wäre leicht gewesen, sich ihnen anzuvertrauen.

»Kein Problem.«

»Ihr Engländer«, murrte sie verächtlich.

»Ire«, korrigierte ich.

Sie ignorierte mich. »Kalt wie ein Fisch.« Sie ließ meine Hand los, um Wasser in ihren Pastis zu träufeln. Das klare Gelb wurde milchig. »Wie kommt es, daß Ihre Tochter nicht so kalt ist?«

Ich schüttete den Cognac hinunter, zu schnell. »Vielleicht sollte sie besser lernen, etwas kühler zu werden.« Gleich darauf bedauerte ich meine Worte.

»Uff!« zischte Bianca. »Schwein!«

Sie hielt inne und blickte zur Tür des Restaurants. Eine

Gruppe Männer war eingetreten, in Shorts und Polohemden. Auf deren Brust war *White Wing* aufgestickt. Angeführt wurde die Gruppe von Arthur Crespi.

Ich winkte ihm mit der *Maitre-d'*-Geste zu. Er schenkte mir sein Gigololächeln und setzte sich an den Kopf des Tisches für achtzehn Personen. Gérard eilte herbei, um die Bestellungen aufzunehmen.

Bianca hatte alle Farbe verloren, ihr Gesicht war kalt und hart geworden. »Dieser Bastard.«

»Woher kennen sie ihn?«

»Wir stammen aus derselben Stadt.« Ihre Stimme schien von so weit her zu kommen, als ob ihr Hirn nicht wüßte, was sie sagte.

Sie rutschte vom Stuhl und ging zu Crespis Tisch hinüber, stocksteif und so gerade, daß ich vergaß, wie klein sie war. Die Gespräche und das Gelächter im Restaurant verstummten, abgewürgt von der plötzlichen Spannung in der Luft. Ich sah Crespis Blick sie erfassen, er wurde blaß. Er öffnete den Mund, als ob er etwas sagen wollte, aber es fiel ihm nichts ein. Plötzlich war er nicht mehr der hübsche Provençale, sondern nur ein öliger kleiner Mann mit verkniffenem Mund und harten Augen.

Bianca herrschte ihn an mit einer Stimme, so klar wie Eis: »Hast du es noch immer nicht geschafft, ihn umzubringen?«

Ich sah, daß Crespis Hände die Tischkante umklammerten. »Was meinst du?«

»Das ist zuviel für einen Mann wie dich, nicht wahr? Immer dieselbe alte Geschichte.«

Crespis Gesicht lief plötzlich puterrot an. Er drückte sich hoch und machte zwei Schritte auf sie zu. Die Stille lastete so schwer, daß man sie hätte in Stücke schneiden können. Er blieb dicht vor ihr stehen.

»Der Held von Sainte-Jeanne«, reizte sie ihn weiter. »Mr. Big! Aber er hat Angst vor Frauen.«

Crespi schlug ihr ins Gesicht. In der Stille knallte das, als ob eine Tür zugefallen wäre. Bianca stürzte rückwärts über einen leeren Tisch und schlug lautstark zu Boden. »Hure!« zischte Crespi, dann setzte er sich wieder.

Ich stellte fest, daß ich rannte. Bianca lag ausgebreitet wie ein Seestern auf den nackten Dielen. Ihr Gesicht war kreideweiß, aus der Nase lief Blut.

Sie sagte: »Ist schon in Ordnung.« Ich half ihr auf.

Crespi nahm einen Schluck von seinem Whisky-Soda und schien seine Unterhaltung gelassen fortsetzen zu wollen.

Das Blut summte in meinen Ohren. Plötzlich stand ich neben seiner Schulter, die in einem Seidenjacket aus Thailand steckte. Ich bohrte meine Hände in die Taschen, um zu verhindern, daß ich ihn packte. »Raus!« befahl ich.

Er blickte zu mir auf, die schwarzen Augenbrauen fragend hochgezogen. »Wie bitte?«

»Raus!«

Er zog ein Gesicht, das unter Männern von Welt amüsierten Unglauben ausdrücken sollte. »Ich und meine Crew möchten jetzt einen Drink. Wir haben einen Tisch zum Abendessen reserviert ...«

Meine Hände kamen ganz von allein aus den Taschen. Ich knurrte: »Falls Sie nicht binnen fünfzehn Sekunden verschwunden sind, rufe ich die Polizei und lasse Sie rausschmeißen.«

Er sah, daß es mir ernst war. Sein Gesicht wurde wieder gemein und schmierig. »Das finde ich keineswegs amüsant.«

»Zehn Sekunden.«

Er seufzte. Dann trank er sein Glas aus. *»Bien. On y va.«* Mit breitem Grinsen fuhr er fort: »Und wie man bei Ihnen wohl sagt: ›Damit ist unser Geschäft geplatzt.‹« Er stand auf, seine Crew tat es ihm nach. Mit hartem Marseiller Dialekt zischte er: »Dieser Laden ist ein Scheißhaus!« Dann spuckte er auf das Tischtuch und ging.

Bianca hatte sich auf einen Stuhl gesetzt. Ich winkte Gérard. »Wechsle das Tischtuch!«

»Und morgen wird Thibault dir den Hintern absegeln!« rief Bianca Crespi hinterher. Dann barg sie das Gesicht in den Händen und begann zu weinen.

Ich führte sie in eine Nische. Gérard und ein Piccolo räumten schon die Gläser ab, das Murmeln der Gäste breitete sich wie ein Wundverband über die Szene aus.

Ich fühlte mich besser als den ganzen Tag bisher. Crespi wirkte groß, raffiniert und unverwundbar, aber Bianca hatte ihn erschüttert.

Ich brachte ihr ein Glas Wasser. Sie trank es wie eine Verdurstende in der Wüste. Ihre Nase hatte aufgehört zu bluten. »Habe ich einen Bluterguß im Gesicht?« fragte sie.

Die Haut war gerötet, aber nicht mehr. »Nein«, beruhigte ich sie.

»Entschuldigen Sie die kabarettistische Einlage.«

»Kein Problem.«

»Sie werden immer mehr zum Gastwirt.«

»Wie das?«

»Crespi hat Thibault in Schwierigkeiten gebracht. Wäre Thibault hier gewesen, hätte er ihn nicht ins Restaurant gelassen. Deshalb ist er zu Ihnen gekommen.«

»Was für Schwierigkeiten?«

»Geschäftliche.«

»Und er versucht, ihn umzubringen?«

Sie sah mich ausdruckslos an. »Umbringen?«

»Sie fragten Crespi, ob er es noch immer nicht geschafft hätte, Thibault umzubringen.«

»Thibault?« Ihre Verblüffung war echt. »Warum sollte er Thibault umbringen wollen?« Dann begann sie zu lachen. Sie lachte so sehr, daß ihr die Tränen aus den Augen liefen.

Schließlich legte sie mir die Arme um den Hals. »Thibault? Du armer blinder Kerl! Thibault kann gut allein auf sich aufpassen.«

Sie legte ihre Stirn gegen meine, und ich konnte ihren feinen Duft riechen. Sie küßte mich.

Ihre langen schwarzen Wimpern lagen leicht auf den Wangen, leicht wie Distelflaum. Sie erinnerten mich an Männerfallen.

Ihre Augen öffneten sich und blickten mich mit einem verschleierten Lächeln an. Eine Hälfte von mir sagte, daß Bianca schön war und daß ich weitermachen wollte. Die andere Hälfte sagte: Savage, du bist ein verdammter Narr! Frag' sie, warum sie die Dokumente über die *Poisson d'Avril* aus dem Ordner genommen hat.

Die schöne Bianca gewann. Sie küßte mich wieder, und diesmal war ich voll dabei.

Jemand kam in die Bar. Jemand stellte ein Tablett mit Gläsern unnötig laut ab und räusperte sich. Ich öffnete die Augen.

Frankie stand mit vor der Brust gekreuzten Armen da, rote Flecken der Empörung auf den Wangen. »Entschuldigt die Störung!« Ich fühlte, wie mir das Blut ins Gesicht schoß.

Bianca schnurrte: »Wir sind gerade fertig.« Sie drückte meine Hand und verschwand nach oben.

Frankie zischte: »Affentheater!«, stürzte in die Küche und knallte die Tür hinter sich zu.

Immer mehr Essensgäste kamen herein, schließlich war es die Nacht vor dem Rennen. Ich schenkte Wein aus, servierte Drinks und arbeitete den ganzen Abend wie ein Roboter. Als wir fertig waren, die Kellner am Tresen lehnten, Kaffee schlürften und auf die Bestellungen für die *digéstifs* warteten, ging ich zum Piano.

Ich setzte mich, klappte den Deckel auf, legte meine alten Finger auf die Tasten und begann zu spielen. Früher war ich ein passabler Jazzer gewesen, aber jetzt war ich außer Übung und außerdem nicht in der Stimmung für Jazz. Heute nacht herrschte Konfusion – und Konfusion verlangte nach Blues.

Also spielte ich ›Frankie and Jonny‹ in der langsamen Version, mit der großen, mordsmäßig hämmernden, flinken linken Hand, die heute noch fast so flott war wie damals, als ich damit begonnen hatte, diese Art Musik zu lieben. Ich hatte längere Zeit nicht gespielt, aber es lief so gut, wie man eben spielt, wenn man verkatert und besorgt ist und nach einer geraden Linie in einer Welt sucht, die wie ein Topf voll verknoteter Spaghettis aussieht. Während ich spielte, mußte ich an Frankie denken.

Um genau zu sein: Was mir in den Sinn kam, war *Gino's* in Caracas, zwei Wochen, nachdem Frankie geboren war. Ich spielte viel Klavier bei *Gino's*, weil die venezolanischen Orang-Utans, die sich dort mit antiken Huren ihren Whisky reinschütteten, von Zeit zu Zeit einen kleinen Gringoblues mochten. Er wurde von einem netten Gringojungen gespielt, der achtzehn Jahre alt war und schon Vater. Mary Ellen saß stets an einem Tisch neben der Bühne. Ich spielte die schnelle Version von ›Frankie and Jonny‹, weil ich in Übung war. Frankie lag, eingehüllt in einen Schal, in Mary Ellens Armen. Die Huren säuselten im Hintergrund, die Beleuchtung war schwach, so daß die Kerzen dem Ganzen einen Madonna-mit-Kind-Nimbus verliehen. Wenn ich zum Chorus kam, den Mary Ellen normalerweise mit mir zusammen sang, konnte sie wegen des Babys nicht aufstehen. Also sang ich allein und fühlte mich einsam. *Freya* war verkauft. Unten lag das Boot, das ich mit eigener Hand gebaut hatte, damit wir nach England zurücksegeln konnten. Der Lack glänzte, die Segel waren angeschlagen, alles war klar zum Auslaufen. Ich wußte, daß wir Probleme hatten, und sang:

»Frankie said to her Johnny:
›My love, Johnny, don't go.
Gonna catch your death of cold out there
in the terrible rain and snow.‹
Them love affairs 're
gettin' harder to bear.«

Mary Ellen sah auf, mir direkt in die Augen. Es war ein langer, trauriger Blick. Dann fiel ihr Blick wieder auf das Baby. Tränen strömten über ihr Gesicht.

Wir hatten unsere Tochter bereits Anna Maxwell getauft. Aber von diesem Augenblick an nannten wir sie beide Frankie. Kurz danach waren wir nach England zurückgesegelt, Frankie gluckste in der Lotsenkoje.

Es hätte wie in den alten Zeiten sein können, aber das Wetter spielte nicht mit. Einer von uns war immer unten in der unordentlichen Kabine bei Frankie. Wir gingen unsere Wachen und sahen uns kaum. Das einzige Bindeglied war Frankie.

Ich wußte, daß ich in die See vernarrt war, aber Mary Ellen entfernte sich innerlich von ihr. Sie wurde ängstlich, Frankies wegen.

Als wir den Bishop Rock passierten, lächelte sie nach drei Wochen zum ersten Mal. Sie hielt Frankie hoch, damit sie die Wärter auf dem Umgang des Leuchtturms sehen konnte. In der Nähe der Isle of Wight packte sie ihre und Frankies Sachen. Als wir am Shamrock Kai festgemacht hatten, legte sie mir beide Arme um den Hals und küßte mich lange. Sie sagte: »Ich liebe dich, aber ich kann das nicht mehr mitmachen.«

Dann klemmte sie sich Frankie unter den Arm, schulterte den Seesack und verschwand über die grauen Granitstufen in der Menschenmenge.

Der letzte Vers war an der Reihe. Ich merkte, daß ich den Text laut sang, dabei schlug ich mit beiden Händen schwere, schicksalhafte Akkorde an. Ich brauchte einen Drink. Deshalb schloß ich mit einer None und stand auf. Ein paar Gäste applaudierten.

Frankie beobachtete mich von der Bar. Ihre Augen erinnerten mich an die von Mary Ellen bei *Gino's* vor langer Zeit. Auch auf ihren Wangen waren Tränenspuren.

Ich fragte: »Könnte ich einen Cognac bekommen?«

Sie legte ihre Hand auf meine. »Ich fand die Musik gut, Dad.«

Plötzlich wollte ich keinen Drink mehr.

»Was geht hier eigentlich vor?« fuhr sie fort.

Ich blickte in ihre klaren, hübschen Augen und hätte weinen mögen. Aber ich sagte nur: »Nichts geht hier vor, außer daß wir morgen segeln.«

Sie küßte mich auf die Wange. Wir kletterten die Treppe nach oben, sagten uns gute Nacht und gingen zu Bett.

16

Um zehn Uhr am nächsten Morgen lag der aufregende Hauch eines Feiertags in der Luft. Im Restaurant trugen die Kellner Matrosenkäppis mit roten Pompons. Die Kurve des Barographen auf dem Klavier verlief hoch und gerade, außer da, wo sie durch die Baßakkorde letzte Nacht gestört worden war.

Der Alte Hafen sah aus, als ob auf dem schmutzigen Wasser der Karneval ausgebrochen wäre. Ein halbes Dutzend Regattayachten lag am Ponton, ihre Kriegsbanner hingen schlaff herunter. Am Kai drängten sich Touristen und schossen Fotos von sonnenverbrannten Kerls, die in Crewshirts und Bootsschuhen über die Pontons stampften.

Natürlich war kein Wind. Das Azorenhoch hatte eine Schleife seiner Isobaren in die Biskaya geschoben, und es gab keine Chance, daß sich die Wetterlage so schnell ändern würde.

»Schöner Tag zum Baden«, meinte Frankie, während wir über den Holzsteg längs des scharlachroten Rumpfs der *Plage d'Or* gingen. Sie hatte sich offenbar entschieden, zivilisiert mit ihrem Alten umzugehen, weil er gut Klavier spielte und sie zum Segeln mitnahm. Während ihrer Ferien bei mir in Pulteney war sie von Zeit zu Zeit im Trapez des 505er gesehen worden, der dem jungen Jamie Agutter gehörte. Die letzte Regatta hatten sie in ihrer Klasse gegen ernstzunehmende Konkurrenz gewonnen. Die Konsequenz war, daß sie Mary Ellen bestürmt hatte, ihr an der Butler's Wharf eine Jolle hinzulegen. Aber sie mochte auch große Boote.

Ich plierte in den klaren blauen Himmel. »Nicht gerade ideal zum Segeln.« Ich wartete, während sie an Deck kletterte.

Weiter unten an der Pier stand ein kleiner, stämmiger Mann. Er war tiefbraun, seine dunkle Sonnenbrille wurde durch ein Sorgbändsel aus Gummi gesichert. Er hatte einen buschigen Walroßschnurrbart, eine wulstige Unterlippe, trug marineblaue Bermudashorts, die elegant ausgeblichen waren, und eine Blue-Arrow-Crewjacke.

»Bruce!« rief ich.

Er hob eine lederartige Pfote.

Auf den ersten Blick hätte man Bruce Missing für einen alten Salzbuckel gehalten. Das war auch von ihm beabsichtigt. Tatsächlich aber war er ein Fotograf, der schon seekrank wurde, wenn er nur über eine Pfütze stieg. Außerdem war er ein fürchterliches Klatschmaul. Wenn Feuilla alle Welt glauben machen wollte, daß Thibault an Bord war, dann war Brucie genau der richtige Mann, um diese Nachricht zu verbreiten.

»Wart' mal«, keuchte er und kam auf mich zugestürmt. Drei Kameras baumelten an seinem Stiernacken. »Ist Thibault an Bord?«

»Na klar.«

»Kommt er an Land?«

»Er ist noch beschäftigt«, sagte ich scheinheilig, »Ärger mit der neuen Hydraulik. Die üblichen Probleme, du kennst das ja.«

»Sicher«, meinte er weise, obwohl er keine Ahnung hatte.

»Willst du nicht mit uns segeln?« Ich grinste ihn an, ganz guter Wille und Gastfreundschaft.

»Ich fahre da drüben auf der *Nabob* mit. Sonst wäre ich selbstverständlich gern mitgekommen.«

»Selbstverständlich.«

Wenn wir zurückkamen, würde er am Kai warten und jedem erklären, daß er die *Nabob* verpaßt hatte, weil sein Agent anrief. Aber nächstes Mal natürlich ... Den Rest des Tages würde er damit verbringen zu beschreiben, wie ihm

Thibault *persönlich* die Schwierigkeiten mit der neuen Hydraulik erklärt hatte.

Ich sagte: »Schön, daß ich dich getroffen habe«, und schwang mich an Bord. Als ich mich umdrehte, quatschte er mit dem Winschenmann unserer schlanken weißen Nachbaryacht und deutete mit dem Kopf in unsere Richtung. Das Gerücht breitete sich aus.

Yann war im Cockpit und beugte sich über eine Winsch. Er blickte auf. »Können wir ablegen?«

»Sobald eine Brise aufkommt.«

»Wir kriegen Wind.«

Bis hoch zur Belle-Île erstreckte sich das Hausrevier von Yann. Er war wegen seiner Ortskenntnisse an Bord, ich war für das Segeln und die Taktik zuständig, Bianca für das Steuern und Frankie für die moralische Unterstützung. Thibault hatte mit der *Plage d'Or* schon eine Menge Rennen gewonnen, denn zu ihrer Zeit war sie ein gutes Boot gewesen. Heutzutage sah sie etwas müde aus, ihr fehlten die Raffinesse und die Ausgewogenheit der *Arc-en-Ciel.* Aber sie verfügte über ein großes Geschwindigkeitspotential. Anders als die meisten Boote im Wettbewerb war sie dafür eingerichtet, mit kleiner Besatzung gesegelt zu werden, und mit vier Personen an Bord war sie schon überbesetzt. Wir würden mit Leichtigkeit genauso schnell sein wie die meisten IOR-Maxis mit ihren Crews von zwanzig und mehr. Wir hatten eine gute Chance, als erste über die Linie zu gehen.

Ich blickte über das flache graue Deck, es war gut achtzehn Meter lang und bestückt mit Winschen, die das Ausmaß kleiner Ölfässer hatten. Der Mast war sechsundzwanzig Meter hoch. Bianca, die oben an einem Fall hing, um die Beschläge am Masttopp zu kontrollieren, wirkte wie ein Wetterhahn an der Spitze eines Kirchturms. Ich fühlte den vertrauten Druck im Magen. Er hatte mich schon oft von meiner Frau und meiner Tochter weggelockt und sagte: ›Auf geht's, alle Fetzen hoch, raus auf die weite See, segle den anderen Affen das Ohr ab!‹ Ich blinzelte über die Decks der *Nabob* und der *El Negro* zum Cockpit der *White Wing* hinüber.

Crespi stand dort mit den Männern, die gestern abend im Restaurant gewesen waren. Brucie Missing lehnte an der Reling der *White Wing* und unterhielt sich. Ich sah, daß er grinsend zur *Plage d'Or* zurückblickte, dann wackelte er zum nächsten Boot weiter. Der Mann, mit dem er gesprochen hatte, ging nach achtern zu Crespi. Crespi blickte scharf zu uns herüber. Ich lief das Seitendeck entlang und warf die Springs los. Bianca kam aus dem Mast herunter. Ich sagte zu Yann: »Los geht's, schnell!« Ich wollte nicht, daß jemand an Bord geklettert kam, um mit Thibault zu sprechen.

Bianca fragte: »Wo ist Thibault?«

»Unten.«

Die Maschine summte. Die Crew warf die Achter- und Vorleinen los. Einen Augenblick hing der Rumpf der *Plage d'Or* zwischen den Seitenstegen wie ein Schwert, das lose in der Scheide steckt. Dann zog ich den Ganghebel nach hinten, und sie glitt achteraus aus dem Hafen. Der Bug richtete sich auf den Spalt zwischen den grauen Granitmauern der Türme.

Bianca verschwand nach unten. Als sie wieder hochkam, sah sie blaß und besorgt aus. »Thibault ist nicht da.«

Ich lächelte sie an. »Nein«, erklärte ich ihr. »Aber der Sponsor möchte, daß die Leute denken, er wäre an Bord.«

Etwa fünf Sekunden lang starrte sie mich mit völlig ausdruckslosem Gesicht an, dann grinste sie. »Und du hast es Bruce Missing gesteckt. *Oh, le petit Nelson!*« Sie lehnte den Kopf an meinen Arm. »Perfider Engländer!«

»Ire.«

Sie lachte. Frankie blickte betont zur Seite. Falls Bianca verstimmt darüber war, daß Thibault nicht an Bord war, überspielte sie das gekonnt.

Wir brummten die Fahrrinne entlang. Achteraus kamen die Boote aus dem Schlitz zwischen den Türmen geschossen wie Wespen aus dem Nest. Zwischen den riesigen Masten der Maxis bewegten sich die niedrigeren der Hochseeyachten, beispielsweise die Justins. Sie hatten sich die Woche über zusammengeschart, um sich mit den großen Brüdern zu messen. Die Tour de Belle-Île war eine der wenigen noch verbliebenen Regatten, wo Amateure mit den gesponserten Yachten der Profis um die Wette segeln konnten.

Hinter der Brücke zur Île-de-Ré waren die Muschelbänke überspült. Vor zwei Nächten hatte mir Crespis Fahrer auf dem niedrigen, graugrünen Ufer einen Gewehrlauf ins Gesicht gerammt und Feuer an Christophers Schuppen gelegt.

Die See war glatt wie Satin, die Sonne brannte vom blauen Himmel. An diesem schönen Tag sollten wir uns über zweihundert Seemeilen ein Rennen mit Leuten liefern, die Gewehre liebten, und sie schlagen.

Mit etwas mehr Wind hätten wir das schaffen können.

Auf der einen Seite der Startlinie lag ein Boot, auf der anderen eine Boje. Das Wasser lief ab. Die digitale Anzeige auf der Brookes-&-Gatehouse-Stoppuhr zeigte fünfunddreißig Minuten bis zum Start an. Zum Zeitpunkt des Starts würde noch Ebbe herrschen, zumindest würde das ablaufende Wasser uns über die Startlinie schieben. Ich fragte Yann: »Ankern?«

Der Anker fiel klatschend ins Wasser, die Kette rasselte hinaus. *Plage d'Or* trieb zurück, grub den Anker ein und blieb mit dem Heck zur Startlinie liegen. Ich stellte den Motor ab. Es wurde ruhig. Nur die Möwen schrien, die Tide gurgelte unter dem polierten Rumpf und die Yachtmotoren brummten wie Insekten von der fernen Stadt heran.

»Großsegel setzen«, befahl Yann. »Dann klar bei Ghoster!«

Das Groß stieg am Mast empor und hing schlaff in der Flaute, ein braun-weißes Dreieck aus kugelsicherem Kevlar.

Wir gingen alle aufs Vordeck und befestigten Gummibänder am riesigen raschelnden Ghoster aus Mylar, dann legten wir ihn längsseits der Reling aus wie eine tote Anaconda.

Immer noch kein Wind.

Frankie schmierte einen zinkhaltigen Sunblocker auf ihre Sommersprossen und sagte zu Yann: »Heiß.«

»Nicht mehr lange.«

Sie blinzelte zum Himmel, der unverändert blau strahlte. »Wie meinst du das?«

»*Vent solaire.* Seewind.«

Frankie verlor das Interesse. Was sie wollte, war Geschwindigkeit und Aktion von der Art, wie sie es auf Jamies 505er oder Jean-Claudes Motorrad erlebt hatte.

Nein, dachte ich, jetzt war nicht der richtige Moment, sich über Jean-Claude Gedanken zu machen.

Die sechs Maxis schoben sich an die Startlinie heran, ankerten und setzten ihre Großsegel. Sie standen seewärts von der *Plage d'Or.* Auch die kleineren Boote kamen angekleckert und mit ihnen die Zuschauerboote. Schnelle Motoryachten schossen von Land heran und ließen die *Plage d'Or* in den Waschmaschinenturbulenzen ihrer Heckwellen rollen. Hubschrauber knatterten über unseren Köpfen und suchten nach Motiven, die ihre Sponsoren glücklich machen würden. Sie entdeckten Frankie im Bikini und Bianca in knappen Shorts und stürzten sich auf uns wie ausgehungerte Schmeißfliegen.

An Deck des Schiedsrichterboots bückte sich ein Mann und zog an einer Leine. Der Zehn-Minuten-Schuß knallte. Eine weiße Qualmwolke hing einen Augenblick bewegungslos in der Luft, dann sank sie auf das glasige Wasser.

»Verdammte Franzosen«, murrte Bianca. »Wind oder kein Wind, es wird gestartet.«

Ich drückte die Knöpfe des Brookes-&-Gatehouse-Instruments, um die Geschwindigkeit abzulesen. Die Flüssigkristallanzeige zeigte 1,6 kn. Da das Boot ankerte, war das die Geschwindigkeit des Stroms, der unter dem Rumpf durchfloß. Ein Mann im Cockpit einer Maxi röhrte herüber: »Wo ist Thibault?« Seine Stimme überbrückte die einhundert Meter so mühelos, als ob er bei uns im Cockpit stünde.

»Hier unten!« brüllte Yann von unter Deck zurück. Er war lange genug mit Thibault gefahren, um seine Stimme imitieren zu können.

Ich drückte wieder Knöpfe. Acht Minuten bis zum Startschuß. »Wir sollten Anker lichten.«

Yann kam an Deck, in einem Anorak mit hochgeschlagener Kapuze. Auf dem Rücken prangte die Aufschrift: PLAGE D'OR – THIBAULT LEDOUX.

Wir schlurften aufs Vordeck, und ich pumpte an der Winde. Das Gurgeln der Strömung verstärkte sich, als sich der Rumpf in Richtung Anker bewegte.

Ein Hubschrauber über unseren Köpfen filmte uns, das würde Feuilla freuen.

Der Anker brach aus dem Schlick, der Horizont wanderte vor dem Bug vorbei. Ich flitzte nach achtern ans Ruder. Noch immer kein Wind. Das Boot trieb steuerlos mit der Tide. Das Ruder lag leicht und kraftlos in meinen Händen. Das Schiedsrichterboot kam näher.

»Noch sechs Minuten.«

Die Boote zwischen uns und der Startlinie krochen jetzt auf ihre Anker zu.

»Wind«, meldete Yann unter dem Rand seiner Kapuze hervor und deutete aufs Wasser.

Weit hinten in Richtung Festland wurde der blaue Spiegel von einem dunklen Schatten getrübt. Mein Mund war ausgetrocknet.

Wir trieben weiter, seitlich, der Strom schob uns auf die Linie zu. Der Windhauch verschwand wieder. Aber er war ein Anzeichen dafür gewesen, daß die Sonne das Land schneller erwärmt hatte als die See. Dort würde jetzt die Luft aufsteigen, kalte Luft von der See würde nachströmen: der *vent solaire.*

Aber wenn er zu schnell einsetzte, würden wir zu früh die Startlinie passieren und mußten den Fehlstart mit einer Strafrunde um das Startschiff korrigieren. Ohne Wind würde das den ganzen Tag dauern.

»Drei Minuten«, meldete Bianca.

Plage d'Or traf auf eine Störung im Tidenstrom und drehte sich um ihre Achse wie ein Spielzeugboot in einer Stromschnelle. Andere Boote lagen zwischen uns und der Startlinie, die es ruhiger angehen ließen und noch vor Anker blieben. Sie schwebten gelassen über ihren Spiegelbildern. Wir trieben mit dem Heck voran auf einen Halbtonner zu, dabei schwangen wir sachte hin und her. Ich konnte mich nicht erinnern, ob er vor uns Anker geworfen hatte. Wenn ja, dann hatte er Wegerecht, falls nicht, hatten wir es.

Frankie sagte: »Wir werden ihn rammen!«

»Hoch mit dem Vorsegel!«

Weder Yann noch Bianca hielten sich damit auf, mir zu sagen, daß kein Wind war. Sie rissen mit aller Kraft am Fockfall. Die lange, durch Gummis gebändigte Schlange schoß zum Masttopp hoch. Der Halbtonner war zwanzig Meter entfernt, ein Mann auf seinem Vordeck beugte sich über die Ankerwinde.

Hinter dem Starterboot kräuselte Wind den blauen Wasserspiegel. »Schoten dicht!«

Frankie holte die Backbordschot an. Das Knallen der platzenden Gummibänder klang in der Stille fast wie ruhestörender Lärm. Das große Segel kam frei. Der Halbtonner lag jetzt nur noch zehn Meter stromabwärts. Die Crew begann zu rufen. Wir hatten keine Zeit mehr, die Maschine zu starten. Eine Kollision schien unvermeidbar.

Dann raschelte es, ein sanftes *Schwapp* ertönte. Plötzlich

fühlte ich die Brise auf meiner Wange. Der Ghoster wölbte sich im Wind wie die Brust einer Taube, das Ruder in meinen Händen bewegte sich, das Ruderblatt reagierte. Der Mann an der Ankerwinde des Halbtonners hörte auf zu schreien und starrte herüber. Ich konnte die einzelnen Schweißtropfen auf seiner Stirn unterscheiden. Das Heck der *Plage d'Or* kam immer noch auf ihn zu. Aber jetzt hatte auch das Groß den Wind eingefangen. Wir machten Fahrt voraus und schwangen mit dem Heck herum.

Ich drehte das Ruderrad nach Steuerbord, unser Heck klappte vom Bug des Halbtonners weg. Fünf Sekunden lang waren wir so nahe, daß ich an der Seite hätte entlanglaufen und ihm die Hand schütteln können. Dann waren wir vorbei, ohne ihn zu berühren.

»Startschuß!« rief Bianca an der Stoppuhr.

Der Schuß fiel, *Plage d'Or* glitt über die Linie. Hinter uns im Startgebiet herrschte Durcheinander und Gedrängel. Vor uns war das Wasser frei.

»Toll!« kreischte Frankie. Sie hatte ganz vergessen, indigniert auszusehen.

Ich grinste sie an. *So macht das dein Daddy immer,* hieß das. Wir waren unterwegs.

17

Ein guter Start ist ein psychologischer Vorteil, aber keiner, der lange dauert. Immerhin hatten wir zwanzig Sekunden Vorsprung und schafften es, ihn zu halten.

Während des Nachmittags legte der Wind zu, bis er gut und stark aus West wehte. Die führenden Verfolger kamen langsam an uns herangekrochen, ein enges, gleichmäßiges Feld. An Steuerbord war die flache Küste zu erkennen, an Backbord zeichnete sich die Kimm scharf wie ein Messer ab.

Gegen Abend sichteten wir die Île d'Yeu als schildkrötenförmigen blauen Klumpen, der sich langsam über den Horizont schob. Yann riet mir: »Halt dicht ran!«

Ich ließ das Boot laufen. Bianca übernahm das Ruder. Wir preschten weiter in Richtung Osten. Vom Bug flogen breite Spritzwasserfahnen nach achtern, der Rumpf dröhnte in dem Ton, der anzeigt, daß wir tatsächlich sehr schnell waren.

»Sie folgen uns nicht«, stellte Yann fest. »Sie halten uns für verrückt.«

Die Logge schwankte zwischen neun und zwölf Knoten. Aber die Pyramiden der cremegelben Segel neben uns zogen langsam vorbei. Ich blickte hinüber in Yanns zerfurchtes Gesicht und fragte mich, ob ich nicht tatsächlich verrückt war. Regel Nummer Eins des Regattaseglers besagt, daß es nichts nützt, schnell zu segeln, wenn es in die falsche Richtung geht. »Vielleicht haben sie Grund dazu«, meinte ich; aber gleich darauf schämte ich mich dafür. Yann segelte in diesen Gewässern, seit er laufen konnte.

Er antwortete nicht. Nach fünf Minuten sagte er: »Sieh mal!«

Vor uns trieb eine Bahn aus Schaum und Blasen über die grünen Wellen. »Makrelen«, meinte er leise.

Er sprach nicht von Fischen. Was er meinte, war, daß das Makrelenfutter an den schaumigen Rändern von schnell fließenden Stromadern in der langsamer strömenden See zu finden war.

Mit donnernd einsetzendem Bug und einer Spitzwasserwolke schoß *Plage d'Or* in diesen Tidenstrom hinein.

»Anluven!« befahl Yann.

Die Winschen klickten. Die großen, aerodynamischen Tragflächen der Segel kamen knirschend dicht.

»Na, wie ist es jetzt?« fragte Yann.

Wir segelten wieder hart am Wind, und das Wasser unter uns strömte nach Luv. Die Île d'Yeu schob sich über die Kimm, als ob sie auf hydraulischen Pfeilern stünde. Die anderen Boote blieben zurück. Gegen neun Uhr kroch die Dämmerung über den östlichen Horizont, die Lichter der Belle-Île blinzelten über unser schräg liegendes Vordeck.

Die Zeit begann uns lang zu werden. Der Wind drehte auf Nord. Wir mußten kreuzen, arbeiteten uns mit Zickzackschlägen nach Luv, kämpften uns nach Norden. Wir lagen auf dem Backbordbug, der Wind blies in mein rechtes Ohr. Hinten an Steuerbord blinkten die Lichter der Belle-Île wie Glühwürmchen, die man in einen Brunnen gesetzt hatte. Der anliegende Schlag führte uns weit in die Biskaya hinaus. Es wurde Zeit, wieder zu wenden und aufs Land zuzuhalten. Das würde uns um die Poulains-Landzunge an der Nordspitze der Belle-Île bringen. Sobald wir diese Huk gerundet hatten, konnten wir abfallen, den Spinnaker setzen und in Richtung Heimat donnern. Der Trick lag darin, im richtigen Moment zu wenden. Blieben wir zu lange auf diesem Bug, verloren wir Zeit; wendeten wir zu früh, segelten wir in die Klippen.

Ich fragte Yann: »Wenden?«

»Noch nicht. Der *vent solaire* nimmt uns mit herum.«

Der Steuerkompaß zeigte 320°, also gut westlich von Nord. Ich glaubte ihm nicht.

Frankies Kopf erschien in der Luke. »Ein Funkgespräch«, sagte sie. »Monsieur Feuilla.«

Unten wartete eine dunkle, turbulente Höhle auf mich, voll geisterhafter Lichter und Segelsäcke, die wie Leichen in einem Grabgewölbe herumlagen. Ich klemmte mich auf den Navigationsplatz. Sogar im Radio hörte sich Feuillas Stimme an, als ob er beim Dinner säße. »Wie läuft's?« erkundigte er sich. »Was macht Thibault?«

»Es geht ihm gut«, antwortete ich. Bei derartigen Rennen saugte die Presse immer eine Menge Honig, indem sie die UKW-Kanäle abhörte. »Soweit ich weiß, liegen wir in Führung.«

»Geben Sie mir Ihre Position.«

Plage d'Or knallte in eine kurze steile Welle und legte sich knirschend auf die Backe. Ich drückte die Deccatasten und las ihm die Positionsangaben laut vor.

»Das nächste Boot steht eine halbe Meile in Lee«, sagte er. »Gute Arbeit.«

Ich grinste albern ins Mikro, und Feuilla wünschte mir viel Glück. Sponsoren können einem das Gefühl vermitteln, ein dressierter Pudel zu sein, wenn man nicht an sie gewöhnt ist.

»Nun?« erkundigte sich Yann oben. Der Wind hatte in der kurzen Zeit, die ich unten gewesen war, weiter aufgefrischt und wehte jetzt stark genug, um einem den Atem zu nehmen. Frankie und Bianca waren dunkle Schatten auf der Luvseite des Cockpits.

Der Kompaß zeigte jetzt fast 350° an, nur noch 10° westlich von Nord. Der Wind schralte, und wir folgten ihm.

»Vent solaire!« schrie Yann. »Er dreht immer auf Nordost – bis morgen früh. Er bringt uns nach Hause.«

Ich zog mich zur Luvreling hoch und blickte mich um.

Kreuzseen liefen über die Dünung, steile schwarze Hürden aus Wasser, die sich über den langen atlantischen Rollern auftürmten. Gischtfahnen prasselten ins Cockpit. Wir bekamen das blinkende Feuer der Poulains-Huk querab. Näher dran und gut voraus an Steuerbord war im Zehn-Sekunden-Takt das schnelle weiße Funkeln einer kardinalen Westtonne zu sehen, welche die verstreuten Klippen vor der Huk markierte.

Der Wind flaute ab, frischte wieder auf, wurde wieder schwächer. Er wollte ausschießen, im Uhrzeigersinn drehen, kam dann aber wieder zurück. Bianca stand am Ruder. Sie spürte den Wind in ihren Händen, wie ein Reiter die Launen seines Vollbluts in den Zügeln spürt. Unser Kielwasser war so scharf gebogen wie ein geisterhafter Krummsäbel. Wieder eine Bö. Das Boot dröhnte bei ihrem Anprall wie ein mißhandeltes Cello. Es wurde abermals flau, dann fiel der Wind wieder ein, aber diesmal von vorne und so hart, daß *Plage d'Or* ihre Leereling ins Wasser legte; schwarzes Wasser strömte ins Cockpit. Wieder dieses Sirren des Riggs. Eine Gischtwolke wehte nach achtern und traf mich im Gesicht wie eine Faust.

Danach wurde der Wind gleichmäßig. Das Deck legte sich über. Die Welt wurde wieder ruhig, nur das Zischen der Heckwelle und das Rauschen der See blieben.

Achtern blinzelte ein grünes Licht über den phosphoreszierenden Schaum der Heckwelle. Darüber erhob sich ein fahler Schatten. Ich schloß die Augen, blickte wieder hin. Das Licht war immer noch da: eine Steuerbordseitenlaterne. Darunter war undeutlich eine Bugwelle zu erkennen, darüber konnte man jetzt die Dreiecke der Segel ausmachen. Die Konkurrenz war eingetroffen.

Ich fragte Yann: »Wann können wir wenden?«

Sein Kopf schwang in Richtung auf das weiße Funkeln der Westtonne und das Feuer an der Poulains-Huk herum. Dann drückte er mit dem Daumen den Knopf des Brookes-&-Gatehouse-Kombi-Instruments, kontrollierte die Geschwindigkeit und den Kurs. »Noch nicht«, meinte er ruhig wie ein Fischer, der abwägt, wann er seine Netze aussetzen soll. Die reflektierenden Buchstaben auf seinem Rücken funkelten im Licht des Leuchtturms. THIBAULT LEDOUX. Ich segle mit Geistern, dachte ich, mit dem Wiedergänger eines Lebenden. In Carthystown behaupteten die Leute, daß sie die Geister der Menschen gesehen hätten, die bald sterben würden.

Aber das hier war kein Geist. Es war Yann in der Jacke seines Chefs.

Ich nahm ein paar Peilungen, rutschte den Niedergang hinunter und trug sie in die Karte ein. Wir standen noch gut südlich der westlichen Kardinaltonne. Kardinaltonnen markieren Gefahren unter der Wasseroberfläche, und westliche liegen im Westen der Untiefe. Jeder, der diese Küste nicht genau kannte, hätte sie an Steuerbord gelassen, erst dann gewendet und sich scharf nach rechts am oberen Ende der Insel vorbeigehangelt.

Es sei denn, er hätte zwanzig Jahre damit verbracht, seinen Weg durch diese Spalten und Riffe zu suchen. Wie Yann.

Am Tag ähnelte die Belle-Île einer scharfkantigen Festung aus Granit; der grüne Schwell rumorte wie Belagerungsmaschinen in den Buchten und Felsspalten. Vor der Nordwestküste, innerhalb der Kardinaltonne, lauerten die schwarzen Reißzähne aus Granit auf dem Grund. Zwischen den Klippen und der Küste führt eine Abkürzung hindurch, aber es war keine angenehme Abkürzung, jedenfalls keine, die man mit dem Boot eines anderen hätte nehmen sollen.

Außer man wollte eine Regatta gewinnen.

Ich ging zurück ins Cockpit, klemmte mich gegen die Schlagseite fest und beobachtete die Peilung. Der Wind war wieder stärker geworden. *Plage d'Or* lag auf der Backe, lief dröhnend durch die steilen Seen. Achteraus waren jetzt ein Paar Seitenlichter in der tintenschwarzen Dunkelheit zu sehen. Wir hielten Kurs auf die sichere Route, im Westen an der Tonne vorbei, den langen Weg.

Die Lichter achteraus holten auf. Yann schlug vor: »Wir könnten innen durch gehen.«

Die riskante Route.

»Wenn du Bescheid weißt?«

Yanns Zähne blitzten im Schatten der Kapuze kurz auf.

»Wende!« befahl ich.

Der Baum kam über, die Winden schnarrten. Wir wendeten. Die grünen Steuerbordlichter achteraus verschwanden in der Dunkelheit. Die Boote hielten weiter auf die Tonne zu. Aus dem UKW-Gerät drang plötzlich Stimmengewirr, aber ich ignorierte es. Bianca sagte: »Übernimm das Ruder.« Sie ließ ihre Hand lange genug am Rad, daß ich den Druck ihrer warmen Finger spürte.

Plage d'Or stürmte durch die See, aufrecht und unaufhaltsam wie eine Lokomotive. Ich stellte fest, daß ich an Mary Ellen denken mußte.

Als wir über den Atlantik zurückgesegelt waren, hatten wir im Golfstrom drei wirklich harte Sturmtage gehabt. Die grünen Wellenberge erreichten fast die halbe Masthöhe, der Sturm heulte mit Stärke zehn. Mary Ellen war in diesen drei Tagen sehr still gewesen. Frankie lag eingeklemmt in ihrer Hundekoje und schob Bausteine im Takt der Schiffsbewegungen hin und her. Schließlich beruhigte sich das Wetter wieder. Da hatte Mary Ellen gesagt: »Das wirst du deinem Kind nie wieder antun.«

Dabei war Frankie die einzige an Bord gewesen, die den Sturm genossen hatte.

Und jetzt wieder.

»Das ist einfach *riesig!*« jubelte sie.

»Brecher«, meldete Bianca.

»Ich sehe sie.« Plötzlich hatte ich keinen Speichel mehr im Mund. Das Feuer von Poulains war jetzt nahezu recht voraus, es blinzelte hinter der Fock hervor. »Wir gehen durch das innere Fahrwasser.«

Frankie meinte: »Toll!«

»Ganz die Tochter ihres Vaters«, sagte Bianca. Frankie lachte erfreut und stolz.

Die *Plage d'Or* legte sich in den Böen über und stob vorwärts. Wir stürmten in einen Trichter. Dieser Trichter bestand im Norden aus einer Felsenkette, die sich auf die steinige Küste der Insel im Süden zuschob. Irgendwo da vorn in der Dunkelheit, dicht unter der Huk, mußte es einen Durchlaß geben.

Die Brecher waren jetzt höher und überschlugen sich weiß. Ich steuerte an der Windkante, das Großsegel killte leicht unten hinter dem Vorliek, was bedeutete, daß der Wind etwas von der falschen Seite einfiel; der glatte Verlauf der Luftströmung, die uns vorwärts zog, war gestört. An Backbord wuchs ein fahlgraues Etwas in die Höhe.

Auch Bianca sah es. »Segel!« rief sie.

Ich blickte scharf aus den Augenwinkeln in die Richtung, um die Nachtsichtfähigkeit der Netzhaut ganz auszunützen. Das fahle Etwas blühte wie eine riesige helle Blume auf und fiel mit einem Donnern zusammen. Spritzwasser sprühte ins Cockpit. »Entspann' dich. Es sind nur Brecher an einem Felsen.«

Frankie kicherte. Das Boot, etwa eine halbe Million Pfund wert, und vier Menschen rasten zwischen haushohen Brechern auf ein zwanzig Meter breites Loch zwischen den nackten Felsen zu. Man mußte lachen, solange noch Zeit dafür war.

Aber die Zeit wurde knapp.

Von Steuerbord näherten sich die Brecher, um uns zu verschlingen. An Backbord stiegen weiße Geysire hoch in den schwarzen Himmel. Die Welt bestand nur aus einem infernalischen Dröhnen, das man mehr fühlte als hörte. Vor uns war die See mit weißem Schaum bedeckt, der sich im Licht unserer Steuerbordseitenlaterne moosgrün färbte.

Frankie saß jetzt neben mir und drückte ihre Knie fest gegen meine Hüfte. Yann hing über seinem Peilkompaß und blinzelte zum Leuchtturm hinüber, der hoch über uns aufragte. Sein weißer Schein flammte auf, verlosch, flammte auf, verlosch.

Yann rief: »Etwas mehr Steuerbord!« Das Dröhnen übertönte fast seine Stimme. Wir passierten einen Felsen, der etwa vierzig Meter an Steuerbord lag.

Vor uns fiel die Huk steil in die See ab. Von ihrem Fuß schien eine ununterbrochene Reihe Brecher bis zum Ende der Welt zu verlaufen.

»Halt auf die Tonne zu!« brüllte Yann.

Bianca fierte die Schoten und stellte die Segel auf den neuen Winkel des Windes ein. Die *Plage d'Or* liebte den Kurs voll und bei. Sie riß Gischtfetzen aus den Seen mit einem Geräusch, das an das Reißen von Leinwand erinnerte. Ich sah jetzt die nördliche Kardinaltonne, ein ununterbrochenes weißes Funkelfeuer hinter dem silbernen Glanz der Brecher, und fiel ab. Ich hoffte, daß Yann wußte, was er tat.

Wir waren jetzt am Rand der Rückströmung. Die Felsen rasten vorbei, von gefährlich gurgelndem Wasser überspült. Vor uns, zwischen der Tonne und dem Boot, kochte die See wie ein höllischer Riesenkessel.

Yann war nach achtern gekommen, seine Stimme übertönte das Donnern der Seen: »Da liegt ein Felsen! Laß ihn an Backbord!«

Frankies Finger krallten sich schmerzhaft in meinen Arm. Eine große Woge setzte sich unter unser Heck. Höher und höher stiegen wir. Der Bug zeigte nach unten. Irgendwo neben meinem rechten Ohr ertönte ein Röhren wie von einem Hochgeschwindigkeitszug. Aus dem rechten Augenwinkel sah ich den Kamm unserer Welle sich aufsteilen und dann überbrechen. Die sechzig Fuß der *Plage d'Or* wurden steil mit nach unten gerissen. Sie schoß förmlich vorwärts, weiße Wasserfontänen stiegen an beiden Seiten der Bordwand in die Höhe. Sie surfte.

Wir surften auf einen brausenden silbernen Wirbel direkt voraus zu. Ich riß das Ruder herum. Aber es gibt Momente, in denen sich das Boot mit derselben Geschwindigkeit bewegt wie das umgebende Wasser und man deshalb kein Ruder im Schiff hat.

Das war einer dieser Momente.

Der Bug wollte nicht herumkommen. Mit dreißig Knoten hielten wir genau auf den Felsen zu.

Frankie hatte den Arm fest um mein Bein gelegt. Drüben an Backbord begann die Woge auf Granit zu explodieren. Ich schrie Bianca zu: »Großschot los!«

Die Schot löste sich mit einem Knall, das Groß knatterte ohrenbetäubend. Die straffe Genua zog den Bug nach Lee in die Richtung, in die ich steuerte. Endlich kam der Bug herum.

Plage d'Or schoß schräg vor der Welle her wie ein sechzig Fuß langer Schlitten. Plötzlich wurde sie langsamer als die See, Wasser lief dröhnend über das hohle Deck. Eine große kalte Hand packte mich und schleuderte mich in eine Ecke des Cockpits, drang mir in Nase und Ohren und versuchte, meinen Mund aufzureißen und meinen Sicherheitsgurt zu kappen. Meine Arme waren um Frankie geschlungen.

Um Frankie mußte ich mich auch kümmern, nicht nur um das Boot.

Also hielt ich sie weiter fest und wartete darauf, daß mich die See wieder atmen ließ. Nach mehreren Stunden – so schien es mir jedenfalls – lief das Wasser ab, und ich konnte wieder atmen. Ich ließ Frankie los, sie würde jetzt für sich selbst sorgen.

Die See voraus hatte sich verändert. Die Nordtonne flakkerte jetzt hinter uns. Drüben, weit weg in der Dunkelheit, erleuchtete ein weißer Schein die Wolken. Dort lag Quiberon, sieben Meilen im Nordosten.

Das Wasser lief im sanften Takt der dunklen Dünung hinten aus dem Cockpit ab. Ich zählte die Köpfe. Alle waren noch da. Schwitzend vor Erleichterung drehte ich am Ruderrad. Der Steuerstrich wanderte herum. Ich hörte mich selber brüllen: »Wo bleibt die verdammte Blase?«

Yann beugte sich schon über die Winsch. Der Spinnaker blähte sich auf. Mit vierzehn Knoten Fahrt plus Tide, eine gute Meile vor dem Rest des Feldes, machten wir uns auf den Heimweg.

Bianca übernahm das Ruder, denn das Steuern vor dem Wind war ihre Spezialität. Unter Deck hockte Frankie vor einem großen Korb voller Thermosflaschen. Sie reichte mir eine Muck mit Suppe herauf. »Gut gemacht, Dad«, rief sie. »Das ist echt Leben!« Ich empfand tiefe Zuneigung für sie.

Danach legte ich mich in eine der Rohrkojen. Es gehörte sich eigentlich nicht, während kurzer Hochseerennen zu schlafen, aber wenn ich mir ein Auge voll gönnte, würde es wohl niemandem schaden.

Der Radardetektor piepste. Er ortete die abgestrahlten Radarimpulse eines Schiffes in der Umgebung. Jemand hatte uns also auf seinem Bildschirm. Aber wir waren ein großes Echo, deshalb machte ich mir keine Sorgen. Frankie schlief in der anderen Koje. Jetzt, da die nervöse Anspannung vorbei war, wurde ich müde. Ich döste ein.

Es konnten keine zwanzig Minuten vergangen sein, als ich erwachte. Jemand hämmerte auf das Kajütdach. Die *Plage d'Or* zog noch immer laut polternd, aber stetig ihre Bahn.

Trotzdem kam mir etwas verkehrt vor: das Licht, das durch die Luke seinen Weg unter Deck fand. Es war ein gleißend helles, weißes Licht, das nicht hierher gehörte.

Ich schwang die Beine aus der Koje und kletterte ins Cockpit.

18

Plage d'Or lief mit raumen Wind unter Spinnaker und riß glitzernde weiße Spritzwasservorhänge aus den schwarzen Wellenzügen. Das ganze Cockpit war in bläulich weiße Helligkeit getaucht. Bianca stand mit hochgeschlagener Kapuze am Ruder, ihr brauner Teint wirkte in diesem Licht leichenblaß. Sie schirmte die Augen mit einer Hand ab, um sich ihre Nachtsicht zu erhalten.

Das Licht kam von Steuerbord. Am Ende einer glitzernden Wasserbahn schien eine kleine Sonne aufgegangen zu sein. Hinter ihrer blendenden Scheibe war das Rumpeln von Maschinen zu hören. Es war ein Scheinwerfer und zwar ein großer.

»Er ist seit fünf Minuten da«, sagte Yann.

»Verrückter Bastard«, schnaubte ich und winkte mit den Armen, um ihn zu verscheuchen.

Das Licht erlosch. Rote Punkte kreisten vor meinen Augen. Draußen in der Dunkelheit brüllten Motoren auf.

»Da geht er hin«, meinte Yann erleichtert. Und nach einer Pause: »Herr im Himmel ...«

Das Maschinengeräusch war zu einem kernigen Röhren angewachsen. Nachtsicht oder nicht, ich wußte, da draußen rührte das fremde Etwas weiße fluoreszierende Wellen mit seinen Propellern auf und fing an, sich zu bewegen. Und zwar auf uns zu.

Ich taumelte nach achtern und stieß Bianca vom Ruder weg. Das große Ungetüm rauschte aus der Nacht heran. Ich luvte an. *Plage d'Or* packte sich auf die Seite, als sie an den Wind ging. Für den Bruchteil einer Sekunde sah ich eine hohe weiße Bordwand. Dann krachte sie gegen die *Plage d'Or*, parallel, Seite an Seite.

Ich lag mit dem Gesicht nach unten flach an Deck. Mühsam zog ich mich wieder am Ruder empor. Bianca kreischte.

Yann murmelte verstört: »Der hat uns absichtlich gerammt!« Er schien nicht glauben zu können, daß so etwas passiert war.

Das andere Boot schor weg und schaltete wieder seinen Scheinwerfer ein. Ich hatte es nur kurz gesehen. Es war groß, eine Motoryacht. Die reflektierenden Buchstaben auf dem Rücken von Yanns Öljacke leuchteten im Scheinwerferlicht wie Verkehrszeichen. THIBAULT LEDOUX.

Ich rief ihm zu: »Im vorderen Schapp, die Schwimmleinen!«

Yanns Gesicht wirkte kalkweiß im gleißenden Licht. Aber das Begreifen kehrte in seine Augen zurück. Er tauchte nach unten weg.

Mit einer Hand schaltete ich unsere Positionslichter aus, dann wirbelte ich das Rad herum. *Plage d'Or* begann wieder übers Wasser zu springen. Ich wandte mich an Bianca: »Dieser Hund will uns umbringen! Hol den Spi runter und setz die Fock eins!«

Sie stand auf und taumelte mit blassem Gesicht durch das Cockpit.

»Laß ihn fliegen und kapp alle Leinen!«

Bianca verstand. Leichtfüßig sprang sie nach vorn an den Mast.

Der Scheinwerfer erlosch. Die Motoryacht kam wieder auf uns zu. Ich brüllte: »Festhalten!« Das Schwein stieß mit zwanzig Knoten auf uns herab, ich flüchtete mit fünfzehn Knoten, konnte aber nicht frei manövrieren, weil der Spinnaker noch oben war, ein riesiger Stoffsack, gefüllt mit vielen Tonnen Winddruck. Die Bugseen unserer beiden Schiffen klatschten giftig zusammen, dann schleuderte mich die Wucht des Zusammenstoßes auf die Backskiste. Eine hohe weiße Bordwand aus Stahl schrammte polternd am Rumpf der *Plage d'Or* entlang.

Von vorn erklang ein Ruf. Etwas flatterte in den Himmel wie eine riesige Fledermaus – und war schon verschwunden. Yann kam wieder nach oben, zwei große Taurollen hinter sich herziehend. Es waren dreizöllige Warpleinen aus Polypropylen, die man bei hoher achterlicher See nachschleppen konnte, um die Fahrt zu bremsen. Polypropylen ist ein lausiges Material, aber es ist haltbar – und es schwimmt.

»Raus damit, über das Heck!«

Yann legte die Rollen an Deck und schob ein Ende über den Spiegel. *Plage d'Or* trieb mit killendem Segel langsam weiter. Yann ließ die Schwimmleine sinnig auslaufen.

Ich fragte: »Was ist mit dem Rumpf?«

»Sieht nicht gut aus«, antwortete Yann. Eine der Warpleinen war jetzt ganz draußen und trieb hinter uns. Er kniete gebückt auf dem Cockpitboden und knotete die zweite Leine an die erste ... »Aber kein Leck.«

Der Rumpf bestand aus Kevlarfasern. Daraus werden auch kugelsichere Westen hergestellt.

Der Scheinwerfer flammte wieder auf. Auf Yanns Jacke funkelten die Buchstaben THIBAULT LEDOUX.

»Bleib unten!« befahl ich ihm. Ich hätte mir vor Angst in die Hose machen sollen, aber ich war vor Wut wie verrückt. Du Bastard, dachte ich, du glaubst, du kannst uns nur so zum Spaß in kleine Stücke zerlegen. Aber da irrst du dich!

Vor ein paar Sommern hatte es auf der Pulteney Bay ähnliche Momente gegeben, als Mick Savage die Geißel der Matchrennen gewesen war. Wütend zu werden, hatte geholfen, besonders bei den üblen Tricks, die alle drauf hatten; zum Beispiel die angetäuschten Frühstartmanöver.

Die Motoryacht setzte zu einem neuen Anlauf an, diesmal ließ man den Scheinwerfer brennen. »Los, macht in Panik!« befahl ich.

Wir machten in Panik. Die Vorstellung fiel uns im Strahl des Scheinwerfers nicht allzu schwer, bei einer Windstärke, die das Wasser von den Kämmen riß, und vor einer Motoryacht von hundert Tonnen, die versuchte, uns auf den Meeresgrund zu schicken.

Der Sauhund lief jetzt rechtwinklig auf uns zu, sein Scheinwerfer funkelte wie ein großes Auge. Als er noch zwanzig Meter entfernt war, luvte ich an. Ich fühlte den Zug der Schwimmleinen, als ich an den Wind und auf Gegenkurs zur Motoryacht ging, aber fünfzehn Meter nach Steuerbord versetzt. Die Motoryacht konnte ihren Kurs nicht mehr rechtzeitig ändern, um uns noch zu erwischen. Der Scheinwerfer verlor uns, sie rauschte hinter unserem Heck vorbei. Ich roch ihre Abgase. Jetzt oder nie, dachte ich.

Yann rief: »Wir haben ihn an der Angel!«

An Deck hinter dem Cockpit lag der Rest der Leine klar zum Ausrauschen aufgeschossen. Sie hüpfte wie eine elektrisierte Kobra übers Heck und ins Wasser.

Das andere Ende war unter der Motoryacht verschwunden und würde sich jetzt wie eine verschweißte dicke Plastikfessel um ihre Propeller wickeln. So dick wie ein kräftiger Männerarm.

Das Ende der Leine hüpfte über unseren Heckspiegel und verschwand in der schwarzen See.

Die Motoryacht zog einen Halbkreis, dann stoppte sie und rollte heftig. Der Streifen Wasser zwischen uns wurde breiter. Der Suchscheinwerfer erlosch.

Ich wirbelte das Rad herum und brachte den Bug wieder auf Kurs. »Segel trimmen!«

Bianca stellte die Segel neu ein. *Plage d'Or* legte sich in der nordöstlichen steifen Brise über und begann wieder in Richtung La Rochelle nach Süden zu stürmen.

Ich setzte mich schnell hin, weil meine Knie zu weich waren, um mich länger zu tragen. Frankie war an Deck gekommen. »Dieses Boot hat uns gerammt«, beschwerte sie sich.

Ich nahm sie in die Arme und liebkoste sie. »Ja«, flüsterte ich. »Ja, das ist richtig.« Dann ging ich nach unten, um den Schaden zu überprüfen.

Wäre es der Motoryacht gelungen, uns vierkant zu treffen, hätte sie uns in zwei Teile gesägt. Daran konnte es keinen Zweifel geben. So hatten wir jedoch nur zwei schwere, aber schräg auftreffende Stöße abbekommen. Ich fand eine weiche Stelle in der Bordwand, außerdem mochten die Kielbolzen überlastet worden sein. Aber es gab keine Leckagen, und alle Spanten sahen ordentlich aus. Solange man Spanten, eine intakte Außenhaut, einen Mast und ein paar Segel hat, gibt es Hoffnung.

Schließlich überprüfte ich die Rettungsinsel und legte sie so hin, daß sie leicht zu erreichen war. Dann zogen wir den anderen Spi hoch und setzten das Rennen fort.

Die Morgendämmerung schob sich rosa und taubengrau über eine See voll grüner Roller. Wir aßen zum Frühstück Brot und Schinken, dann schickte ich Frankie und Bianca zu einer Runde Schlaf auf den Segelsäcken hinunter. Drei andere Segel waren in Sicht, aber das nächste war einige Meilen hinter uns. Ich richtete mein Fernglas auf sie.

Das den Pulk anführende Boot war die *White Wing:* Crespi.

Ich ging unter Deck, nahm das Mikro vom Haken und rief Georges auf der Werft an. Als er sich meldete, erklärte ich ihm, daß ich um zwanzig Uhr am Slip sein würde. Ich bat ihn, einen Platz für die *Plage d'Or* freizumachen. Zuletzt fügte ich noch hinzu: »Ach ja, ich bringe Thibault mit.«

Ungläubig fragte er zurück: »Wie bitte?«

Ich beendete das Gespräch, rief die Küstenwache an und teilte ihr mit, daß sie eine manövrierunfähige Motoryacht irgendwo südöstlich der Belle-Île finden würde. Sie erwiderte, daß sie den Kontakt schon hergestellt hätte. Ein Taucher hätte die unklaren Propeller wieder in Ordnung gebracht.

Der Name des Bootes war *Serica* aus St. Peter Port. Sie lief jetzt mit eigener Kraft nach Sables d'Olonne.

Ich legte auf.

Zuerst mußte die Regatta beendet werden.

Wir hatten den großen goldenen Spi gesetzt, auf dem in blutroten Lettern der Name des Sponsors prangte. Frankie, Bianca und Yann kauerten zusammengedrängt achtern. Wir hätten müde, aber glücklich sein sollen.

Doch jemand hatte versucht, uns umzubringen.

Als wir schließlich die weißen Pfeiler der Île-de-Ré-Brücke sehen konnten, war ein grauer, nebliger Tag mit wenig Wind heraufgezogen. Wir dümpelten in der Pertuis-Breton-Bucht herum und warteten darauf, daß die Tide kenterte und uns über die Ziellinie trug. Schließlich ertönte der Zieldurchgangsschuß für uns, einige Helikopter klapperten lautstark über uns, ein paar vereinzelte Hochrufe erklangen. Dann motorten wir zur Reparatur in Georges' Werft. Der Rest der Crew fuhr in die Stadt. Ich blieb und führte ein langes Gespräch mit Georges, dann kehrte ich ins Restaurant zurück. Gegen 19.45 Uhr erklärte ich, daß ich zu einem Treffen der Sponsoren müsse, und wanderte langsam den Kai hinunter.

Das Dory des Restaurants lag längsseits. Ich startete den Motor und richtete den Bug aus dem Hafen, auf den Port des Minimes.

Während ich am nördlichen Rand des Fahrwassers entlangbrummte, liefen noch immer Boote ein, die das Rennen mitgesegelt hatten. Im Alten Hafen waren ein großer Auftrieb und zahlreiche Festlichkeiten geplant. Jeder versuchte noch rechtzeitig, seinen Rumpf in eine Lücke zu quetschen, bevor es zu spät war. Ich hielt auf die Minimes zu, ein Gewirr von Masten, das sich vor dem rosa Himmel abzeichnete. Als ich das nördliche Ende des Wellenbrechers passierte, nahm ich Gas weg, tuckerte langsam an den Pontons entlang und machte vor dem Aquarium fest.

Die Minimes ist eine große Marina. Eine Menge Leute trieben sich darin herum: Wochenendsegler, die auf den Pontons mit Einkaufswagen voller Lebensmittel und Ausrüstungsgegenständen herumhasteten. Die Franzosen neigen dazu – anders als die Engländer und Amerikaner –, ihre Boote zu nutzen. Ich zog meinen ölverschmierten Sonnenhut in die Stirn und trottete über den grauen Beton zu Georges' Werftzaun.

Auf der anderen Seite des Zauns lag ein Schiffsfriedhof aus abgewrackten Rümpfen, auf die Seite gekippt und nach Ersatzteilen ausgeschlachtet. Durch die Löcher in den Rümpfen konnte ich einen hohen Mast über einem glänzenden schwarzen Rumpf erkennen: die *Arc-en-Ciel.*

Ich zog ein Fernglas unter meiner Jacke hervor und beobachtete den Slip. Es war 19.55 Uhr, noch fünf Minuten bis zu meinem angeblichen Eintreffen mit Thibault.

Ich zog mich in den Schutz eines geparkten Lastwagens zurück, beobachtete weiter und wartete.

Drei Minuten vor 20.00 Uhr öffnete sich die Bürotür. Georges kam mit einer Zigarette im Mundwinkel heraus, die Hände tief in die Taschen seines schmutzigen Overalls gesteckt. Ein anderer Mann begleitete ihn. Er trug eine Uniform und eine Schirmmütze und ging zurückgelehnt gegen den Zug zweier großer deutscher Schäferhunde, die er an Würgehalsbändern führte.

Georges hustete. *»Allons-y!«* Der Uniformierte ließ die Schäferhunde frei. Sie hetzten über den schmutzigen Boden, die Nasen am Boden, und schnüffelten bei den ausgeschlachteten Rümpfen herum. Einer witterte mich am Lastwagen und blickte mich an, die Lefzen zurückgezogen. Als er feststellte, daß ich auf der falschen Seite des Zaunes stand, starrte er mich anklagend an.

Dann begann sein Kumpel zu bellen, scharf und wütend. Der Hund bei mir drehte sich um und galoppierte zielbewußt davon. Georges begann zu rufen: *»Arrète!«* Halt! Zugleich hustete er heftig.

Eine Gestalt huschte hinter den Booten hervor. Es war ein großer Mann mit einer dunkelblonden Afrofrisur. Ich konnte sein Aftershave nicht riechen, aber ich wußte, wer er war. Er rannte wie ein olympischer Sprinter, denn die beiden Schäferhunde waren ihm auf den Fersen. Er hielt genau auf den Zaun zu, die Augen weit aufgerissen und weiß vor Angst.

Er war noch fünf Schritte entfernt, als der erste Schäferhund die Beine unter die Brust zog und sich mit einem langen, lässigen Sprung in die Luft erhob. Er traf den Mann zwischen den Schultern, der krachend zu Boden ging. Der Hund steckte ihm die Schnauze ins Gesicht und begann, lang und tief zu knurren.

Ich drehte mich um und ging langsam zum Dory zurück. Ich hatte genug gesehen. Nachdenklich fuhr ich an den Fahrwassermarkierungen entlang auf die Türme der Stadt zu. Sie glühten in der Abendsonne wie rosa Zuckerstangen.

Der einzige Mensch, der von meinem angeblichen Treffen mit Thibault auf der Werft gewußt hatte, war Georges. Es sei denn, jemand hatte das Seefunkgespräch abgehört, das ich von Bord der *Plage d'Or* geführt hatte.

Sollte jemand mitgehört haben, dann hatte er sehr wahrscheinlich auch die Unterhaltung mit Feuilla registriert, die wir nordwestlich der Belle-Île geführt hatten. In diesem Gespräch hatte ich meine Position durchgegeben. Auf einer schnellen Motoryacht war man leicht in der Lage gewesen, die *Plage d'Or* mit Radar zu orten und ihr bis zu dem Punkt zu folgen, wo der schreckliche Unfall stattfinden sollte. Ich erinnerte mich an das Piepsen des Radardetektors, kurz bevor ich in der Rohrkoje eingeduselt war. Alles paßte zusammen.

Wie es aussah, war die Person, die unser Rendezvous mit

der *Serica* eingefädelt hatte, Monsieur A. Crespi, der Arbeitgeber des dunkelblonden Athleten unter dem Schäferhund.

Später ging ich an Land, rief Mary Ellen an und bat sie, die Eigner der *Serica* ausfindig zu machen. Danach fand ein Empfang statt, auf dem ich den Siegespokal entgegennahm. Bianca, Frankie und Yann waren mitgekommen. Ich hielt eine kurze Rede, in der ich meine Freude zum Ausdruck brachte und bedauerte, daß ein plötzliches Unwohlsein Thibault daran gehindert hätte, zu erscheinen.

Feuilla kam herein und schüttelte mir die Hand. Die Falten in seiner walnußbraunen Haut deuteten ein Lächeln an, er bleckte seine weißen Zähne für die Kameras und sagte: »Danke. Ich kümmere mich um die Werftrechnung.« Die Menge teilte sich vor ihm wie das Eis vor dem Bug eines Eisbrechers, und schon war er wieder verschwunden.

Ich beachtete ihn nicht mehr, hatte genug von großen Tieren. Ich sah Frankie an, die gespannt wartete, das sommersprossige Gesicht glühend vor Erregung. Sie trug einen sehr kurzen Minirock und den *Plage-d'Or*-Pullover und erinnerte mich an Mary Ellen, als ich sie kennengelernt hatte.

Ich tanzte mit Frankie und dann mit Bianca. Sie tanzte hervorragend, geschmeidig und anschmiegsam wie eine Schlingpflanze. Einen Augenblick vergaß ich Mary Ellen, aber nicht lange.

Später stapfte ich die Treppe hinauf und rief Mary Ellen nochmals an.

Sie fragte: »Weißt du, wie spät es ist?«

»Ja.« Sie würde in ihrem weißen Baumwollnachthemd in ihrem schwarz-weißen Schlafzimmer liegen. Neben ihr auf dem übergroßen Nachttisch lag bestimmt ein Stapel Magazine und Berichte. Bestimmte Passagen darin waren von ihrer Marktforschungsabteilung gelb hervorgehoben worden. Mary Ellen dachte morgens unter der Dusche an Versicherungen und bearbeitete den Tag über Versicherungen. In der Nacht tätigte sie im Bett risikoreiche Anlagegeschäfte. Ihr Make-up war bestimmt abgeschrubbt, die Hornbrille, die sie zum Lesen benutzte, würde auf der Nasenspitze sitzen. Alles, was sie von der Karibik beibehalten hatte, war der Schlummertrunk Rum mit Tonic auf dem Nachttisch.

Sie mußte mir meine Müdigkeit angehört haben, ihre Stimme wurde eine Spur milder. »Deine *Serica* gehört einer Firma mit Namen Hope Charter und ist in Gibraltar beheimatet.«

»Echte Charterfirma?«

»Steuerhinterziehung.« Es gab jede Menge Möglichkeiten, durch Firmen in Gibraltar Steuern zu hinterziehen. Ihnen allen war gemeinsam, daß es die Gesetze Gibraltars unmöglich machten, die Eigentümer der Boote herauszubekommen oder wer sie bezahlt hatte.

»Zu schade.«

»Worum geht es eigentlich bei der Sache?«

»Ich brauche noch mehr Beweise. Schlaf gut.«

»Noch etwas: Ich habe von deiner *Poisson d'Avril* gehört. Wir haben eine Schadensmeldung bekommen.«

Meine Nackenhaare begannen sich zu sträuben. »Oh?«

»Ja«, fuhr sie fort. »Sie ist gesunken. Es erstaunt mich, daß Justin dir nicht davon erzählt hat.«

»Ich habe ihn seit ein paar Tagen nicht mehr gesehen.«

»Es liegt mir hier vor: Aus der *Le Monde de Dakar.* Die *Poisson d'Avril,* ein Frachter von fünftausend Tonnen, ist vor drei Wochen vor Senegal nach mehreren Explosionen in den Laderäumen gesunken. Der Kapitän, die Offiziere und fünf Besatzungsmitglieder konnten sich in die Boote retten. Ein marokkanischer Koch und eine Deckshand von der Elfenbeinküste gingen mit dem Schiff unter.«

Gekauft für 100 000 Dollar, versichert für 391 000 Dollar. Eigentümer war die Reederei Thibaults. Zwei Männer waren gestorben.

»Bist du noch dran?« erkundigte sie sich.

»Ja.«

»Hört sich nach einem ziemlichen Hammer an, nicht wahr?«

»Ja.« Ich erinnerte mich an Thibault, wie er in der Hütte gesessen hatte. *Plötzlich denken meine alten Freunde, daß ich für Geld fähig sei, ein Schiff zu versenken.* Thibault, einer der Direktoren der Transports Drenec, würde bei Auszahlung der Versicherungssumme profitieren. »Ich werde ihnen den Betrug nachweisen.«

»Wir brauchen aber gute Beweise.«

Der Telefonhörer in meiner Hand wurde schwer wie Granit.

Thibault steckte in finanziellen Schwierigkeiten. Thibaults neues Boot war hoch versichert gewesen und hatte unerklärlicherweise ein defektes Seeventil gehabt. Die *Poisson d'Avril* war gesunken – zwei Tote.

Ich brauchte Beweise, um den festzunageln – wer immer es sein mochte –, der nicht nur bereit war, Thibault umzubringen, sondern auch Unschuldige zu töten.

Arthur Crespi hatte die Aktenordner unbedingt haben wollen. Er war bereit gewesen, Thibault umbringen zu lassen, vermutlich um ihn daran zu hindern, über ihren Inhalt zu sprechen. Und er war bereit gewesen, Frankie, Bianca, Yann und mich gemeinsam mit Thibault absaufen zu lassen.

Falls es Thibault war, hinter dem sie her gewesen waren.

Auch Bianca hatte die Dokumente der *Poisson d'Avril* gesehen – genau wie ich.

Der Anschlag hätte jedem von uns gelten können.

Ich saß da und fühlte Kälte und Angst in mir aufsteigen. Am liebsten wäre ich nach unten gegangen, hätte zusammen mit meiner Tochter einen Drink genommen und dabei einen Plan gemacht, wie ich sie hier raus bekam.

Ich rief die Agences Giotto an. Das Mädchen am anderen

Ende der Leitung sagte, daß es ihr leid tue, aber M'sieur Crespi sei momentan nicht anwesend. Ich erkundigte mich, wo er sei. Sie sagte, das wisse sie nicht.

Ich legte auf und starrte das Telefon an. Monsieur Crespi würde niemandem etwas erzählen. Meine Beweise lagen in London, weil London die Stadt war, in der ich ein paar Leute kannte.

Wieder rief ich Mary Ellen an. Mein Ohr begann zu schmerzen.

Sie hatte schon geschlafen, ich hörte die Benommenheit in ihrer Stimme. »Was gibt's denn jetzt noch?«

»Ich möchte, daß du dich um Frankie kümmerst.«

Ihre Stimme gewann an Schärfe. »Was, meinst du, habe ich in den letzten siebzehn Jahren getan?«

»Ich fürchte, daß Frankie in Frankreich nicht sicher ist.«

»In was hast du sie hineingezogen?« Jetzt war sie hellwach.

»Ich muß geschäftlich nach England. Sie bleibt dann besser bei dir. Bist du in London?«

»Wo sonst?«

»Kannst du Justin eine Nachricht zukommen lassen? Ich möchte mit ihm den nächsten Schritt besprechen.«

»Höchstwahrscheinlich.« Der geschäftliche Ton lag wieder in ihrer Stimme. »Wann kommst du?«

»Heute nacht.«

Das erstaunte sie. »Du verschenkst keine Zeit, nicht wahr?«

»Nein.«

»Deine Stimme klingt müde.« Etwas weicher fuhr sie fort: »Paß auf dich auf. Ich bringe Justin dazu, daß er sich zum Lunch bei Lloyd's mit dir trifft.«

Ich legte auf, rief Georges an und bat ihn, die *Arc-en-Ciel* an eine Muring zu legen, sobald sie fertig war. Danach packte ich meinen Seesack. Ich hätte mich gern von Bianca verabschiedet, aber sie war nicht da. Frankie kam ohne viel Widerstand mit zum Bahnhof. Ihr Leben war offensichtlich öde und leer, seit ihr Jean-Claude auf der Flucht vor der Polizei war. Nachts um 2.00 Uhr waren wir in Paris, und um 9.30 Uhr kletterten wir in die Maschine nach London.

Die Themse schlängelte sich wie ein Aal unter der Tragfläche. Frankie war die ganze Zeit sehr still gewesen. Schließlich fragte sie: »Diese Motoryacht während der Regatta ... Was wollte sie von uns?«

»Das war ein Verrückter.«

»Du hast gesagt, daß er's absichtlich getan hat.«

»Nein.«

»Doch, das hast du gesagt.«

Siebzehn ist nicht das Alter, in dem man über Steine stolpert und sie umdreht, um nach Ungeziefer zu suchen. »Ich war müde und ärgerlich. Es war ein verdammter Narr, der auf seinem Affenfelsen mit zuviel Gin im Hirn hockte und schlicht durchgedreht hat.«

Sie nickte lächelnd und kniff die blauen Augen zusammen. Ich war ihr Vater, der ihre Freunde wegekelte und der sie nach Hause brachte, auch wenn sie das gar nicht wollte. Aber sie vertraute mir.

Das Flugzeug sank durch den braunen Dunst über London und landete. Wir fanden ein Taxi. Die Straßen sahen in der Hitze noch schmutziger aus. Wir fuhren zur Wohnung an der Butler's Wharf, und Frankie schloß mit ihrem Schlüssel auf. Ich rasierte mich zwischen Mary Ellens Sammlung aus Naturschwämmen, dann knotete ich mir eine Krawatte um und machte mich auf den Weg zu Lloyd's.

19

Justin führte mich die Treppe zum Restaurant im Keller hinunter. Zu seinem schwarzen Gehrock und der gestreiften Hose paßte sein sonnengebräuntes Gesicht wie die berühmte Faust aufs Auge. »Ich habe gehört, daß du gewonnen hast. Glückwunsch. Ich mußte zurück nach London. Entschuldige bitte das Essen hier, es ist ein schlimmes Lokal.« Er bestellte Wachteleier, ich schloß mich an. »Mary Ellen kommt gleich«, bemerkte er.

»Gut«, erwiderte ich, ohne es ernst zu meinen, weil ich Dinge mit ihm besprechen wollte, die Mary Ellen nicht hören sollte. An der Eingangstür gab es etwas Unruhe – und da war sie schon.

Sie trug eines ihrer üblichen Kostüme, das so gut geschnitten war, daß man ihm kaum Beachtung schenkte; man nahm nur das Flair von Eleganz und Schick wahr. Ihr Haar war hinten zu einem Knoten zusammengebunden. Sie hielt sich sehr gerade und aufrecht. Ihre Haut war blaß, die fein modellierten Wangenknochen erinnerten an die einer Ballerina. Meine Gedanken irrten ab zu Biancas lebendigem, südländisch gebräuntem Teint. Neben ihr hätte Mary Ellen wie ausgeblichen gewirkt, wäre da nicht die Kraft ihrer Augen gewesen.

Sie lächelte, und das belebte ihr Gesicht. Es war wie mit ihrer Kleidung: Man bemerkte gar nicht die Person, man spürte nur die Wärme und Kraft des Lächelns. Zuerst schenkte sie es mir, dann ließ sie auch Justin daran teilhaben. Sie stellte sich auf die Fußspitzen und küßte mich auf die Wange. Ihre Glieder fühlten sich so leicht an wie die eines Vogels.

»Guten Morgen, Jungs. Ich sterbe vor Hunger.« Sie griff

nach der Speisekarte, bestellte ohne viel Umstände und fragte: »Worum geht es eigentlich bei diesem ganzen Schiffskram?«

Justin klärte sie auf: »Mick hat ein paar schlimme Betrüger ausfindig gemacht. Er hofft, daß er sie festnageln kann.«

Ich erzählte ihr von Thibault und der *Poisson d'Avril.* Ich machte deutlich, daß jemand hinter Thibaults Kopf her war, weil er die potentiell undichte Stelle bei dem Betrugsmanöver verkörperte. Die Sabotage an der *Arc-en-Ciel* erwähnte ich nicht, denn Justin kannte die Geschichte schon, und Mary Ellen sollte sich keine Sorgen um mein Wohlergehen und meine Zukunft machen. Ich erzählte auch nichts von Crespis Versuch, die *Plage d'Or* während der Belle-Île-Regatta zu versenken, weil Frankie an Bord gewesen war. Ich wollte nicht, daß Mary Ellen dachte, ich hätte Frankies Leben gefährdet.

Mary Ellen nickte ernst. »Was hast du genau über diesen Crespi in Erfahrung gebracht?«

»Was ich euch erzählt habe.«

»Das ist nicht genug«, stellte Justin fest. »Wenn du ihn festnageln willst, mußt du den ganzen Hintergrund aufdecken. Wem gehört was, Aussagen der Schiffsbesatzung, eben alles.«

»Darum bin ich hier.«

In Mary Ellens Augen lag ein geistesabwesender Ausdruck wie immer, wenn sie etwas ausbrütete. »Du solltest mit hoch in meine Box kommen. Ich gebe dir eine Telefonnummer.« Sie nippte an ihrem Perrier. »Und könntest du mir bitte Mr. Shacker vom Halse schaffen?«

»Shacker?« schäkerte Justin. »Glücklicher Bursche!«

Sie ignorierte ihn. »Er möchte, daß du für ihn arbeitest. Die Royal Flotilla veranstaltet so eine Art Ball. Eine Menge Leute vom America's Cup werden anwesend sein. Er möchte dich seinen Finanziers vorstellen.«

Ich grinste sie an. Art Shacker war ein schlauer Bursche und wußte, wo man den Hebel ansetzen mußte. »Ah, sehr schön«, sagte ich.

Ihr Kinn schob sich ein paar zusätzliche Millimeter vor. »Es könnte eine gute Idee sein.«

Damit meinte sie, daß meine Werft pleite war und ich im Moment keine Regatten zu segeln hatte. In einem Leben als Versicherungsdetektiv sah sie für mich keine große Zukunft. Es war die übliche Masche, und wie immer hatte sie recht. Und wie immer würde sie ihren Vorteil ausbauen, indem sie mich nicht unterstützte, wenn ich nicht parierte. Ich fand ihre Hand unter dem Tisch und drückte sie. Sie schenkte mir ihr breites, offenes kanadisches Lächeln. Wir verstanden uns. Das war schon immer unsere Tragik gewesen.

»Kaffee?« fragte Justin.

Wir wollten beide gleichzeitig antworten, und einen Augenblick lang war er ausgeschlossen. Wir fühlten uns beide ertappt, als ob wir Intimitäten in der Öffentlichkeit ausgetauscht hätten. Wir tranken den Kaffee, und danach ging ich mit Mary Ellen nach oben. Wir überquerten die Arena der Makler, gingen unter dem zwölfstöckigen Lichtschacht des Atriums hindurch und drängten uns an den Boxen bis zu ihrer durch.

Die Box sah ungefähr so aus wie die Séparées in der Bar bei *Chez Thibault:* zwei Bänke und ein Tisch, auf dem Nachschlagewerke und Telefone statt Flaschen und Kerzen standen. Mehrere Underwriter saßen da und verhandelten mit Maklern, andere Makler standen herum und starrten auf ihre Fußspitzen. Die Box war Mary Ellens Schiff im Geldmeer. Hier verbrachte sie mehr Zeit als zu Hause. Sie schlüpfte auf ihren Platz, nahm einen Hörer ab und erledigte ein paar Gespräche. Makler schlenderten wie hungrige Möwen vorbei. Sie gab mir ein Stück Papier mit einer Telefonnummer. »Du kannst meinen Schreibtisch im Büro benutzen«, sagte sie. »Ruf' Jon Green an. Ich habe ihn vorgewarnt.«

»Sehen wir uns?«

»Sicher. Aber in der Wohnung ist zur Zeit kein Platz. Übrigens, nochmals zum Ball der Flotilla. Art Shacker bat mich dafür zu sorgen, daß du wirklich erscheinst.« Sie lächelte und schlug die Augen nieder. »Ich sagte natürlich, daß das nicht meine Entscheidung ist. Du findest die Einladung auf dem Bücherbord.« Sie hatte bereits mit dem ersten Makler Augenkontakt aufgenommen. Sie war wieder im Geschäft – und das war's für mich. »Kein Platz in der Wohnung« bedeutete, daß sie den Kopf voll hatte und nicht gestört werden wollte.

Ich verdrückte mich. Justin stand bei einer anderen Box und verkaufte. Ich winkte ihm zu, und er winkte zerstreut zurück. Wie viele gute Makler schien er über einen Rundumblick zu verfügen.

Vor dem Gebäude wandte ich mich nach links und dann nach rechts in die Schlucht zwischen zwei Bürohäusern. Mary Ellens Büro lag im siebzehnten Stock in einem Raum voller Nachschlagewerke und komplizierter Telefone. Außerdem hingen Bilder von Frankie und zu meiner Überraschung auch eines von der *Freya* an der Wand. Das war die Ketsch gewesen, mit der wir durch die Karibik gesegelt waren.

Shackers Einladung steckte im Bücherbord; vorne drauf waren ein Wappen und viele goldene Lorbeerblätter gedruckt. Sie besagte, daß die Royal Flotilla für die Herausforderer des nächsten America's Cup einen Empfang veranstaltete. Ich schob sie in meine Tasche, dann setzte ich mich an den Schreibtisch und rief Jon Green an. Er war ein »Durchleuchter« von Reedereien. Ich stellte mich vor.

»Wer?« fragte er.

»Mick Savage. Mary Ellen Soames hat mich Ihnen angekündigt.«

»Ich weiß. Der Segler, nicht wahr? Ich weiß alles über Sie.«

»Von wem?«

»Von Mary Ellen natürlich. Konnte sie nicht zum Schweigen bringen. Äußerst unangenehm.« Er lachte, um zu zeigen, daß er nur scherzte. »Was kann ich für Sie tun?«

»Ich habe hier die Namen einiger Firmen und suche dazu die Namen von ein paar Leuten, den Direktoren oder Eigentümern.«

»Mal sehen. Die Namen der Firmen, bitte?«

Ich sah sie vor mir, als hätte ich Thibaults Ordner in der Hand. »Transports Drenec, Agences Giotto, Lignes Etoile, alle in Frankreich; Hope Charter aus Gibraltar.«

»In Ordnung, ich drückte auf die Knöpfchen. Kommen Sie doch auf eine Tasse Tee vorbei.«

Danach rief ich Jemina Pattison von *Lloyd's List* an, der Publikation, die alle Schiffsbewegungen rund um den Erdball auflistet. »Ich möchte, daß du für mich die Crew der *Poisson d'Avril* aufspürst, die vor Dakar gesunken ist. Kannst du das?«

»Du lieber Himmel!« stöhnte Jemina, ein strammes Mädchen, das ich als Justins Crewmitglied kennengelernt hatte. »Ich kann es wenigstens versuchen.«

»Ich spendiere dir ein Dinner.«

»Oh, *gut.*« Jemina bewunderte meine seglerischen Erfolge. »Wenn das *so* ist?«

Ich legte auf und machte mich auf den Weg zu Jon Green.

Er arbeitete in einem kleinen Souterrainbüro hinter der Farrington Road, das voller Kaffeebecher aus Styropor war und von einer Reihe Computerbildschirme beleuchtet wurde. Er war klein und fett, hatte einen dunklen Teint, eine Hakennase und eine spiegelnde Brille, in der die Monitoren schwammen wie Fische auf einem Riff. Er begann zu reden, sobald ich eingetreten war. »Mary Ellen ist so eine schöne Frau, man schätzt sie überall im Versicherungsgeschäft. Aber das wollen Sie nicht von mir hören, da Sie ihr Ehemann sind. Sie ist Ihnen treu, würde ich sagen, mit achtzig Prozent Wahrscheinlichkeit. Aber Sie wollen nicht, daß ein fetter Mops wie ich über die Frau spricht, die Sie lieben. Sie wollen etwas über miese Firmen hören, ich dagegen rede lieber über das menschliche Gefühlsleben. Das ist die Tragik in meinem Leben.« Er erinnerte sich, daß er mich zum Tee eingeladen hatte, und schickte seine Sekretärin weg, Kaffee holen. »Nun gut«, kam er zur Sache, »ich weiß nicht, warum Sie an diesen komischen Käuzen interessiert sind. Aber Sie haben Glück, daß Sie zu mir gekommen sind, denn überall sonst wären Sie enttäuscht worden.« Seine dicken Finger bewegten sich mit einem Geräusch über die Tasten, das an fernes Maschinengewehrfeuer erinnerte. »Ich drucke Ihnen alles aus. Zunächst mal habe ich bei Transports Drenec einen Vorzeigedirektor gefunden, Thibault Ledoux, ihm gehört ein Drittel des Kapitals. Die Lignes Etoile und die Agences Giotto gehören zu hundert Prozent verschiedenen Holdings. Es hat den Anschein, als ob die Gesellschaften alle separat kontrolliert würden. Natürlich arbeitet auch die Hope Charter unabhängig, sie ist nur gegründet worden, um die Yacht *Serica* zu bereedern, weil sie in Gibraltar beheimatet ist.« Er machte eine Pause. Ich dachte, zum Teufel, so weit war ich auch schon. Die Sekretärin kam mit dem Kaffee zurück, der, obwohl er in Plastiktassen serviert wurde, nach Pappe schmeckte. Green beobachtete aufmerksam mein Gesicht. »Aber«, fuhr er fort, »ich habe so meine Methoden. Es hängt alles am Zugriff zu den Basisdateien. Und ich sage immer wieder, daß ich sehr, sehr gut beim Hacken in Basisdateien bin.« Er schwieg wieder.

»Also?«

»Bei allen diesen Firmen ist der alleinige Besitzer oder doch der Mehrheitsaktionär über die Holdings die Atlas Industries in Luxemburg.«

»Bei allen?«

»Bei allen. Es wird Sie freuen zu hören, daß ich eine vollständige Liste aller Töchter der Atlas Industries erstellt habe, bis hin zur letzten Generation.« Er drückte einen Knopf, und ein Drucker begann zu summen.

»Danke«, sagte ich mit trockenem Mund. Meine Hände waren feucht. »Und wem gehört Atlas Industries?«

»Ach die«, meinte Green. »O je, das ist nicht einfach zu beantworten. Wir sprechen über ein geschlossenes System, in dem die Leute schon denken, daß sie geschwätzig sind, wenn sie nur um Zucker für ihren Kaffee bitten. Aber ich werde mich weiter bemühen, schon wegen der schönen Mary Ellen.« Er zuckte mit den Schultern. »Trotzdem sollten Sie sich an den Gedanken gewöhnen, daß Sie bei Atlas vor einer dicken Mauer stehen.«

Die Sekretärin bei Agences Giotto hatte Crespi als Eigentümer bezeichnet, aber der wahre Eigentümer war Atlas Industries. Hieß das, Crespi und Atlas waren in der Praxis ein und dasselbe?

Ich bat Green, das – falls möglich – herauszufinden. Dann nahm ich die Liste mit den Atlas-Töchtern an mich und ging.

Ich las sie im Taxi, das mich zurück zum *Synge* brachte, dem miesen kleinen Hotel, in dem ich abzusteigen pflegte, wenn ich in London und Mary Ellen zu beschäftigt war, um mich in ihrer Wohnung zu beherbergen. Das Beste an dem Hotel waren sein ausgezeichnetes Telefonsystem und der große, zerkratzte Glastisch in einer Ecke der Halle. Ich setzte mich an den Tisch und rief Jemina an.

»Ah«, gurrte sie, »da bist du ja. Ich hatte schon immer eine Vorliebe für den *Savoy Grill.*«

»Wie bitte?«

»Unser Dinner.«

Ich stellte fest, daß ich dämlich ins Telefon grinste. »Wie kommst du darauf, daß wir zusammen ins *Savoy* gehen?«

»Spiro Kallikratides hat es mir geflüstert, der Kapitän der kürzlich verlorengegangenen *Poisson d'Avril.* Er hat auf der *Milgon Swan* eine Ladung Regenwald von Dakar nach Cardiff gebracht. Gestern ist er in Cardiff eingetroffen.«

Ich hätte fast vergessen zu atmen. »Du bist ein As. Wem gehört die *Milgon Swan?*«

»Danby Freight.«

Ich fuhr mit dem Bleistift an der Liste der Atlas-Töchter entlang.

»Ist das in Ordnung?« fragte Jemina. »Hallo?«

Danby Freight stand auf der ersten Seite, direkt unter den Chantiers du Palmier. »Absolut erstklassig«, beruhigte ich sie.

»Also, wann gehen wir ins *Savoy?*«

»Ich hab' meinen Kalender im anderen Anzug«, log ich. »Ich ruf' dich wieder an.«

»Ich kann es kaum erwarten. *Au revoir,* Darling.«

Ich rannte los und erreichte in Paddington noch den Fünf-Uhr-Zug nach Cardiff.

In Bristol begann es zu regnen. Es war ein heftiger, schwüler Augustregen, der den Kampf gegen die unzureichende Klimaanlage gewann und den Wagen mit dem Geruch nasser Freizeitkleidung füllte. Wales wirkte grau und zunehmend schmutzig, als sich der Zug seinen Weg durch die steilen Terrassen vor Cardiff suchte. Aber ich war nicht hier, um den Tag mit Sonnenbaden zu verbringen. Ich mußte meinen Lebensunterhalt verdienen, indem ich herausfand, was mein alter Freund Thibault als Direktor einer Reederei trieb, die ihr Geld mit Versicherungsbetrug machte, und warum die Versicherungsagenten ihn töten wollten. Da hätte es sehr viel Regen gebraucht, um meine Neugier abzukühlen.

Ich fand ein Taxi und ließ mich zum Hafen fahren. Wir rumpelten aus der Stadt aufs graue Land hinaus, wo die Pfützen schwarz von Kohlenstaub waren und hinter Maschendrahtzäunen rostende Schrotthalden lagerten.

Wir fuhren auf einen Kai, an dem ein kleiner Frachter längsseits lag. Er war rot, teilweise von Bleimennige, teilweise von Rost. *Milgon Swan* stand in abblätternden weißen Buchstaben an seinem Heck.

Ein braunhäutiger Mann in zerrissenem schwarzem Ölmantel lehnte an der Reling und sah den Ringen zu, die der Regen auf die Pfützen malte. Ich stürmte die Gangway hoch. »Schöner Tag heute«, meinte ich munter. »Ist der Skipper an Bord?«

»Nein«, entgegnete der Mann im Ölmantel. Er schien kein Interesse an Leuten zu haben, die schlechte Witze machten und sich nach seinem Kapitän erkundigten.

»Wo finde ich ihn?« Ich ließ meinen irischen Akzent anklingen.

»Überhaupt nicht.«

»Ach wie schade, mein Lieber«, sagte ich in bestem County-Waterford-Dialekt. Meine Hand kam mit einer Zehnpfundnote aus der Tasche.

»Im *Admiral Benbow*«, antwortete der Mann im Ölmantel und fischte den Zehner aus meiner Hand, ohne mich anzusehen. Ich ging zum Taxi zurück.

Das *Admiral Benbow* war ein Pub aus roten Ziegelsteinen, der ehemals Teil eines Terrassengebäudes gewesen war. Die Häuserzeile war abgerissen worden, so daß der Pub jetzt wie amputiert für sich allein dastand. Die Fenster waren schätzungsweise seit einem Jahr nicht mehr geputzt worden, und während dieser Zeit hatten schwere Laster ständig Kohlenbrühe aus den Pfützen aufs Glas gespritzt. In der Bar funzelte eine nikotingelbe Glühlampe unter der nikotingelben Decke. In der Ecke klapperte ein Spielautomat. Ein halbes Dutzend Gäste saßen im Raum, alle in blauen Overalls – außer einem. Der Mann saß auf einem Hocker in der Ecke und trug ein feuchtes weißes Hemd. Vor ihm auf der Bar lag ein Haufen Kleingeld neben drei leeren Büchsen Carlsberg Special Brew.

Ich ging an der Theke entlang bis zu ihm und bestellte mit

County-Waterfront-Dialekt eine Flasche Guinness. Niemand schenkte mir Beachtung. »Mieser Tag«, sagte ich zu dem Mann im weißen Hemd.

Er antwortete nicht. Sein Gesicht unter dem feuchten schwarzen Haar war von der Tropensonne tief gebräunt. Seit drei Tagen hatte er sich nicht mehr rasiert.

»Auf ein Wort, Kapitän Kallikratides.«

Er blickte mich an. »Wer sind Sie?« Die leeren Special Brews vor ihm auf dem Tresen waren offensichtlich nicht die ersten an diesem Tag. Seine Augen blickten leer und glasig.

»Kommen Sie hier herüber.«

»Nein.«

»Ich habe Ihnen einen Vorschlag zu machen.«

»Worum geht's?«

Der Barmann musterte uns mit Augen, die schon viele Prügeleien gesehen hatten; seine Nase schien reichlich davon abbekommen zu haben. Ich murmelte: »Um die *Poisson d'Avril.*«

Etwas ereignete sich in Kallikratides' Gesicht. Die Falten wurden tiefer, seine Augen zu Schlitzen. Er wollte nicht über die *Poisson d'Avril* sprechen. Es war ein taktischer Fehler gewesen, den Namen zu erwähnen. Ich blickte in den Spiegel hinter der Bar und überlegte mir schnell eine Rückzugsmöglichkeit. Die Luft war geschwängert von Schweiß, Rauch und latenter Gewalt.

Schnell schob ich nach: »Ich komme von der Zentrale.«

Er blickte mich aus schmalen Augen an.

»Kommen Sie mit hinüber.« Ich deutete auf einen Tisch in der Ecke.

Er stemmte sich in die Höhe und schlurfte durch den Raum. Ich setzte mich neben ihn unter eine blau-gelbe Liste mit den Werten für richtigen Reifendruck, die jemand hier aus unerfindlichen Gründen an die Wand gepinnt hatte.

»Ich kann Ihnen Straffreiheit verschaffen.«

Er schien aufzuwachen. »Wovon reden Sie?« fragte er mit starkem griechischem Akzent.

»Es gibt eine Untersuchung über den Verlust der *Poisson d'Avril.* Als Folge ihrer vorsätzlichen Versenkung sind zwei Männer ertrunken. Das heißt, es war Mord.«

Er legte beide Hände auf den Tisch. Sie waren gut durchblutet und hatten dicke Finger. Damit umklammerte er die Tischkante, bis die Knöchel weiß wurden. Er öffnete den Mund, um mir zu sagen, daß ich mich verpissen solle. Aber er brachte keinen Laut heraus.

»Ich kann Ihnen Straffreiheit verschaffen.«

»Straffreiheit?« Er schien nicht zu wissen, was das bedeutete. Sein Gesicht war schweißüberströmt. »Ich nicht verstehen.«

»Einen Drink?« Die Luft war raus bei ihm. »Bier oder Whisky?«

»Bier«, erwiderte Kallikratides. »Keine harten Drinks. Kaputter Magen.«

Ich bestellte ihm noch ein Special Brew und mir ein Guinness. Hoffentlich war er nicht zu betrunken. »Wie ist es nun? Überlegen Sie es sich.«

So etwas wie Begreifen glomm in seinen gelb-schwarzen Augen auf. »Wer sind Sie?«

»Ich arbeite für die Versicherung.« Ich zog einen Zettel aus der Tasche, kritzelte Mary Ellens Nummer darauf und schob ihn über die Tischplatte. Er knautschte ihn in die Brusttasche seines Hemdes.

»Belohnung«, sagte er.

»Was für eine Belohnung?«

»Straffreiheit ist die eine Sache. Aber wenn ich Ihnen alles erzähle, bekomme ich keinen Job mehr. Also brauche ich Geld.«

Es war ein langer Tag gewesen, und ich fühlte mich

verschwitzt und schmutzig. Das Guinness schmeckte wie Tinte. Ich fühlte, daß mein Geduldsfaden zerfranste wie eine sturmzerfetzte Flagge. »Es ist Ihre einzige Chance, für Mord und Betrug nicht zur Verantwortung gezogen zu werden.«

»Belohnung. Wieviel?«

»Das weiß ich nicht.«

»Finden Sie heraus.«

»Zehntausend Pfund.«

Er schüttelte den Kopf. »Mehr.«

Ich zwang mich, ruhig zu bleiben. Worte kosteten schließlich nichts. »Mehr kann ich nicht anbieten.«

Stille breitete sich aus. Schließlich zuckte Kallikratides mit den Schultern. »Vielleicht gibt es nichts zu erzählen.«

Ich beugte mich zu ihm hinüber, hatte jetzt genug. »Hören Sie gut zu. Man wird Sie des Mordes für schuldig befinden. Und da werfen Sie Ihre einzige Chance auf Straffreiheit und eine erhebliche Summe Bargeld weg? Sind Sie verrückt?«

Kallikratides' Gesicht sah aus wie schwitzendes Wachs. Ich konnte seinen sauren Atem riechen. »Zehntausend Pfund und kein Gefängnis sind gut, wenn man lebt.«

»Sie leben.«

»Falls ich rede, nicht mehr lange.« Seine Bierbüchse klapperte beim Eingießen gegen das Glas.

Ich stand auf. »Überlegen Sie's sich, aber schnell. Rufen Sie diese Nummer noch vor Mitternacht an, dann sage ich Ihnen, wo wir uns treffen. Anderenfalls steht morgen die Polizei in Ihrem Vorgarten.« Ich stieß die Tür auf und marschierte in den Regen hinaus. Die Luft von Südwales ist mit schädlichen Gasen belastet, aber nach der Bar des *Admiral Benbow* kam sie mir vor wie purer Nektar.

Ich wies den Taxifahrer an, mich in ein Hotel zu bringen. Dort vermieteten sie mir ein Zimmer, das nach Zigarettenrauch und fremden Menschen stank. Ich rief Mary Ellen an, gab ihr durch, wo ich war, und bat sie, die Anrufe für mich entgegenzunehmen. Dann besorgte ich mir Fisch und Chips und ein paar Büchsen Ruddles. Damit setzte ich mich in mein Zimmer und wartete darauf, daß Mr. Kallikratides zu einer Entscheidung kam.

Ich saß da und dachte über eine ruhige Zukunft nach, in der ich nach Amerika ging, um für Art Shacker und sein Flying-Fish-Konsortium zu arbeiten. Aber es fiel mir schwer, mir eine Zukunft für mich vorzustellen. Meine Gedanken wanderten in die Vergangenheit zurück, zurück in den Süden Frankreichs, als Frankie zwölf Jahre alt gewesen war.

Mary Ellen hatte ein Bauernhaus in der Dordogne gemietet und mich gebeten, mit ihr und Frankie hinzufahren. Wir waren sieben Jahre lang nicht zusammen verreist gewesen. Frankie hatte im Fluß geplanscht und einen dreibeinigen Hund mit nach Hause gebracht; auch schloß sie Freundschaft mit einigen französischen Kindern. Mary Ellen und ich saßen auf der Terrasse, tranken Wein und schwiegen uns an.

Am fünften Abend gingen wir zum Dinner aus, brachten danach Frankie zu Bett und saßen noch draußen auf der Terrasse. Wir betrachteten das Flimmern der Lichter durch die Bäume und tranken vor dem Schlafengehen noch ein Glas Wein.

Mary Ellens Gesicht leuchtete fahl zwischen dem Vorhang ihrer Haare. »Wir haben wirklich eine verdammt merkwürdige Beziehung.«

»Wie meinst du das?«

»Wir sind seit zwölf Jahren verheiratet. Davon haben wir zwei Jahre zusammengelebt. Jetzt sind wir zum ersten Mal alle drei länger zusammen, seit ... Nun, eben zum ersten Mal. Warum leben wir so?«

Der Wein machte mich zuversichtlich. »Willst du was dran ändern?«

Sie berührte meine Hand mit ihren perfekt manikürten Nägeln. »Quatsch. Aber es geht um Frankie.«

»Auch mir geht's um Frankie«, stimmte ich zu.

Und so war es auch. Frankie lebte zwischen uns und vertiefte unsere Liebe. Wären wir ein normales Ehepaar mit den üblichen Krächen gewesen, wäre Widerwillen abzubauen gewesen. Aber wir führten jeder ein eigenständiges Leben und akzeptierten die Abwesenheit des anderen. Es war wahrscheinlich keine konventionelle Erziehung für Frankie, aber sie schien dadurch keinen Schaden zu nehmen.

Mary Ellen drückte meine Hand so fest, daß ich den Verlobungsring fühlen konnte, den ich ihr in Aruba gekauft hatte. Der kleine Smaragd wurde neuerdings von zwei Brillanten von Bonbongröße flankiert. »Sollten wir denn etwas daran ändern?« Ihr Gesicht war im Mondschein dicht vor mir. Ich küßte sie auf den Mund, und sie küßte mich zärtlich zurück. Einen Augenblick waren wir uns wieder so nahe wie in Venezuela. »Komm.« Sie stand auf, nahm die Weinflasche mit, und ich folgte ihr in ihr Zimmer. Unsere Kleider raschelten, als sie auf den Boden fielen. Motten klatschten gegen die Fensterläden.

Am nächsten Morgen lagen wir eng umschlungen im Bett, heiße Sonnenstrahlen fielen durch die Blenden. Aber dann klingelte das Telefon: ihr Büro. Eine halbe Stunde später war sie auf dem Weg nach England. Nichts hatte sich verändert.

Ich trank das erste Bier aus, öffnete das zweite und starrte die unechte Samttapete an. Ob ich in die Hotelbar gehen sollte, um etwas Licht und Abwechslung zu suchen? Noch während ich diesen internen Kampf austrug, klingelte das Telefon. Schnell hob ich ab. Mein Herz klopfte zu laut.

»Ja«, sagte die Stimme am anderen Ende: Kapitän Kallikratides' Stimme. »Ich will mit Ihnen reden.«

»Worüber?«

»Über Straffreiheit.«

Ich stieß einen langen lautlosen Seufzer aus. »Jetzt?« fragte ich.

»Nein. Ich schlafe jetzt. Morgen um sieben Uhr. In Ordnung?«

»In Ordnung.«

»Schlafen Sie gut«, verabschiedete sich Kapitän Kallikratides. Jetzt, da wir auf derselben Seite standen, beachtete er die Umgangsformen.

Ich schlief gut. Um sechs Uhr rollte ich mich aus dem Bett und duschte. Das Hotel lehnte es ab, mir ein Frühstück zu servieren, also kletterte ich nüchtern in ein Taxi.

Es war ein schöner blauer Morgen, der sogar Cardiff vielversprechend aussehen ließ. An einem Morgen wie diesem konnte man daran glauben, daß Spiro Kallikratides alles über die Transports Drenec und die Danby Freight ausspucken würde. Wir würden die Haftbefehle und richterliche Verfügungen in die Hand bekommen, mit dem wir diesen ganzen dreckigen Teppich aufrollen konnten, inklusive der gekauften Gutachter und der betrügerischen Werften. Und wenn wir alles zusammenhatten, würden wir es Monsieur Crespi in den Schoß seines seidenen Anzugs werfen.

Die Kohlenberge schimmerten blau in der Sonne, die rostigen Schrottberge glühten rot wie der Mantel eines Kaisers. Wir bogen durch das Tor in den Hafen ein.

»Hölle und Teufel«, knurrte der Taxifahrer, »was ist denn hier los?«

Vor uns lag das aufgeschüttete sumpfige Gelände, mit Kränen und Silos bedeckt. Die Aufbauten der Schiffe überragten die Piers und leuchteten hell in der noch niedrig stehenden Sonne. Aber über einem der Schiffe war der klare blaue Morgen durch eine ölige Rauchwolke verschmutzt. Das Schiff war die *Milgon Swan*.

»Schneller«, krächzte ich.

Er beeilte sich.

Der Qualm quoll aus den Unterkünften. Mehrere Einsatzwagen der Feuerwehr standen an der Pier, ihre blauen Lichter funkelten kompetent. Von zwei Drehleitern aus wurde Wasser in den Aufbau gespritzt. Ich sprang aus dem Taxi. Der Gestank war atemberaubend: verbrannte Farbe, Öl, heißes Metall.

Ein paar Besatzungsmitglieder standen beobachtend herum, die Hände tief in den Hosentaschen vergraben. Ich erkundigte mich: »Was ist passiert?«

»Die Unterkünfte sind ausgebrannt«, erwiderte ein Glatzkopf, der so aussah, als ob es ihm herzlich gleichgültig wäre, daß sein Schiff in Flammen stand.

»Wo ist der Brand ausgebrochen?«

»In der Kapitänskajüte. War wohl ein verdammt dußliger Artist.« Dann blickte er mich an. »Warum wollen Sie das wissen?«

Ich quälte mir ein Grinsen ab, obwohl sich mein Gesicht anfühlte wie altes Leder. »Na, jeder liebt doch ein Feuerchen ...«

»Dann ist jeder verdammt verrückt!«

Ich ließ ihn stehen. Der Qualm versiegte allmählich und hinterließ schwarze Augenbrauen über den Kajütenfenstern. Die Feuerwehrleute kamen von den Leitern herunter. Ein paar Männer mit Preßluftgeräten kletterten an Deck, ungeschickt in ihren schweren Stiefeln, und verschwanden durch eine Tür.

»Noch jemand drin?« fragte ich einen Feuerwehrmann.

Schwerfällig drehte er sich um; er hatte dunkle Tränensäcke unter den Augen. Ich kannte die Antwort, bevor er den Mund öffnete. »Der Skipper«, lautete sie.

»Wie sind seine Chancen?«

Der Feuerwehrmann studierte die dünnen Rauchfäden, die aus den Fenstern hinter der Brücke aufstiegen. »Nicht sonderlich gut. Sind Sie Journalist?«

Ich zog eine Karte aus meiner Brieftasche, die Justin für mich hatte drucken lassen. Sie wies mehr Schnörkel auf als eine Zwanzigpfundnote und besagte: »M. Savage, Sonderermittler – Lloyd's of London.« Es war im Grunde ein wertloses Stück Papier, beeindruckte aber Leute wie diesen Feuerwehrmann.

»Ist der Kapitän das einzige Opfer?«

»Das einzige«, bestätigte er.

Wir warteten. Die Rauchkringel wurden dünner und verschwanden schließlich ganz. Ein Funkgerät knackte. Der Krankenwagen neben den Löschzügen öffnete seine Hecktür. Die Männer mit den Atemgeräten erschienen wieder an Deck und trugen eine Bahre. Auf der Tragbahre lag etwas, in eine Decke gehüllt. Es roch nach Fett und verbrannten Kleidern.

»Das ist er«, meinte der Feuerwehrmann. »Armes Schwein.«

Die Sanitäter trotteten hinzu und übernahmen die Tragbahre. Einer der Männer nahm seine Atemmaske ab, wankte an die Kante der Pier und erbrach sich zwischen Bordwand und Steinmauer. Sein Kollege hatte die Maske schon abgenommen. »Besoffen«, stellte er lakonisch fest. »Zwei verdammte Pullen Gin standen da drin leer herum.«

Keine harten Drinks. Kaputter Magen.

Ich drehte mich um und kletterte ins Taxi. Mein Kopf schmerzte. Jetzt war ich froh, daß ich kein Frühstück gegessen hatte. Kapitän Kallikratides war für die Eigner der *Poisson d'Avril* gerade zur rechten Zeit trunksüchtig und unvorsichtig geworden.

Es wurde wärmer, als die Sonne hinter den Kränen höherstieg. Aber es war immer noch kühl genug, daß sich meine Haare fröstelnd sträubten. Falls Kapitän Kallikratides ermordet worden war, konnte das eine rein vorsorgliche Maßnahme gewesen sein.

Oder aber man wollte gezielt verhindern, daß er mit einem gewissen Michael Savage redete.

Plötzlich wurde mein Mund trocken, meine Kopfhaut prickelte; die Welt war voll schwarzer, feindseliger Augen. Als ich in den Zug nach London kletterte, fühlte ich sie in meinem Rücken. In Paddington waren sie immer noch da, auch als ich wieder im Hotel saß. Hör' auf zu spinnen, sagte ich mir. Das war alles nur Zufall. Ein Unglück. Viele Lügen, aber der Mord hat nichts mit dir zu tun.

Aus dem Spiegel des Kleiderschranks blickte mich ein Mann an, der dringend einen Haarschnitt, eine Rasur und achtundvierzig Stunden Schlaf benötigte. Bezüglich des Schlafs konnte ich nichts unternehmen. Während ich mich rasierte, klingelte das Telefon. Es war Mary Ellen.

»Was ist passiert?« fragte sie.

»Es hat gebrannt.«

»Was hat das mit dir zu tun?«

Ich wollte nicht, daß sie sich Sorgen machte. Sie war klug genug, um zu wissen, daß es eine Menge Dinge gab, über die man besser schwieg. »Nichts«, sagte ich.

Sie wechselte das Thema. »Heute abend ist der Ball der Royal Flotilla. Du erinnerst dich doch daran, daß Mr. Shacker dort sein wird?«

»Kommst du auch?«

Sie lachte. »Zum Tanzen? Verrückte Idee. Ich muß arbeiten. Ich würde wirklich gern kommen, aber es geht nicht.«

Kallikratides war meine heiße Spur gewesen. Jetzt war er tot. Es schien, als könnte ich Art Shackers Angebot wirklich gut gebrauchen.

Ich rasierte mich fertig, ging hinüber zu Moss Bros. und lieh mir ein Dinnerjacket; dann leistete ich mir einen Haarschnitt. Als es Zeit für den Tee war, sah ich so geschniegelt aus, wie es mir nur möglich war: ein Mann mit zuviel Kinn, zu großer Nase und, auch das mußte gesagt werden, mit einer gewissen Wildheit in den Augen. So machte ich mich auf den Weg zu einem langweiligen Ball, um meine Karriere zu fördern.

Dabei fragte ich mich ständig, wer mich beobachtete.

Ich rief Justin an und erzählte ihm, was Kallikratides passiert war.

»Scheiße«, knurrte er. »Das hört sich nach einer weiteren Schadensmeldung an.«

»Wahrscheinlich.«

»Kannst du was dagegen tun?«

»Da ist jemand sehr, sehr besorgt.«

Ich fragte ihn, ob er mir einen Wagen leihen könne. Er hatte drei davon und lieh mir seinen dicken BMW. Ich düste auf der M3 nach Southampton, wo ich auf die Fähre nach Cowes stieg. Gegen neun Uhr abends schlenderte ich durch die schmiedeeisernen Tore der Royal Flotilla.

20

Die Flotilla war Mitte des neunzehnten Jahrhunderts von einem Cousin der Queen Victoria gegründet worden, um sicherzustellen, daß Britannia weiterhin die Meere beherrschte. Aber er war nicht klug genug gewesen, um zu erkennen, daß diesem edlen Zweck wenig mit einem Yachtklub für Blaublütige und Holzköpfe gedient war. Der Klub pflegte eine derartige Exklusivität, daß selbst mein reicher Onkel James als zu »irisch« nicht aufgenommen worden war. Heute konzentrierten sich die Klubaktivitäten weitgehend darauf, eine besondere Flagge (weiß, mit einem kleinen königlichen Wappen als Gösch anstelle des Union Jack) spazierenzufahren und sich für den Mittelpunkt all dessen zu halten, was den Wert des britischen Segelsports ausmachte. Allerdings waren viele Segler der Meinung, daß der Klub für den britischen Segelsport etwa denselben Nutzen hatte wie ein Dinosaurier-Trainer in einem Stall voller Rennpferde.

Dessen ungeachtet war das Klubhaus natürlich ein großartiger Platz für einen Ball: ein grauer Steinklotz, der über einem tadellos gepflegten Rasen die Einfahrt zum Hafen von Cowes bewachte. Cowes ist ein häßlicher, aber sehr belebter Ort an der Nordküste der Insel Wight.

An diesem Abend hatte man bunte Zelte auf dem Rasen aufgeschlagen, die Flaggen vieler Nationen hingen schlaff an ihren Stangen. Die Flotilla gab für prominente ausländische Gäste eine Party.

Der Abendhimmel war klar, der Solent glatt wie ein Spiegel, die warme Luft roch nur diskret nach Schlick. Die Gärtner hatten aus roten Geranien den berühmten Anker mit unklarer Leine in ein Beet aus blauen Salbeiblüten und weißem Steinkraut gepflanzt. Männer in Dinnerjacketts und Frauen in langen Abendkleidern flanierten über die Rasenflächen. Ich zog meine Schleife gerade und ging zu den Säulen des Eingangsportals hinauf, paßte mich dabei der Geschwindigkeit der Menge an.

Hinter der holzgetäfelten Halle lag der Ballsaal mit seinen hohen französischen Fenstern. Vor den geöffneten Fensterflügeln erstreckte sich wieder Rasen, eingefaßt mit Hortensienhecken wegen der Seebrise. Im Ballsaal sägte ein Streichquartett.

Ein Großteil der Gäste wirkte, als wäre er aus dem aktiven Segelalter hinaus. Die Männer hatten weißes Haar und rote Gesichter. Die Frauen trugen schulterfreie Roben und waren mit Juwelen behängt, als ob eine Glühwürmchenplage ausgebrochen wäre.

Eine Stimme sagte: »Savage!«

»Art«, erwiderte ich. Arthur Shacker hatte eine Regatta um die Welt gewonnen. Er war ein vierschrötiger, harter Mann in weißem Dinnerjackett. Sein Gesicht hatte die Farbe dunklen Holzes, unter den Augen hingen große schwarze Ringe. Die hatte er wohl dem Flying-Fish-Projekt zu verdanken.

»Wie geht's?« erkundigte er sich.

»Gut«, entgegnete ich. Er hatte an diesem Abend genug eigene Sorgen, da wollte er die meinen nicht auch noch hören.

»Hast du dich entschieden?«

»Noch nicht.«

»Innerhalb einer Woche?«

»In Ordnung. Wer ist hier?«

»Alle Welt. Sie haben alle Herausforderer eingeladen.« Shacker war ein Fischer aus Maine, der in einer Bucht ohne Straßenanschluß eine Fischereikooperative geleitet hatte.

Aber es gab nicht mehr soviel Fisch in der See wie früher, also hatte der Sound Yacht Club in Marblehead Shackers Kooperative aufgekauft und Art in den vereinseigenen Mehrzweckdynamo und Allerweltsbotschafter verwandelt.

Eine Serviererin mit weißem Spitzenhäubchen und ebensolcher Schürze servierte uns Drinks. Shacker schlug vor: »Komm mit, ich will dir ein paar Leute vorstellen, mit denen du hoffentlich bald zusammenarbeiten wirst.«

Am Rand der Rasenfläche drückten sich Gruppen deutlich jüngerer Männer herum. Shacker führte mich zu einer davon. Die Jungs hielten drei Champagnergläser auf einmal in den Händen – wohl für den Notfall. Sie hatten buschige Schnurrbärte, Falten in den Augenwinkeln vom Blinzeln gegen die Sonne und einen Händedruck wie Schraubstöcke. Sie stellten die Kerntruppe des Flying-Fish-Teams dar, Jungs, mit denen ich eventuell zwei Jahre lang klarkommen mußte. Sie sahen jung, gesund und unsterblich aus. Aber jedesmal, wenn ich in die harten braunen Gesichter schaute, sah ich die Tragbahre am Kai des Hafens von Cardiff vor mir und roch das Fett und die verbrannten Kleider. Der Champagner schmeckte mir wie Batteriesäure.

Trotzdem trank ich ein paar Gläser. Ich nehme an, daß ich auch mit Leuten sprach. Über uns verfärbte sich der Himmel von Azurblau zu Indigo, die Sterne begannen zu blinken, aber nicht so hell wie all die Brillanten. Ich nickte und grinste, während mir ein Admiral die Selbststeueranlage erklärte, die er entworfen hatte. Klubangestellte in weißen Jacketts zündeten auf dem Rasen Fackeln an, um die sich Mottenwolken sammelten. Die Gespräche waren lauter geworden. Eine Frau in rotem Seidenkleid lachte. Sie trug ihr dunkles Haar in einer Außenrolle und hatte einen langen eleganten Hals. Ihre Schultern schimmerten im Zwielicht haselnußbraun, eine Brillantkette umschlang feurig ihren Hals.

Ich kannte sie.

Der Admiral führte uns: »Und da sitzt dann das Kegelradgetriebe ...«

Ich ließ ihn stehen. Sein offener Mund war ein erstauntes schwarzes O in seinem weißen Bart, denn in der Flotilla hatten Nichtmitglieder zuzuhören, wenn ihnen Mitglieder etwas erzählten. Ich lief durch den Duft nach zertretenem Gras und Zigarren, bis ich neben ihr stand. Sie trug Chanel, einfach aber effektiv. »Bianca«, sagte ich.

Sie wandte leicht den Kopf, als ob sie einen flüchtigen Bekannten begrüßen wolle. Als sie mich erkannte, drehte sie sich ganz um. Ihre Lippen berührten weich meine Wange. »Mick! Was machst du denn hier?« Das war keine höfliche Floskel, es steckte etwas Dringliches dahinter, als wäre sie besorgt.

Ihr Begleiter mischte sich ein: »Ich vermute, daß ich nicht der einzige bin, der hinter ihrem schlauen Kopf her ist, nicht wahr, Mr. Savage?« Da merkte ich erst, daß ich Bianca angestarrt hatte, und wandte mich um. Der Mann hatte schmale Augen, tiefbraune Haut, viele Falten und eine weiße Mähne.

»Monsieur Feuilla! Ich habe nicht erwartet, Sie hier zu treffen.«

Er lächelte. »Wer kann sich schon weigern, mit ... Bianca zu gehen, wohin sie will?« Er hatte etwas gezögert, als ob er sie zuerst hatte anders nennen wollen.

»Quatsch«, fuhr Bianca dazwischen. Ich hatte den Eindruck, daß sie Feuillas Zögern überspielen wollte. »Le Patron läßt ein Boot für den Cup bauen, also ist er auch ein Herausforderer.«

»Und diese Party ist die erste Runde«, lachte Feuilla; die Montecristo klemmte zwischen seinen unnatürlich weißen Zähnen. »Wir wurden eingeladen, um uns mit dem Reichtum unserer Rivalen zu beeindrucken, nehme ich an.«

»Und klappt es?«

Er lächelte. »Sie wissen doch, wie wir an die Dinge herangehen. Die Amerikaner lieben es, ihre Mannschaften wie Maschinen zusammenzustellen: Man kauft ausgezeichnete Einzelteile, sichert sie sich durch Verträge und befiehlt ihnen zu funktionieren. Wir aber sind eine große Familie. Keine Maschine, sondern eine Gruppe von Individuen mit all unseren Stärken und Schwächen.« Seine Augen wirkten dabei so weich wie Golfbälle. Als Oberhaupt einer Familie gehörte er derselben Liga an wie mein Onkel James. »Nein«, fuhr er fort, »nein, das ist nicht Big Business für uns. Wir sind flexibel und kümmern uns umeinander. Ich bringe das Geld ein, Sie das Können. Die Charente braucht mein Royaume des Phares, deshalb arbeiten wir zusammen, wobei jeder das tut, was er am besten kann.« Seine Hand zitterte leicht, er steckte sie in die Tasche seines schwarzseidenen Dinnerjacketts. »Nicht wie die Amerikaner, die nach dem Motto verfahren: ›Ich zahle, also spring!‹« Er rammte sich die Zigarre wieder zwischen die Zähne. »Mir würde es leid tun, wenn Sie den Job bei Art Shacker annähmen. Sie geben einen guten Freund ab, aber auch einen gefährlichen Gegner.« Seine Augen blickten an meinem Kopf vorbei. »Entschuldigen Sie mich.« Ich blieb mit Bianca zurück.

Sie erkundigte sich: »Warum bist du gekommen?«

»Ich suche Arbeit.«

»Du bist verrückt.« Sie ergriff meine Hand, ihre Finger waren warm und trocken.

»Warum?« Im Ballsaal hatte sich das Streichquartett endlich verausgabt. Trompeten heulten auf, das altbekannte »In the Mood« erklang. Biancas Brillantkollier blitzte, als sie sich umblickte, nach links und rechts. Die Bewegung erinnerte mich an ein gehetztes Kind an einer Straßenecke und nicht an eine schöne Frau auf einem Ball. »Komm, wir tanzen«, sagte sie. »Hier sind viele Menschen, da kann nichts passieren.« Das hörte sich an, als wollte sie sich selbst Mut zusprechen.

»Wir sind in England, ich lebe hier. Wovon redest du?«

Sie zog mich zur Tanzfläche. Ich sah ein paar Gesichter, die ich aus Pulteney kannte. Einer winkte mir zu, ich winkte zurück. Ich mußte an die leeren Fenster der *Milgon Swan* in Cardiff denken, sie hatten in dem weißen Stahl wie kleine erstaunte Augen gewirkt.

Hinter mir hörte ich eine Stimme: »Hast du deinen Spaß, Mick?«

Biancas Finger umklammerten meine. Sie blickte sich nicht um, zischte nur: »Verschwinde!«

Ich drehte mich um. Ein Mann mit rotblondem Haar stand hinter mir. Er war jung, tief gebräunt und trug einen weißen Smoking mit breiten Revers. Sein Aftershave stank wie Blumen, die man in Kerosin mariniert hatte. Das hatte ich schon früher gerochen. Auch gesehen hatte ich ihn, beim letzten Mal hatte er unter einem großen Schäferhund gelegen, auf Georges' Bootswerft. Er schnurrte: »Bianca, du siehst bezaubernd aus!«, als ob er sie sehr gut kannte. Dann wandte er sich an mich. »Komm mit, du!«

»Wer hat Sie reingelassen?«

Er beugte sich vor und flüsterte mir ins Ohr: »Ich hab' eine Knarre in der Tasche.« Sein Gesicht hatte einen flachen, mongoloiden Ausdruck, in seinen Augen flackerte der Irrsinn eines hundertprozentigen Psychopathen.

»Die werden Sie hier nicht benutzen.«

»Ich werde vielleicht festgenommen, aber du bist dann tot.« Seine Augen funkelten wie übermütige Sonnenstrahlen. Ich glaubte ihm.

Bianca sagte: »Verschwinde endlich, Bobby.«

Der blonde Mann lachte nur.

»Woher kennst du diesen Burschen?«

Bianca drückte meine Hand, ihre Finger waren heiß und

feucht. Neben Bobby standen jetzt zwei weitere Männer. Einer war klein und hatte schwarze Haare, seine breiten Schultern beulten den Smoking aus. Er hatte die Schrotflinte am Strand bei Christophes Schuppen gehalten. Der andere war Jean-Claude, Frankies Ex-Freund.

Jean-Claude begrüßte mich: *»Salut, beau-papa.«* Die Band spielte noch immer »In the Mood«, aber mir war eiskalt.

»Wir wollen einen Blick auf den Hafen werfen«, sagte der Blonde. »Dort ist es hübsch ruhig. Solltest du uns folgen, Bianca, könnte es sein, daß wir ihn töten.«

Jean-Claude ergänzte fröhlich: »Das tun wir vielleicht ohnehin.« Er kicherte.

Seine Freunde drängten sich neben mich, einer auf jede Seite. Von Bianca war nichts mehr zu sehen. Ich ging los, hatte gar keine andere Wahl.

Außerhalb des Fackelscheins war die Nacht dunkel. Etwas bohrte sich in meine rechte Niere. Das mußte eine Waffe sein. Mein Gehirn war als einziges an mir nicht erstarrt. Die Gedanken wirbelten darin wild umher, geschäftig wie Ratten im Käfig und etwa genauso effektiv.

Kapitän Kallikratides war ermordet worden. Und ich war beobachtet worden, weil ich mit dem Kapitän gesprochen hatte. Aber woher kannte Bianca diese Typen?

Wir standen jetzt auf einem Ponton. Das Klubhaus zeichnete sich hoch wie ein Turm voll märchenhafter Lichter gegen den Himmel ab, die Nacht glühte rot von den Fackeln auf dem Rasen. Musik klang dünn über das dunkle Gras, leiser als das Klatschen des Wassers gegen die galvanisierten Schwimmkörper. Wir hätten auf einem anderen Planeten stehen können.

»Nun also«, sagte die Stimme des rotblonden Mannes auf englisch, aber mit starkem französischem Akzent. »Wie ich schon an jenem Abend mit Thibault Ledoux meinte: Ich fürchte, daß wir Sie erschießen müssen.«

Die Stimme war ein sanftes Schnurren. Ich fühlte eine tiefe, schreckliche Furcht in mir aufsteigen. »Wovon reden Sie, zum Teufel?«

Ich sah, wie sich seine Schultern vor den Lichtern des Klubs hoben. »Das muß ein ziemlicher Schock für Sie sein. Ich glaube, ein Drink wird Ihnen guttun.«

Einen Augenblick wußte ich nicht, wovon er redete. Dann hörte ich das Geräusch eines aufbrechenden Flaschenverschlusses und das Klingen von Glas. Jean-Claude kicherte gemein. Neben dem salzigen Geruch der See stieg mir Ginduft in die Nase.

Jean-Claude drückte mir ein Glas in die Hand. »Trinken!« befahl er. Ich sah seine Zähne, das Glühen in seinen glasigen Augen.

»Ich werde nicht ...«

Sie bewegten sich blitzschnell. Jeder packte einen meiner Arme und hielt ihn fest. Bobby griff von hinten in mein Haar und riß meinen Kopf zurück. Ich öffnete den Mund, um zu schreien. Von der Seite rammten sie mir einen stählernen Lauf zwischen die Zähne.

Ich starrte in den Himmel, der voller Sterne war. Ein Schatten verdeckte einen Teil davon, denn jemand hielt ein Glas an meine Lippen. Mein Mund füllte sich mit scharfem Gin.

Ich versuchte ihn auszuspucken, aber man kann nicht spucken, wenn einem ein stählerner Lauf zwischen den Zähnen steckt. Ich hörte Kallikratides sagen: *Keine harten Drinks. Kaputter Magen.* Dann holten mich meine eigenen Probleme ein. Ich versuchte das Zeug herauszuwürgen, es rann über mein Kinn.

»Halt ihm die Nase zu!«

Sie hielten sie zu. Etwas traf mich hart in den Magen, meine Luftröhre füllte sich mit Gin. Die Nacht verwandelte sich in ein rotes Flammenmeer. Ich hustete den Stoff wieder hoch, meine Kehle schien voller Napalm zu sein. Alles ging vorbei – außer der Tatsache, daß ich durch Organe atmen mußte, die mit flüssigem Feuer gesättigt waren.

Einige Zeit später, es kam mir vor wie ein oder zwei Tage, bekam ich wieder etwas Luft. Ich kniete jetzt, Gin tropfte aus meinem Mund, Tränen liefen mir übers Gesicht. Bianca, wo bist du? *Solltest du uns folgen, könnte es sein, daß wir ihn töten.*

Sie brachten mich sowieso um.

»Nimm noch einen, alter Junge«, sagte die Stimme. Das Glas wurde wieder an meine Lippen gesetzt. Dieses Mal wußte ich, was ich tun mußte: Sobald mir das scheußliche Zeug in den Rachen rann, mußte ich es schlucken.

»Nicht zu schnell«, bremste die Stimme, »sonst kotzt er.«

Also machten sie es langsam.

Die Stimmen schienen von weit her zu kommen und klangen fremd. Sie mischten sich mit der Musik der Kapelle. Da war der betäubende Geschmack des Gin und eine Unterhaltung, die das Dröhnen in meinem Ohr übertönte.

Eine Stimme dicht neben mir fragte: »Kannst du mich hören?« Jetzt passiert es, dachte ich. Ich muß sterben. Und die verdammte Bianca läßt sie damit durchkommen.

»Hör' zu«, fuhr die Stimme fort. »Diese Fragen, die du gestellt hast. Wir wollen nie wieder was davon hören, verstanden? Du bist ein harter Knochen, das weiß jeder. Aber du hast jemanden, der nicht so hart ist.«

Der Lauf war aus meinem Mund verschwunden, ich hätte mich am liebsten übergeben. Aber ich versuchte zu fragen: »Wasch meinen Schie?«

»Wir können uns an andere halten«, flüsterte die Stimme dicht neben meinem Ohr. »Und wir sind sehr einfallsreich. Wir lieben unsere Arbeit. Sie würde uns mit der kleinen Frankie noch mehr Spaß machen.«

Ich riß an den Händen, die mich hielten. Ich konnte das

Gesicht des Mannes nicht sehen, aber ich wußte, daß es von einem häßlichen Grinsen verzerrt wurde. Das wollte ich ihm aus der Fresse schlagen.

Aber die Hände bändigten mich.

»Also bete, daß niemand mehr Fragen über Schiffsbrände stellt. Jetzt verlassen wir dich in der Hoffnung, daß du eine wichtige Lektion gelernt hast. Und daß dir deine Tochter nicht die nächste erteilen muß.«

»War'm bringt ihr misch nisch um?«

»Das hier ist genauso effektiv.«

Die Hände zogen mich in die Höhe, dann ließen sie mich auf den Ponton fallen. Mein Kopf knallte auf das Metall, es dröhnte wie eine zersprungene Glocke. Irgendwo erkundigte sich eine junge englische Stimme: »He! Was ist da los?«

»Nur ein Besoffener«, schnurrte Bobby sanft. »Kein Problem.«

»Guter Gott«, erwiderte die junge Stimme. »Schon?«

»Armer Bursche«, sagte die schnurrende Stimme.

Die junge Stimme schien nicht sehr mitfühlend zu sein. »Wer ist es?«

Ich kroch zum Rand des Pontons und erbrach mich ins Hafenbecken.

»Mick Savage«, gab ihm die sanfte Stimme Bescheid. »Armer Bursche.«

»Wirklich?« fragte die junge Stimme. »Der?«

Mir wurde wieder schlecht, deshalb hörte ich nichts mehr. Danach spritzte ich mir Hafenwasser ins Gesicht und erhob mich schwankend. Meine Beine waren aus Gummi, der Himmel und die Masten drehten sich um mich. Ich versuchte, nach unten zu blicken, um festzustellen, ob ich meine Jacke besudelt hatte, aber die Bewegung brachte mich aus dem Gleichgewicht. Ich begann eine Art kontrollierten Sturz in Richtung des Landes. Meine Füße hielten mit dem Rest von mir Schritt, jedenfalls beinahe.

Ich wußte, daß mir soeben etwas absolut Widerliches zugestoßen war, aber ich konnte mich nicht genau daran erinnern, was. Es hatte mit Frankie zu tun. Es war etwas so Schreckliches, daß ich das Gefühl hatte, weinen zu müssen, ohne zu wissen, worüber. Die Anstrengung herauszufinden, was mich so traurig stimmte, ließ wieder alles in meinem Kopf durcheinanderwirbeln. Ich hörte auf, darüber nachzudenken, und versuchte mich darauf zu konzentrieren, wohin ich gehen wollte.

Es schien, daß ich wieder auf dem Rasen des Yachtklubs stand. Ich nahm ein Fenster an der Ecke des Gebäudes als Ansteuerungsmarke. Ich war der Meinung, daß ich einen ziemlich geraden Kurs steuerte, wenn man den einen oder anderen Kreuzschlag vernachlässigte. Leute unterhielten sich auf der Rasenfläche. Sobald sie mich sahen, unterbrachen sie ihr Gespräch und wandten sich ab, um es dann mit einer neuen, seltsamen Intensität fortzusetzen. Ich winkte einem zu, den ich kannte. Die Armbewegung brachte mich aus dem Gleichgewicht, ich stolperte und machte sieben oder acht Walzerschritte nach Steuerbord, bis ich wieder Kurs auf das Fenster nehmen konnte.

Durch die Scheiben sah ich tanzende Paare. Ich ging genau darauf zu und stützte mich auf das Fensterbrett. Da drin war eine Frau in einem roten Kleid, die mich an Bianca erinnerte. Mir fiel ein, daß ich sehr wütend auf Bianca war, weil sie mich jemandem in die Hände gespielt hatte – oder so ähnlich. Ich konnte mich nicht genau erinnern.

Ich tastete mich außen an der Wand entlang und trat irritiert nach Büschen, die mir im Weg waren. Der Klang des Orchesters traf mich wie ein Eimer warmes Wasser; es spielte »Minnie the Moocher«. Ich hätte gern das Piano übernommen, aber es stand zu weit entfernt hinter einem Blumenarrangement, das vor meinen Augen verschwamm.

Die Frau im roten Kleid tanzte gar nicht, sie sah bleich und besorgt aus. Sie sprach mit einem dunkelhaarigen Mann, der einen dicken Schnurrbart und eine Haut wie teures marokkanisches Leder hatte. Ich ging zu ihr hinüber, da verschwand er in einer anderen Gruppe. Ich sagte: »Bianca ...«

Sie drehte sich um. Ihr Mund wirkte wie ein dickes rotes Kissen in ihrem braunen Gesicht. Als sie mich sah, erhellte es sich für einen Augenblick, dann öffnete sie erschrocken den Mund. Ich lallte: »Muß mit dir sprechen.« Zumindest war es das, was ich sagen wollte, aber alles kam verkehrt heraus. Also versuchte ich es noch mal, diesmal lauter. Die Leute in unserer Nähe vergaßen das Tanzen. Ich befahl ihnen, daß sie aufhören sollten, uns so anzustarren. Der Raum begann sich zu drehen, zuerst langsam, dann immer schneller, wie ein Karussell auf dem Jahrmarkt. Ich sagte: »Komm mit.« Bianca starrte mich ebenfalls an. Ihr roter Mund war gar kein Kissen, sondern ein Stopplicht in ihrem weißen Gesicht. Es signalisierte: Halt, Savage, nein! Ich wurde ärgerlich. »Komm, Minnie«, lallte ich und versuchte, ihre Hand zu packen, verlor aber die Balance. O Himmel, durchzuckte es mich, gleich falle ich um. Überall waren Augen, scharf wie die Spinnenaugen, die mich im Zug von Cardiff, durch ganz London und bis zur Cowes-Fähre verfolgt hatten. Sie starrten mich an. Ich starrte zurück.

Ich sah zwei Männer.

Sie saßen an einem Tisch, auf dem stand eine Flasche Mineralwasser. Beide rauchten dicke Zigarren. Einer hatte weißes Haar, war nußbraun im Gesicht und faltig: Feuilla. Der andere war Crespi.

Sie lachten gemeinsam wie gute alte Freunde. Über ihnen hing ein Plakat mit der französischen Trikolore. Die Beschriftung lautete: CHALLENGE LES DIGUES – SAINTE-JEANNE-DES-SABLES.

Ich verstand nichts mehr.

Eine Hand packte mich am Ellbogen, eine große Hand und kein bißchen rücksichtsvoll. Eine Stimme knurrte: »Komm mit, alter Junge.« Sie hielt mich aufrecht, diese Hand, und die Menge teilte sich vor mir. Ich blickte zu den französischen Fenstern hinüber, die in den Garten führten. Sie kamen näher. »Frische Luft«, sagte die Stimme, eine äußerst tüchtige Stimme. Ich versuchte meine Augen auf ihren Inhaber einzustellen: ein untersetzter Mann, gebräunt, mit grauem Haar ...

»Art«, lallte ich. Es war Art Shacker, mein alter Freund. Alles war in Ordnung.

Jetzt aber sah er keineswegs freundlich aus. »Mick, du bist besoffen«, knurrte er.

Seine Hand fummelte in meiner Jackentasche herum und kam mit einer Ginflasche wieder heraus. Ein paar Zentimeter waren noch darin. Art meinte: »Du und ich, wir beide haben jetzt ein Problem.« Ein Blitzlicht flammte auf. »Oh, verdammt«, stöhnte er.

Ich vertraute Shacker. Er war ein guter Bursche und würde mich verstehen, sobald ich ihm einiges klar gemacht hatte. Ich begann: »Es war nicht meine Schuld ...« Seine Augen blieben kalt über seinem Lächeln. Ich wußte, daß er mir nicht glauben würde, obwohl er ›sicher, sicher‹ sagen würde.

»Ich schnappe mir den Fotografen, dann rufen wir dir ein Taxi.« Er ging weg, hinüber zu dem Mann mit der Kamera. Dem nahm er die Kamera weg und zog den Film heraus. Der Fotograf begann in bellendem Cockneydialekt zu schimpfen, aber ich wanderte über den Rasen davon, angezogen von den Lichtern, die über dem dunklen Solent schimmerten. Ich wollte weinen, und noch immer wußte ich nicht, worüber.

Jemand tauchte in der Dunkelheit neben mir auf. Am

Parfüm erkannte ich Bianca. »Schnell!« befahl sie und packte meine Hand.

Sie zog mich hinter sich her. Die Lichter drehten und verwischten sich, ich wußte nicht mehr, wo ich war. Eine Wagentür fiel zu. Ich roch Leder. Den Geruch eines Autos und ihr Parfüm. Verräterische Flittchen duften so.

Ich wurde ohnmächtig.

21

Mein Kopf schmerzte. Es war ein krankhafter, stechender Schmerz genau hinter den Augen. Meine Zunge schien mir zwei Nummern zu groß für meinen Mund zu sein. Ich brauchte dringend ein Glas Wasser. Als ich die Augen öffnete, fiel das Licht mit der Schärfe von Rasierklingen herein. Schnell schloß ich sie wieder. Dann öffnete ich sie erneut, diesmal langsam. Das half.

Ich sah ein Fenster mit einem Fliegengitter. Davor waren ein blauer Himmel und ein Baum. Aus dem Augenwinkel sah ich einen Fernseher, und vor mir stand ein Nachttisch mit einem großen Glas Wasser. Das Wasser war das einzige, das mir etwas bedeutete. Ich trank gierig, und es durchströmte mich wie Nektar. Der Raum roch gut, aber mein Kopf war zu zerknautscht, um denken zu können. Als ich ihn wieder aufs Kissen legte, meinte ich, noch jemanden atmen zu hören. Aber es hätte zu sehr geschmerzt, mich umzudrehen und nachzusehen. Also schlief ich wieder ein.

Als ich das nächste Mal erwachte, hatte sich das Licht verändert. Ich fragte mich, wie lange der menschliche Körper benötigte, um eine ganze Flasche Gin abzubauen. Während ich mich an den Gin erinnerte, fielen mir langsam auch andere Dinge ein.

Abrupt richtete ich mich im Bett auf. Mein Hirn schwabbelte protestierend gegen die Schädeldecke, und ich mußte warten, bis es sich beruhigt hatte. Dann begann ich mich für meine Umgebung zu interessieren.

Ich lag in einem Hotelzimmer. Es verfügte über ein Doppelbett, und in der anderen Hälfte hatte jemand geschlafen. Ein Kleid hing an einem Haken an der Tür. Es war aus roter Seide und so grell, daß ich das Gefühl hatte, Nägel würden in meine Augäpfel getrieben.

Die Tür öffnete sich, Bianca trat ein. Sie mußte im Badezimmer gewesen sein. Sie trug keine Kleider, war am ganzen Körper braun und außergewöhnlich schön. Ich war nur sehr beschränkt zu Emotionen fähig, aber eins der ersten Gefühle, die mir durch den Kopf gingen, war Abneigung.

Sie zog die Decke vom Bett und hüllte sich hinein.

»Also du bist eine alte Freundin von Feuilla.«

Sie sah mich gerade an. »Das ist richtig.«

»Und Feuilla ist ein alter Freund von Crespi.«

»Nein«, widersprach sie.

»Was dann?«

»Geschäftskontakte.«

Mein Kopf schmerzte. Ich fühlte mich abgestoßen und war wütend. »Du weißt, was ich meine.«

Sie schlug die Augen nieder.

»Also, was wurde da gespielt? Hast du Thibault gesucht, um ihn ausliefern zu können?«

Sie blickte wieder auf. »Sei nicht dumm!«

Die Wut übermannte mich. »Letzte Nacht haben diese Ganoven mir eine Flasche Gin in den Hals gekippt, um mir zu zeigen, was sie mit Frankie machen werden, falls ich rede und erzähle, was ich über Crespis Versicherungsgeschäfte herausgefunden habe. Und ich dachte, du bist Frankies Freundin!«

»Man hat dich nicht umgebracht.«

»Aber sie haben den Kapitän der *Poisson d'Avril* ermordet.«

Ihre Augen waren groß, dunkel und leuchtend. Eine Träne lief ihr an der Seite der Nase hinunter. »Ich will nicht, daß dir etwas passiert.«

»Wie meinst du das?«

Sie nahm meine Hand. »Ich will es wirklich nicht.« Das Bettuch fiel auseinander, und ich blickte in das schattige Tal zwischen ihren Brüsten.

Sie zog meinen Kopf an sich. »Glaub' mir doch bitte.«

Ich wollte ihr sagen, daß ich ihr noch nicht mal glauben würde, wenn sie mir einen vom Papst unterschriebenen Ablaßbrief vorzeigte. Aber mein Kopf begann wieder zu arbeiten. In der letzten Nacht hatte mich Bianca aus dem Ärger herauslotsen wollen und mich schließlich abtransportiert. Als die *Serica* uns während des Belle-Île-Rennens gerammt hatte, hatte Bianca in der gleichen Gefahr gesteckt wie wir alle.

Aber ihr Freund Feuilla war ein Freund von Crespi.

»Ist Feuilla Crespis Partner?«

»Du hast selbst schon in einem Raum mit Crespi gesessen. Macht dich das zu seinem Partner?«

Ich beharrte: »Sie saßen lachend am selben Tisch, unter derselben Flagge.«

»Sie kommen aus derselben Stadt. M'sieur Feuilla arbeitet für das Wohl dieser Stadt.«

»Und beide sind Direktoren von Atlas Industries?«

Sie blickte mich fragend an. »Wovon?«

Ihre Ahnungslosigkeit war echt.

Ich legte einen Arm um ihre Schultern, sie lehnte den Kopf an meinen. Ihre Finger streichelten meinen Nacken. So hätte es weitergehen können.

Aber da stand ein Gedanke quer in meinem Kopf. Menschen machen anderen Menschen nicht ohne Grund Angst. Die Namen der Direktoren von Atlas mochten unter den Panzerplatten der Luxemburger Gesetze begraben liegen, aber Bobby und Jean-Claude arbeiteten für Crespi.

Ich stand auf und stützte mich am Bett ab. Mein Dinnerjackett lag am Boden, auf den Schuhen war Schlick, auf der Jacke Erbrochenes. Ich stopfte sie in den Papierkorb. Dann quälte ich mich in Hose und Hemd und schließlich noch in die schwarzen Schuhe. Bianca sah mir zu, die Augen groß und mitternachtsblau im gebräunten Gesicht. Es war mir nicht recht, daß sie mir zuschaute. »Was machst du jetzt?« fragte sie.

»Ich gehe«, meinte ich. *Wir würden es noch lieber mit der kleinen Frankie machen.* Ich wollte schön leise auf Tauchstation gehen, wo es nichts gab, was ich herausfinden konnte, wo ich nichts sagen mußte. Frankie konnte in Sicherheit bei ihrer Mutter leben, bis es Zeit für sie war, nach Oxford zu gehen. Ich nahm das Telefon und bestellte ein Taxi.

Sanft lockend fragte Bianca: »Fährst du wieder nach Frankreich?«

»Nein.«

Sie schluchzte auf, als ob ich sie geschlagen hätte, und ließ den Kopf hängen, damit ich ihr Gesicht nicht sah. Ich fühlte Bedauern in mir aufsteigen, aber die Anwandlung verging. Mit ihrer weichen, mitfühlenden Stimme sagte sie: »Bleib' in Deckung. Sag' niemandem, wohin du fährst. So ist es am besten.«

»Das hatte ich auch vor.«

Sie lächelte wieder, doch die Tränen waren nicht versiegt. »Auch mir nicht.«

»Natürlich nicht.«

»Ich fahre dich.«

»Nein.«

Sie küßte mich auf die Wange. Einen Moment lang hielt ich sie umschlungen, dann drehte ich mich um und ging die Treppe hinunter. Es war ein heißer Morgen mit einem klaren Himmel.

Das Hotel lag in einer mit Bäumen bestandenen Vorortstraße. Ich fragte an der Rezeption: »Wo bin ich hier?«

»In der Marlow Avenue.«

»In welcher Stadt?«

Ihr Gesicht hatte die Farbe eines Mehlkloßes. Sie blickte meine beschmutzten Kleider an und schnüffelte. »Als ich das letzte Mal nachgesehen habe, war es noch Southampton.«

Ich nahm ein Taxi zum Parkplatz am Fähranleger, setzte mich in Justins BMW und fuhr nach Westen.

Ich klebte vor altem Schweiß. Das Innere meines Kopfes schien noch schmutziger zu sein als mein Äußeres. Dazu litt ich an einer Alkoholvergiftung, war erschöpft und hatte überall Blutergüsse. Das alles verdankte ich Crespis Gorillas, die mich auf dem Ponton eingeschüchtert hatten.

Aber das war nicht mein Problem.

Mein Problem war, daß ich Angst hatte.

Bleib' in Deckung. Sag' niemandem, wohin du fährst.

Wenn du dich zu intensiv um Dinge kümmerst, die dich nichts angehen, dann flößen sie deiner kleinen Tochter Gin ein und bringen sie um.

Ich fuhr auf dem kürzesten Weg nach Pulteney.

In Pulteney fällt es mir leicht, mich sicher zu fühlen. Der Hafen legt seine Granitarme schützend um die Ansammlung aus Fischerbooten und kleinen Yachten, die hier liegen. Oben auf dem Westdeich hält das Haus der Rettungswache ein scharfes Auge auf das Geschehen. Auf dem Hang über dem Hafen und dem Kai drängen sich die Häuser eng aneinander, wie um sich gegenseitig zu wärmen und zu stützen.

Meine Wohnung lag in der Ortsmitte, mit Ausblick auf den Kai. In der *Mermaid* brannte noch Licht, aus dem Yachtklub am anderen Ende des Kais brandete Gelächter auf. Ich schloß meine Wohnungstür auf, schob den Stapel Post, der sich unter dem Briefschlitz angesammelt hatte, mit dem Fuß zur Seite und trat ein.

Die Luft roch abgestanden wie in jeder Wohnung, deren Fenster seit zwei Wochen nicht mehr geöffnet worden waren. Es gab einen großen Wohnraum mit einem Kamin und einem Balkon, dann waren da noch eine Küche und drei Schlafzimmer. Nur eines davon wurde ständig benutzt, wenn Frankie nicht hier war. Sobald Frankie zu Besuch kam, füllte sich die Wohnung mit ihren Freunden, die meinen Wein tranken, auf meinem Piano klimperten und diskutierend auf meinem Sofa hockten. Ich wünschte mir, daß sie jetzt alle hier gewesen wären.

Sie waren aber nicht da. Nur mein Zimmer erwartete mich mit einem Bild der *Freya,* einem Bett, einem Telefon und einem Gemälde von Fats Waller. Ich warf mein Gepäck in dieses Zimmer und öffnete die Fenster, dann entkorkte ich eine Flasche Burgunder.

Draußen lauerten ein plötzlicher Tod, Gewalt und Willkür. Menschen drohten damit, Kinder zu töten, damit sie ungestört schmutziges Geld scheffeln konnten. Die Welt vor meinen Fenstern war ein schrecklicher Ort.

Fast so schrecklich wie die Welt in meinem Kopf.

Ich trank das Glas Burgunder wie Medizin, goß mir ein zweites ein und schüttete es ebenfalls hinunter. Dabei starrte ich mein Spiegelbild im Glas an: lang, dünn, unrasiert, sonnenverbrannt, dunkle Tränensäcke unter den Augen, aufs Sofa hingelümmelt: ein Bild der Entspannung. Ein schreckliches Bild. Ich wollte kein Abbild von irgendwem sein, sondern ein Niemand, damit meiner Tochter nichts angetan wurde. Ich rief in Justins Londoner Apartment an. Sein Anrufbeantworter meldete sich, und ich sprach auf Band: »Ich habe den Fall niedergelegt. Wenn ich das nächste Mal in London bin, bekommst du dein Auto zurück.«

Dann zog ich die Vorhänge zu, legte das Telefon lahm, trank die Flasche leer und schleuderte sie in den Kamin. Schließlich ging ich ins Schlafzimmer und warf mich zwischen die ungelüfteten Decken. Sie waren stockig von der Salzluft des Hafens. Ich schlief unruhig und wälzte mich viel herum.

Als ich erwachte, strahlte die Sonne hell durch die Fenster. Jemand hämmerte gegen meine Tür.

Ich drehte mich auf die andere Seite und zog die Decken

über den Kopf. Der Jemand rief durch den Briefschlitz: »Mick, bist du da?«

Da schwang ich die Beine aus dem Bett, zog meinen Morgenmantel an, latschte über die Dielen des Wohnzimmers und öffnete die Tür.

Der Mann draußen war dünn und schmächtig. Stacheliges schwarzes Haar stand über einem braunen Gesicht ab, das aussah, als ob er seit mehreren Wochen nicht geschlafen hätte. »Ich wollte dich nicht wecken«, sagte mein Besucher.

»Komm rein.« Charlie Agutters Familie war seit Menschengedenken mit Booten von Pulteney aus zur See gefahren. Charlie war Yachtkonstrukteur und so gut in diesem Job, daß man seinen Namen in allen Yachthäfen zwischen Tasmanien und Anchorage kannte. Außerdem war er Konstruktionsberater bei Savage Yachts.

Er fragte: »Hast du Kaffee?«

Ich bat ihn, den Wasserkessel aufzusetzen. Sonnenschein fiel durch das große Balkonfenster. Draußen verdichtete sich der Lärm auf dem Kai zu dem üblichen dröhnenden Summen eines übervölkerten Hafens in Südwestengland. Er hätte beruhigend auf mich wirken müssen, Balsam für meine angekratzte Seele. Aber er bewirkte nur, daß ich meine Isolation um so schmerzlicher empfand.

Ich stieg in ein Paar Jeans und schlüpfte in ein Tresco-T-Shirt aus der Sammlung im Schrank. Als ich herauskam, brütete Charlie in der Küche mißmutig über der Kaffeekanne. »Die Milch ist sauer«, stellte er fest.

»Dann trinken wir ihn schwarz.«

Ich knallte Tassen und Untertassen auf ein Tablett und trug es auf den Balkon. Die Sonne schillerte auf dem Wasser des Hafens, Windsurfer zogen ihre Kreise um die Hummerboote. Fahrtenyachten lagen bis zu sechst in Päckchen an der Pier.

Charlie sagte: »Wie ich höre, hattest du ein paar Schwierigkeiten mit der *Arc.*«

»Das kannst du laut sagen.« Ich wollte nur über Pulteney nachdenken, einfache Dinge sollten den Abgrund füllen, der sich unter meinen Füßen aufgetan hatte.

»Was ist passiert?«

»Ein fehlerhaftes Seeventil ist gebrochen.« Ich wollte nicht darüber sprechen.

Aber Charlie war kein Typ, den man leicht ablenken konnte. »Gebrochen?«

Der Abgrund gähnte unter mir, war nicht aufzufüllen. Als ich meine Kaffeetasse auf die Untertasse stellte, klapperte sie wie eine Kastagnette. »Elektrolyse«, erklärte ich.

»Wie zum Teufel konnte das passieren?«

»Jemand wollte das Boot versenken, um die Versicherung zu kassieren.«

»Ah«, meinte Charlie, und seine Augen waren dunkel und klug. »Weißt du, wer?«

»Ja.« Ich steckte die Hände in die Taschen der Jeans, damit er nicht sah, wie sie zitterten. »Aber es interessiert mich einen feuchten Kehricht.«

Er runzelte die Stirn. »Bist du sicher?«

»Nur ein Rädchen im großen Räderwerk.«

»Aha.«

»Und jetzt«, ich gähnte, »bin ich müde. Ich bin sicher, daß du einen arbeitsreichen Tag vor dir hast und viele Verpflichtungen auf dich warten.«

Er trank seinen Kaffee aus, ohne mich anzublicken. »Was hast du mit dir angestellt?«

»Gesoffen.« Ich lachte freudlos, denn ich konnte wieder den stählernen Lauf zwischen meinen Zähnen fühlen. Meine Kehle war noch immer wund von dem scharfen Gin. *Wir würden es noch lieber mit Frankie machen,* hatten sie gesagt.

»Na gut.« Charlie stand auf, sein Blick ruhte leidenschaftslos auf mir. »Äh – falls du irgend etwas benötigst, dann weißt du ja, wo du mich findest.«

»Danke, Charlie.« Mein Grinsen überzeugte ihn nicht, aber er ging. Ich sammelte die Post auf, schloß die Tür hinter ihm und legte die Kette vor. Die Briefe warf ich in den Papierkorb und ging wieder ins Bett.

Ich kannte Charlie seit gut fünfzehn Jahren. Er war mit einer von ihm gezeichneten Yacht in Westindien aufgetaucht, und später hatte ich ihn in England besucht. Er hatte mich überredet, von meinem letzten flüssigen Geld die Wohnung in Pulteney zu kaufen. Sie lag über seinem Zeichenbüro und war eine phantastische Investition gewesen. Ich hatte bei Charlie gearbeitet und war mit ihm gesegelt. Er war unerschütterlich wie ein Felsen. Wenn es jemanden gab, mit dem ich reden konnte, dann war er es.

Aber ich konnte mit niemandem reden, weil ich bei dem ersten Gedanken daran wieder Stahl zwischen den Zähnen und Gin im Hals spürte. Und die schnurrende Stimme hörte: *Wir würden es noch lieber mit der kleinen Frankie machen.*

Voll angekleidet lag ich auf dem Bett und lauschte dem Getümmel auf dem Kai und dem Geschrei der Möwen. Ich versuchte mich auf die Möwen zu konzentrieren, aber jedesmal, wenn ich an sie dachte, öffnete sich unter mir der schwarze Abgrund und ich begann zu stürzen.

Ich fiel in einen Halbschlaf, der an einer gequälten Leber und schlechtem Gewissen litt. Im Schlaf sah ich mich zittern wie ein welkes Blatt. Ich kämpfte mit Schatten, wollte mich verzweifelt jemandem anvertrauen, aber mir fehlte der Mut. Ein Teil von mir wußte, daß mich dieser Zustand an jemand anderen erinnerte. Und ich wußte auch, an wen: Thibault Ledoux und den verstorbenen Kapitän Spiro Kallikratides.

22

Als ich erwachte, war es dunkel. Ich machte mir Kaffee und aß die Hälfte eines Pakets Fischstäbchen, die Frankie bei ihrem letzten Besuch im Tiefkühlfach hinterlassen hatte. Die Dunkelheit mochte ich lieber als den Tag. Ich zog mir einen Pullover über, setzte eine Baseballmütze auf und ging.

Mein Fahrrad stand im Schuppen hinter dem Haus. Ich schob es die Stufen hinunter auf das glänzende Kopfsteinpflaster aus Granit. Die Säufer waren aus der *Mermaid* rausgeworfen worden, die Terrasse des Yachtklubs war voller Leute, die gewählt lässige Freizeitkleidung aus den Boutiquen an der Quay Street trugen. Ich zog den Mützenschirm tief in die Augen und schob das Rad hinter dem Yachtklub vorbei den Yealm Hill hoch. Dort gab es keine Pubs und auch sonst nichts, zu dieser Nachtstunde war dort kein Mensch. Am Scheitelpunkt der Straße stieg ich aufs Rad und begann in die Pedale zu treten.

Ich hatte keine Ahnung, wohin ich fuhr. Es war nur einfach so, daß ich nicht mehr schlafen konnte. Was ich suchte, war Dunkelheit und Anonymität. Also ließ ich meine Füße bestimmen, wohin es ging.

Ich fuhr auf Straßen mit steilen Banketten nach Osten. Der Lichtstrahl meiner vom Dynamo gespeisten Lampe huschte über Stechginsterhecken. Ein Hund verbellte mich auf einem Bauernhof. Dann ging es den Hügel hinunter auf die See zu. Sie schimmerte am Horizont wie graues Metall. Davor schwamm auf einem schwarzen Meer aus undurchdringlicher Dunkelheit eine leuchtende Ansammlung von Quecksilberdampflampen. Meine Speichen surrten, und die feuchte Luft flog an meinem Gesicht vorbei. Die Schwerkraft sog mich förmlich in Richtung der Lichter, die isoliert in der Marsch standen, rund um die Mündung des River Poult.

Der Straßenbelag wechselte von Asphalt zu Schotter. Eine große Reklametafel stand rechts am Rand, nicht beleuchtet, aber ich kannte die Aufschrift auswendig: NEW PULTENEY MARINA stand darauf, A YACHTHARBOUR ENTERPRISES DEVELOPMENT. Darunter waren noch ein paar kleinere Schilder: NEVILLE SPEARMAN CHANDLERS; DIXON MULTIHULLS und schließlich SAVAGE YACHTS.

Ich radelte weiter. Ein Auto fuhr vorbei, aus seiner Stereoanlage jaulte Def Leppard. Die Yachtharbour Enterprises hatten im letzten Jahr die Marina von Neville Spearman gekauft und als erstes die Liegegebühren verdoppelt. Die alteingesessenen Bewohner Pulteneys murrten, daß jetzt die einzigen Leute, die sich die Liegeplätze noch leisten konnten, die Direktoren der Gesellschaft und Rauschgifthändler wären. Ich fuhr im Schein der blauen Lichter auf einen Maschendrahtzaun zu, hinter dem eine große Halle aus Stahlträgern und Wellblech in den Himmel ragte.

Diesen Weg war ich fünf Jahre lang jeden Morgen und Abend gefahren. Der nächste Schritt bestand darin, das Schloß am Tor in die linke Hand zu nehmen und den Schlüssel mit der rechten einzuführen. Doch Savage Yachts ähnelte jetzt einer tauben Nuß, und ich war mir gar nicht sicher, ob ich aufschließen wollte.

Aber die Gewohnheit siegte. Folglich öffnete ich das Vorhängeschloß, zog das Tor wieder hinter mir zu und ging hinein.

Vor scheinbar ewiger Zeit hatte hier die *Arc-en-Ciel* oben auf der Slipbahn gestanden, die Blaskapelle hatte gespielt und der französische Botschafter eine Rede gehalten. Jetzt lag nur das Gerippe einer Hilliard wie ein totes Schwein in der Ecke. Das Klacken meiner Radspeichen wurde von der dunklen Wellblechwand des Schuppens zurückgeworfen. Er ähnelte einer schwarzen Hulk und strahlte den gleichen Trübsinn aus. Ich öffnete die Tür und trat in die Halle.

An Strom waren wir noch angeschlossen. Die Leuchtstoffröhren knackten und tauchten den Raum in das fahle Licht einer Leichenhalle. Von fünf Jahren Arbeit zeugte nur ein Abfallhaufen aus altem Holz und Plastikplanen und ein Stapel Harzkanister in der Ecke. Früher hatten hier dreißig Männer gearbeitet, und vom Boden hätte man essen können.

Ich schob meine Hände tief in die Taschen und schlenderte zum Büro hinüber. Dort hatten Mary und ich gesessen und darüber gebrütet, wie wir noch mehr Aufträge an Land ziehen, mehr Leute einstellen und mehr Geld auftreiben konnten, um in bessere und schnellere Boote investieren zu können.

Jetzt standen hier zwei Schreibtische, ein Aktenschrank und ein Computer herum. Anders als in der Halle war alles tadellos sauber: Marys Kaffeetasse stand umgedreht auf einem Handtuch neben dem Wasserkessel, der Stuhl war exakt auf die Schreibtischunterlage ausgerichtet. Mary war eben die Witwe eines alten Marineoffiziers.

Ich setzte mich vor den Computer und schaltete ihn ein.

Der Schirm wurde lebendig, bernsteinfarbene Buchstaben leuchteten auf schwarzem Grund. Eine Liste von Briefen und Daten erschien: Briefe an Kunden, in denen ich auf ihre Dankschreiben antwortete. Briefe an ursprünglich interessierte Kunden, in denen wir höflich unser Verständnis dafür ausdrückten, daß ihre Boote, über die wir bereits diskutiert hatten, nun doch nicht von uns gebaut werden sollten. Dann änderte sich der Inhalt der Briefe. Viele gingen an die Bank, viele an Thibault. Die letzte Eintragung lautete: EINLADUNG ZUM STAPELLAUF.

Ich bewegte den Cursor hin und rief die Datei auf:

Savage Yachts and Thibault Ledoux
laden Sie ein
zum Stapellauf der
Arc-en-Ciel.

Eine Gästeliste erschien auf dem Schirm. Sie enthielt die ganze Meute der Yachtpresse, eine große Zahl segelnder Prominenter, viele Einwohner von Pulteney, Arbeiter, Schmarotzer und meine Familienangehörigen. Thibault und Yann waren schon zehn Tage lang hier gewesen, um die letzten Details zu besprechen. Und während dieser zehn Tage hatte jemand das Seeventil manipuliert.

Die Einladungsliste war so eindrucksvoll wie ein verwitterter Grabstein. Sie erinnerte mich an die Musik der Pulteney Silver Band, an die Hochrufe der Menge, das Quietschen des Slipwagens. Aber das war jetzt nur noch eine Geisterbeschwörung. Die Gespenster konnten mit den Lebenden nicht mehr kommunizieren. Bis aufs Summen des Computers war es in der Halle so still wie in einem Grab.

Das Telefon klingelte.

Das Echo wurde von einer Wellblechwand zur anderen geworfen, bis die Luft bebte.

Ich ließ es viermal klingeln, dann nahm ich ab.

»Wer ist da?« erkundigte sich eine Stimme.

Mary Ellen. Ich meldete ich mich.

»Hab' ich dich doch noch aufgespürt«, sagte sie. Ihre Stimme klang lebhaft und beherrscht. »Ich hab's schon überall versucht. Was machst du da?«

»Arbeiten.« Ich wollte diese Fiktion gegenüber Mary Ellen aufrechthalten.

»Ich dachte, da gibt es nichts mehr zu tun.«

Diese Bemerkung sollte andeuten, daß Mary Ellen über alles Bescheid wußte. Es war eine ziemlich unverschämte

Bemerkung, die mich vermuten ließ, daß sie sich selbst verwundbar fühlte. »Clever von dir, mich hier aufzuspüren.«

»Ich war in Eile. Justin gab mir den Tip, daß du im Büro sein könntest. Hör' zu: Weißt du etwas über einen gewissen Lucas Baragouin?«

Der Hörer in meiner Hand wurde plötzlich glitschig. »Baragouin?« fragte ich nach.

»Der Bursche tauchte gestern hier auf. Er wollte Frankie zum Segeln nach Frankreich mitnehmen. Ein hübsches kleines Scheusal.«

»Sie ist doch hoffentlich nicht mitgegangen?«

»Natürlich ist sie mitgegangen. Man kann Frankie nicht mehr sagen, was sie zu tun und zu lassen hat. Sie kommt in dieser Hinsicht nach ihrem Vater. Sie sagte, er sei süß und du kennst ihn. Sie hatten wohl ein Zerwürfnis, aber nun wollte sie ihm eine zweite Chance geben. Ich dachte, wenn sie mit einem anderen segelt, käme sie schneller über diesen Jean-Claude hinweg, von dem du behauptet hast, daß er ein Verbrecher sei. Ich bat sie, es sich gut zu überlegen. Und als ich aus dem Büro kam, war sie fort.« Sie machte eine Pause. Motten klatschten gegen die Deckenlampen. »Bist du noch da?«

Ich beobachtete die Motten, spürte wieder den stählernen Lauf im Mund, fühlte den puren Gin in der Kehle brennen. *Wir würden es noch lieber mit Frankie machen.*

»Mick?«

»Ich bin noch da.« Die Worte knirschten wie eine rostige Türangel.

»Wohin können sie gefahren sein?« In Mary Ellens Stimme schwang Nervosität mit. Trotz aller Vortäuschungen war sie besorgt.

»Ich glaube, sie haben sich in La Rochelle kennengelernt.«

»Fährst du wieder hin?«

Wenn ich auch nur den geringsten Aufruhr verursachte, würden Jean-Claude und seine Freunde Frankie wie eine Mücke zerquetschen. »Das glaube ich kaum.«

»Oh!« Mary Ellen hätte mich liebend gern um einen Gefallen gebeten. Aber Gefallen zu erbitten war meine Spezialität. »Nun, falls du es doch tun solltest – dann fahr' dort vorbei und besuch' sie. Sieh nach, ob sie glücklich ist, ob sie alles hat, was sie braucht. Verstehst du?«

»Danke, daß du's mir gesagt hast.«

»Ich dachte, daß du informiert sein möchtest«, sagte sie mit falscher Offenheit.

Ich versuchte mir etwas auszudenken, das ich ihr sagen konnte. Über siebzehn Jahre lang war Frankie unser Verbindungsglied gewesen. Jetzt schlich sie sich aus unser beider Leben hinaus, begann ihr eigenes zu leben. Sie hinterließ eine Lücke, die gefüllt werden mußte, aber keiner von uns beiden wußte, womit.

Mary Ellen fragte: »Hältst du mich auf dem laufenden?«

»Natürlich.«

Ich legte auf, schaltete den Computer ab, löschte die Lichter und schob das Rad zur Stadt zurück. Ich ging langsam, nicht weil ich müde oder nervös war, obwohl beides zutraf; ich ging langsam, weil in der dunklen Nacht nichts passieren würde und ich wollte, daß alles so blieb. Es ging mir wie dem Mann, den man aus dem Fenster eines Hochhauses gestoßen hatte, der jetzt durch die dunkle Nacht fiel und nicht wollte, daß sein Flug endete.

Ich parkte mein Fahrrad, öffnete sehr leise meine Tür und schlich in die Wohnung. Dort setzte ich mich auf einen Stuhl und atmete so ruhig wie möglich, bewegte mich nicht, dachte kaum.

Nur einen Gedanken wurde ich nicht los.

Nicht Frankie ...

Es war eine Sache, daß sie fortgehen würde und aufhörte, ein Kind zu sein. Dieser Prozeß lief schon seit siebzehn Jahren ab, langsam und schrittweise. Doch Jean-Claude und seine Freunde hatten daraus eine brutale Amputation gemacht.

Ich saß da, bis sich die Nacht vor dem Fenster grau färbte und die Stille vom bellenden Husten eines Fischerdiesels unterbrochen wurde. Dann mußte ich eingenickt sein, denn als nächstes weckte mich helles Tageslicht. Ich stand auf, steif wie ein Brett, und kochte mir neuen Kaffee.

Als ich dann in meinem Kopf kramte, stolperte ich wieder über Mary Ellens Worte: *Solltest du doch nach La Rochelle fahren, könntest du sie besuchen. Sieh nach, ob sie glücklich ist, ob sie alles hat, was sie braucht.*

Mary Ellen so kleinlaut? Das war ein sicheres Zeichen, daß sie genau wußte, hier lief etwas schief. Aber ich war sonst immer derjenige, der sich in Frankie irrte, sie niemals. Das war ein Grundsatz unserer Nichtbeziehung.

Ich konnte nicht nach Frankie sehen, weil sie sonst von den Leuten, bei denen sie sich aufhielt, gequält werden würde. Andererseits konnte ich auch nicht tatenlos ins Leere starren.

Aber die Leere füllte sich. Erinnerungen an eine Frankie tauchten auf, die lebendig war und viele Dinge unternahm. Sie wurde nicht betrunken gemacht wie Kallikratides oder mußte sich verstecken wie Thibault. Kallikratides war tot, und nur Gott allein wußte, wo Thibault steckte. Kallikratides hatte zwei Männer auf der *Poisson d'Avril* ertrinken lassen. Als Teilhaber an Transports Drenec war Thibault in den Tod des Griechen und den der beiden Seeleute verwickelt. Thibault würde auch etwas über Atlas Industries und seine Mitdirektoren bei Transports Drenec wissen …

Trotz meiner Sorge um Frankie regte sich wieder die Neugier in mir. Die Neugier fügte zur Angst eine Perspektive hinzu. Ich hatte Frankie zu Thibault gebracht. Ich war es Mary Ellen schuldig, daß ich etwas unternahm. Schließlich war ich der einzige Mensch, der über eine Verbindung zu Jean-Claude verfügte.

Ich nahm den Hörer auf und rief Georges' Bootswerft in La Rochelle an.

»Was macht die *Arc?*«

»Sie liegt im Wasser.«

»Etwas Neues von Thibault?«

»Fehlanzeige. Hör' zu, das Boot muß hier verschwinden. Feuilla tauchte in einem Mercedes auf und hat die Rechnung in bar bezahlt. Er wird hier noch mehr Ärger mit seinem Projekt auf der Île d'Oléron bekommen. Er hat versucht, einen Beamten zu bestechen, und wird jetzt deswegen angeklagt.«

Ich mußte an den alten Mann denken, der grinsend mit Crespi an einem Tisch im Ballsaal der Royal Flotilla gesessen hatte. Und ich dachte auch an Bianca, die mit Feuilla befreundet schien, aber Crespi haßte.

»Hast du Bianca gesehen?«

»Sie war bei Feuilla«, antwortete er. Das klang, als ob er diesen Punkt nicht weiter vertiefen wollte. »Wann kommst du und holst das Boot ab?«

»Ich werde veranlassen, daß es abgeholt wird.«

Ich duschte, rasierte mich, zog ein sauberes Hemd und eine dunkelblaue Leinenhose an und versuchte dabei, nicht an Gin und stählerne Revolverläufe zu denken.

Dann rief ich Charlie an.

»Wie geht's?«

»Besser.« Das war unter diesen Umständen nicht ganz das richtige Wort, aber etwas anderes fiel mir nicht ein. »Kennst du jemanden, der demnächst nach Frankreich segeln will?«

»Wie wär's denn mit einer Fähre?«

»Ich mag keine Fähren.«

»Versuch's zum Lunch im Pub. Können wir uns da treffen?«

Davon war ich nicht begeistert. Im Pub würden viele Menschen und viele Augen sein. Aber ich konnte es Charlie kaum erklären, ohne daß er mich für völlig durchgedreht hielt. Folglich sagte ich: »Prima.«

Die *Mermaid* ist ein Lokal, das den schlimmsten Verwüstungen entgangen ist, die der Tourismus in Pulteney angerichtet hat. Draußen lümmelte sich der übliche Haufen von sonnengebräunten Supermännern in bunten Surfanzügen herum, in den Händen große exotische Biere. Drinnen in der Bar saß Charlie in einer Ecke und unterhielt sich mit einem weißhaarigen Mann, den ich als Chiefy Barnes kannte, den Vater von Chris Barnes, dem Elektriker von Savage Yachts. Er war der ehemalige Bootsmann des Rettungskutters von Pulteney. Ich brachte Charlie ein Famous Grouse und Chiefy eine Pinte Devenish mit.

Chiefys Augen leuchteten stechend blau in seinem verwitterten Eichenholzgesicht. »Tut mir leid um die Werft«, brummte er.

»Leider konnte ich die Leute nicht länger beschäftigen.«

»Chris fährt wieder zur See«, meinte Chiefy. »Da ist er gut aufgehoben. Yachten sind ohnehin nur Spielzeug.«

Charlie mischte sich ein. »Chiefy meint, du solltest eine Werft aufmachen, auf der die Boote aus drei Zoll dicken Eichenplanken auf sieben mal fünf Zoll starken gewachsenen Spanten mit eingezogenen Eisenbahnschienen als Stringer gebaut werden. So würden sie wenigstens etwas Festigkeit bekommen.«

»Du redest Quatsch«, knurrte Chiefy gemütlich. »Ich lasse euch jetzt allein.« Er kippte seine Pinte weg und verschwand im Rauch.

Charlie begann: »Ich habe nachgedacht. Wir haben ein neues Boot, das gerade seine See-Erprobung durchläuft. Es muß mal richtig geknüppelt werden. Scotto Scott wird mit dir segeln und noch zwei andere Jungs. Heute nacht lauft ihr aus, später setzen sie dich in La Rochelle ab. War es das, was du wolltest?«

Ich nahm mir mehr Zeit als nötig, um einen Schluck Bier zu trinken. Charlie betrachtete mich mit zynischen Augen.

Schließlich sagte ich: »Das ist prima.«

Ich wußte, daß meine Stimme gequetscht klang. Es lag daran, daß es nur zur Hälfte prima war. Eine freie Überfahrt nach La Rochelle brachte mich auf die unauffälligste Art nach Frankreich, die ich mir denken konnte. Aber falls mich jemand ankommen sah, würde man unweigerlich den Eindruck bekommen, daß Michael Savage wieder auf dem Kriegspfad war.

»Kann ich sonst noch was für dich tun?«

»Das war schon viel.«

»Danke«, bemerkte Charlie, als ob ich ihm einen Gefallen getan hätte.

Ich ging nach Hause und rief nochmals Georges an. »Ich hole die *Arc-en-Ciel* selber ab.«

»Gott sei Dank, ich brauche nämlich den Platz. Ich lege sie vor Saint-Martin-de-Ré an eine Boje.«

Dann rief ich Mary Ellen an. »Ich fahre nach La Rochelle, um das Boot zu holen.«

»Halt' die Augen offen.«

Mit trockenem Mund antwortete ich: »Das habe ich vor.«

Wir legten auf, und ich warf ein paar Klamotten in einen Seesack. Schon fühlte ich mich besser. Jede Entscheidung war besser als gar keine.

Verdammter Narr, sagte das leise, dünne Stimmchen in mir. Erinnere dich an den Stahl, den Gin, die nackte Angst. Aber es war einfacher, die Stimme zu ignorieren.

Um sechs Uhr warf ich den Seesack über die Schulter und fuhr mit dem Rad zur Marina hinunter.

Scotto Scott war ein großer Neuseeländer, der sich fluchend über eine Winsch auf einer großen Fahrtenketsch beugte. Sie lag an der Außenseite des Pontons und sah schnell aus. Ich warf meinen Sack an Deck und half ihm beim Auffüllen des Trinkwassertanks. Zwei andere Männer kamen über den Ponton gelatscht, sie schoben vollbepackte Handkarren mit Verpflegung und Getränken. Wir hätten einen netten Wochenendtörn vorbereiten können.

Um 19.00 Uhr stahlen wir uns aus dem Hafen auf die breite Mündung des River Poult hinaus. Der Druck in meinem Magen war wieder da. Bei wenig Wind schlugen Scotto und ich die Segel an. Das Boot legte sich leicht über, das Heckwasser gurgelte am Spiegel. Achteraus versank das Land, und die Nacht brach herein.

Drei Tage später blinkte hinter uns der graue Finger des Baleines-Leuchtfeuers, und der Knoten in meinem Magen war zur Größe eines Fußballs angewachsen. Der Wetterbericht hatte einen Sturm angekündigt, aber der ging uns nichts mehr an. Denn an Backbord achteraus schwamm auf dem milchig grünen Wasser eine südliche Kardinaltonne mit den beiden nach unten zeigenden Kegeln. Sie bezeichnete den Anfang des Fahrwassers nach La Rochelle.

»Du kennst das Revier«, stellte Scotto fest. »Du steuerst sie hinein.«

Ich schluckte den Knoten im Hals hinunter. Und hinein ging es.

23

»In den Alten Hafen«, bemerkte Scotto. »Austern zum Dinner, richtig?«

Die beiden Türme wuchsen wie graue Ölfässer hinter dem Vorstag in die Höhe. An Steuerbord voraus lag das Mastengewirr von Minimes. Eine Menge Segel waren draußen, die Eigner wollten den Abend vor dem Sturm noch auf dem Wasser genießen.

Ich fragte: »Könnt ich mich vorher absetzen?«

Scotto wandte mir sein ausdrucksloses neuseeländisches Gesicht zu. »Sicher«, meinte er. »Wo denn, Skipper?«

Wir drehten nach Backbord, passierten die Brücke, die sich wie ein weißer Tausendfüßler aus Beton zwischen dem Festland und der Île de Ré spannt. Es dauerte fast eine Dreiviertelstunde, bis wir auf der Höhe von Saint-Martin angekommen waren.

»Da drüben liegt sie«, stellte Scotto fest.

Da war sie, die *Arc-en-Ciel*. Sie schwamm an ihrer Boje so leicht wie eine Feder auf dem Wasser. Ich nahm meinen Seesack und schlang den Gurt über die Schulter. Georges' Männer hatten den Rumpf so poliert, daß er die späte Abendsonne gelb reflektierte. Ein schönes Boot, dachte ich, obwohl es von mir ist. Ein Windstoß ließ die Fallen mißtönend wie ein schlecht gestimmtes Glockenspiel gegen den Mast klappern.

Als wir längsseits schoren, wirkte sie groß, solide und vertrauenerweckend: ein handgreiflicher Beweis von sechzig Fuß Länge, daß Mick Savage doch nicht so verdammt nutzlos war, wie er sich fühlte. Ich packte ein Want, schwang mich an Deck und sprang ins Cockpit. Zum Abschied winkte ich Scotto zu. Dann schob ich den Schlüssel ins Schloß.

Der Schlüssel drehte sich nicht.

Ich probierte es wieder, und plötzlich gab die Luke etwas nach. Ich stellte fest, daß sie offenstand. Verdammter Georges, fluchte ich, hat ein so unterentwickeltes Sicherheitsbewußtsein wie eine Lehrerin an einer Klosterschule.

Ich schob die Luke ganz auf, kletterte den Niedergang hinunter und warf meinen Seesack auf die Koje.

Betritt man ein Schiff, das man selber erdacht hat, ist es, als komme man nach Hause – besonders dann, wenn einem das Boot gehört und die Werftrechnung bezahlt ist. Ich blieb eine Minute in der Luke stehen und bewunderte die Arbeit, die Georges' Männer geleistet hatten. Der Lack glänzte, die Instrumente saßen ordentlich und trocken in den Paneelen, alles war blitzsauber. Sogar der Dieselgestank war verschwunden. Jemand hatte eine Kaffeekanne auf dem Herd vergessen, aber schließlich blieben sich Werftarbeiter überall auf der Welt gleich.

Ich zog die Luke zu. Ein schnelles Motorboot bretterte vorbei, das Deck stampfte unter meinen Füßen. Die Kaffeekanne klapperte auf dem Herd, ich nahm sie hoch: noch warm. Etwas hinter mir knarrte. Ein loses Brett, dachte ich.

Dann hörte ich das Klicken eines Riegels und wußte, daß es kein loses Brett, sondern die Toilettentür gewesen war. Die Bedeutung des warmen Kaffees traf mich mit der Wucht eines D-Zugs in den Magen. Ich wirbelte herum.

Damit drehte ich mich genau in etwas hinein, das mich an der Schläfe traf. Über meinem linken Ohr entzündete sich eine glühende Schmerzwolke. Das Licht der Fenster färbte sich blutrot. Meine Knie gaben nach, und mit einem dumpfen Aufprall landete ich an Deck. Sandiges, helles Stechpalmenholz drückte in meine Wange.

Mein Kopf sandte ein kraftvolles elektrisches Summen aus. Der Kaffee war warm gewesen und der Kajütenboden sandig, weil sich jemand an Bord auf dem Klo versteckt hatte. Ich wußte, daß ich mir über irgend etwas Sorgen machen sollte, konnte aber nicht herausfinden, was es war, denn das blutrote Licht schien zu hell für meine Augen, und mein Kopf schmerzte höllisch.

Also schloß ich die Augen. Der Schmerz begann sich wie ein riesiger Propeller zu drehen. In der Kajüte sagte jemand etwas, aber ich verstand nichts, weil ich es durch das Sausen in meinen Ohren nicht hören konnte. Es war ein verdammter Fehler, nach La Rochelle zu kommen, flüsterte eine Stimme in meinem Hinterkopf. Ich ließ mein Bewußtsein in die häßliche tiefe Dunkelheit sinken, die gierig auf mich wartete.

Etwas Nasses klatschte mir ins Gesicht. Meine Augen öffneten sich. Licht fiel herein, Salzwasser brannte. Ich blinzelte heftig. Das erste, was ich sah, war eine Pütz. Mühsam stellten sich meine Augen auf den Mann dahinter ein.

»Du dummer Hund«, sagte Thibault Ledoux. »Beinahe hätte ich dich umgebracht.«

Mit einer großen, erschöpfenden Anstrengung zog ich die Knie unter mich und stand auf. Sie gaben gleich wieder nach, doch ich konnte mich auf den Navigationssitz fallen lassen. »Was zum Teufel tust du hier?« stöhnte ich.

»Nur keine Panik«, entgegnete er.

Erinnerungen bahnten sich schwerfällig einen Weg durch das elektrische Brummen in meinem Kopf. Jean-Claude und Crespis andere Ganoven suchten Thibault. Es waren dieselben Männer, die Frankie in ihrer Gewalt hatten. Warum sollten sie aufgehört haben, nach Thibault zu suchen? Er war nicht in der Position, anderen Leuten zu sagen, daß sie nicht in Panik machen sollten.

»Red' keinen Quatsch.«

»Schön, dich zu sehen. Wir müssen reden.«

»Dann rede.« Aus dem Summen war ein Dröhnen geworden, als ob ein Dieselmotor in meinem Kopf arbeitete.

»Nicht hier.«

Ich konnte noch nicht sehr gut sehen. Thibault trug einen Overall mit Kapuze, wie ihn Verarbeiter von Glasfasermatten tragen. Sein Gesicht sah so grau aus, als ob er lange Zeit nicht in der Sonne gewesen wäre. »Wir müssen hier verschwinden«, fuhr er fort. »Vielleicht hat dich jemand kommen gesehen.«

»Wohin verschwinden?«

»Auf See.«

»Der Wetterbericht sagt Sturm voraus.«

»Trotzdem«, beharrte er. »Wir segeln. Ich hockte auf der Île de Ré in einem Keller, da sah ich das Boot an der Boje. Jetzt laufen wir aus, oder ich werde verrückt.« Er zog die Kapuze über den Kopf und trottete an Deck. Ich war zu schwach, um ihm folgen zu können.

Ich hörte die Maschine anspringen und das Klatschen der Muringleine vorn. Dann kam er runter, steckte den Kopf in die Perspexkuppel und griff nach der Fernbedienung des Autopiloten. Dabei schenkte er mir sein berühmtes Lächeln, aber ich fühlte mich zu schlecht, um mich durch ein Filmstargrinsen beeindrucken zu lassen. Ich legte meinen Kopf auf die schönen neuen Kissen und schloß die Augen.

Als ich wieder zu mir kam, wußte ich nicht, ob ich eine Stunde oder eine Minute geschlafen hatte. Aber der Himmel über der Kuppel war nicht mehr grau sondern schwarz, also mußte es länger als eine Minute gewesen sein. Von vorn erklang das Rasseln der Ankerkette, dann das Rauschen der Leine durch die Klüse. Ich fühlte, daß die *Arc-en-Ciel* zurücktrieb und einen Augenblick frei schwang, dann törnte sie ein und begann wie ein wilder Mustang zu stampfen. Der Wind heulte im Rigg. Wir lagen vor Anker.

Thibault kam wieder nach unten. »Hier liegen wir sicher. Ich bin raus zum Leuchtturm gefahren, als ob wir in See stechen wollten, dann bin ich ohne Licht zurückgefahren und hier vor Anker gegangen.«

»Wo?«

»Vor Saint-Martin-de-Ré, aber weiter ab als vorher.«

Der Wind jaulte mit diesem hohen Pfeifen, das anzeigt, daß ein ernsthafter Sturm im Anmarsch ist.

»Es bläst aus Südwest bis West mit Sturmstärke acht«, erläuterte Thibault. »Aber kein Problem, wir liegen gut geschützt. Willst du ein Aspirin?«

Ich nahm eines. In meinem Kopf war jetzt nur noch ein dumpfes Dröhnen. Thibault erkundigte sich: »Warum bist du gekommen?«

Ich war nicht in der Stimmung für Formalitäten. »Der Kapitän der *Poisson d'Avril* ist tot. Crespi hat ihn umbringen lassen.« Ich beobachtete sein Gesicht.

Das Filmgrinsen verschwand. Sein Gesicht wurde weiß und schlaff.

»Hast du versucht, Crespi in die Pfanne zu hauen? Hast du vor *ihm* Angst?«

Thibault bemühte sich um einen gespenstischen Abklatsch seines alten Grinsens. »Ich weiß nicht, wovon du redest.«

Ich hielt mir den Kopf mit beiden Händen, um zu verhindern, daß er wie ein Schokoladenosterei in zwei Hälften auseinanderfiel. »Ich weiß alles über deine Geschäfte. Ich weiß über die *Poisson d'Avril* Bescheid, die dir und Atlas Industries gehörte und gesunken ist. Sie lief in Charter für eine Firma, die ebenfalls Atlas Industries gehört. Zwei Tote, Thibault!«

Im Deckenlicht sah sein Gesicht so runzlig aus wie das einer Mumie. Ich war wütend, am meisten über mich selbst. Weil Thibault ein alter Freund gewesen war, hatte ich alles geschluckt, was er mir erzählte.

»Zwei Leichen und ein toter Skipper. Wer schert sich

schon um einen Koch und eine Deckshand, wenn erst die Seeventile aufgedreht sind? Du wartest immer noch auf das Versicherungsgeld, nicht wahr? Du und Atlas Industries. Aber Lloyd's untersucht jetzt den Fall, und das Geld kommt und kommt nicht.«

Er rieb sich die Stirn. »Okay«, stöhnte er.

»Noch nicht«, unterbrach ich ihn. »Du hast mir versichert, du hättest nichts mit der Sabotage des Seeventils auf der *Arc-en-Ciel* zu tun. Du hast mir gesagt, daß Seeleute so was nicht tun. Aber du hast es getan! Deshalb warst du auch so erstaunt, als ich im Restaurant auftauchte. Nur – der Schaden war angerichtet, egal ob das Boot gesunken war oder nicht. Du hattest *Arc* bei Agences Giotto versichert, einer weiteren Tochterfirma von Atlas. Der Geschäftsführer schluckte die Überversicherung, weil die Firmenpolitik vorschrieb, keine Fragen zu stellen, damit man sich keine Lügen anhören mußte. Aber es klappte nicht, denn Crespi tauchte auf und begann, Fragen zu stellen. Als er die Antworten wußte, verlangte er deinen Kopf, weil du die zweite Geige spielen wolltest, wo nur die erste Geige in der Partitur vorgesehen war. Damit habe ich doch recht?«

Er hob nicht den Kopf. »Nein«, entgegnete er.

»Ich hab' dir schon zu oft geglaubt, verdammt noch mal, Thibault!«

Jetzt blickte er auf, seine Augen wirkten erschrocken und eingefallen. Er murmelte: »Du verstehst das nicht.«

Ich sprang auf und packte ihn vorn am Pullover. Sein Atem roch schal und faulig wie der eines alten Mannes. Ich schüttelte ihn. Er war so leicht, als ob er keine Muskeln mehr hätte. Ich hörte mich selbst brüllen: »Dann sorge dafür, daß ich es verstehe, du Bastard!«

Er keuchte. Ich ließ ihn los, und er setzte sich. Mein Kopf schien zu zerplatzen. Ich schämte mich, als ob ich plötzlich festgestellt hätte, daß ich mit einem kranken Mann kämpfte.

»Nun gut«, sagte er. »Wirst du zuhören?«

»Das werde ich.«

»Vor einiger Zeit brauchte ich ein neues Boot, einen Trimaran. Feuillas Geschäfte liefen schlecht, er mußte mir die Zuschüsse kürzen. Deshalb stellte er mich einem Burschen vor, den er kannte. Von dem bekam ich einen Kredit, um das Boot bauen zu können. Es war ein billiger Kredit, EG-Geld, das er von einem anderen Projekt abgezweigt hatte. Ob das legal oder illegal war, kümmerte mich nicht. Sie bekommen dort unten im Süden jede Menge Subventionen – politische Kredite, du verstehst.«

»Wo unten?«

»Im Languedoc-Roussillon. In einer Stadt namens Sainte-Jeanne-des-Sables.«

In der Heimat von Arthur Crespi.

»Der Trick dabei war, daß ich von dem Geld einen bestimmten Anteil dem Mann zuschustern mußte, der es mir besorgt hatte. Und ich mußte das Boot auf seiner Werft bauen lassen.«

»Arthur Crespis Geld. Arthur Crespis Werft.«

»Ja. Jedenfalls bauten sie das Boot, und es wurde teuer. Bald konnte ich Zinsen und Tilgung nicht mehr zahlen. Meine anderen Geschäfte liefen auch nicht sonderlich gut. Ich mußte regelmäßig viel Geld flüssig haben, weil ich mein Team nicht feuern wollte. Die Jungs waren mir gegenüber loyal gewesen, also mußte ich es auch sein. *Eine* Mannschaft, in guten und in schlechten Tagen, wie damals im Zirkus, verstehst du? Ich hatte also Crespis Geld angenommen, konnte ihm aber bald nicht mehr die fälligen Raten zahlen.

Er schlug vor, den Kredit in einen Anteil an Transports Drenec umzuwandeln, weil es ihm ein Vergnügen wäre, einen Ehrenmann wie mich in der Firma zu haben; das würde einen guten Eindruck machen. Ich unterschrieb den Vertrag. Dann kam er zu mir und erklärte, daß ein Schiff sinken und er meinen Anteil an der Versicherungssumme einstreichen würde – damit wäre der Kredit dann zurückgezahlt. Ich machte deutlich, daß mir diese Versenkung nicht gefiel. Da sagte er, daß ich bloß nicht querschießen solle, denn er könne sich hinter seiner Holding verstecken, aber ich ...«

»Atlas Industries.«

»Richtig. Aber ich würde in den Knast wandern, und wenn ich wieder herauskäme, würde ich feststellen, daß *Arc-en-Ciel* etwas zugestoßen war. Also machte ich mir ein paar Gedanken. Wie du weißt, hatte er die *Poisson d'Avril* über Agences Giotto versichert, eine der Töchter von Atlas. Ich spekulierte nun: Wenn ich die *Arc-en-Ciel* bei Giotto gerade unter dem Limit versicherte, bei dem der örtliche Manager noch nicht das Hauptbüro einschalten mußte, dann wäre *Arc* in Sicherheit. Denn wenn Crespi sie versenken ließ, würde die Versicherung mißtrauisch werden, warum so viele Boote sanken, die bei Giotto versichert waren.« Er verzog das Gesicht. »Das war eine schlimme Fehlkalkulation, denn Crespi macht vor nichts und niemandem halt.«

Ich mußte an Bianca denken, die vor dem Bug der *White Wing* vorbei gesegelt war.

»Also setzte er mich auf die Abschußliste, und ich tauchte unter. Danach hörte ich, daß er die *Arc* schon hatte sabotieren lassen und dabei dich und Yann beinahe umgebracht hätte. Crespi hat mich aus der Familie verstoßen und will meinen Kopf. Er ist kein Mann, mit dem man vernünftig reden kann. Du machst Schwierigkeiten, also stirbst du.« Er grinste und zuckte mit den Schultern. So hatte ich ihn grinsen gesehen, als ihn jemand versehentlich am Trapez in *Krakens* Rigg losgelassen hatte. Er war ins Wasser gestürzt, nur einen Zentimeter neben der Bordwand. Wäre er aufs Deck geprallt, hätte er es nicht überlebt. Er war grinsend wieder hochgekommen und hatte kein weiteres Wort über den Zwischenfall verloren.

Dann mußte ich an das Boot denken, das uns während des Belle-Île-Rennens gerammt hatte, weil Crespi dachte, Thibault sei an Bord. Weiter dachte ich an den Geschmack von Stahl und Gin und an Frankie in Jean-Claudes Händen. Wir hatten bei Crespis Versuchen bisher eine Menge Glück gehabt. Es wäre vermessen gewesen, sich weiter darauf zu verlassen.

»Wie bist du darauf gekommen, daß sie hinter dir her sind?«

»An dem Abend, als du ankamst, waren sie im Manoir draußen und versuchten, Bianca einzuschüchtern. Sie rief mich im Restaurant an.«

»Traust du Bianca?«

»Natürlich traue ich Bianca.«

»Warum?«

»Sie hat drei Jahre lang für mich gearbeitet und tut es noch immer.«

»Noch immer?«

»Ich hab' sie gebeten, mir die Akten aus dem Manoir zu besorgen.«

»Hast du ihr aufgetragen, sie vor mir zu verbergen?«

Er hob die Schultern. »Natürlich.«

»Warum?«

Er lächelte. Es war sein altes Lächeln, nur etwas schmerzlich. »Du bist ein Kumpel, dem man vertrauen kann, das hab' ich immer gewußt. Du machst die richtigen Dinge. Ich hatte einen Fehler begangen und schämte mich.«

Thibault hatte mir das Boot rückübereignet, so daß ich dicht an einem Versicherungsbetrug und einer Scheckfälschung vorbeigeschlittert war. Er war nicht der einzige, der sich schämte.

»Also wußte Bianca die ganze Zeit, wo du dich aufhältst?«

»Natürlich.«

»Auch jetzt?«

»Natürlich.«

Ich blickte ihn an: die hoffnungslos hängenden Schultern, der herabgesunkene Kopf, die braunen Hände auf den Knien. Auf einem Unterarm hatte er eine kleine Tätowierung, einen unklaren Anker. Thibault war ein Seemann und verbreitete Vertrauen, weil er so verläßlich war, wie es gute Seeleute sind. Er war aber auch so naiv, wie es gute Seeleute sind. Deutlich sah ich vor mir, wie er von dem cleveren Mr. Crespi mit einem faulen Kredit geködert und eingewickelt wurde, wie er dann in eine Schiffsversenkung hineingezogen wurde, die schiefging. Thibault kämpfte um seine Boote, um sein loyales Team, mit dem Einer-für-alle-Geist des Zirkus *Kraken*, aber die Equipe Ledoux wurde von den rasiermesserscharfen Zähnen eines Piranhaschwarms zerfleischt.

Eine Sturmbö kreischte im Rigg, Regen klatschte auf den Perspexdom. *Arc-en-Ciel* kreiste an ihrer Ankerleine wie ein Pferd an der Longe.

Etwas bumste gegen die Bordwand.

Es hätte ein Stück Treibholz sein können, aber dann waren Schritte an Deck zu hören. Die Besucher trugen Stiefel mit Eisen an den Sohlen. Ich konnte sie auf den taubengrauen Teakplanken knirschen hören.

Ich sprang auf und eilte zum Niedergang. Die Luke flog auf. Meine Augen waren noch vom Licht in der Kajüte geblendet. Draußen war es finster wie in einem Bärenhintern, der Sturm heulte infernalisch.

Jemand packte mich an den Schultern. Ich wurde aus der Luke gezogen. Wind und Regen peitschten mir ins Gesicht. Ich brüllte und versuchte, mich loszureißen, aber sie hielten mich fest. Es waren zwei, der flache Schatten ihres Schlauchboots war längsseits zu erkennen.

Einer der Männer sagte: »Sieh da, Frankies Papa! Na schön, du hast Frankie ein paar Probleme erspart, *beau-papa.*«

Das war Jean-Claudes Stimme. Ich wußte nicht, was er meinte, und als ich es herausgefunden hatte, war es zu spät.

»Zugleich!« befahl Jean-Claude.

Sie zogen beide gleichzeitig, mit viel Kraft dahinter. Ich hatte einen Schlag auf den Kopf bekommen und war geschwächt. Sie zogen mich hoch und warfen mich auf die Seereling, daß mir die Luft aus den Lungen pfiff.

»Bye, bye«, verabschiedete sich Jean-Claude. Sein Stiefel kam aus der Dunkelheit geschossen und schob mich. Ich bekam keine Luft, rutschte über die Reling, tastete unkontrolliert herum. Meine linke Hand fand eine aufgeschossene Leine. Der Stiefel kam wieder, und ich konnte ihm etwa soviel Widerstand entgegensetzen wie ein Sack Rosenkohl.

Aber ich packte die Leine, als mich der Stiefel über die Reling kippte.

Immer noch mit der Leine in der Hand, fiel ich in die See.

Das Wasser war schwarz und eiskalt und preßte die letzte Luft aus mir heraus. Ich arbeitete mich wieder an die Oberfläche und atmete gierig ein ... Dabei sah ich das Topplicht der *Arc-en-Ciel* oben in der Dunkelheit im Takt des Seegangs hin und her schwingen. Ich umklammerte die Leine, Panik stieg in mir auf. Nur die Ruhe, dachte ich. Halt sie fest, dann zieh dich langsam und leise heran, steig über das Heck an Bord und besorg es diesen miesen Schweinen.

Mein Herz begann wieder normal zu schlagen. Ich trat Wasser, zog Hand über Hand an der Leine und wartete darauf, daß sie sich straffen sollte.

Sie straffte sich nicht. Was ich schließlich in die Hand bekam, war das andere Ende der Leine.

Sie war nicht belegt gewesen.

Eine Welle hob mich hoch. Ich sah das Topplicht, jetzt gut

fünfzig Meter entfernt. Der Strom trug mich fort, mich und meine blöde Leine, hinaus auf die weite schwarze See.

Ich ließ die Leine los.

Bianca hatte gewußt, wo wir waren.

Diesmal packte mich die Panik richtig und ließ mich nicht mehr los.

24

Wer in kleinen Booten einhand lange Hochseereisen unternimmt, hat sich viele Gedanken über das Außenbordsfallen gemacht. Zuerst kommt der plötzliche Schock im kalten Wasser, dann folgt das Stadium der Panik, in dem man mit einem Knoten Geschwindigkeit hinter dem Boot herschwimmt, das mit drei Knoten abtreibt. Schließlich folgt die Hoffnungslosigkeit, und man wartet auf den Tod.

Ich hatte mir das alles schon vor vielen Jahren überlegt, und es hatte wie eine seelische Schutzimpfung gewirkt, die verhinderte, daß ich etwas Hirnrissiges tat. Jetzt war ich über den Schockzustand hinweg. Ich spuckte das Seewasser aus, streifte meine Schuhe ab und verschloß die Panik sorgfältig ganz hinten im Kopf.

Und da hing ich nun und trat in der pechschwarzen Nacht Wasser. Jetzt war es eigentlich an der Zeit, daß mich die Hoffnungslosigkeit überwältigen mußte.

Aber sie kam nicht. Was einsetzte, war ein unbändiger Drang zu überleben.

Wir hatten vor Saint-Martin-de-Ré geankert. Die Tide würde mich in Richtung Île-de-Ré-Brücke versetzen. Es blies fast mit voller Surmstärke, aber die See war in Lee der Insel fast glatt.

Jedenfalls hätte sie so von Deck eines Bootes ausgesehen. Wenn man nur mit dem Kopf aus dem Wasser ragte, war sie schon ungemütlich rauh. Alles, was ich sehen konnte, waren sechzig Zentimeter hohe Wellen. Einige hatten Schaum auf den Kronen und rollten davon in die Dunkelheit wie die Rücken kämpfender Tiere. Von der Spitze einer Welle konnte ich jeweils die Lichter von Saint-Martin-de-Ré im Südwesten sehen.

In Luv.

Ich versuchte, in Richtung der Lichter zu schwimmen, aber nach drei Schwimmstößen war ich geblendet und atemlos. Ich drehte mich weg und versuchte, wieder zu Atem zu kommen.

Die Karte hatte ich im Kopf: oben im Nordwesten, fünf Meilen in Lee, lag die Bucht von L'Aiguillon; zu weit zum Schwimmen, selbst bei glattem Wasser. Das letzte Stück lag außerhalb des Schutzes der Île de Ré, dort würde das Wasser alles andere als glatt sein.

Wieder begann Panik an meinem Bewußtsein zu nagen, ich schluckte Wasser. Beweg' dich, stachelte ich mich an. Es gab nur eine Richtung, in die ich schwimmen konnte: hinein in die große schwarze Leere vor mir, wo sich die Seen an den Muschelbecken aus Beton vor der Küste brachen.

Ich schwamm los.

Nach Lee zu schwimmen ist wie vor dem Wind zu segeln: Man verliert das Gefühl für die Windstärke. Man bewegt sich in einem angenehm ruhigen Umfeld, nur das Spritzwasser auf dem Hinterkopf erinnert daran, was passiert, wenn man sich umdreht. Aber ein Schlag mit Thibaults Pumpenschwengel und ein paar grobe Tritte mit einem genagelten Stiefel sind keine ideale Vorbereitung auf ein Langstreckenschwimmen. Müde blinzelte ich voraus in die Dunkelheit, suchte nach Anzeichen der Küste.

Es waren keine zu sehen. Aber ich sah etwas anderes.

Links in der Ferne erglühte und verlosch ein rotes Licht. Mein Herzschlag wurde kräftig und zuversichtlich. Das Licht leuchtete erneut auf, erlosch wieder. Ich änderte den Kurs, schwamm in seine Richtung und ließ den Wind in mein linkes Ohr pfeifen. Dann steckte ich den Kopf unter Wasser und begann wie ein Hund zu paddeln.

Die Probleme begannen.

Alles, was ich hören konnte, war das Keuchen meines

Atems und das Blubbern und Klatschen des Wassers. Vom Salz hatte ich einen bitteren Geschmack im Mund, meine Brust schmerzte vom eingeatmeten Spritzwasser. *Gib auf,* sagte ein Teil von mir, *schwimm weiter in die alte Richtung. Etwas wird sich ergeben.* Aber ich fürchtete, daß sich nichts ergeben würde außer einer Lunge voll Wasser. Ich sah meine Leiche schon vor mir, wie sie bäuchlings am Strand von Coup de Vague lag, während ihr das Wasser aus Mund und Nase lief. Er ist von seinem Boot gefallen, der arme Hund. Kein Zeichen von Fremdeinwirkung.

Arthur Crespi und Jean-Claude würden sich diebisch freuen und Frankie alles haarklein erzählen.

Ich begann wieder wütend zu werden. Der Zorn brannte in meinem dickflüssigen Blut. Ich schwamm weiter – schneller.

Vor mir warf das rote Licht einen blutigen Schein auf die Wellen. Es schien eine tödliche Ewigkeit entfernt zu sein und hoch wie der Himmel, so weit oben in der Finsternis, daß es ein Stern hätte sein können. Es bewegte sich in der Luft, schwankte hin und her. Ich verfluchte es, knirschte mit den Zähnen. Das Knirschen half, meine Arme in Bewegung zu halten; die Beine paddelten wie von allein weiter. Luft zischte in meine Lungen.

Ich fragte mich, wo Frankie war. Möglicherweise saß sie nur zehn Meilen entfernt in La Rochelle. Nein, dachte ich, Jean-Claude ist der Polizei dort entwischt, er muß heimlich zurückgekommen sein, nur ein Ziel vor Augen: Thibault aufzuspüren – oder mich.

Wieder hörte ich Thibaults Stimme: *Natürlich traue ich Bianca ...*

Meine Beine schmerzten. Meine Muskeln drohten mir mit Krampf. Das war das letzte, was ich jetzt brauchte: Verknotet wie ein sauber geknüpfter Türkenbund und schwer wie ein Stein auf den Meeresgrund zu sinken. Ade, du schöne Welt.

Das rote Licht pulsierte wieder. Es war ein ganzes Stück vom Himmel heruntergekommen und jetzt fast auf meiner Augenhöhe.

Ich schwamm.

Etwas veränderte sich unter dem Licht. Auf der schwarzen See entstand ein fahler Fleck. Ich stieß mich mit den Füßen in diese Richtung vorwärts, auch wenn sie jemand anderem zu gehören schienen. Ich fühlte mich krank, aber gleichzeitig im Kopf seltsam leicht und beschwingt. Mein Körper schmerzte von den Fußsohlen bis zu den Haarspitzen.

Wieder flammte der rote Schein auf. Diesmal beleuchtete er vertikale, rotgestrichene Metallstreben. Eine große weiße Nummer schimmerte daran, hell wie das Wasser, das unten um den Schwimmkörper schäumte. Es war eine große, wunderschöne, mit Gas betriebene Backbord-Fahrwassertonne.

Mir schien eine halbe Stunde zu vergehen, tatsächlich dauerte es wahrscheinlich nur drei Minuten. Sie waren erfüllt von meinem keuchenden Atem, dem Rauschen der See und den Schmerzen. Endlich krallten sich meine verkrampften Finger um das Metall der Boje. Es ist möglich, daß ich vor Erleichterung geweint habe. Aber es war überall zu viel Salzwasser, als daß ich es genau hätte sagen können.

Die Tonne bestand aus einem stumpfen Kegel aus roten Metallstreben, mit der Lampe an der höchsten Stelle. Unten um den Kegel verlief ein etwa zwanzig Zentimeter breiter, vorstehender Rand. Ich wartete auf eine See und zog mich mit ihrer Hilfe auf den glitschigen Rand hinauf.

Es war herrlich. Eine Zeitlang genoß ich einfach das wunderschöne Gefühl, am Leben und außerhalb des Wassers zu sein. Aber der Sturm blies hier oben heftiger. Außerdem legte sich die Boje unter meinem Gewicht auf die Seite, und alle paar Wellenphasen spritzte Wasser über mich. Das rote Pulsieren beleuchtete meine nassen Klamotten. Der Wind saugte die letzte Wärme aus meinem Körper, während ich auf dem schmalen Sims stand, die Finger in die Metallstreben verkrallt. Sie wurden langsam gefühllos. Sooft sich die Tonne überlegte, hing ich an meinen Fingern, und die Füße suchten nach Halt. Es regnete wieder. Lange konnte ich mich hier nicht mehr festhalten.

Da hörte ich ein Ticken im Wasser, das Summen eines Bootsmotors. Ich blickte hoch. Positionslaternen hielten auf mich zu, ein Smaragd an Steuerbord und ein Rubin an Backbord, ein weißer Brillant im Topp. Fischerboot, dachte ich.

Ich konnte die hohe Bugwelle erkennen und das wegfliegende Spritzwasser, wo sie sich brach. Der Fischer würde im warmen Ruderhaus stehen, die rotierende Klarsichtscheibe schleuderte den Regen fort, Radar, Funksprechgerät und Decca zwinkerten mit ihren grünen Lämpchen zutraulich in der Dunkelheit. Draußen, beleuchtet vom glühenden Lichtschein, turnte eine spinnenartige Gestalt auf der Tonne herum. Der Fischer war jetzt querab von mir. Die Boje hob sich in seiner Bugwelle. Er rauschte vorbei, Bulleyes und Positionslaternen strahlend hell, das Brummen seiner Maschine unverändert. Ich rief. Es klang wie das Mauzen einer kleinen Katze. Der Fischer brummte weiter auf die roten Lichter der Île-de-Ré-Brücke zu.

Ich hörte auf mit Schreien und konzentrierte mich wieder darauf, nicht von der Tonne zu fallen. Ich fühlte mich sogar zu schwach, um mich zu bemitleiden.

Die Dinge schienen sich zur vollsten Zufriedenheit von Mr. Crespi zu entwickeln.

Merkwürdige Bilder schossen mir durch den Kopf. Eine Menschenschlange erschien, die Leute darin trugen alte Morgenröcke und schäbige Sommerkleider, als wären sie auf einer irischen Hochzeit. Sie nahmen mich bei der Hand. Anstatt sie zu begrüßen, sagte ich auf Wiedersehen. Auch Onkel James mit seinen Glotzaugen war da, aber er wollte mir nicht die Hand geben. Die ganze Menschenschlange rief mir etwas zu: nicht auf Wiedersehen, sondern hallo.

Es war ein erstaunlich kräftiges Rufen, eher schon eine Art Gebrüll.

Mein Kopf rollte auf den Schultern. Dort oben im Regen war ein Licht. Als ich das letzte Mal hingesehen hatte, war noch kein Licht dagewesen. Es war ein weißes Licht, hoch oben in der Luft. Nicht die Positionslaterne eines fahrenden Schiffes, sondern ein Ankerlicht. Aber warum sollte ein Boot im Fahrwasser ankern?

Das Licht bewegte sich. Also ankerte das Boot nicht. Warum dann das Ankerlicht und der Lärm?

Ein See prallte gegen die Tonne und in mein Gesicht. Als ich wieder sehen konnte, war das weiße Licht näher, hoch über mir. Darunter hob sich ein weißes Dreieck ab – ein Segel. Eine killende Fock, die laut im Sturm knatterte. Zuviel Segelfläche für diese Windstärke.

Das Licht der Tonne schickte pulsierende Blutstöße über die See und das Boot mit dem weißen Licht im Masttopp. Sie spiegelten sich auf einem polierten schwarzen Rumpf, wie sich die untergehende Sonne vor etwa einem Jahr auf dem Rumpf der *Arc-en-Ciel* gespiegelt hatte. Nicht vor einem Jahr. Erst an diesem Abend.

Es war die *Arc-en-Ciel*, die etwa sechs Meter an der kippeligen eisernen Tonne vorbeitreiben würde, an der ich wie gekreuzigt hing.

Eine Bö fiel jaulend in ihr Rigg ein, die Fock knatterte wie ein Maschinengewehr. Die *Arc-en-Ciel* begann sich wegzudrehen. Das Licht der Tonne leuchtete wieder rot auf.

Ich sprang in die See.

Ich schwamm wie ein Verrückter, kraulte mit dem Kopf unter Wasser auf die Stelle zu, wo ich die *Arc-en-Ciel* zum letzten Mal gesehen hatte. Ich sah Rot unter Wasser, das Rot der Tonne und das Rot des Blutes, das hinter meinen Augen pochte. Meine Hand klatschte gegen Plastik. Mein Kopf kam aus dem Wasser. Ich sah den Spoiler von *Arcs* Heck in Augenhöhe vor mir.

Wir waren in einem Wellental. Mir schien es, als ob das Boot auf mich gewartet hätte. Ich klammerte mich am Achterstag fest. Dann lief eine Welle von achtern unter das Heck, eine Bö pfiff im Rigg, und das Boot beschleunigte, daß es mir fast die Arme aus den Schultergelenken gerissen hätte.

Mühsam zog ich mich über den Spiegel ins Cockpit. Dort fiel ich auf die Knie. Die Luke stand offen. Ich griff hinein, um die Positionslichter einzuschalten und auch die Kabinenbeleuchtung. Es war mir völlig egal, wer mich fand oder was ich vorfinden würde.

Jedenfalls dachte ich das zunächst.

Der Boden der Kajüte war rot. Ich kniff die Augen zusammen. Heute nacht schien alles rot zu sein.

Als ich die Augen wieder öffnete, war der Boden immer noch rot. Die Ursache dafür lag neben dem Kombüsenherd. Das Boot rollte, und das Ding auf dem Fußboden rutschte. Früher war es Thibault Ledoux gewesen. Es war immer noch Thibaults Körper, aber der Kopf war nicht Thibaults Kopf, sondern eine rote, blutige Kugel. Das Blut war überall hin geflossen. Aus Thibault kam keines mehr.

Ich hangelte mich die Stufen hinunter. Jemand hatte ihn mit einem scharfen, schweren Gegenstand unter das linke Ohr geschlagen. Er atmete nicht mehr, ich konnte auch keinen Puls fühlen. Wer auch immer ihn geschlagen hatte, hatte ihn hart genug getroffen, um ihn zu töten.

Mein alter Kumpel Thibault.

Ich wandte mich ab. Das Blut klebte an meinen Sohlen, während ich die Seekarte hervorzog. Das Wasser aus meiner Kleidung tropfte darauf. Meine Hände zitterten so stark, daß ich sie kaum entrollen konnte. Die Zahlen der Tiefenangaben liefen über das Blatt wie ein irres Ameisenheer. Der

Kompaß am Schott zeigte an, daß der Wind auf West mit einer kleinen nördlichen Komponente gedreht hatte. *Tot.* Die Nummer der Tonne war unsere Position. *Tot.* Wir trieben auf eine lange flache Küste zu, die voller Schlick und Austernbänke war – und voller Felsblöcke. *Tot.*

Ich trieb. Denn nur ich war noch an Bord, Thibault war nirgends mehr. Nur noch seine Hülle lag da.

Armer Thibault. Tot.

Der Autopilot schien kaputt zu sein. Ich krabbelte an Deck, heraus aus dem süßlichen Gestank des vielen Blutes, hinein in das kalte Pfeifen des Sturms und den klatschenden Regen.

Die Fock machte vorne immer noch einen Höllenlärm und zog das Boot von Zeit zu Zeit voran. Wir lagen weit über, trieben schräg zur Tide nach Nordosten. Das war die verkehrte Richtung. Ich packte das Ruder.

Es bewegte sich widerstandslos in meiner Hand.

Ich zog die Decktaschenlampe aus ihrer Halterung und öffnete die Klappe an der Steuersäule, hinter der sich das Innenleben des Ruders verbarg. Dort hätte eine dicke, gefettete BMW-Motorradkette auf zwei Zahnrädern sitzen müssen, die die Steuerelemente verband.

Die Kette war nicht da.

Trotz der Kälte schwitzte ich. Die Schmerzen waren verschwunden, erstickt von einem großen, heißen Feuer, das meinen Körper ganz ausfüllte. Die Notpinne lag in einem besonderen Kasten am Spiegel. Ich riß die Befestigungen auf und zog sie heraus.

Arc-en-Ciel hielt in ihrem Treiben inne und stockte. Ich wußte, was dieses Stocken bedeutete: Bei zwei Meter vierzig Wassertiefe unter meinen Füßen hatte der Kiel den Grund berührt.

Die Seen waren nicht hoch, aber steil und unberechenbar. Eine versetzte dem Heck einen heftigen, ungeduldigen

Schlag. Meine Finger waren vom Anklammern an der Tonne dick wie Würste. Die Pinne fiel mir aus den Händen, schlug einmal aufs Seitendeck und war verschwunden.

Der Kiel bekam wieder Grundberührung, und dieser Aufprall warf mich auf die Knie. An Steuerbord sah ich eine Linie aus weißem Wasser. Vorübergehend zog die Fock wieder, und einen Augenblick blieb alles still, nur das Rauschen von *Arcs* Kielwasser war zu hören, als sie vorwärts schoß. Kein Laut von Thibaults Leiche, der unten in seinem Blut auf dem Boden lag. Kein Laut von mir, der halb bewußtlos auf den Knien im Cockpit des steuerlosen Bootes kauerte.

Dann kam von Steuerbord, wo die Wellen auf dem Strand brachen und sich in weißen Schaum auflösten, ein lautes, einschüchterndes Grollen.

Ich preßte den Starterknopf des Motors. Nichts geschah. Sie hatten die Ankerleine gekappt, die Steuerkette und die Leitungen zur Starterbatterie zerstört, dann waren sie mit ihrem Schlauchboot davongebrummt und hatten das Boot, auf Legerwall treibend, zurückgelassen. Sie ließen auch einen Toten zurück, der von der Brandung saubergewaschen werden würde: das bedauernswerte Opfer eines schrecklichen Unfalls, genau wie sein irischer Freund, der tragischerweise schon früher über Bord gefallen sein mußte. Es gab keine Überlebenden.

Es war immer noch möglich, daß es keinen Überlebenden geben würde.

Arcs Kiel schlug auf, kam wieder frei. Dann eine erneute Grundberührung, und sie saß fest. Der Lärm begann.

Sie wurde auf die Seite geworfen. Plötzlich bestand die ganze Welt aus donnerndem weißem Wasser. Etwas brach mit einem lauten Knall. vor dem etwas helleren Himmel klappte der Mast langsam in der Mitte zusammen und verschwand im Schaum. Ich rannte nach unten, zog meine Brieftasche aus dem Seesack und schob sie in die Tasche. Dann grapschte ich mir einen der hufeisenförmigen Rettungsringe am Heck und klemmte ihn mir unter die Arme. Die Seen schlugen wie mit gewaltigen Hämmern gegen die Bordwand. Ein schreckliches Knirschen, ein lang anhaltendes Reißen ertönte aus *Arcs* Innerem. Wir lagen in der Brandung. Eine Welle schlug über meinem Kopf zusammen und zog mich nach unten, immer weiter nach unten. Der Draht der Seereling schnitt wie ein Messer in meine Brust. Ich schrie unter Wasser. Dann überschlug ich mich, und schließlich war kein Boot mehr da.

Mein Kopf kam an die Oberfläche. Ich konnte atmen und einen Blick auf die lange, brüllende Brandung werfen, diesen tobenden weißen Hexenkessel. Dann krachte wieder eine Welle über meinem Kopf zusammen und schleuderte mich auf etwas sehr Hartes. Aha, sagte ein Teil von mir, der unabhängig vom Chaos der See funktionierte, die Betonbecken, in denen sie die Austern aufbewahren. Wir sind dicht vor dem Strand.

Dann kam der Schmerz. Ich wurde herumgewirbelt, Augen und Mund weit geöffnet, mein Kopf dröhnte wie eine wild geschlagene Tam-Tam-Trommel. Eine Welle hob mich an, schüttelte mich auf ihrem Kamm durch und warf mich dann auf eine Bank aus steinharten Brocken. Das Wasser lief ab.

Ich lag auf dem steinigen Ufer, gepeitscht von Regen und Wind. Ich schmeckte Blut auf meinem Gesicht und maunzte vor Schmerzen wie eine Katze.

Auf Händen und Knien zog ich mich über Steine. Scharfe Austernschalen bissen in meine Handflächen, aber ich kletterte weiter aufwärts. Es mußte ein Urinstinkt sein, der mich dazu trieb, so weit wie möglich aus dem Wasser zu kommen, aus der Reichweite seiner brutalen, nassen Fäuste. Die Felsbrocken des Seedeichs waren über mir, ich zog mich hinauf. Auf dem sandigen Weg, der oben entlangführte, blickte ich zurück.

Ich sah den dunklen Uferstreifen und die weißen Brecher. Draußen zwischen den Brechern rollte ein langes schwarzes Etwas herum, unbeholfen wie ein toter Wal. Dahinter, weit draußen in Richtung der kleinen Lichter von Saint-Martin-de-Ré, blinkte und verlosch regelmäßig ein kleiner roter Punkt in der tintenschwarzen See: ein Auge, das sich öffnete, das Wasser überflog und sich wieder schloß.

Die Tonne.

Ich taumelte auf der Binnenseite des Deichs hinunter und brach auf dem weichen salzigen Gras zusammen. Hier war es warm und windstill und roch nach frischem Heu. Ich atmete tief durch. Ein Auto hielt auf der Straße. Lichter zuckten, und Rufe gellten.

Ich schlief.

25

Licht zwängte meine Augenlider auseinander. Ich hielt sie geschlossen, so gut es ging. Mein Körper fühlte sich an, als sei er mit Knüppeln durchgeprügelt worden, der Schmerz in meinem Kopf war ein langsames, nervtötendes Pochen. Gras kitzelte mein Gesicht. Ich öffnete die Augen.

Lange konnte ich nichts anderes erkennen, nur eine allumfassende weiße Helligkeit. Dann bildeten sich langsam Einzelheiten heraus. Da war die grüne, quer verlaufende Linie des Seedeichs, der bläulichweiße Glanz des Himmels. Ich begann, den Deich hinaufzukrabbeln, auf den Sandweg zu.

Die ersten Bewegungen schienen mir eine Stunde zu dauern. Danach begann ich mich zu erinnern, wie man seine Glieder koordinierte, und es ging leichter, aber nicht viel.

Der Weg hatte sich geleert und der Wind nachgelassen. Es herrschte Ebbe. *Arc-en-Ciel* lag draußen mitten in einer Austernbank auf der Seite. Ihr ehedem glänzender schwarzer Rumpf war durch das Scheuern an Steinen und Sand stumpf geworden, ein großes Loch klaffte an Deck, der Schlick um sie herum war mit Teilen des Riggs übersät.

Ich suchte mir ein Stück Treibholz als Gehhilfe und begann auf der weißen Deichkrone nach Süden zu humpeln.

Er brannte in meinen Augen wie ein weißglühender Eisenstab, dieser Sandweg. Ich hatte keine Ahnung, wohin ich ging, und erkannte nichts, außer daß zu meiner Rechten die See war und zu meiner Linken das flache grüne Land.

Nach schätzungsweise zwanzig Minuten kam ich zu einigen Hütten und Wasserbecken aus Beton, die von Drahtzäunen umgeben waren. Schäferhunde bellten hinter den Zäunen. Ein paar Männer fuhren auf Traktoren umher, die mit Säcken voller Austern beladen waren. Sie schenkten mir keine Aufmerksamkeit.

Ich stolperte weiter. Vor mir lag eine weitere Hütte, die mir seltsam bekannt vorkam. Damals hatte es hier nach Aftershave gerochen, und das kalte Metall einer Schrotflinte war gegen meinen Unterkiefer gedrückt worden. Dann waren Flammen hochgeschlagen.

Meine Arme brannten wie Feuer, aber ich schleppte mich über die letzten zehn Meter des steinigen Strandes. Die Hüttentür wies noch Brandspuren auf und war verschlossen. Ich nahm einen Stein und brach das Schloß auf. Drinnen fiel ich auf einen Netzhaufen. Die Dunkelheit hüllte mich wieder ein.

Später weckte mich eine fluchende Stimme. Ich durchsuchte mein Gedächtnis, um festzustellen, wo ich war. »Christophe«, flüsterte ich.

Die Stimme sagte: *»Mon Dieu!«*

Mein Mund fühlte sich an wie aus Stein gemeißelt, meine Zunge wollte mir nicht gehorchen. »Thibault ist tot. Sag' keinem, daß ich hier bin«, stammelte ich.

Die Worte strömten wie ein Wasserfall aus ihm heraus: »Ihr seid beide tot! Der arme Thibault – ich hab' ihn gesehen. Er sah aus, als hätte er keinen Tropfen Blut mehr im Leib. Wie aus Marmor gehauen. Ich habe ihn mit ein paar anderen Männern auf den Strand getragen. Es hieß, du wärst auf See geblieben. Eure Ankerleine ist gebrochen.«

Ich verstand den Sinn seiner Worte nicht, war nur traurig, sehr traurig. Die Tränen strömten mir aus den Augen, brannten auf meinen zerschundenen Wangen.

Christophe beugte sich über mich, ich roch Cognac und Tabakrauch an seinen Kleidern. »Mein armer Freund«, sagte er.

Er holte Decken herbei, gab mir Wasser und Cognac zu

trinken, den ich nicht wollte. Die ganze Zeit über kreisten seine Worte wie die Endlosschleife eines Tonbands in meinem Kopf: *Ihr seid beide tot.*

Ich stöhnte: »Ich bin tot.«

»Wie?« Sein altes braunes Gesicht war traurig und besorgt.

»Erzähl' niemandem, daß ich noch am Leben bin. Ich muß untertauchen. Wie bei der Résistance.«

»Aha!« Er hatte begriffen.

Ich wurde wieder bewußtlos.

Die nächste Zeit war nur eine Abfolge verwischter Bilder. Es wurde dunkel, dann wieder hell. Jemand fütterte mich mit Suppe, die ich trank, und mit Cognac, den ich ablehnte. Nach mehreren Wiederholungen von Licht und Dunkelheit hörte der Schmerz in meinen Knochen auf, wie Feuer zu brennen, und tat nur noch weh. Auch der Kopfschmerz verging, meine Gedanken formierten sich wieder. Es mochte eine lange Zeit vergangen sein, wie lange, das wußte ich nicht.

Eines Tages – nach den schrägen Sonnenstrahlen, die durch die blauen Fensterläden fielen, mußte es früher Morgen sein – kam Christophe in die Hütte. Er war jeden Tag zweimal gekommen. An diesem Morgen sagte ich: »Christophe, ich möchte dir für alles danken.«

»Sei nicht dumm! Du hast Thibault geholfen. Thibault half mir. Wir sind quitt.«

»Weiß jemand, daß ich hier bin?«

Sein Gesicht rötete sich unter den weißen Stoppeln. »Du solltest doch wissen, daß ich bei der Résistance war.«

Ich erinnerte mich. »Tut mir leid.«

Er zuckte die Achseln. »Aber natürlich mußt du fragen.«

»Ist Bianca Dufy noch im Restaurant?«

»Dufy?«

»Die dunkelhaarige hübsche Frau.«

»Ich werde mich erkundigen.« Er zog die Tüte eines

Supermarkts unter seiner blauen Leinenjacke hervor. »Hier, etwas zu essen.« Dann ging er wieder, und ich hörte seinen Schlüssel im Schloß.

In der Tüte waren Brot, Käse, kalter Fisch und eine halbe Flasche Weißwein. Ich aß alles auf, trank den Wein und fiel in einen ganz normalen Schlaf, nicht in diese schweißtreibende Bewußtlosigkeit voller Fieberträume. In der Dunkelheit erwachte ich, weil der Schlüssel in der Tür klapperte. Christophe kam zurück. Seine Schwester war bei ihm, die Fäuste fest in die Taschen gestemmt.

»Ich habe Giselle mitgebracht, sie hört alles, was im Restaurant passiert.«

Giselle sah aus, als hätte sie geweint. »M'sieur Thibault ist tot«, schluchzte sie. »Es waren fürchterlich viele Reporter da.«

»Das ist unwichtig, du Närrin. Erzähl' ihm das andere.«

»Mademoiselle Frankie ist weg, wie Sie ja wissen.«

»Und Bianca? Die Dunkelhaarige?«

»Sie verschwand zur gleichen Zeit wie Sie. Danach ist sie nur noch einmal zurückgekommen, für eine Nacht letzte Woche. Seitdem ist sie weg. Aber sie hat nach Ihnen gefragt.« Giselle sah jetzt verschwörerisch drein. »Als sie feststellte, daß Sie nicht da waren, weinte sie. Ich glaube, sie ist verliebt.«

»Würdest du bitte M'sieur nicht mit deinen Vermutungen belästigen?« knurrte Christophe.

»Hat sie eine Adresse hinterlassen?«

»Nein.«

Das Herz rutschte mir in die Hose.

»Jedenfalls keine Anschrift«, fuhr Giselle fort. »Nur eine Adresse für postlagernde Sendungen.«

»Woher weißt du das?« erkundigte sich Christophe.

»Von M'sieur Gérard«, entgegnete sie. »Er führt jetzt das Restaurant, ist aber gar nicht froh über die viele Arbeit.«

»Wo postlagernd?« fragte ich ruhig.

»In Sainte-Jeanne-des-Sables«, erwiderte sie prompt.

Wieder diese Stadt im Süden. »Vielen Dank.«

Abends schwankte ich mit Gummibeinen auf dem Deichweg Richtung See, aber *Arc-en-Ciel* war verschwunden. Ein Bergungsunternehmer würde sie sich geholt haben. In der Nähe von Esnandes, hinter der Stelle, wo sie gestrandet war, gab es ein Café mit Telefon. Christophe hatte mir eine Ausgabe der *Ouest-France* dagelassen, die Zeitung hatte einen langen Artikel über Thibault und ein Foto von mir gebracht. Es war ein Archivbild, auf dem ich ein weißes Hemd und die RORC-Krawatte trug. Obwohl Giselle meine Klamotten gewaschen hatte, waren sie durch den langen Aufenthalt im Seewasser nicht besser geworden. Seit Pulteney war das Rasieren für mich ausgefallen. Nun paßte ich vorzüglich zur Kundschaft des Cafés, denn die Austernzucht ist ein schmutziges Geschäft, bei dem es sich nicht auszahlt, wenn man gut angezogen ist.

Dem Mann hinter dem Tresen quoll der Bauch unter dem blauen Pullover über die Fischerhose. Er schob mir einen *café noir* zu und zeigte mir das Telefon. Ich wählte Mary Ellens Nummer.

Es dauerte lange, ehe sie abnahm. Als sie sich meldete, klang ihre Stimme rauh.

»Mary Ellen?« fragte ich.

»Wer spricht da?«

»Mick.«

»Das ist überhaupt nicht komisch.« Ich hörte es klicken, und eine automatische Stimme schnarrte: *Der Teilnehmer hat aufgelegt.*

Ich wählte wieder, und jemand nahm schweigend ab. »Ich bin es, Mick«, sagte ich schnell. »Ich rufe aus Frankreich an. Was ist denn los?« Sendepause. Ich wartete auf das Klicken. Was hatte sie bloß? Mary Ellen hatte bei meinen Anrufen schon öfter aufgelegt, aber doch nicht heute, um Gottes willen! Ich warf mehrere Münzen nach.

»Mick?« Das klang fragend.

»Korrekt. Leg' nicht auf, sag' mir nur, was ich schon wieder Schlimmes getan haben soll.«

»Du bist es tatsächlich!« In ihrer Stimme lag ein scharfer, fast hysterischer Unterton.

»Bitte«, unterbrach ich sie, »ich bin in einer öffentlichen Telefonzelle und hab' nicht viel Kleingeld.«

»Mick«, sagte sie. Ihre Stimme klang plötzlich warm. »Mick, Darling. Wie wundervoll!«

»Was?«

»Sie sagten mir, du wärst tot«, fuhr sie fort. »Ertrunken.«

»Wer sagte das?«

»Die französische Polizei.«

»Weiß es Frankie?«

»Dann hätte sie mich angerufen.«

»Wo steckt sie?«

»Das weiß ich nicht. Sie hat mir eine Postkarte aus Montpellier geschickt, dort war sie aber nur auf der Durchreise. Es hörte sich an, als ob es ihr gutginge.«

Es hatte mir gut getan, die Wärme in Mary Ellens Stimme zu hören. Aber meine Gedanken wanderten schon weiter, und mein Magen krampfte sich wieder zusammen. »Ich muß Frankie suchen.«

»Wo?«

»Ich glaube ihren Aufenthaltsort zu kennen.« Meine Stimme sollte unbesorgt klingen.

Aber Mary Ellen kannte mich schon zu lange. Besorgt fragte sie: »Ist alles in Ordnung?«

»Alles bestens.«

»Warum machst du dir dann die Mühe und suchst sie?«

»Mir gefällt dieser Baragouin nicht.«

»Mir auch nicht«, stimmte sie zu. »Ich freue mich, daß du sie suchst.« Das klang unsicher und zögernd.

»Erzähl' niemandem, daß du von mir gehört hast«, bat ich. »Aber kannst du Justin anrufen?«

»Natürlich.«

»Sag' ihm, daß ich ganz nahe an dem bin, was er benötigt. Bitte ihn, daß er mir ein Auto mietet und Geld schickt. Ich hole es mir in der Banque Nationale von Rochefort ab.«

»Paß gut auf dich auf, Mick.« Mary Ellen zögerte. Es war angenehm, mit ihr verbunden zu sein, sei es auch nur durch Telefon. Wir wollten beide nicht auflegen. Schließlich fuhr sie fort: »Zu denken, daß du tot bist, war – schrecklich. Wir sehen uns nicht oft, nicht wahr?«

»Nein.«

»Ich bin so froh, daß du wieder da bist.«

»Ich werde Frankie finden.«

»Ohne sie sind wir einsam, stimmt's?«

»Ja.« Sie hatte keine Ahnung, wie einsam es für sie werden konnte.

»Danke, Darling.«

Ich stellte sie mir auf dem Sofa ihrer Wohnung vor, die Lichter der Themse spiegelten sich im schwarzen Wasser vor dem Fenster. Um ihre Lippen würde das vertrauensvolle Lächeln spielen, das sie aufsetzte, wenn wir uns wirklich ganz nahe waren und sie vergaß, daß ich der verantwortungslose Ire war und sie Mary Ellen Soames, die tüchtigste Versicherungsmaklerin der Welt.

Das Geld fiel durch. Ich hängte ein, bezahlte für den Kaffee und trat hinaus in die Nacht.

Meinen Beinen ging es schon besser. Am nächsten Morgen fuhr mich Christophe in die Stadt, wo ich den Bus nach Rochefort nahm. In der Bank holte ich mir das Geld ab, das Justin telegrafisch überwiesen hatte. Dann stieg ich in den Peugeot, der bei Avis auf mich wartete. Ich fand Sainte-Jeanne auf der Straßenkarte, aß mit gutem Appetit meinen Lunch und brauste los.

In der Nähe von Toulouse übernachtete ich. Die Luft war warm und geschwängert mit Kräuterdüften. Das Morgenlicht war gelb und greller als die blaue atlantische Dämmerung in La Rochelle. Das Französisch des Kellners beim Frühstück war scharf und bitter wie der Kaffee: der Dialekt von Crespi und Jean-Claude. Ich bezahlte die Rechnung von Justins Geld, kaufte mir an einem lauten Marktstand einen Strohhut und machte mich auf in Richtung Küste.

Neunzig Minuten später fuhr ich durch das Land der großen Reklametafeln. Die Straße war gesäumt von vergilbten Plakaten und mickrigen Pflanzen, die im Sand der Dünen ums Überleben kämpften. Die Reklametafeln priesen Wein, Ferienwohnungen, Villen, Sonnenöl und wieder Ferienhäuser an. Um sieben Uhr fuhr ich unter einem Transparent durch, auf dem stand: SAINTE-JEANNE-DES-SABLES – ALTER HAFEN – CAMPING – MARINA ›LES DIGUES‹. Eine Tafel neben der Straße zeigte den idealisierten Stadtplan eines Fischerdorfs mit roten Dächern, Kirchturm, Palmen und einer gelben Sandbank, die sich in eine blaue See hinaus erstreckte.

Sainte-Jeanne mochte früher tatsächlich so ausgesehen haben, aber das zwanzigste Jahrhundert war über die Stadt hergefallen und zertrampelte noch immer ihre Überbleibsel. Zwischen der Stadtgrenze und der ersten Ampelanlage passierte ich zehn Häuserblocks im Rohbau. Über jedem schwebte eine gelbe Staubwolke im blauen Himmel des Mittelmeers. Der Ort machte einen harten, anarchischen Eindruck, sehr verschieden von der kontrollierten, gut organisierten Atmosphäre in La Rochelle. In der Innenstadt wurde es immer schwieriger, den Himmel zu sehen, weil sich zu beiden Seiten der Straße hohe Wohnblöcke auftürmten. Aber sie verschwanden, und plötzlich war ich im Ferienfrankreich alten Stils. Da war der taschentuchgroße Alte Hafen mit Andenkenläden, da war der Platz mit Palmen und Cafés, das

Gewirr der Gäßchen, in denen ich mich verirrte, als ich nach dem Postamt suchte. Und da war die tief verwurzelte, wohlbegründete Abneigung der Einheimischen gegen Touristen, auch wenn die ihnen das Geld brachten.

Schließlich zeigte mir ein alter Mann grinsend seinen einzigen verbliebenen Zahn und wies mir den Weg zum Postamt. Ich lüftete meinen Strohhut vor ihm, kämpfte mich durch eine doppelte Busladung Deutscher und betrat die Post.

Die Bediensteten hinter den Schaltern sahen verschwitzt und nicht sehr hilfsbereit aus. Sie erinnerten mich nicht an apfelbäckige Postmeisterinnen, die Gewohnheiten und Adressen ihrer Kunden mit einem unrasierten Fremden diskutieren würden. Ich schob die Hände in die Taschen und betrachtete die Plakate an den Wänden.

Ich hatte ein leeres Gefühl im Magen. Sainte-Jeanne mochte sich groß und geschäftig geben, aber es war die Art Gemeinde, in der für ein geschultes Auge ein großer rotbärtiger Fremder so auffällig war wie ein Elefant im Porzellanladen. Ich begann zu schwitzen.

Der Schweiß gefror mir auf der Haut.

Auf einem Poster war ein Mann in den Sechzigern abgebildet: das weiße Haar eines Senators, ein nußbraunes Gesicht und viele betonte Lachfältchen. Er blickte auf die Menschenmenge in der Post mit einer Mischung aus Raffinesse und patriarchalischer Fürsorge herab. Die Botschaft unter dem Bild besagte in großen schwarzen Buchstaben gedruckt: WÄHLEN SIE AM 16. IHREN BÜRGERMEISTER. Über der rechten unteren Ecke des Porträts erinnerte ein orangefarbener Balken: *Wie immer!*

Ich fragte die Frau vor mir in der Schlange: »Wer ist das?«

Sie hatte in jeder Hand eine Einkaufstasche und sah verschwitzt und irritiert aus. Aber als sie das Wahlplakat sah, lächelte sie. »Der?« antwortete sie. »Das ist *le Patron.*«

»Wie heißt er?«

Sie blickte mich an, als wäre ich nicht ganz bei Trost. »Feuilla natürlich.«

»Der Nächste«, sagte die Frau hinter dem Schalter.

Ich stand mit offenem Mund da. Die Schlange hinter mir begann zu murren. Da ging ich hinaus in die sengende Mittelmeersonne.

Wenn man wissen möchte, wo der Bürgermeister wohnt, muß man einen Barmixer fragen.

26

Ich fand einen am Tresen des Café des Sports. Er beobachtete den Verkehr und zupfte an den schwarzen Haaren in seinen Nasenlöchern. Ich bestellte einen schwarzen Kaffee und fragte ihn, wo das Anwesen von Monsieur Feuilla lag.

»Vom Patron?« fragte er. »Das ist die Villa Occitan.«

»Wo liegt sie?«

Er deutete vage in westliche Richtung. »Was wollen Sie von ihm?«

»Mit ihm sprechen.«

»Bleiben Sie lange genug hier, und er wird vorbeikommen.« Der Barmixer lachte. »Und er wird Ihren Namen kennen.«

»Wie meinen Sie das?«

»Ihm gehört Sainte-Jeanne. Er hat die Stadt erbaut und kennt jeden hier.« Darüber schien er aber nicht allzu glücklich zu sein.

»Behagt Ihnen das nicht?«

Er hob die Schultern. »Ich lebte in der Republik Frankreich. Dann kam ich nach Sainte-Jeanne und stellte fest, daß ich in einer Monarchie lebe.« Er warf einen Blick auf einen Kellner, der mit einer Getränkebestellung herankam, und zog sich zurück.

Ich mußte an Carthystown und meinen Onkel James denken. Solche Monarchien kannte ich. Ich trank meinen Kaffee aus und trat auf den Platz hinaus, spürte wieder die unsichtbaren Augen in meinem Rücken. Ein paar Meilen weiter im Hinterland fand ich ein Hotelzimmer. Ich duschte und vertrieb damit die letzten Schmerzen aus meinen Muskeln, blieb aber erregt und nervös und hatte einen trockenen Mund. Ich holte mir das Telefonbuch von der Rezeption und rief Feuillas Nummer an. Ein Butler antwortete. Ich erkundigte mich, ob Monsieur Feuilla noch verreist sei. Nein, nein, erwiderte der Butler, der Patron wäre im Lande. Ob ich ihn sprechen könnte? Zur Zeit wäre er außer Haus, meinte der Butler, aber heute abend gäbe er eine Dinnerparty. Der Patron wäre immer zu sprechen – ob ich eine Verabredung treffen wollte? Ich sagte, er solle sich keine Mühe machen, und hängte ein.

Den Nachmittag über blieb ich auf meinem Zimmer. Zum Dinner verdrückte ich in einer ruhigen Ecke des Speisesaals ein Steak mit Salat und mehrere Gläser Mineralwasser. Danach fühlte ich mich fit für neue Unternehmungen. Ich ging hinaus, setzte mich in den Mietwagen und fuhr nach Sainte-Jeanne zurück.

Bunte Lichterketten hingen über den engen Gassen der Altstadt. Lautsprecher dröhnten Pizzadiscoklänge in die engen, nach Knoblauch duftenden Schluchten zwischen den Häusern. Die Besucher tranken eifrig vor fahrbaren Bars mit Klapptischen, ganz mit sich selber und ihren Nachbarn beschäftigt. Niemand beachtete mich, denn ich war nur ein Tourist.

Die Straße, an der Feuillas Anwesen lag, führte von der Altstadt fort, hinaus in eine Gegend, die noch kürzlich offenes Land gewesen sein mußte. Ich folgte ihr und parkte in einer Nebenstraße. Dann ging ich zu Fuß weiter, die Dunkelheit unter den Palmen ausnutzend. Ich kam an halbmondförmigen neuen Bungalows vorbei, die verstreut in der Landschaft lagen. Grillen zirpten zwischen den Bäumen, die Musik der Stadt war nur noch ein ferner Mißklang. Weiter unten an der Küste fletschte eine Siedlung ihre Hochhäuser wie ein grelles weißes Gebiß.

Ich kam an eine hohe Mauer aus behauenen Steinen. Die schmiedeeisernen Beschläge verliehen dem großen Eichentor darin einen spanischen Touch. Ein Name stand nicht daran, aber andere Häuser gab es hier nicht mehr. Das mußte Feuillas Anwesen sein.

Das Tor hatte einen großen eisernen Griff, den ich einen Augenblick nachdenklich betrachtete. Dann legte ich die Hand darauf und drückte. Das Tor war verschlossen.

Ich schob beide Hände in die Taschen und ging an der Mauer entlang, die nach zweihundert Metern von der Straße abknickte. Ich folgte weiter ihrem Verlauf. Auf dem Anwesen standen viele Bäume, Steineichen zeichneten sich schwarz gegen den Sternenhimmel ab. Draußen, wo ich lief, raschelten meine Füße durch ihr trockenes Laub. Im Schatten der Mauer war es dunkel, das paßte mir gut.

Nach weiteren zweihundert Metern hatte die Mauer wieder eine Ecke. In der Ferne waren Stimmen zu hören. Etwas weiter vorn verlief noch ein Feldweg. Dächer lugten über die Mauer, vielleicht Ställe. Hier standen die Wirtschaftsgebäude des Anwesens.

Wo der Feldweg auf die Mauer traf, war ein kleines, schmiedeeisernes Tor. Ich hatte recht gehabt, was die Ställe anging. Das Tor führte auf einen gepflasterten Hofplatz. Auf der gegenüberliegenden Seite erstreckte sich die Rückseite des Wohnhauses, cremefarben getüncht, und über der Hintertür brannte eine Lampe, von einem Globus aus Motten eingehüllt. Die Stimmen klangen jetzt näher. So schwach, als ob sie von der anderen Seite des Hauses käme, hörte ich eine gedämpfte Unterhaltung und das Klappern von Besteck auf Tellern: die Dinnerparty.

Jemand lachte, und ich blieb stocksteif stehen.

Ich kannte das Lachen, hatte es siebzehn Jahre lang gehört, seinen Wechsel vom kindlichen Gekicher zum Gurren einer Frau miterlebt. Das war Frankie!

Jetzt schwitzte ich richtig. Frankies Lachen klang glücklich und erregt, wie sich ein Mädchen fühlen sollte, das in

Südfrankreich zum Dinner eingeladen ist. Ich wollte sie sehen, sie unter meine Fittiche nehmen und dafür sorgen, daß sie so glücklich blieb.

Ich drückte auf die Torklinke, der Flügel schwang geräuschlos nach innen. Mein Atem klang mir laut in den Ohren. Ich schloß das Tor hinter mir und ging auf den Hof.

Er war leer bis auf die parkenden Autos: zwei Mercedes, ein Ferrari, ein BMW. Neben dem Haus führte eine Pforte in den Garten. Ich ging unter den überhängenden Dächern der Wirtschaftsgebäude um den Hof herum und streckte die Hand nach der Pforte aus.

Eine Stimme befahl: »Halt!«

Neben der Hintertür des Hauses stand jetzt ein Polizist, seine Rechte öffnete schon die Klappe seiner Pistolentasche. Mit der Linken hatte er gerade einen Zigarettenstummel weggeschnippt.

Ich krächzte: »Ich bin von Monsieur Feuilla eingeladen.«

»Ach wirklich?«

Ich wollte nicht mit ihm aufs Revier, denn dort würde man mich des Hausfriedensbruchs beschuldigen. In einer Stadt von der Größe Sainte-Jeannes kam so etwas in die Zeitung, die Crespi und seine Freunde bestimmt lesen würden.

Plötzlich war ich tödlich besorgt um Frankie. Verdammter Narr, schalt ich mich selber, du bist wieder mitten in Teufels Küche geraten.

Der Polizist sagte: »Kommen Sie mit.«

»Wohin?«

Er öffnete die Küchentür. »Zu M'sieur le Patron natürlich.«

Wir befanden uns im Küchenflügel des Hauses. Es roch nach Knoblauch, gekochten Langusten, alten Weinen. Der Polizist steckte mich in einen kleinen Raum, in dem sich Bierkästen stapelten. Der Schlüssel drehte sich im Schloß.

Ich setzte mich auf den kühlen Betonfußboden. Der Schweiß auf meiner Haut wurde klamm.

Ich wußte nicht weiter, hatte keine Ahnung, ob ich Feuilla würde überzeugen können. Auch war ich mir nicht mehr im klaren über ihn, wußte nur, daß er in der Flotilla zusammen mit Crespi an einem Tisch gesessen und gelacht hatte.

Über meinem Kopf, zweieinhalb Meter über dem Boden, schimmerte ein hellerer Fleck in der Dunkelheit. Ich holte mir eine Kiste und schob sie an die Wand.

Der helle Fleck war eine Ventilationsöffnung, ein kleines Fenster mit eisernem Gitter. Zwischen den Eisenstäben konnte ich Teile der Terrasse überblicken. Es war ein richtiger Innenhof, der vom Haus umschlossen wurde. Ringsum verliefen Kolonnaden, ein Brunnen plätscherte in der Mitte, Fackeln brannten in Halterungen an den Säulen. Ihre Flammen beleuchteten Jasmin- und Rosensträucher in großen Terrakottatöpfen und eine lange Tafel mit silbernen Leuchtern. Es mochten achtzehn Gäste am Tisch sitzen.

Ich konnte Frankies Gesicht sehen. Sie lachte, ihre Zähne blitzten weiß im Kerzenlicht, die Sommersprossen auf dem Nasenrücken wirkten dunkel in ihrem gebräunten Gesicht. Die Augen waren katzenhaft schmal. Sie sah sehr schön aus und in einem beängstigenden Maß erwachsen. Ich hatte plötzlich das Gefühl, daß ich heimlich jemanden betrachtete, der weder mit mir noch mit Mary Ellen etwas zu tun hatte. Sie war eine Fremde.

Bianca saß auch da, die Lichter funkelten im Brillantkollier an ihrem Hals. Neben ihr präsidierte Feuilla am Kopfende der Tafel. Er hatte sich zu ihr hinüber gebeugt und ihr einen Arm um die Schultern gelegt. eine besitzergreifende Geste. Ich war schockiert.

Aber das war noch nicht alles, was mich schockierte.

Unten am Tisch, weit von Feuilla entfernt, neben einem

braunen, keß wirkenden Mädchen, das jede Menge Make-up und sonst kaum etwas trug, saß Crespi.

Er stieß ein gekünsteltes, schallendes Gelächter aus, das seine Hängebacken wackeln ließ. Frankie stimmte ein, Bianca nicht. Feuilla lächelte mechanisch.

Ein Bediensteter in weißer Jacke näherte sich Feuilla, bückte sich und flüsterte ihm etwas ins Ohr. Sein Lächeln veränderte sich nicht. Er sagte etwas zur Tafelrunde, und alle sahen ihn aufmerksam an. Das Dinner war beendet. Sie standen mit großem Getöse auf und gingen. Hausmädchen erschienen und räumten die Tafel ab. Zehn Minuten später hörte ich das Geräusch mehrerer Automotoren auf der anderen Seite des Hauses. Dann herrschte Stille.

Ich kletterte hinunter und setzte mich auf die Kiste. Crespi und Feuilla hatten in der Flotilla am selben Tisch gesessen, und jetzt war Crespi zum Dinner bei Feuilla gewesen. Falls sie Freunde waren, dann war ich in Schwierigkeiten und Frankie auch.

Viel Zeit schien vergangen zu sein, als Schritte sich der Tür näherten und der Schlüssel im Schloß knirschte. Es war der Polizist. »Der Patron will Sie jetzt sehen«, sagte er.

27

»Bringen Sie Ihre Gefangenen nicht üblicherweise auf die Polizeiwache?« fragte ich.

Er lächelte nicht. »Sie sollten sich fragen, wem die Polizeiwache gehört.« Ich mußte an Jonzac denken, den Polizisten in La Rochelle. Jonzac gehörte niemandem außer sich selbst.

Dieser hier führte mich durch geflieste Korridore zu einer Tür, die in England mit grünem Filz bespannt gewesen wäre, und in einen großen Raum. Trotz der Hitze brannte im Kamin an der Stirnwand ein Feuer. Über dem Kaminsims hing ein Akt, der wie ein echter Picasso aussah. Der Boden bestand aus versiegelten Dielen, auf denen Teppiche von der harmonischen Weichheit hohen Alters lagen. Bianca saß in einem Armsessel rechts neben dem Feuer und las ein Buch. Feuilla knipste sich eine Zigarre ab.

Der Polizist räusperte sich und salutierte. In meinem Magen flatterte die Angst wie ein Schmetterlingsschwarm. Bianca hatte gewußt, wo sich Thibault versteckt hielt – und Thibault war tot. Jetzt war sie hier, ganz im vertrauten Umgang mit Feuilla, der vertrauten Umgang mit Crespi pflegte.

Verzeih' mir, Frankie, dachte ich und sagte: »Guten Abend.«

Der Polizist öffnete den Mund, um mich anzublaffen, ich solle die Klappe halten. Bianca blickte von ihrem Buch auf und erstarrte. Es fiel auf den Fußboden. Ihre Augen schauten mich so erschrocken an, als ob sie einen Geist vor sich sähe. Was sie anging, war das wohl auch korrekt.

Sie sprang auf und kam über die wunderschönen Teppiche auf mich zugerannt. Dann warf sie mir die Arme um den Hals, küßte mich auf den Mund und legte schließlich den Kopf an meine Brust.

»Ah!« Feuilla hatte sich umgedreht, ein brennendes Streichholz in der Rechten, die Zigarre unangezündet in der Linken. Seine Augenbrauen wanderten in die Höhe und kamen wieder herunter. Seine Augen wurden zu dunklen Schlitzen. »Mick. Es überrascht mich sehr, Sie zu sehen.«

Beim Klang seiner Stimme ließ mich Bianca los.

»Obwohl«, fuhr Feuilla gepreßt fort, »Sie einen ungewöhnlichen Weg gewählt haben, um uns zu besuchen. Hausfriedensbruch war doch nicht nötig.«

»Ich wollte mit Ihnen sprechen.«

»Sie hätten auch klingeln können.«

»Merde, patron!« fauchte Bianca. »Willst du ihm keinen Drink anbieten?«

»Gib du ihm doch einen.« Feuilla lächelte nachsichtig, dabei winkte er den Polizisten aus dem Zimmer. »Sie müssen meiner Tochter verzeihen. Väter sind niemals gastfreundlich genug. Aber ich vermute, daß Sie das aus eigener Erfahrung wissen.«

Ich starrte ihn an. »Väter?« wiederholte ich dumm.

Er zuckte mit den Achseln. Ich betrachtete seine kurze Hakennase, den Haaransatz über der Stirn, sein zigeunerhaft gutes Aussehen. Jetzt, da er es gesagt hatte, fragte ich mich, warum ich die Ähnlichkeit zwischen den beiden nicht früher entdeckt hatte.

Ich setzte mich auf ein großes Sofa gegenüber einem kubistischen Gemälde, das Zeitungsausschnitte und eine Gitarre zeigte. Bianca brachte mir eine Schale Nüsse und eine Flasche Rotwein und lächelte dabei wie die Königin von Saba. »Wir dachten, du wärst tot ...«

Sie trug ein seidenes T-Shirt, Designerjeans und Cowboystiefel. Trotzdem paßte das alles hervorragend zu den Brillanten. Sie setzte sich neben mich und umklammerte meine Hand.

Der Patron warf ihr einen schnellen Blick zu. »Sie werden sich zweifellos ein paar Fragen gestellt haben.«

In La Rochelle war er eine Autorität gewesen, aber hier war er mehr als das. Ich war zwar von den Toten auferstanden, aber trotzdem war die Überraschung ganz auf meiner Seite. Ich mußte daran denken, was der Barmixer gesagt hatte: *Ich lebte in der Republik Frankreich. In Sainte-Jeanne aber stellte ich fest, daß ich in einer Monarchie lebe.* Feuilla hatte einen Löwenkopf, doch es war ein müder Löwe. Um seine Augen hatte sich Erschöpfung eingenistet, die unteren Lider hingen herab. »Was führt Sie zu uns?«

»Ich suche meine Tochter.«

Er lächelte. »Natürlich.« Es war ein altes, wissendes Lächeln. »Und was noch?«

Ich fragte mich, wieviel ich ihm erzählen konnte. Er blickte mich mit den unschuldigen Augen eines Babys an. »Arthur Crespi«, erwiderte ich.

Etwas passierte mit seinen Mundwinkeln. Plötzlich sah er wie ein sehr hungriger Löwe aus.

Mit einer Stimme wie Eis fuhr Bianca dazwischen: »In diesem Haus spricht man nicht über Crespi.«

»Er war hier zum Dinner.«

Feuilla lehnte sich in seinem Sessel zurück und blies einen dünnen Rauchstrahl in Richtung des Akts von Picasso. »Manchmal«, murmelte er, »und vielleicht nur einmal im Leben, tut man etwas Scheußliches, nur um ein gutes Geschäft zu machen.«

Ich wartete. Im Zimmer war es heiß, und das Kaminfeuer heizte die Luft noch weiter auf. Aber trotzdem hing eine Kälte im Raum, die mir eine Gänsehaut über den Rücken jagte.

Der Patron hob die Linke, die Zigarre zwischen den Fingern. »Vielleicht sollte ich Ihnen das erklären.« Bianca wandte den Kopf ab. »Crespi kam vor zehn Jahren hierher. Damals war er ein charmanter junger Bursche, voller Energie wie eine Sprungfeder. Er trug Seidenhemden, fuhr ein

BMW-Coupé, ein zurückhaltender Mann, sehr korrekt. Meine Familie lebt hier seit hundert Jahren und länger. Wir bauten Wein an – übrigens keinen allzu guten – und kümmerten uns um die Leute im Ort. Manchmal tauchte ein Maler auf.« Er deutete auf den Akt über dem Kamin. »Das ist Biancas Mutter.« Er machte eine Pause und studierte das Bild. »Damals waren wir eine Kleinstadt, nur von wenigen Touristen besucht. Ich hatte etwas Geld zusammengekratzt und damit die Entwicklung ein wenig vorangetrieben. Alle Welt blickte nach Osten, auf die Küste hinter Marseille, und fragte: Warum erleben wir nicht so einen Aufschwung wie die Burschen in St. Tropez? Verstehen Sie? Aber das Land hier hat nur Marschen und Austernbänke und Moskitos, keine schützenden Buchten. Crespi kam aus dem Osten und gab uns Ratschläge. Baut an der See, empfahl er, direkt am Strand. Veranlaßt die Regierung dazu, die Moskitos auszurotten. Baut eine Marina, baut Apartments. Hier sind die Zahlen, sagte er. Die Welt verändert sich, die Menschen werden reicher, sie können sich Yachten leisten, ein Feriendomizil an der See zusätzlich zur Wohnung in Paris. Er zeigte uns die Berechnungen, führte uns bei der Regierung ein. Nicht bei der Provinzregierung, nein, in der großen Politik, die uns das Geld besorgen konnte. Wir luden die Politiker zu großen Festessen ein, veranstalteten Stierläufe, besorgten schöne Frauen, damit sich die Regierungsmitglieder wohlfühlten. Das Geld kam. Crespi sagte zu mir: Wir teilen. Sie bauen die Wohnblocks, ich kümmere mich um alles andere.

Also baute ich die Wohnblocks und die Marina. Crespi steckte sein Geld in Waschsalons, Kinos, Büros und Geschäfte. Er kannte die richtigen Leute, die sich um Finanzierung und Versicherung kümmerten, um den ganzen Kleinkram, den man braucht, um eine Menge Geld zu machen. Ich vertraute ihm.«

»Warum?«

Feuilla blickte erst mich an, dann Bianca. »Ich habe eine einzige Tochter. Dieser Crespi hat sie geheiratet.«

Die Stille vertiefte sich. Bianca blickte starr ins Feuer.

Feuilla fuhr fort: »Ich bin ein Ehrenmann. Ich beging den unverzeihlichen Fehler, Crespi ebenfalls für einen Ehrenmann zu halten.« Er machte eine Pause, blies eine Rauchwolke zum Kamin und blickte mich dann voll an. »Sie müssen verstehen, es gibt einen Unterschied zwischen dem, was legal, und dem, was ehrenhaft ist. Das Gesetz ist etwas nicht Faßbares, Gesichtsloses. Aber es ist die Pflicht eines ehrbaren Bürgermeisters, sich um das Wohlergehen seiner Stadt zu kümmern. Bestimmt gibt es Leute, die Ihnen erzählen, daß ich Beamte bestochen habe.« Er hob die Schultern. »Sollen sie's doch erzählen. Im legalistischen Sinne haben sie vielleicht sogar recht. Aber es ist meine Pflicht als Ehrenmann, mich für diese Stadt einzusetzen.«

Bianca unterbrach ihn. »Papa ...« Ihre Augen wanderten nervös zwischen uns hin und her.

Er winkte ab. »Ich werde diesem Mann die ganze Wahrheit sagen, weil ich Pläne mit ihm habe.«

Feuilla erinnerte mich wieder an Onkel James, der auch immer Pläne mit mir gehabt hatte. »Also ist Crespi kein Ehrenmann?« fragte ich.

»Ich habe diese Stadt erst auf die Landkarte Frankreichs gebracht. Ich habe erreicht, daß Leute, die in Ruderbooten Sardinen fangen, ihre Kinder auf die Universität schicken können. Niemand liebt Touristen, aber wir haben es hier mit kleinen Leuten zu tun, die sich amüsieren, ihr Geld bei uns lassen und erholt in ihre kleinen Wohnungen heimkehren wollen. Nun gut, Crespi kam, um für mich zu arbeiten, und ich vertraute ihm. Manchmal fuhr er nach Marseille oder in andere Städte. Das war kein Problem, ein Mann macht viele Geschäfte. Drei Jahre lang arbeitete er korrekt, machte sich nützlich. Dann heiratete er Bianca. Es betrübt mich, darüber zu sprechen, aber er heiratete Bianca nur, um mein Sohn zu werden. Denn nur ein Sohn Feuillas besitzt Macht in dieser Stadt. Als er diese Macht hatte, begann er mit seinen Methoden.«

»Sprechen Sie weiter.«

»Crespi versteht diese Welt sehr gut. Ich dagegen bin wie ein Bauer. Wenn ich ein Feld sehe, frage ich mich: ›Wie kann man damit etwas Geld verdienen, aber trotzdem das Feld erhalten?‹ Sieht Crespi dasselbe Feld, wird er sich fragen: ›Wie kann ich hier groß absahnen?‹ Es ist ihm völlig egal, ob er das Feld dafür abbrennen muß und die Nachbarn am Rauch ersticken. Dasselbe gilt für Versicherungen. Natürlich kann man mit Versicherungen Geld machen, aber Crespi will alles sofort. Also betrügt, fälscht und tötet er, um seine Spuren zu verwischen. Dieser Crespi ist eine Bestie aus der Gosse. Er hat Verstand, aber keine Gefühle.« Er seufzte. »Deshalb gehen Menschen bankrott, alte Freunde, denen Crespi Geld geliehen hat. Sie denken, es ist ein Darlehen des Patron, billiger als andere Darlehen von der Bank. Aber es ist geliehenes Geld von Crespi, und Crespi ist ein harter Gläubiger.«

Ich erinnerte mich, was mir Thibault erzählt hatte – über die Raten, die er nicht zurückzahlen konnte.

Der Patron fuhr fort: »Crespi hat Freunde im großen Drogengeschäft. Von ihnen kann er billig Geld kaufen. Er verleiht dieses schmutzige Geld, und sobald es zurückgezahlt wird, ist es gewaschen. Falls die Leute es nicht fristgerecht zurückzahlen, stößt ihnen etwas zu.«

Wie Thibault, der in einem See aus Blut unten in der Kabine der *Arc-en-Ciel* gelegen hatte.

»Meine alten Geschäftspartner wurden durch diese Praktiken verängstigt, sie zogen sich zurück. Neue Leute kamen, dreckige Krämer, nahmen ihre Stellen ein. Damals lebte meine Frau noch. Sie war immer eine Kunstfreundin gewesen, liebte Sainte-Jeanne auf die Art der Künstler, mit Moskitos, Wind, Marschen und allem. Sie beschwor mich ständig, laß alles so, verändere es nicht. Ich entgegnete ihr, daß die Veränderungen notwendig seien, damit die Kinder eine gute Schulbildung bekamen und die jungen Leute Arbeit, damit sie in der Stadt blieben. Dann berichteten ihr Freunde, was Crespi trieb. Zuerst glaubte sie ihnen nicht, aber dann mußte sie es akzeptieren. Sie wurde krank und starb. Die Ärzte sagten, es sei Krebs, aber Crespi hat ihr das Herz gebrochen. Erzähl's ihm, Bianca.«

Bianca blickte auf, mit Augen voller Tränen. »Ich war erst sechs Monate mit ihm verheiratet«, flüsterte sie. »Am Tag, als meine Mutter begraben wurde, trank er Champagner, rief Gott an und dankte ihm, daß er ihm die alte Hure vom Hals geschafft hatte. ›Die alte Hure‹, sagte er.« Biancas Augen flossen über. »Ich erklärte ihm, daß ich ihn verlassen würde. Er erwiderte: ›In Ordnung, geh', du bist sowieso zu nichts mehr nütze.‹«

Der Patron brach seine Zigarre in der Mitte durch und warf sie ins Feuer. »Jetzt wissen Sie alles.«

Stille lastete über dem Raum.

»Warum haben Sie mir das erzählt?«

»Weil Sie ein Freund der Familie geworden sind.« Feuilla legte die Hände auf die Knie und fixierte mich mit seinem starren Blick. »Sie können uns helfen. Aber das werden Sie erst tun, wenn Sie uns verstehen.«

Das Feuer knackte. Ich nahm einen kleinen Schluck Wein. »Warum war Crespi heute abend hier?«

Seine Augen blickten plötzlich berechnend. Ich hatte die herzerweichende Version für den Kinderfunk gehört, jetzt überlegte er, ob er mir weiter die Wahrheit sagen sollte.

Bianca mischte sich ein. »Sag's ihm!«

Der Patron fragte: »Was haben Sie über Crespi herausgefunden?«

Bianca beharrte: »Patron, sag's ihm!«

Der Patron bedeutete ihr mit einer Hand zu schweigen. »Was ...«

»Also gut«, unterbrach ihn Bianca, jetzt ärgerlich. »Dann werde ich's ihm erzählen. Crespi ist tüchtig, unmoralisch und gierig wie ein Wolf. Mein Vater wird alt. Also muß er, mein ehrbarer Vater, in derselben Stadt wie dieser Bastard leben.«

Die Lippen des Patrons wurden blau. »Hör auf!« befahl er.

»Nein. Du fragst dich, warum ich von zu Hause fortgegangen bin? Weil ich nicht an dem Ort leben will, an dem du mich zu Crespis Hure gemacht hast.«

Die Stille war zum Zerreißen gespannt.

Bianca stand auf. Ihre Wangen waren gerötet, in ihren Augen glitzerten die Tränen. »So, und jetzt lasse ich dich in deinem Sumpf sitzen«, fauchte sie und lief aus dem Raum.

Feuilla ging ihr ein paar Schritte nach, dann überlegte er es sich anders und ließ sich schwer auf einen harten Stuhl fallen. »Frauen«, sagte er mit dem schwachen Versuch eines Lächelns. »Und was wollen Sie in Sainte-Jeanne?«

»Ich will verhindern, daß meine Tochter Schaden nimmt.«

Er lächelte. »Ihre Tochter ... Sie erinnert mich ein wenig an Bianca, als sie in diesem Alter war: schön, aufgeregt und neunmalklug.« Er zuckte die Schultern. »Im Moment weiß sie nur, daß sie einen wundervollen Urlaub mit *interessanten* Leuten verlebt. Sie werden Sie nicht vom Gegenteil überzeugen können.«

Ich nickte. Man konnte leicht vergessen, daß der Patron ein geschlagener Mann war.

»Aber die Frage ist doch, wie wollen Sie Frankie überzeugen, daß sie besser mit Ihnen heimfahren sollte?«

»Ich habe ein paar Beweise gegen Crespi. Nun suche ich den Rest.«

Er griff nach seinem Glas, seine Hand war verkrampft und

zitterte. »Sie haben für Lloyd's gearbeitet. Ich rate Ihnen, Nachforschungen anzustellen. Sie werden Crespis Aktivitäten interessant finden.«

»Das glaube ich auch.«

»Gut. Ich will Ihnen helfen. Soweit ich betroffen bin, können Sie mir Immunität zusichern, nicht wahr?«

Ich machte ein unverfängliches Geräusch.

»Ich verspreche Ihnen, Sie werden viel Aufschlußreiches finden. Auf dieser Ebene können wir zusammenarbeiten.« Seine Augen blickten wieder verschlagen. »Vielleicht sollten Sie sich um eine Yacht namens *Laurel* kümmern.«

»Warum?«

»Sie ist eine private Unternehmung Crespis. Ein Freund erzählte mir, daß sie interessant ist. Ein Freund in Crespis Lager, aber auf meiner Seite.«

»Woher wollen Sie wissen, daß ich auf Ihrer Seite bin?«

Der Patron blickte mich mit Augen an, die weniger einem Löwen als einer Eidechse zu gehören schienen. »Weil Sie mir helfen können, diesen Mann zu vernichten. Weil Sie Ihre Tochter lieben. Und weil meine Tochter Sie liebt.«

28

Ich trank den letzten Wein auf einen Schluck. Feuillas Enthüllungen waren eine professionelle Vorstellung gewesen. »Es gibt da noch ein Problem«, sagte ich.

Er hob die Augenbrauen.

»Ein paar Männer, die für Crespi arbeiten, haben mir ein Versprechen gegeben. Wenn sie mich dabei ertappen, daß ich Nachforschungen über ihn anstelle, dann wird Frankie Schlimmes widerfahren.« Ich versuchte, es leichthin zu sagen. Aber das Wissen, was Crespi machen konnte, verursachte mir körperliches Unwohlsein.

Feuilla bemerkte: »Wir können Ihre Tochter schützen.«

»Wie?«

»Ich habe Verbündete. Die Söhne alter Freunde.«

»Gangster.«

Er zuckte die Achseln.

»Sollte Crespi erfahren, daß Sie ihm im Wege sind, wird er auch Sie töten«, stellte ich fest.

Die Augenbrauen wanderten wieder in die Höhe. Das hätte komisch gewirkt, wären die Augen darunter nicht so kalt gewesen. »Er wird es vielleicht versuchen.«

Das klang so falsch wie eine gesprungene Glocke. Monsieur Feuilla mochte der Bürgermeister von Sainte-Jeanne sein, der Sponsor der *Plage d'Or*, der väterliche Freund seiner Bürger, ein Herrscher über Sand, Salzsumpf und Wohnblocks, aber er war auch alt und besorgt. Er hatte sich einen Tiger ins Haus geholt, und jetzt spürte er seinen heißen Atem im Nacken.

Aber ich war hier, um handfeste Beweise gegen Crespi zu sammeln. Feuilla war mein einziger Verbündeter in der Stadt.

Er klopfte mir auf den Rücken. »Sie haben mir bei den Royaume des Phares geholfen. Jetzt biete ich Ihnen und Ihrer Tochter meinen Schutz an.«

»Schön.« Ich hatte das dumpfe Gefühl, daß Feuillas Schutz etwa so konkret war wie Onkel James' ägyptisches Hirngespinst.

Er fuhr fort: »Morgen haben Crespis Leute und meine Männer eine Konferenz. Es ist unser übliches monatliches Treffen unter Geschäftspartnern. Ich möchte, daß Sie als unbeteiligter Beobachter daran teilnehmen. Wie ich schon andeutete, werden Sie Crespis Aktivitäten sehr interessant finden.«

»Bestimmt. Aber ich glaube nicht, daß er sonderlich begeistert sein wird, wenn ich dabei bin.«

»Er wird es nicht wissen.« Feuilla lächelte großväterlich. »Aber ich bin zu alt, um mir die halbe Nacht um die Ohren zu schlagen.« Er erhob sich schwerfällig, ein alter Mann. »Sie bleiben natürlich hier als unser Gast.«

Ich dachte an mein Auto, das weit entfernt parkte. Ich dachte an das Hotelzimmer und daran, daß ich morgen bei Tageslicht durch Sainte-Jeanne laufen mußte. In diesem Haus aber hatte jeder ein Interesse daran, daß man mich weiter für tot hielt. Deshalb erwiderte ich: »Das ist sehr freundlich, danke.«

»Ich habe Ihnen zu danken.«

Ein Diener führte mich über eine Marmortreppe in ein Zimmer mit Balkon. Über dem großen Messingbett hing ein Kruzifix. Ich war von der Hitze unten aufgeheizt und öffnete die Fenster. Der Garten sah draußen im Mondlicht grau und schwarz aus. Ein großer Hund trottete aus dem Schatten eines Buschs. Ich hörte ihn laut hecheln und sah den Sabber an seinen Lefzen im Mondlicht schimmern. Der Patron mochte der allseits geliebte Vater seiner Mitbürger sein, aber er vertraute zu seiner persönlichen Sicherheit auf zumindest einen Rottweiler.

Ich zog die Schuhe aus und setzte mich nachdenklich aufs Bett. Ich wollte Frankie in Sicherheit bringen und gleichzeitig Lloyd's einen wasserdichten Fall liefern, der die Männer ans Messer liefern würde, die meine Werft ruiniert und meinen Freund getötet hatten. Aber ich wollte nicht in kleinstädtische Machtkämpfe hineingezogen werden.

Die Tür öffnete sich. Ich saß mit dem Rücken zu ihr und fuhr schnell herum. Es war Bianca.

Sie trug ihre Jeans, hatte aber die Brillanten und die Cowboystiefel abgelegt. Sie flüsterte: »Jetzt weißt du alles.« Barfuß kam sie über den gefliesten Fußboden gelaufen und setzte sich auf die andere Seite des Betts.

»Man hat mir eine Menge Dinge erzählt, aber kann ich sie glauben?«

Bianca blickte zu Boden. »Die meisten. Mein Vater ist begeistert über deine Hilfe. Und er hat eine starke Persönlichkeit.«

»War es seine Idee, daß du Crespi heiraten solltest?«

»Du mußt das Leben hier verstehen. Als ich ein Kind war, hatte ich alles. Mein Vater dachte, das wäre alles, was ich wollte. In Wirklichkeit war es alles, was *er* wollte. Unter anderem hatte ich auch einen kleinen Hund. Eines Tages sagte ich – wie es kleine Mädchen tun –, daß ich den Hund nicht mochte; er war auf das Haus meines zahmen Froschs getreten. Der Hund verschwand. Später erzählte mir jemand, daß er erschossen worden sei. So lernte ich, nichts mehr zu sagen. Verstehst du?«

Ich dachte an meine Eltern, die sich in dem düsteren Haus den Befehlen meines lächerlichen, aber gefährlichen Onkels beugen mußten. »Aber sicher«, stimmte ich zu.

»Als ich herangewachsen war, wurde ich in ein Kloster gesteckt, aber die Nonnen konnten mir kein Benehmen beibringen. Dann wurde ich siebzehn, so alt wie deine Frankie. Arthur Crespi schenkte mir seine Aufmerksamkeit.

In ihm begegnete mir der erste Mensch, der härter war als ich. Er hatte eine große Yacht und einen Ferrari, war ein gutaussehender Bursche, sehr hart, sehr sexy. Er machte sich an meinen Vater heran, und mein Vater schob mich in seine Richtung. Wir zogen alle an einem Strang.

Den Zeitpunkt, als es geschah, weiß ich noch genau. Mein Vater schenkte ihm ein Auto, ein Rolls-Royce-Cabrio. Crespi führte mich darin aus. Betrunken kam er von der Straße ab. Da nahm er den Wagenheber und hebelte den Rolls-Royce über die Kante, er fiel unten auf die Felsen und fing Feuer. Wir standen oben und sahen zu. Es war ein wunderschöner Abend, und Crespi, der verrückte Hund, imponierte mir. Ich brachte ihn dazu, mich neben der Straße zu lieben, während die Lastwagen an uns vorbeifuhren. Ich wollte alles sofort. Ich war verliebt.«

»Dann passierte das mit deiner Mutter.«

Sie hob die Schultern. »Wenn man siebzehn ist, macht man verrückte Sachen. Aber nicht lange. Deshalb segelte ich Regatten – um erwachsen zu werden. Dann traf ich Thibault.« Sie strich sich mit den Fingern durchs Haar. »Ich war mit Arthur verheiratet, dem Gesetz nach bin ich es sogar immer noch. Im Norden nannte ich mich Dufy, um mich an meine Mutter zu erinnern. Sie hatte eine Affäre mit dem Maler Raoul Dufy gehabt. Er malte Sainte-Jeanne, wie es hätte bleiben sollen. Ich habe es so geliebt.« Sie seufzte. »Jedenfalls war Arthur verrückt vor Eifersucht auf Thibault. Deshalb hat er ihn so gehaßt. Aber zwischen mir und Thibault lief nicht viel. Wir hatten eine kleine Affäre, danach waren wir nur gute Freunde.«

»Ja, er war ein guter Freund.«

Ich sah die hauchdünnen Linien, die das Leid um ihre Augen eingraviert hatte, den zynischen Zug um den vollen Mund. Ich dachte an Frankie, siebzehn Jahre alt, und an den Killer Jean-Claude, der ihr ins Gesicht geschlagen hatte. Die schmerzlichen Lehren der Liebe ...

»Ich bin in einer patriarchalischen Tradition aufgewachsen«, fuhr Bianca fort. »Bei Thibault machte jeder, was er wollte, aber alle wollten dasselbe. Le Patron sieht das Leben als einen ständigen Balanceakt zwischen dem, was er will, und dem, was er muß. Er hat ein Gefühl für das Gemeinwohl, verstehst du? Und er ist nicht gesund.«

Ich dachte an die grauen Schatten unter Feuillas Augen, an seine dünne, straffe Haut und schwieg.

»Ein Patriarch, der zu alt geworden ist. Das ist schwierig, wenn man stolz ist und keinen Erben hat.«

Ich mußte an den Abend denken, als Crespi die Crew der *White Wing* ins Restaurant gebracht hatte. Bianca hatte ihn angeschrien: *Hast du es immer noch nicht geschafft, ihn umzubringen?* Ich hatte gedacht, daß sie um Thibault besorgt war. Aber sie hatte nur gelacht und gesagt, daß Thibault für sich selber sorgen könne. Sie hatte von ihrem Vater gesprochen.

»Du hast versucht, die Papiere der *Poisson d'Avril* in La Rochelle vor mir zu verstecken, weil dein Vater mit Crespi Direktor der Charterfirma war. Du wolltest ihn schützen, nicht Thibault.«

»Sicher.« Sie lehnte sich an mich, ihr Kopf lag auf meiner Schulter. »Halt' mich fest«, sagte sie.

Ich nahm sie in den Arm.

»Es ist schlimm, wenn der eigene Vater alt wird. Er ist so einsam. Ich bin froh, daß du gekommen bist.«

Ich merkte, daß ich sie küßte. Jetzt war ich auch froh, daß ich gekommen war. Ich packte ihr Nackenhaar und spürte, wie sie zitterte. »Komm!« stöhnte sie.

Im fahlen Licht des Fensters zog sie sich das T-Shirt über den Kopf, der Mond schien ihr auf Brüste und Rücken. Dann drehte sie sich zu mir um, streifte ihre Jeans ab. Die Haut ihres Bauchs war heller. »Komm«, schnurrte sie. »Du bist kalt wie ein Fisch, nicht wahr, Engländer?«

»Ire«, korrigierte ich.

Sie warf die Jeans beiseite. »Runter mit deinen Kleidern«, befahl sie. »Ich warte schon lange auf einen Iren.«

Ich gehorchte. Alles verlief erstaunlich zärtlich und vertraut. Niemand fackelte einen Rolls-Royce ab.

Danach lag sie neben mir und hielt mich umschlungen, fühlte sich klein und weich an. Ich fühlte mich als der große Beschützer.

Träge beobachtete ich einen Gecko, der seinerseits eine Fliege beobachtete. Und ich dachte: Savage, in diesem Gefecht kann es noch mehr getarnte Fallensteller geben als Feuilla und Crespi. Jemand mußte Jean-Claude und Bobby erzählt haben, daß sie die *Arc-en-Ciel* bei Saint-Martin-de-Ré vor Anker finden würden. Bianca hatte es gewußt, niemand sonst.

Sie bewegte sich und blickte mich unter ihrem Haar hervor an. Ihr Gesicht war weich, entspannt nach der Leidenschaft. Ihr Mund wirkte nicht mehr zynisch, und schließlich bekam jeder irgendwann die ersten Altersfältchen um die Augen.

Sie flüsterte: »Ich kann nicht die ganze Nacht bleiben. Mein Vater ist ein altmodischer Mann.« Dann beugte sie sich vor und küßte mich auf den Mund.

Ich dachte: Bianca Feuilla, wie viele Aktien von Atlas Industries gehören dir?

»Darling«, schnurrte sie. »Gute Nacht und süße Träume.« Die Tür schloß sich, ich war wieder allein.

Wie gewöhnlich.

29

Am nächsten Morgen wurde ich früh durch ein Klopfen geweckt. Die Vögel zwitscherten in den Büschen. Ein Hausmädchen mit dicken Beinen brachte mir auf einem Tablett Kaffee und Brioches. Neben dem Frühstück lag ein Zettel, auf dem stand: »Carlo wird Sie führen.« Ein kleiner Kassettenrecorder für Reporter war ebenfalls dabei.

Jemand hatte während der Nacht mein T-Shirt und die Jeans gebügelt. Unten im Haus teilte mir ein Bediensteter in weißer Jacke mit, daß mein Wagen zum Vermieter zurückgebracht worden sei und Carlo mich in fünf Minuten abholen würde. Ich warf einen Blick in die Zeitung und fühlte mich bei dem Gedanken unbehaglich, daß mein Leben von jemand anderem gesteuert wurde. In meinem Magen flatterten wieder nervöse Schmetterlinge. Ich wollte wissen, wo Frankie sich aufhielt und was sie tat, konnte aber niemanden danach fragen.

Fünf Minuten, nachdem der Butler gegangen war, trat Carlo ein. Er war untersetzt, sein schwarzes Haar trug er mit Pomade aus der gebräunten Stirn gekämmt, und seine weißen Zähne funkelten beim Grinsen. Nach einem waffenscheinpflichtigen Händedruck führte er mich zu einem schwarzen Mercedes, in dem bereits ein Double von ihm saß. Mit hoher Geschwindigkeit fuhren wir auf dem schmalen Weg zur Straße und brausten durch die Siedlungen am Rand der Stadt, dann an einer glitzernden Lagune entlang, die für die Muschelzucht angelegt worden war. Der Fahrer drückte auf die Hupe, um einen Schwarm Graureiher zu verscheuchen. Jenseits der Scheibe erstreckte sich das silbrig glänzende Mittelmeer bis zum glühenden Horizont.

»Les Digues«, erklärte Carlo und deutete nach vorn.

Dort schob sich über die Linie, wo der Himmel auf das Meer traf, eine Reihe gigantischer weißer Betongrabsteine, von denen der kleinste über dreißig Meter hoch sein mochte. Der Mercedes bog auf eine gerade schwarze Straße ein, die von kleinen, neu angepflanzten Palmen gesäumt wurde, und parkte auf einem betonierten Platz. Dahinter schimmerte ein Stückchen Wasser herüber, eingefaßt von weißen steinernen Molen. An den Molen schoben sich viele kurze Anleger ins Wasser, und an jedem lag eine weiße Plastikyacht.

»Die Apartments reichen bis ans Wasser«, erläuterte Carlo stolz. »Komplett mit Werft und allem.«

Der Patron hatte gesagt, daß Crespi ein Boot besaß, um das ich mich kümmern sollte. Ich erkundigte mich: »Gibt es auch ein Boot namens *Laurel* auf der Werft?«

»Ein phantastisches Gerät«, schwärmte Carlo. Er hatte strahlende, eifrige schwarze Augen. »Mr. Crespi hat es vor einem Monat in Genua gekauft. Es lag irgendwo in der Ecke eines Kohlenhafens. Wie ich hörte, sieht die Yacht außen schrecklich aus, aber innen ist sie wunderschön, einfach wunderschön. Alles in Mahagoni und Rosenholz getäfelt und überall Gemälde von ... Nun, Sie kennen ja diese Maler. Mr. Crespi ließ sie von einem Fachmann begutachten, und der meinte, daß sie ein echter Gelegenheitskauf sei. Sie braucht nur einen vernünftigen Außenanstrich, danach soll sie zwei Millionen Dollar wert sein. Also ließ er ihr einen Anstrich verpassen, und jetzt ist sie fast fertig. Nun?« Er deutete mit großer Geste aus dem Fenster. »Was meinen Sie? Ein tolles Projekt, nicht wahr?«

Ich grunzte. Die Anlage war eine Beleidigung für die Augen, ein Betonloch, das vom Wind wie mit Sandpapier glattgeschmirgelt wurde. Aber Carlo und sein Kollege, hart und schwer wie Bowlingkugeln, sahen so aus, als ob es unklug wäre, ihnen zu widersprechen. Deshalb hatte sie der Patron wahrscheinlich auch um sich.

»Wir gehen hinten herum«, sagte Carlo. »Anonym, verstehen Sie?«

Ich nickte so wissend, als sei »anonym« mein zweiter Vorname. Der Wagen verschwand durch einen Spalt zwischen zwei Gebäuden vom Platz. Les Digues besaß nicht viel mehr Tiefe als ein Bühnenbild. Nur ein Stück weiter bekam die Straße Schlaglöcher, die Gebäude wurden zu offenen Skeletten, nur von Gerüsten umgeben. Unser Weg führte zu einigen Schuppen neben der Marina. Über dem Dach des größten flatterte ein Wimpel in der Brise. CHANTIERS DU PALMIER – WEEK DU CUP stand darauf. Eine stilisierte Yacht und eine Palmensilhouette sorgten für Atmosphäre. Chantiers du Palmier war eine Tochter von Atlas.

Rund um den Schuppen verlief der übliche Maschendrahtzaun. Drinnen gab es einen Travellift und eine Slipbahn. Eine riesige Yacht war aus dem Wasser geholt worden, eine Ketsch von 120 Fuß, mit dem langen scharfen Bug und dem endlos überhängenden Heck eines Ozeanwindhunds der zwanziger Jahre.

»Was ist das für ein Boot?« fragte ich.

»Das ist die *Laurel*«, entgegnete Carlo.

»Fahren Sie langsam«, befahl ich.

Wir schlichen am Zaun entlang. *Laurels* Backbordseite war bereits gemalt, die Lichtreflexe des Hafenwassers spiegelten sich auf dem frischgestrichenen Holz.

Plötzlich wurde mein Mund trocken. »Wurde lange an ihr gearbeitet?« erkundigte ich mich.

»Nein«, entgegnete Carlo. »Das war nicht nötig.«

»Können wir einen Blick an Bord werfen?«

Carlo blickte auf seine Uhr. »Warum nicht?«

Wir fuhren zum Haupteingang, der Wächter winkte uns durch. Ich machte mich klein in meinem Sitz. Mein Magen war so nervös wie vor dem Start zu einem wichtigen Rennen. Nur daß heute keine Regatta stattfand. Heute fuhr ich auf eine Werft, deren Besitzer mir durch seine Gorillas versprochen hatte, daß er meine Tochter durch die Mangel drehen würde, falls ich ihm zu nahe kam.

»Sie arbeiten alle am neuen Boot für den America's Cup«, sagte Carlo. »Morgen ist Stapellauf.«

Der Mercedes hielt neben der *Laurel*, ich stieg aus und kletterte an der abgewandten Seite die Leiter hoch. Die Yacht war groß und hatte schöne Linien. Jemand hatte viel Geld in Farbe und Lack investiert und viel Muskelschmalz ins Polieren der Messingteile. Unter Deck roch es streng nach einem parfümierten französischen Desinfektionsmittel.

Der Salon lag mittschiffs, und weiter vorn folgten vier Doppelschlafräume, alle mit Hondurasmahagoni verkleidet. Das war die Art Holz, an die seit fünfzig Jahren niemand mehr herankam. Überall blinkte Messing, lagen türkische Teppiche, standen Bücher in einem speziellen Schiffseinband aus seegrünem marokkanischem Leder mit einem Muster aus Lorbeerblättern. Das Ganze sah nach einer Million Dollar aus.

Sogar nach zwei Millionen Dollar.

»Hübsch, nicht wahr?« fragte Carlo. »Achtern liegen noch eine Eignerkajüte und zwei Badezimmer. Aber wir sollten jetzt besser gehen.«

»Gleich«, stimmte ich zu und versuchte, die Tür nach achtern zu öffnen. Sie war verschlossen.

»Sie interessieren sich für Boote?« erkundigte sich Carlo.

»Ich arbeite mit ihnen.«

»Ist das wahr?« Es schien ihn nicht ernsthaft zu interessieren, der Patron hatte ihm wohl nicht gesagt, wer ich war. Zumindest diesen Teil seines Versprechens hatte er gehalten.

Der Mercedes glitt auf dem langen weißen Kai zurück zu

den Neubauten, aber ich blickte nicht mehr aus dem Fenster. Ich hatte über andere Dinge nachzudenken.

Lange Erfahrung hatte mich gelehrt, nicht an Märchen zu glauben, in denen Superyachten unentdeckt in Kohlenhäfen herumlagen, um dann nach einem flotten Anstrich zwei Millionen Dollar wert zu sein. Die Art, wie sich die Lichtreflexe des Hafenwassers auf der Bordwand der *Laurel* spiegelten, hatte mich äußerst neugierig gemacht, und der Geruch nach einem starken Desinfektionsmittel hatte mein Mißtrauen noch vertieft. Nach Feuillas Geschäftsessen wollte ich einen zweiten, genaueren Blick auf die Yacht werfen.

Der Fahrer trat erst aufs Gas, dann auf die Bremse. Wir hielten vor dem höchsten Gebäude am Platz mit dem im Süden üblichen Reifenquietschen.

Das Hochhaus war nur eine hohle Schale. Carlo führte mich durch die Tür, und dahinter erwartete uns ein Vorraum, eine nackte, unfertige Zementhöhle. Die Schächte für die Aufzüge gähnten in der gegenüberliegenden Wand. Ich folgte Carlos breiten Schultern unter einem Bogen hindurch in einen gesonderten Vorraum mit einem einzelnen Lift, der auch funktionierte. Ein Schild über der Tür besagte: MUSTERAPARTMENT.

Ich trat ein. Carlo drückte mit dem Daumen auf die Achtzehn, die Lifttüren schlossen sich. Das kleine stählerne Kabuff roch nach Haaröl und schwarzem Tabak, obwohl es durch eine starke Klimaanlage gekühlt wurde. Der Lift raste pfeilschnell gen Himmel, wurde langsamer, kam zum Stillstand. Zischend öffneten sich die Türen. Wir traten hinaus in eine verwirrende neue Welt.

Vor mir lag ein fußballfeldgroßer Raum, dessen Boden mit türkischen Fliesen belegt war. Einen kreisrunden Springbrunnen in der Mitte rahmten mit Kissen belegte Bänke ein, seine Fontäne schoß bis unter das hohe Oberlicht empor. Blumenbänke mit tropischen Pflanzen duckten sich in unbeleuchteten Ecken, draußen auf der Terrasse lockte ein Swimmingpool. Und dahinter erstreckte sich, funkelnd in der Morgensonne, das große, unruhige, saphirblaue Mittelmeer.

Carlo sah sich stolz um. »Hübsch, nicht wahr? Hat zwanzig Millionen Francs gekostet. Aber das Ergebnis ist jeden Centime davon wert.« Ich mochte Carlo; er schien sich mit den Errungenschaften seines Chefs richtig zu identifizieren. Es war nicht seine Schuld, daß diese Errungenschaften nicht nach meinem Geschmack waren.

»Hier entlang«, wies er mich an. Er öffnete eine Doppeltür aus Edelholz und winkte mich in einen langen kühlen Raum mit marokkanischen Bogenfenstern. Orientalische Teppiche dämpften unsere Schritte. In der Mitte stand ein Tisch mit zwei Stühlen, einem Eiskübel mit einer Flasche Montrachet und einer Flasche Mineralwasser. Jalousietüren aus unpoliertem Zedernholz führten in Nebenräume. Das Zimmer roch wie eine Zigarrenkiste, war kühl, dämmerig und das perfekte Gegenstück zu der salzüberkrusteten, gleißenden Helle des Platzes achtzehn Stockwerke tiefer.

»So«, meinte Carlo, »irgendwo hier hinein, würde ich sagen.«

Einige der Türen waren auch begehbare Schränke. Carlo fand hinter dem Verkaufstisch in einer Ecke der gefliesten Halle einen Klappstuhl und stellte ihn in den Schrank, der dem Tisch am nächsten war. »Für Sie«, erklärte er. Er blickte auf die Uhr. »Sie sollten bald kommen.«

Es war weniger ein Schrank als eine Pantry mit einem Abwaschtisch, einem kunstvoll gearbeitetem Weinschrank und einer kleinen Leuchtstoffröhre. Die Tür hatte ein Schloß. Ich zog den Schlüssel draußen ab und verschloß sie von innen, dann stellte ich den Stuhl an die Jalousietür, angelte den Kassettenrecorder aus meiner Tasche und setzte mich abwartend hin.

Die Geräusche drangen ungestört durch die Schlitze. Ich hörte Carlos Schritte in der gefliesten Halle, dann das ferne Summen des Aufzugs. Die Lifttüren klappten auf, mehrere Stimmen füllten das Penthouse.

Ich erkannte den Patron und Crespi, obwohl ihre Stimmen durch das Echo verzerrt waren. Zwei weitere Männer kamen ins Beratungszimmer: Carlos und einer, den ich ebenfalls kannte.

»Scheiße«, sagte Jean-Claude. »Aber hier ist's wirklich hübsch, nicht wahr?«

Es war kühl in der nach Zedern riechenden Pantry, aber ich begann zu schwitzen.

»Zu hübsch für einen kleinen Ganoven wie dich«, beschied ihn Carlo.

Jean-Claude zischte: »Halt's Maul, Opa!«

»Versuch' doch, mir's zu schließen«, reizte ihn Carlo. »Los, versuch's.«

Wie es schien, mochten sich die beiden nicht sonderlich.

Carlo forderte Jean-Claude auf: »Durchsuch die Räume!«

Jean-Claude wehrte ab. »Nicht nötig. Ich hab' den Platz seit Mitternacht beobachtet.« Ich suchte in meinen Taschen nach einer Waffe, fand aber natürlich keine.

»Aha«, meinte Carlo mit Sarkasmus in der Stimme. »Dann ist ja alles in bester Ordnung.«

»Ja, das ist es«, bestätigte Jean-Claude.

Mir wurde klar, daß er gar nichts beobachtet hatte. Was ich hier miterlebte, war ein schlichter Machtkampf um die Rangordnung in der Hierarchie. Carlo schien zu gewinnen.

Die Tür des Konferenzzimmers flog auf. Der Patron und Crespi traten ein.

Sie unterhielten sich über ein Bauvorhaben, das hinter dem Zeitplan zurücklag, und setzten sich zu Tisch. Eine Flasche klapperte gegen Gläser. Die Leibwächter würden jetzt um den Tisch gehen und eingießen. Das Gespräch drehte sich während des Essens hauptsächlich um Fußball, denn Crespi dachte daran, sich eine Fußballmannschaft zu kaufen. Ich kauerte auf meinem Klappstuhl, hielt einen schweißnassen Daumen auf dem Aufnahmeknopf des Recorders und wartete.

Sie ließen sich Zeit. Carlo hatte mir erzählt, daß es Hummer und Salat geben würde. Ich hörte leises Klappern, wenn Bedienstete in die Küche gingen oder herauskamen. Ihre Stimmen summten wie gereizte Bienen.

Schließlich fragte der Patron: »Kaffee?«

Irgendwo blubberte eine Espressomaschine. Der Patron sagte: »Und nun zum Geschäft.« Vorsichtig drückte ich den Knopf hinein.

Crespi stellte fest: »Wir müssen einiges entscheiden.«

»Und das wäre?«

»Wie ich höre, magst du mein Geld nicht mehr.«

Der Patron erwiderte: »Du glaubst wohl, in dieser Zeit das Richtige zu tun.« Ich konnte ihn förmlich vor mir sehen, wie er eine Schau mit seiner Zigarre abzog, der alte Schmierenkomödiant. »Tempora mutantur, et nos mutamur in illis.«

»Wie bitte?«

»Zu meiner Zeit konnte man mit Geld seine Freunde unterstützen und die Freundschaft seiner Feinde erkaufen. Aber heute, so scheint es, muß man ein großer Unternehmer sein.« Feuillas Stimme war so glatt wie Seide. »Aber ich glaube, daß es eine Grundregel gibt: Mache niemals Fehler, denn mit Fehlern erregt man Aufsehen.«

Crespi lachte, aber nicht aus vollem Herzen. »Was für Fehler?«

»In La Rochelle hat es Ärger gegeben. Ich irre mich wohl nicht, wenn ich unterstelle, daß du dort eine Versicherungsagentur eingerichtet hast, die dir für Betrugsmanöver dient. Die Agences Giotto.«

»Wer hat dir das erzählt?« Crespis Stimme überschlug sich.

»Ich muß eben wissen, was meine Partner treiben«, entgegnete der Patron.

»Ich habe entsprechende Schritte unternommen. Die Dinge werden dort von jetzt ab völlig ruhig verlaufen.«

»Und was ist mit dem Schiff, der *Poisson d'Avril?* Zwei Männer kamen ums Leben und zuletzt der Kapitän. Ich möchte nicht mit Kriminellen in Verbindung gebracht werden.«

Crespi lachte. Darin lag ein neuer Ton, rauh und voller Autorität. »Jesus! Und das von dir, Feuilla, dem Mann, der das gesamte verdammte Ministerium für Tourismus bestochen hat.«

»Ich betrüge nur Betrüger. Du hast zwei unschuldige Männer ermordet.«

»Zwei Schwarze«, wiegelte Crespi ab. »Das gab der Sache etwas Lokalkolorit. Ein Koch und eine Deckshand – mehr nicht. Und schließlich ein betrunkener Grieche.«

Der Patron sagte ernst: »Im Krieg war ich in der Résistance, um die Welt von Leuten wie dir zu befreien.«

»Du verdammter alter Narr, du bist seit 1945 tot!«

Die Stimme des Patrons vibrierte vor Wut und Wein. Er fauchte: »Du hast Thibault Ledoux getötet. Und Mick Savage, den Engländer.«

Den Iren, korrigierte ich in Gedanken.

»Das waren Unfälle.«

»Unfälle haben nicht die Angewohnheit, sich selbst zu arrangieren.«

»Vielleicht muß man dem Schicksal manchmal nachhelfen.« Crespis Stimme klang etwa so weich wie die Schneide eines Meißels. »Ich habe das Gefühl, daß wir uns auch heute in den Händen des Schicksals befinden.«

Der Patron konterte: »Schicksal hat damit nichts zu tun. Wir sind Partner. Ich kann nicht zulassen, daß du dich so ungeschickt benimmst und zu Mord greifst, um deine Probleme zu bereinigen. Wir müssen das klären.« Sogar durch die Tür konnte ich spüren, daß jetzt etwas Neues und Gefährliches in der Luft lag. »Ich stelle für die Fortsetzung unserer Partnerschaft Bedingungen«, fuhr Feuilla fort. »Saint-Jeanne ist meine Stadt, und das Wohl ihrer Bewohner ist mir wichtig. Sie ist kein Gully, durch den du dein schmutziges Geld in die Welt spülen kannst.«

»Schmutziges Geld? Wie meinst du das?«

»Vor sechs Wochen rief Thibault Ledoux mich an. Er war verstört und erzählte mir folgendes: ›Ihr Partner Arthur Crespi ist zu mir gekommen und hat mir Geld von Ihrer Partnerschaft für mein zu bauendes Boot angeboten. Ich wußte, daß es schmutziges Geld aus dem Drogengeschäft und der Prostitution war, also sagte ich nein. Aber seitdem habe ich nachgedacht und bin zu dem Schluß gekommen, daß Geld Geld ist und ein Boot ein Boot. Also möchte ich Ihr Geld annehmen.‹«

Crespi sagte: »Weiter.«

»Ich fuhr ihn an, er solle kein dummes Zeug reden, und erklärte ihm, daß ich in Sainte-Jeanne dein Partner sei, um die Stadt zu entwickeln, aber daß wir keine Partner bei Drogengeschäften und Prostitution seien. Sollte er diese Worte nochmals benutzen, würde ich ihn zur Polizei schikken.«

»Hurra«, höhnte Crespi, »das war sehr ehrenwert gedacht.«

Thibault hatte also gelogen, als er mir erzählte, daß es sich um Regierungssubventionen handelte. Es war ein Kredit gewesen, bei dem Crespis schmutziges Geld gewaschen werden sollte.

»Er kam mit den Raten in Verzug, da hast du ihn umgebracht.«

»Er ist gestorben, weil er ein ernstes Problem für uns

darstellte. Durch seine Privatunternehmungen hat er ein wichtiges Geschäft gestört. Das Ergebnis hätte ein Desaster sein können.« Das bezog sich auf die *Poisson d'Avril.* »Außerdem war er mit seinen Zahlungen nicht zuverlässig, das ist richtig. Darüber hinaus hast du mit ihm über unsere – unsere Schwierigkeiten in der Partnerschaft gesprochen, was sehr unklug war, weil er es dem Engländer weitererzählt hat.«

Dem Iren, dachte ich.

Der Patron setzte einen drauf: »Und du warst eifersüchtig, weil Bianca Thibault dir vorzog.«

»Du bist ein dummer alter Mann.« In Crespis Stimme schwang ein neuer Unterton mit. Die Luft in der Pantry war plötzlich eiskalt, aber trotz der Kälte waren meine Hände glitschig vor Schweiß.

»Und du bist ein Schwuler.«

»Patron, du hast die Entscheidung für mich getroffen.«

»Welche Entscheidung?«

»Unsere Partnerschaft ist beendet.«

Der Patron rief: »Carlo, komm her!«

Crespi sagte mit seiner eiskalten Stimme: »Carlo weiß, daß die Partnerschaft beendet ist.«

»Unmöglich«, widersprach der Patron. »Nicht ohne meine Einwilligung. Ich bin der Seniorpartner.«

»Du hast nur vierzig Jahre mehr auf dem Buckel«, schnurrte Crespi, und ich konnte das Grinsen in seiner Stimme heraushören. »Aber sobald einer der Partner stirbt, gibt es keine Partnerschaft mehr.«

Der Patron fluchte in seinem Dialekt; das klang wie Maschinengewehrfeuer mit vergifteten Kugeln.

Crespi knurrte: »Halt die Klappe, Alter.«

Der Patron begann zu husten.

»Schlechte Lungen?« erkundigte sich Crespi. »Nimm einen Drink.«

Ich hörte, daß sich die Tür öffnete. Der Patron keuchte: »Carlo!«

Carlo antwortete: »Patron, tut mir leid, aber die Zeiten haben sich geändert.«

Der Patron sagte *»Merde!«* und hustete wieder.

Carlo bemerkte: »Jean-Claude hat einen Engländer in der Pantry übersehen.«

Der Schweiß brach mir aus. Ich schob den Kassettenrecorder oben auf den Weinschrank, ganz oben, wo man ihn nicht sehen konnte.

Draußen herrschte gespannte Stille, dann befahl Crespi: »Holt ihn raus!«

Ich schob den Schlüssel ins Schloß und drehte ihn halb herum. Ein Schlüssel fuhr von der anderen Seite herein, konnte aber nicht aufschließen.

»Eintreten!«

Etwas krachte gegen die Tür, doch sie hielt stand. Carlos Stimme sagte verächtlich: »Ach Gott, du Hampelmann, es ist doch nur Sperrholz. Darf ich mal?«

Es gab einen dumpfen Knall, die Tür schwang krachend nach innen, Licht strömte herein. Carlo stand in der Tür. »Ist der Lunch vorbei?« erkundigte ich mich.

Carlo lächelte freundlich und augenzwinkernd. »Für immer«, meinte er leichthin.

Mein Magen wabbelte vor Angst. Ich hatte zuviel gehört, sie mußten mich umbringen. Da sie mich nun hatten, war es für sie hoffentlich nicht nötig, auch noch Frankie zu töten.

Der Patron am Tisch atmete rauh und keuchend. Sein Gesicht sah krank aus und war blau verfärbt.

Crespi verstand es meisterhaft, seine Überraschung über meine Wiederauferstehung zu verbergen. »Bringt ihn um die Ecke!«

Ich blickte in sein glattes Gesicht. »Es gibt Leute, die wissen, daß ich hier bin«, behauptete ich.

»Ja«, stimmte Crespi zu. »Sie sind von den Toten auferstanden, um hier für Ihren Versicherungsfreund von Lloyd's herumzuschnüffeln: für M'sieur Peabody. Aber ich hätte doch gedacht, daß Sie uns keine Probleme bereiten, solange Ihre Tochter mein Gast ist. Mir scheint, da habe ich mich geirrt.« Er lachte. »Okay, Jean-Claude, einen Unfall, bitte. Und dieses Mal sollte es klappen!«

Carlo mischte sich ein: »Lassen Sie's mich machen. Der Kleine versaut alles nur.«

Jean-Claude fauchte: »Hau ab, Opa!«

Crespi bestimmte: »Er macht es.«

Carlo stieß ein mißbilligendes Schnauben professionellen Mißtrauens aus.

Der Patron keuchte: »Elende Hundesöhne!«

Jean-Claude packte meinen Arm. »Los, *beau-papa*«, befahl er, »es wird Zeit für deinen Unfall.« Er hielt eine Waffe in der Hand, aber sie zitterte. Er mochte es nicht, wenn Carlo ihn verspottete. »Durch die Tür!«

Ich trat in das gleißende Licht der gefliesten Lobby. Der Springbrunnen plätscherte melodisch vor der Kulisse des weiten blauen Mittelmeers. Ich haßte das Geräusch der Fontäne, die Farbe der warmen, gezeitenlosen See. Ich haßte den Schweiß und die Helligkeit. Ich haßte den Gedanken, sterben zu müssen.

Jean-Claude fragte scheinheilig: »Ich hoffe, daß du nicht unter Höhenangst leidest?« Wieder sein hohes, verrücktes Kichern. Das haßte ich auch. »Die Treppe runter!« befahl er.

Ich stieg ein paar Stufen hinunter. An ihrem Fuß hörten die Fliesen, das Glas und der Marmor auf. Hier unten begann die Welt des nackten Betons, des Staubs, der aufgerollten Kabel und Zementsäcke.

Weiter vorn gähnte eine rechteckige schwarze Öffnung. Es war der Liftschacht, mit rot-weiß gestreiften Bändern provisorisch gesichert. Ein siebzehn Stockwerke tiefer Schacht.

»Ich fürchte, der Lift funktioniert nicht«, meinte Jean-Claude höhnisch. »Wirklich Pech für dich.« Er stieß mir die Waffe in den Rücken, schmerzhaft. Ich taumelte vorwärts, in Richtung des schwarzen, gähnenden Mauls. O nein, dachte ich, nicht den langen Fall ...

Er schubste mich wieder, dicht über der Niere. Mein Mund war knochentrocken, meine Knie waren aus Pudding. Jean-Claude beobachtete mich mit seinen dunklen Augen und lächelte leicht, wiegte sich auf den Fußballen und hatte den Kopf zwischen die Schultern gezogen. Wie ein Boxer.

Er sagte: »Spring!«

Ich erwiderte: »Bist du wirklich so blöde?« und hoffte, daß meine Stimme dabei fest klang. »Du kannst mich nicht erschießen, weil es wie ein Unfall aussehen soll. Also brauchst du Hilfe.« Wenn es mir gelang, nahe genug an ihn heranzukommen, würde es einen ausgeglichenen Kampf geben. »Warum rufst du nicht Carlo?«

Jean-Claudes griechisches Götterlächeln wurde gezwungener. Er ließ mich nicht aus den Augen, bückte sich, hielt aber dabei die Kanone auf mich gerichtet. Er zischte: »Das kann ich auch allein«, und legte die Waffe zur Seite. Sehr schön, dachte ich, jetzt sind die Karten gerecht verteilt. Keine Kanone, da kann ich ihn bis hinter den Mond prügeln. Ich fühlte, wie die Kraft in meine Muskeln zurückströmte.

Jean-Claude machte sich mit der Hand auf dem Boden zu schaffen.

Meine Augen fingen Feuer.

Zementstaub, begriff ich. Er hat mich mit Zementstaub geblendet.

Ich konnte nichts mehr sehen.

Etwas traf mich mit der Wucht einer Dampframme vor die Brust. Ich wankte mit rudernden Armen zurück, packte aber nur Plastikbänder. Vor meinen Augen tobte rotes Feuer. Ich stolperte zurück, grabschte nach den rot-weißen Bändern vor dem klaffenden Schlund des Aufzugschachts.

Die Bänder gaben nach. Ich stürzte hintenüber.

Und fiel.

30

Irgend etwas schlug mir mit einem heftigen Schmerz zwischen die Schulterblätter. Der Boden, dachte ich. Du bist tot. Aber ich war nicht tot. Ich rollte, rutschte von einer Art Plattform ab. Meine rechte Hand griff nach etwas, das sich wie eine Planke anfühlte. Meine Linke strich über eine Oberfläche aus glattem Papier, das sich stramm über einen festen Inhalt spannte. Ein Zementsack. Der Sack bewegte sich, rutschte über die Planken. Ich rutschte mit. Meine Augen begannen wieder zu funktionieren. Mein Körper fiel über den Rand der Plattform, sein gesamtes Gewicht hing jetzt an den Fingern. Ich war auf ein Baugerüst gefallen, zwei Planken breit und drei Meter tief im Schacht. Aber ich drohte abzurutschen, hielt mich nur noch mit der rechten Hand. Meine linke krallte sich in den Hundert-Kilo-Sack Zement, der gerade noch im Gleichgewicht auf dem Gerüst lag.

Ich zog an dem Sack, er drehte sich und fiel. Da klemmte ich die linke Hand in den Spalt zwischen den Planken. Nun hing ich frei schwingend an beiden Händen über dem Abgrund, versuchte den Staub aus den Augen zu blinzeln und rang keuchend nach Luft.

Rumms, machte es, als der Zementsack 57 Meter tiefer auf den Boden klatschte. Das Echo hallte im Schacht.

Eine Stimme über mir sagte: *»Adieu, beau-papa.«*

Jean-Claude. Er würde in den Schacht blicken, der nach der Helligkeit in der Lobby stockfinster sein mußte. Er räusperte sich und spuckte hinunter. Das Klappern seiner Nagelschuhe verklang auf der Treppe und verlor sich in der Ferne auf den Fliesen der Lobby.

Sehr vorsichtig zog ich mich hoch, bekam einen Schuh auf die Planke und kletterte auf das Gerüst. Dort lag ich schwer atmend und blinzelte. Als ich wieder Luft bekam und sehen konnte, betrachtete ich das Gerüst.

Es befand sich vor der mit Brettern gesicherten Tür zum nächstunteren Stockwerk. Rechts war eine Winde angebracht. Ich drehte die Kurbel, und das Gerüst sank tiefer. Ich drehte in die andere Richtung. Das Gerüst bewegte sich nach oben. Als ich den nächsten Flur erreicht hatte, stieg ich aus.

Ich klopfte meine Kleidung ab, von der Zement in Wolken aufstieg. Dann wankte ich langsam und leise auf Beinen, die sich anfühlten, als wären sie aus Knetmasse, die Treppen hinauf.

Oben hörte ich Lärm. Eine Stimme bellte, die Stimme eines alten Mannes – des Patrons. Sie erinnerte mich an die Stimme von Onkel James, wenn er sich mit dem Whiskey in seinem Zimmer eingeschlossen hatte und nach jemandem rief, den er beschimpfen konnte.

Ein Windstoß veränderte das Rauschen des Springbrunnens. Schritte erklangen und dann Crespis Stimme. Drei Paar Füße, dachte ich, Crespi, Jean-Claude und Carlo. Die anderen waren gleich nach dem Imbiß gegangen.

Die Schritte hielten inne. Carlo fragte: »Bist du *sicher?*« Sein Ton troff vor Sarkasmus.

»Natürlich bin ich sicher«, versicherte Jean-Claude gereizt.

Crespi sagte: »Wir müssen zurück zum Haus. Überlaßt ihn morgen den Bauleuten.« Alle lachten. Die Lifttür öffnete sich, sie traten ein. Der Aufzug sank nach unten, laut summend in dem leeren Gebäude.

Ich setzte meinen Weg nach oben fort.

Die Fontäne rauschte weiter. Hinter den Fenstern und dem blauen Pool glühte das Mittelmeer in der Sonne. Die Terrasse war leer. Kein Patron.

Auf der Brüstung hinter dem Swimmingpool entdeckte ich eine winzige Bewegung. Das erinnerte mich an den Windstoß, der den Springbrunnen gestört hatte. Ich lief über die Fliesen zur Glastür und drückte sie auf. Der Wind sprang mich an wie der Gluthauch aus einem Hochofen. Schweiß brach mir aus allen Poren. Ich lief weiter, am Swimmingpool vorbei zur Brüstung.

Dahinter ging es achtzehn Stockwerke tief hinunter, eine weiße Betonklippe, an deren Fuß Baumaschinen standen. Knapp zwei Meter unter der Brüstung verlief ein Sims, ungefähr dreißig Zentimeter breit, die Oberseite eines breiten Frieses, der um das ganze Gebäude lief wie ein Faßreifen um eine Tonne. Vom Sims stieg starker Alkoholdunst auf. Der Patron strömte ihn aus. Er stand mit dem Gesicht zur Wand auf dem Sims. Weil er ein kleiner Mann war, befand sich sein Kopf etwa dreißig Zentimeter unter der Brüstung. Er blickte nicht nach oben.

Ich blieb einen Augenblick stehen, denn ich merkte, daß er kurz davor war, in die unersättlichen Eingeweide von Les Digues zu fallen. Ich blickte hinunter auf die Marina und die lange gelbe Linie des Strandes, auf die das lange weiße Band der Brandung traf. Ich wollte nicht überstürzt handeln.

Feuilla rief etwas, aber der Wind packte seine Worte und verwehte sie. Er streckte eine Hand aus und beschrieb mit dem Arm einen Halbkreis. Es war diese Hand gewesen, die meine Aufmerksamkeit erregt hatte. Am Scheitelpunkt des Bogens bewegte sich seine Hand von der Wand fort. Der ganze Körper folgte, schwankte nach hinten in die Leere.

Ich packte sein Handgelenk. Er schrie erstaunt auf. Dann zog ich ihn grob vom Sims hoch. Aber soviel Kraft wäre gar nicht nötig gewesen, er kam so leicht hoch wie ein Sektkorken aus der Flasche. Wir landeten beide auf dem Boden der Terrasse. Dort blieben wir erst mal liegen, auf gutem solidem

Beton, der mit seinen tiefgegründeten Fundamenten bis in die schöne alte Mutter Erde reichte.

Schließlich stand ich auf, aber der Patron bewegte sich nicht. Sein Gesicht schimmerte krankhaft blau, die Lippen waren in einem Grinsen zurückgezogen, ein Zahn fehlte. Der ganze Mann stank nach Cognac.

Das erinnerte mich an den Geschmack von Stahl und Gin.

Ich zog Feuilla in den Schatten. Auf dem Konferenztisch fand ich ein Telefon und bestellte zwei Taxis, eins für den Patron und mich, das andere als Zeugen. Der Patron stöhnte und erbrach sich auf die Fliesen. Ich überzeugte mich, daß er frei atmen konnte, dann ging ich in die Pantry des Konferenzraums und angelte mir den Kassettenrecorder vom Weinregal. Danach rannte ich nochmals zum leeren Liftschacht, in dem ich Zementsäcke, Planken, Böcke warf und alles, was ich sonst noch fand, um jedem das Leben zu erschweren, der sich vom Tod Michael Savages überzeugen wollte.

Der Lift kam schnell nach oben. Ich zog den Patron hinein. Als wir unten anlangten, warteten schon die Taxis auf dem Platz. »Zum nächsten Krankenhaus«, sagte ich.

»Béziers?«

»Schnell!«

Ich befahl dem anderen Taxi, uns zu folgen. Wir fuhren los.

Es waren über vierzig Meilen bis Béziers. Der Patron lehnte schlaff auf dem Rücksitz, die geschlossenen Augen lagen tief in den Höhlen. Als ich sicher war, daß wir nicht verfolgt wurden, wies ich den Fahrer an, vor einem Supermarkt zu halten. Ich schickte den zweiten Fahrer nach Hause, dann kaufte ich vier Flaschen Vichywasser.

Fast eine ganze Flasche schüttete ich in mich hinein, den Rest benutzte ich, um mir die Augen auszuwaschen, ohne auf die Proteste des Fahrers zu achten, der um seine Polster bangte. Danach flößte ich dem Patron behutsam eine weitere Flasche ein.

Er hustete, verschluckte sich und öffnete die Augen. »Wir sind auf dem Weg ins Krankenhaus«, sagte ich.

Er klopfte auf seine Brusttasche. »Pillen!« Ich gab ihm zwei davon. Feuilla war plötzlich ein sehr alter Mann. Er stöhnte: »Sie zwangen mich, eine Flasche Cognac zu trinken, dann haben sie mich auf dem Sims ausgesetzt.« Er begann zu weinen, die Tränen liefen durch die zerfurchte staubige Mondlandschaft seiner Wangen.

»Jetzt ist alles gut«, tröstete ich ihn.

Er stöhnte: »Morgen ... Arthur hat's erwähnt. Morgen bringen sie die *Laurel* raus. Sehen Sie im hinteren Schuppen der Werft nach.«

Die Pillen bewirkten, daß er jetzt besser aussah. Im Krankenhaus fuhren sie ihn auf einer Bahre in die Notaufnahme. Der Taxifahrer erkundigte sich: »Nach Sainte-Jeanne zurück?«

»Ich bleibe hier.«

Er ließ mich vor dem Hospital stehen. Ich lief in die Stadt, fand eine Brasserie, wo ich ein Steak aß und eine halbe Flasche Burgunder trank. Anschließend ging ich in einen Hi-Fi-Laden, wo ich mit meiner Kreditkarte winkte und mir einen Ghettoblaster mit zwei Kassettendecks kaufte. Mit dem Gerät als Gepäck, checkte ich in einem billigen Hotel ein.

Auf meinem Zimmer holte ich die Kassette mit der Unterhaltung zwischen Feuilla und Crespi hervor, legte sie in das linke Laufwerk ein, überklebte die Löcher des Überspielschutzes auf der Kassette von Charles Aznavour, die ich im Laden erstanden hatte, und legte sie in das andere Laufwerk. Dann drückte ich auf den DUB-Knopf, und Aznavour verschwand unter Crespi contra Feuilla. Als die Kopie fertig war, nahm ich das Original heraus und rief einen Kurierdienst an, mit dem ich das Band über Nacht an Mary Ellen in London schickte. Im Begleitschreiben bat ich sie, das Band Justin zu übergeben, und erklärte ihr die Identität der Sprecher. Danach aß ich ein weiteres Steak, kaufte mir eine billige Kamera mit Film und mietete ein Auto. Schließlich suchte ich im Telefonbuch nach Schiffsbesichtigern.

Es gab zwei in Sainte-Jeanne. Einer hieß Charles Jamalartegui, und bei seinem Namen läuteten bei mir keine Alarmglocken. Der andere war Monsieur Marcel Bonnard.

Das Gutachten über die *Poisson d'Avril* in dem Aktenordner, den Bianca aus Thibaults Manoir gestohlen hatte, war von Marcel Bonnard unterzeichnet gewesen.

Ich ging zu Bett und fiel so schnell in Schlaf wie ein Sack Zement, der in einen Aufzugschacht stürzt.

Der Wecker riß mich um sechs Uhr hoch. Ich holte den Mietwagen aus der Garage und fuhr nach Westen. Die Sonne war gerade erst aufgegangen, ein roter heißer Ball, der über dem grauen Dunstschleier schwebte. Die Straßen von Sainte-Jeanne waren leer, nur einige triefäugige Männer trotteten zur *Boulangerie.* Ich fuhr direkt zu Les Digues.

In der frühen Morgensonne leuchteten die weißen Fassaden wie Kalksteinbrüche. Ich fuhr hinten herum und landete in der Wüste aus leeren Betonverschalungen und Rüstmaterial.

Nach der morgendlichen Flaute setzte der Wind langsam wieder ein, gerade stark genug, um den langen Wimpel auswehen zu lassen, der über dem Dach der Chantiers du Palmier aufgezogen war.

Sie hatten den Wimpel ausgewechselt. Heute konnte man lesen: JOUR DU LANCEMENT CUP – Stapellauf des Cup-Herausforderers. Vor dem vorderen Schuppen standen schon Autos, Leute wuselten herum, die ersten Vorboten einer Menschenmenge. Die großen Türen standen offen. Drinnen glänzte im Schatten ein langer schlanker Rumpf: ein America's-Cupper.

Aber ich wollte mir kein Boot für den America's Cup ansehen, sondern blickte auf die Slipbahn, wo gestern die *Laurel* gelegen hatte.

Der Slip war leer, die *Laurel* lag jetzt draußen an einem Ponton für große Boote. Sie schwebte auf dem Wasser wie ein Schwan.

Ich parkte hinter einem der Betonskelette, dann marschierte ich zur Anlage zurück. Die Morgenluft roch frisch und sauber, konnte aber nicht den Gestank von schmutzigen Geschäften verdrängen, der über den Chantiers du Palmier hing.

Im hinteren Schuppen. Es mußte wichtig sein. Der Patron hatte nicht mehr viel Leben in sich gehabt, trotzdem hatte er die Anstrengung auf sich genommen, mir das mitzuteilen.

Mit gesenktem Kopf schlurfte ich in Richtung des Tors, mein Mund war staubtrocken. Ich sah einen PR-Manager, der sich mit einigen Fotografen herumärgerte, außerdem eine Horde neugieriger Zuschauer und eine Menge Arbeiter in roten Overalls mit der Aufschrift LANCEMENT CUP – LES DIGUES auf dem Rücken. Ein Wachmann diskutierte mit einer Gruppe Kameraleute und Reporter auf der anderen Seite. Er sah aufgebracht und verschwitzt aus. Ich schob die Hände in die Taschen und schlenderte durch das Tor.

So tauchte ich in die Geräusche der Medienbetriebsamkeit ein und lauschte auf den ersten Alarmruf, der das Ende für mich und Frankie bedeuten würde. Er kam nicht. Ich schlenderte weiter, dem Schild folgend, auf dem TOILETTES stand. Schließlich verschwand ich in einem der kleineren Schuppen neben dem Hauptgebäude.

Die Arbeiter hatten die Nacht durchgeackert. Hinter einer Ecke erschollen Stimmen und das Rauschen von Wasser. Die Jungs duschten, um wieder wach zu werden.

Ich trottete in den Waschraum. Die Duschkabinen waren

alle besetzt, über einer Bank hingen vier rote Overalls. Ich suchte mir den größten aus, schlich wieder nach draußen und schlüpfte hinein.

Der Arbeitsanzug war zu kurz und zu weit, aber eine gute Tarnung. Ich ging an der Schuppenwand entlang davon. Hinter mir im Waschraum begann jemand zu schimpfen, aber das Gezeter wurde von Gelächter übertönt. Heute war ein Festtag auf der Werft Chantiers du Palmiers. Ich schlug den Kragen hoch und wandte mich einer Tür in der Wellblechwand zu.

Ich befand mich in einem Anbau mit einer Werkbank. Auf einer roten Tür stand DANGER – Gefahr, dahinter befand sich das Farbenlager. Ich ging hindurch und erreichte das Ende des Anbaus.

Der letzte Schuppen war groß, aber niedrig. Er schien eine Art Sammellager zu sein, in dem alles aufgehoben wurde, was man auf einer betriebsamen Werft später einmal gebrauchen konnte. Da standen Kisten mit Winschen herum, ein Plastikkübel enthielt Messingklampen. Und da war auch ein Holzstapel.

Oben auf dem Stapel lagen Paneelhölzer. Sie sahen nicht besonders gut aus. Die lackierten Oberflächen waren zerkratzt, die Ecken so beschädigt, als ob sie überhastet ausgebaut worden wären. Aber das Holz glühte satt in tiefdunklem Rotgold: wertvolles Honduras-Mahagoni.

Ich schob die erste Lage zur Seite. Dahinter kam eine zweite und dann noch eine. Das Holz war schwer, schwerer als das heutige Plantagen-Mahagoni. Der Stapel erstreckte sich bis zur Wand.

Diese Hölzer würden wundervoll aussehen, egal in welchem Boot die kostenbewußte Geschäftsleitung sie einbauen ließ. Ich wußte genau, wie schön sie wirken würden, weil ich sie schon bewundert hatte – in den vorderen Räumen der *Laurel*. Der Rest mußte aus der Eignerkammer und den

Sanitärräumen stammen. Deshalb war die Tür im Schott verschlossen gewesen.

Ich zog die Kamera aus der Tasche und fotografierte den gesamten Schuppen, dann schnappte ich mir einen Farbeimer als Tarnung und verließ den Schuppen. Draußen überfiel mich das harte weiße Licht des Vormittags. Es war neun Uhr.

Die Menschenmenge am Tor war inzwischen gewachsen. Jemand hatte eine Leine mit Wimpeln quer über die Zufahrt gespannt, die kleinen Flaggen flatterten im heißen, staubigen Wind. Zwei TV-Teams drückten sich dort herum. Sie hatten nichts, was eine Aufnahme lohnte, also richteten sie ihre Kameras auf mich: eine Bohnenstange in zu kurzem Arbeitsanzug trottete zum Ponton hinunter. Atmosphäre für die Zuschauer: *Ihr Leute zu Hause mögt ja denken, die Welt der Hochseeregatten bestünde nur aus Sonne, Meer und Rennmaschinen, aber worauf es im Grunde immer noch ankommt, ist der Mann mit dem Farbeimer. Einige Dinge ändern sich nie.*

Auch nicht einige Methoden, sich zu bereichern.

Ich schlurfte auf dem heißen Beton des Kais bis zur *Laurel* und kletterte an Bord.

Die Beplankung des Decks war alt, aber kürzlich mit einem Bandschleifgerät bearbeitet worden, um sie aufzufrischen. Die kalfaterten Decksnähte schienen mir trockener und brüchiger zu sein, als es einer Zwei-Millionen-Superyacht anstand. Ein vierzehn Fuß langes Schlauchboot hing einsatzklar in seinen Davits. Ich versuchte, die Niedergänge zu öffnen, aber sie waren verschlossen. Doch es blieben noch die Skylights. Das mittlere stand offen.

Ich legte meinen Mund an den Schlitz und rief: »Jemand an Bord?«

Stille. Durch das Skylight sah ich Holzverkleidung, eine Messinglampe, eine Karaffe mit breitem Boden auf dem verspiegelten Regal neben den Büchern. Leichte Unsicherheit begann an mir zu nagen: Was, wenn ich mich geirrt hatte?

Es gab nur einen Weg, das herauszufinden. Ich klappte das Skylight auf und kletterte auf den Tisch hinunter, wobei ich einer Blumenvase auswich.

Irgend jemand hatte den Gestank nach Desinfektionsmitteln beseitigt, nur noch ein schwacher Hauch davon wurde von dem schweren Duft der Blumen überlagert. Es waren Jasminblüten und tropische Klettergewächse. Einen Augenblick blieb ich stehen, um die Abdrücke wegzuwischen, die meine staubigen Schuhe auf dem Tisch hinterlassen hatten. Dabei unterdrückte ich ein Niesen. Ich stand vor der gelb schimmernden Karaffe, fühlte den dicken Orientteppich unter den Füßen und roch den Duft der Blumen.

Den Duft der Blumen.

Er war schwer und moschusartig, mit einer nur leichten Note Jasmin. Aber darunter lag noch ein anderer Geruch. Nicht wie verwesendes Fleisch, sondern muffig wie in einem Haus, das man hundert Jahre lang luftdicht versiegelt hatte. Die Blumen sollten diesen muffigen Geruch überdecken.

Eine Tür führte nach vorn – verschlossen. Das Messingschloß machte einen soliden Eindruck. Aber über solche Dinge wußte ich Bescheid. Ich langte an Deck und holte den Farbtopf herunter. Sein Drahtbügel ging leicht ab. Ich verbog das eine Ende zu einem rechten Winkel und steckte ihn in das Schloß. Die Zunge klickte: eins, zwei, drei. Ich drehte den Knopf und trat ein.

Der Gestank überfiel mich wie die Ausdünstung eines Kellergewölbes. Als ich das letzte Mal auf der *Laurel* gewesen war, hatte sich hier ein holzverkleideter Gang befunden, von dem vier elegante Kabinen abgingen, zwei nach jeder Seite. Inzwischen war jemand mit einem Schraubendreher tätig gewesen. Jetzt fielen vier Lichtbalken durch vier Bullaugen – sonst war absolut nichts mehr vorhanden. Die

Einrichtung war restlos bis auf den nackten Rumpf entfernt worden.

Ich kam mir vor wie im Bauch eines Wals. Die Spanten bildeten elegante Kurven wie Rippen zu beiden Seiten. Unten, über der Kielwurzel, spiegelte sich das Licht in einem Rinnsal aus schwarzem Bilgenwasser.

Ich befühlte einen Spant. Er bestand aus Kiefernholz und war fünfzehn mal zehn Zentimeter dick. Seine Oberfläche wies Risse auf, und unter meinem Daumen zerbröselte das Holz wie alter Sandkuchen.

Die Lichtreflexe auf *Laurels* Außenhaut waren deshalb so wellig gewesen, weil die Kurven ihrer Beplankung nicht mehr strakten. Der Grund, warum sie nicht mehr glatt und sauber anlag: Die Bolzen und Nieten, von denen die Planken an den Spanten gehalten wurden, waren korrodiert und hatten mit der Zeit Langlöcher in die Spanten gearbeitet. Dadurch litt die Festigkeit, die Beplankung bekam Spiel. Wasser war eingesickert, und an den unzugänglichen Stellen hinter den Paneelen fanden Pilzsporen in der feuchtwarmen Atmosphäre einen idealen Nährboden. Sie wuchsen und vermehrten sich, erfüllten die Luft mit dem Gestank fortschreitender Trockenfäule. *Laurel* war keine Zwei-Millionen-Superyacht mehr, sondern ein Abbruchplatz für nasses Feuerholz im Wert von ein paar tausend Dollar.

Es gab nur einen Grund, eine Wagenladung Feuerholz frisch anzumalen: um sie als Superyacht zu versichern und dann mit ihr segeln zu gehen.

Um sie zu versenken.

Ich nahm den Farbtopf und ging durch die offene Tür zurück. Als nächstes wollte ich Monsieur Marcel Bonnard anrufen und mit ihm ein langes Gespräch führen.

Etwas klapperte achtern an Deck. Ich erstarrte. Füße scharrten, Stimmen plapperten. Sie klangen fröhlich. Jemand rüttelte am Niedergangsluk und fragte nach dem

Schlüssel. Ich kannte die Stimme, sie gehörte Bobby, dem rotblonden Typ, der mir auf dem Ponton der Royal Flotilla Gin in den Hals geschüttet hatte.

Und da war noch jemand an Deck, der lachte, weil er glücklich war, seine Ferien in Südfrankreich verbringen zu können, und der jetzt mit einem großen schönen Boot zu einem Picknick und einem Sonnenbad auslief, um den Stapellauf eines America's Cupper zu erleben.

Frankie.

Ich schwitzte. Langsam ging ich zurück in den leeren Raum, wo früher die vorderen Kabinen gewesen waren. Ich schloß die Tür und versperrte sie wieder mit meinem Draht, dann ließ ich mich auf den verrotteten Planken nieder, mitten im Gestank nach Pilz und Bilge. Ich lauschte dem Trampeln der Füße auf dem morschen Deck. Hustend startete der Diesel, klatschend kamen die Festmacherleinen an Bord.

Wir liefen aus.

Vorsichtig kletterte ich über die Bodenwrangen zu einem Bulleye und blickte nach draußen.

Hinten zwischen den Booten drängte sich die Menschenmenge um die Slipbahn mit dem America's Cupper. Die Sonne funkelte auf den goldenen Instrumenten einer Blaskapelle. Die Menge überragte ein schlanker Mast, über die Toppen mit Signalflaggen geschmückt. Der Mast begann sich zu bewegen, beschleunigte auf der Slipbahn durch die Gasse der Gaffer. Eine weiße Gischtwolke stob auf, als der Rumpf ins Wasser schoß. Mein kahler Zufluchtsort füllte sich plötzlich mit dem Quaken der Nebelhörner. Oben knallte ein Champagnerkorken. Frankie stampfte aufs Deck und brüllte begeistert.

Stampf' bloß nicht zu stark auf, dachte ich.

Das Bulleye drehte vom Slip ab, verankerte Yachten glitten vorbei.

An Deck hörte das Stampfen nicht auf; Segeltuch knatterte, die Großfallwinsch knarrte. Sie setzten das Großsegel. Dann folgten leisere Geräusche weiter vorn: drei Vorsegel. Der Spant unter meinen Füßen bog sich, Holz knarrte. Es war das müde Knarren eines alten Bootes, das sterben sollte.

Ich war äußerst besorgt. Je länger *Laurel* zu besichtigen war, desto größere Gefahr bestand, daß jemand über Crespis geplante kleine Nebeneinnahme stolpern würde. Deshalb mochte dies sehr wohl der Tag sein, an dem sie sinken wollte. Aber warum hatten sie dann Frankie mitgebracht?

Denke logisch, sagte ich mir. Wenn sie die *Laurel* versenken, werden sie Frankie vormachen, daß es ein Unfall war. Sie brauchen Frankie als Zeugin an Land.

Aber Jean-Claude handelte nicht logisch. Ich erinnerte mich, was Crespi über die zwei Toten auf der *Poisson d'Avril* gesagt hatte: »Etwas Lokalkolorit.« Zwei Männer, die man rechtzeitig hätte warnen und retten können.

Was sorgte in Südfrankreich besser für Lokalkolorit als eine hübsche Siebzehnjährige im Bikini?

31

Laurels Krängung verstärkte sich. Als ich aus dem Bullauge blickte, sah ich den Cupper. Auch er lag weit auf dem Ohr, obwohl sie nur das Groß gesetzt hatten, kein Vorsegel.

Das Glucksen unserer Bugwelle wuchs zu einem dumpfen Dröhnen an. Schwere Böen zogen über die See. Auf der Leeseite unseres Rumpfs, wo die dicken Bolzen der Püttings aus den Spanten ragten, sprudelten dünne Wasserfontänen herein. Die Bordwand glänzte vor Wasser. Als ich das nächste Mal nach draußen blickte, war die Flotte mit den Zuschauern weit zurückgeblieben, wirkte wie Spielzeugboote auf der saphirgrünen See. Den Himmel bedeckten Streifen langer Cirruswolken mit ausgeprägten Sturmhaken. Die Luft war so kristallklar, als ob sie uns etwas sagen wollte. Die dringliche Botschaft dieses Phänomens hier am westlichen Golf von Lyon lautete: Es gibt Wind, jede Menge Wind.

Vor den leewärtigen Bullaugen war außer fliegenden Spritzwasserfahnen nichts mehr zu sehen. In der Bilge sammelte sich langsam ein See. Im Rigg kreischte ein teuflischer Chor.

Vor den Bullaugen in Luv war das Land zu einer niedrigen Linie zusammengeschrumpft, die im Takt des Seegangs auftauchte und verschwand. Eine Stunde lang spürte ich nur das Stampfen des donnernden Vorschiffs und hörte das Gluckern des Wassers im Rumpf. Das Land verschwamm; was blieb, war das langsame blaue Atmen der See. Ich hörte Gelächter an Deck: Zeit für das Picknick.

Füße stampften den Niedergang herunter in den Salon. Ich ging nach achtern und preßte ein Auge ans Schlüsselloch. So konnte ich den halbkardanisch aufgehängten Tisch sehen. Wasser war aus der Blumenvase gespritzt, eine Hand erschien mit einem Tuch und wischte das Wasser von der Tischplatte. Es war eine braune Hand mit schwarzen Haaren auf dem Rücken. Die Hand verschwand, dann legte sie etwas auf den Tisch.

Ich bekam eine Gänsehaut.

Im Ausschnitt des Schlüssellochs konnte ich ein Zifferblatt sehen. Seine Zahlen reichten von null bis sechzig: ein Kurzzeitwecker für die Küche. Die Hände kamen in mein Gesichtsfeld, drehten das Uhrwerk um eine Vierteldrehung zurück. Ich blickte auf die Leuchtzeiger meiner Armbanduhr. Zwanzig Minuten vor eins.

Der Wecker verschwand aus meinem Gesichtsfeld, und ich hörte eine Schranktür klappen. Die Schritte entfernten sich über die Niedergangstreppe.

Das Herz klopfte mir im Hals, die Hände an meinem Behelfsdietrich wurden feucht. Ich fummelte am Schloß, brauchte aber gut drei Minuten, um es zu öffnen.

Der Salon schien mir nach der Düsternis in der Vorschiffhöhle strahlend hell. Leise schloß ich die Tür. *Laurel* kletterte gerade eine Welle empor, schoß auf der anderen Seite klatschend in einer Spritzwasserwolke hinab. Ich begann, die Schränke zu durchsuchen.

Was ich suchte, lag unter den Bodenbrettern, an einen vermodernden Spant geklemmt: eine Brotbüchse aus Plastik. Drähte verbanden sie mit dem Wecker, der auf den Deckel geklebt worden war. Vorsichtig hob ich sie aus ihrem verrotteten Nest und legte sie auf die Kissen des Sofas. Ein schnelles lustiges Ticken ertönte. Es erinnerte mich an Mary Ellens sonntägliche Küche, an den Geruch warmen Kuchens. Frankie war damals erst fünf Jahre alt und saß auf einem harten Stuhl, die Beine gerade ausgestreckt. Sie war dabei, kandierte Kirschen zu zählen. Als der Küchenwecker klingelte, war sie erschrocken aufgesprungen, so daß die Kirschen wie rote Blutstropfen über den Fußboden rollten. Diesmal würde sie sich über etwas anderes als Kirschen erschrecken.

Ich wollte die Drähte nicht abziehen, weil die Höllenmaschine komplizierter aufgebaut sein konnte, als sie auf den ersten Blick aussah. Deshalb drehte ich die Uhr nur bis zum Anschlag zurück: eine Stunde Galgenfrist. Das schmale Schränkchen neben der Karaffe war leer, und wenn man ein Versteck für eine Bombe sucht, wählt man eins aus, in dem sie nicht herumrutschen kann. Ich schob sie hinein – sehr vorsichtig – und schloß die Tür wieder.

Dann ging ich zum achteren Ende des Salons.

Dort führte eine Tür hinter dem Niedergang nach achtern zur Kajüte des Eigners, zu zwei Waschräumen, den Mannschaftsunterkünften und schließlich zu einem zweiten Niedergang ins Cockpit. Ich schob meinen Drahtdietrich ins Schloß.

Jemand kam den Niedergang herunter.

Wenn ich die Tür öffnete, würde man mich hören. Unter dem Niedergang war ein Kabuff, wo der Steward früher vielleicht den riesigen Eiskübel für den Champagner des Eigners verstaut hatte. Ein Eiskübel war nicht mehr da. Ich zwängte mich hinein.

Ich konnte den Schatten des Eindringlings sehen. Die Toilettentür dem Niedergang gegenüber wurde geöffnet und mit einem lauten Knall wieder geschlossen.

Ich war schweißgebadet.

Der Schatten hatte sich nicht bewegt. Mein Besucher wollte die anderen an Bord glauben machen, er säße auf dem Klo. Dabei hatte er nur eine Ausrede gesucht, um unter Deck zu gehen.

Aus welchem Grund?

Ich richtete mich langsam auf, streckte einen Arm aus und schlug dem Eindringling die Hand vor den Mund, legte den anderen Arm um seinen Hals und zog ihn an mich. Einen

Augenblick leistete der Körper Widerstand, dann wurde er schlaff.

Ich legte den Mund an sein Ohr. »Falls du Krach schlägst, bringe ich dich um.« Dann nahm ich die Hand weg.

»Um Himmels willen!« Es war Bianca.

Mein Herz pochte wie ein Dampfhammer, ich fühlte mich schlapp. »Was machst du hier?«

»Keine Zeit«, sagte sie hastig. »Sie wollen das Boot versenken.«

»Wie wollen sie danach an Land kommen?«

»Im Schlauchboot.«

»Warum glaubst du, daß sie dich mitnehmen werden?«

»Sie werden uns nicht zurücklassen.«

Ich bemerkte das *uns*. »Aber genau das werden sie tun. Gestern haben sie versucht, deinen Vater umzubringen.«

Ihr Gesicht wurde bleich. »Carlo ist doch auch hier«, flüsterte sie erschrocken.

»Carlo hat die Seiten gewechselt. Weshalb, denkst du, haben sie euch mitgenommen?«

»Ich wollte mich um Frankie kümmern.«

»Wer hat diesen Vorschlag gemacht?«

»Niemand.«

»Und niemand hat dich abgehalten, mitzufahren.«

»Wie meinst du das?«

»Es gab einen Machtwechsel. Dein Vater liegt im Krankenhaus von Béziers.« Ihre Hand fuhr zum Mund, aber ich beruhigte sie. »Es geht ihm wieder besser. Doch Arthur Crespi hat nun allen Grund, dich aus dem Weg zu schaffen.«

Der Schock verließ ihre Augen, sie dachte nach.

»Ich verstehe«, meinte sie schließlich.

Ich erkundigte mich: »Wie viele sind es?«

»Jean-Claude, Carlo und Bobby.«

»Wo?«

»Sie sitzen alle achtern. Wir wollen bald Wasserski laufen.«

Bianca öffnete die Toilettentür und schlug sie laut wieder zu. »Ich muß gehen.« Mit ihren leichten Sprüngen rannte sie den Niedergang hinauf.

An Deck entstand wieder Lärm: Fußgetrappel, Segel schlugen, Blöcke quietschten. Die Bewegungen veränderten sich. Sie hatten gestoppt, das Boot lag beigedreht.

Ich blickte auf meine Uhr. Noch sechs Minuten bis zum ursprünglichen Knall, sagte der Minutenanzeiger. An das Wasserskilaufen glaubte ich nicht. Ich ging zum Schrank und nahm die Plastikbüchse mit dem Wecker heraus. Sie gegen meinen Bauch drückend, kletterte ich vorsichtig den Niedergang hinauf und spähte über das Süll.

Die See war auf keinen Fall zum Wasserskilaufen geeignet. Die Wellen waren zu steil und hatten jetzt die Farbe schwarzblauer Tinte. Ich hatte nicht mitbekommen, wie stark der Wind zugelegt hatte. *Laurel* lag auf Backbordbug beigedreht, ihr riesiger Mast schrieb unsichtbare Mitteilungen in den Himmel. Das Schlauchboot hing schon über die Leeseite, ein großes, halbstarres Zodiac mit einem 60-PS-Außenbordmotor. In einer halben Stunde konnten sie damit an der Küste sein, um den tragischen Verlust von Monsieur Crespis Zwei-Millionen-Superyacht zu melden – und nach einem Formular für die Schadensmeldung zu verlangen.

Jean-Claude trug Shorts und ein ärmelloses schwarzes Unterhemd, das seine braunen muskulösen Schultern betonte. Er kurbelte an der Winsch. Frankie stand lächelnd neben ihm. Sie trug ein Chez-Thibault-Sweatshirt, weiße kurze Shorts und eine Rettungsweste. Sie hielt einen Mono-Wasserski im Arm.

Aus dem Zodiac erklang ein Ruf. Die Leinen der Davits kamen lose, das Boot lag im Wasser. Bianca stand an der Reling. Frankie reckte die Nase in die Höhe und sagte zu Jean-Claude: »Ladies first.«

Er drehte sich zu ihr um und lächelte sein weiches,

verdorbenes Lächeln eines griechischen Gottes. Dann packte er sie an den Schultern, als ob er sie küssen wollte.

Aber er hob sie hoch und warf sie quer übers Deck.

Ich hörte sie krachend auf das Skylight stürzen, sah ihr erstarrtes Gesicht, die blauen, entsetzten Augen; ihr Mund war zu einem Schrei geöffnet, der sich jedoch nicht löste. Dann hörte ich Jean-Claude lachen.

Er sprang ins Boot und begann, die Festmacher zu lösen. Carlo klopfte ihm auf die Schulter und rief: »Schnell, Hampelmann!« Es blieben noch zwei Minuten bis zum großen Knall, und Carlo zeigte Nerven.

Ich hätte auf der anderen Seite des Decks sein sollen, außer Sicht. Aber da stand ich nicht. Ich wußte nicht, wie ich hingekommen war, aber ich stand über dem Schlauchboot, das unter mir auf der tintenblauen See tanzte. Eine unendliche Klarheit und Ruhe war plötzlich über mich gekommen. Ich sah, wie sich die letzte Leine löste, das Schlauchboot trieb ab, der Wind drückte es fort. Meine Finger tasteten nach dem Wecker an der Plastikdose und drehten das Stellwerk. Mit einer einzigen Bewegung meines Handgelenks fraß es die Minuten auf, bis ich es mit einem präzisen Klicken direkt vor der Null anhielt.

Und ich sah meine Hände eine Bewegung ausführen, einen beidhändigen Basketballwurf. Das Schlauchboot war jetzt fünf Meter entfernt. Die Dose fiel hinter Jean-Claudes Rücken in den Bug und rollte unter eine Ducht. Sie brüllten alle drei.

Es gab einen grellen Blitz, dann einen starken Knall. Etwas schleuderte mich rücklings aufs Deck der *Laurel*, so daß ich ins hoch aufragende, weiße Großsegel blickte. Aber es war nicht länger weiß, sondern vom Großbaum bis zum Kopfbrett mit roten Flecken gesprenkelt.

Gewaltsam riß ich den Blick davon los.

Außenbords waren die Wellen mit einer schillernden Ölschicht bedeckt. Eine Rauchwolke verwehte im Wind. Mir wurde übel, ich fühlte mich wie ausgebrannt. Die Angst ließ meine Knie zittern. Ich zog mich in die Höhe und taumelte zu Frankie.

Sie lag mit geschlossenen Augen da, das bleiche Gesicht entspannt, den Mund offen. Blut floß aus ihrem Haar aufs Deck. Aber der Pulsschlag am Hals war deutlich zu sehen.

Ich hob sie hoch und trug sie ins Cockpit. Dann ging ich zu Bianca.

Sie weinte und rieb sich die Augen. »Bastard«, sagte sie.

»Tut mir leid.« Ich hatte drei Männer getötet, das durfte mir leid tun.

»Nein«, erwiderte sie, »schlauer Bastard. Du hast drei Menschen gerettet.« Sie stand auf und lachte. Es war ein hektisches Lachen, total überdreht. »Danke, Darling.« Sie schlang die Arme um meine Schultern und küßte mich lange auf den Mund. Wir standen direkt unter dem Großbaum, und im weißen Segel über uns hingen die Überreste von Jean-Claude, Carlo und Bobby.

Mir wurde plötzlich schlecht. Müde und angewidert zog ich mich zurück. »Laß uns diese Krücke nach Hause bringen.«

Eine Bö heulte übers Wasser und fiel in *Laurels* Segel ein; sie legte sich bis zum Schanzkleid über. Ich mußte an die verrotteten Spanten denken, an das Wasser, das unten über die Planken strömte. Es würde ein langer Weg nach Hause werden. Und es würde eine Menge Arbeit geben, sobald wir angelangt waren.

Wir betteten Frankie auf die Cockpitpolster. Ich rollte sie in eine Decke aus dem Salon und legte ihren Kopf auf ein Kissen. Dann laschte ich sie an ihrem Platz fest.

Der Wind fiel wie ein Schlägertrupp über uns her. Bianca stand am Ruder, ich ging wie in Trance zum Mast, um das Großsegel wegzunehmen. Das Blut war jetzt braun und hart.

Vor einer halben Stunde hatte es noch in lebenden Menschen pulsiert. Aber diese Männer hatten Frankie, mir und Bianca eben das Schicksal zugedacht, das jetzt ihnen widerfahren war.

Das aufgetuchte Segel auf dem Baum sah saumäßig aus, doch meine Hände zitterten zu stark für gutes Arbeiten. *Laurel* lag unter Besan und Fock jetzt ruhiger. Langsam, bei weitem zu langsam, rollten wir durch die See auf die lange weiße Linie zu, hinter der sich die flache gelbe Küste erhob.

Frankie rührte sich noch immer nicht.

Bianca fragte: »Was ist mit meinem Vater?«

»Sein Herz«, erklärte ich. »Sie behalten ihn zur Beobachtung da.«

»Sein Herz.« Sie blickte auf ihre Hände. »Das war immer sein Problem.« Sie sah auf. »Hast du genug Material zusammen, um Crespi vernichten zu können?«

»Jede Menge.«

»Wie willst du's machen?«

»Eigentlich ist es schon passiert.«

Sie schob die Unterlippe vor. »Erzähl's mir.« Sie nahm meine Hand. Ihre Augen versuchten, mich an Dinge zu erinnern, die sich in Schlafzimmern zugetragen hatten.

»Ich will nicht, daß du gefährdet wirst.« Das war die Wahrheit, aber es gab noch ein paar Dinge, die ich herausfinden mußte, bevor ich ihr vertrauen konnte.

»Die gefährlichen Männer sind tot.«

»Nicht alle.«

»Wer denn noch?«

Der Wind kreischte in der Takelage. *Laurel* lag weit über und knirschte fürchterlich.

»Ich muß pumpen«, sagte ich.

Unten stand das Wasser schon über den Bodenbrettern. Ich arbeitete an der großen alten Messingpumpe, sie klapperte mit kräftigem, solidem Rhythmus: eine gute Hintergrundmusik für meine schwarzen Gedanken.

Drei Männer waren tot. Und Frankie war weiterhin bewußtlos.

Daheim in London würde es noch schlimmer kommen. Aber jetzt hatte ich ein dringenderes Problem. Meine Schultern schmerzten, doch das Wasser stieg schneller, als ich es hinauspumpen konnte.

Ich ging zurück an Deck. Frankies Augen waren noch immer geschlossen.

Vor dem Bug hatten die weißen Grabsteine von Les Digues die Größe hochgestellter Zuckerhüte erreicht. Auf den tintenblauen Wellen trieb jede Menge weißer Schaum, und der Wind nahm noch zu.

Ich sagte zu Bianca: »Wir sinken.«

Wir hatten weder Funksprechgerät noch Seenotraketen. Wir hatten nichts außer einer verrotteten Yacht, jeder Menge Wind und einer schweren, tiefblauen See. »Ich setze das Groß«, entschied ich.

Bianca wandte ein: »Es wird das Boot auseinanderreißen.«

»Das passiert jetzt schon.«

Sie zuckte die Achseln. Ich ging nach vorn an den Mast, steckte die Kurbel in die Winsch und begann zu drehen. Aber ich war müde, und das Fett in der Winsch war verharzt. Das große Segel stieg nur zentimeterweise am Mast empor, es schlug und donnerte in der starken Brise. Mein Atem ging keuchend, mein Herz versuchte sich durch den Brustkasten zu hämmern. Schließlich war der Lappen oben. Wir segelten voll und bei am Wind, lagen aber trotzdem entsetzlich weit nach Backbord über. Die Blutsprenkel auf dem Segel sahen in der Sonne rostig aus und reichten vierundzwanzig Meter in die Höhe.

Laurel schob den Bug vertrauensvoll durchs Wasser und bahnte sich auf einem Schaumkissen ihren Weg nordwärts.

Ich ging unter Deck. Die Geräusche unten hörten sich jetzt anders an: ein scharfes, protestierendes Knirschen und Quietschen, als ob alles zu eng und zu straff gespannt wäre und nicht mehr lange durchhalten würde. Ich ignorierte sie, stand knietief im Wasser und pumpte. Dreihundert Pumpenschläge machten keinen Eindruck auf den Wasserspiegel, aber einen großen auf mich.

Als ich wieder an Deck kroch, konnte ich die Masten in der Marina sehen. Die Fenster der Hochhäuser spiegelten die Sonne wider. Die Wellenbrecher wurden durch weiße Gischt markiert, die an der Grenzlinie zwischen See und Beton aufbrandeten. Es war nicht mehr weit.

Unten im Schiff krachte es jetzt stärker als zuvor. Etwas zerbrach mit dem Knacken eines Zahns, den man aus dem Kiefer schlägt. Ich blickte nach vorn. *Laurels* spitzer Bug stampfte diagonal zu den steilen blauen Kämmen, bohrte sich in die nächste Welle. Weißes Spritzwasser stob in die Höhe, flog nach achtern. Ich wartete darauf, daß sich der Bug wieder hob.

Er hob sich nicht. Er rammte sich durch den blauen Wellenzug wie ein tauchendes U-Boot. Ein paar Tonnen Seewasser rauschten übers Deck, trafen krachend auf das Skylight, ergossen sich grün ins Cockpit. Ich zog Frankie hoch. »Halt durch!« sagte ich zu ihr mit der normalsten Stimme, zu der ich fähig war.

Bianca meldete sich in gestreßtem Ton: »Ich kümmere mich um sie.«

Ich übernahm das Ruder, und wir krochen auf die nächste Welle zu. Bis zu den Molenköpfen war es noch eine halbe Meile. Das Boot fühlte sich unter meinen Händen an wie ein Lastwagen, dessen Servolenkung ausgefallen ist. Ich zielte auf das Loch zwischen den Molen.

Die Welle lief unter den Bug. Wieder stieg eine Spritzwasserwolke auf, aber diese war größer. Wieder hob sich der Bug nicht, sondern bohrte sich wie ein U-Boot ins Wasser. Diesmal liefen keine Tonnen Wasser übers Deck, diesmal stand das ganze Deck unter Wasser. Als der Wellenberg über die Deckshütte lief, klirrte Glas. Er donnerte ins Cockpit, und mit einem Strudel wie in der Badewanne eines Riesen verschwand gut eine Tonne Seewasser im Salon, wo sie sich mit dem Wasser vereinigte, das hoch über den Bodenbrettern schwappte.

Wir wurden langsamer. Es war immer noch knapp eine halbe Meile bis zu den Wellenbrechern. Auf der Mole würden Menschen einander auf das schöne große Boot aufmerksam machen. *Sieh mal, das nenn' ich eine Yacht!*

Laurel schwamm immer noch.

Wieder eine Welle. Der Bug versuchte zu steigen. Ich fühlte den Zug, als sich Tonnen von Wasser einen Weg nach achtern bahnten, hörte das Stöhnen, als das alte Rigg die Belastung aufnahm. Die Welle überrollte uns, hob das Heck an, das Boot wollte das Wasser vorn abschütteln. Die nächste Welle. Der Bug war müde, er versuchte gar nicht erst, wieder in die Höhe zu kommen. *Laurel* behielt die Nase unten. Als die Welle unter den Rumpf lief, sackte der Bug tiefer, immer tiefer.

Das blaue Mittelmeer schlug über dem Deck zusammen. Es gurgelte um den Großmast, rauschte in die Skylights, schoß in endlosem Schwall durch den Niedergang. *Laurel* versank so gleichmäßig wie ein tauchender Wal. Eine halbe Meile vor der Mole.

Mit Frankie.

Die Masten legten sich auf die Seite. Der Rumpf war nur noch ein verschwommener Schatten unter Wasser. Bianca rief etwas, aber ich konnte sie nicht verstehen.

Ich atmete tief ein und tauchte. Meine Hände fanden Frankies Körper: schlaff, bewußtlos. Das blaue Wasser brannte in meinen Augen, auf meinen Ohren lastete starker

Druck. Das Boot sank und wir mit ihm. Ich fummelte an der Decke herum, fand den Knoten. Er war steinhart. Meine Augen schmerzten höllisch. *Mach' weiter,* sagte eine Stimme, *aber schwimm' erst nach oben, atme, dann tauch' wieder runter, um den Job zu beenden.*

Ich befahl der Stimme zu schweigen. Du hast nur eine Chance, eine einzige.

Was passiert, wenn Laurel durchkentert, und du steckst unter ihr?

Meine Finger kämpften weiter. Jetzt hörte ich eine andere Stimme, hart und grimmig: *Das hier ist deine Tochter Frankie. Dieser weiße Fleck im Wasser hat während der ganzen Jahre zwischen dir und Mary Ellen gelebt. Sie hat euch zusammengehalten. Sie ist das Gute und Beständige in euer beider Leben gewesen. Du liebst sie ...*

Der Knoten öffnete sich unter meinen Fingern.

Frankies Körper war gewichtslos. Was passierte, wenn man unter Wasser bewußtlos war? Atmete man? Gab es einen Reflex, der verhinderte, daß Wasser in die Lungen drang?

Ich packte Frankies Arm, ihre Haare wickelten sich um mein Gesicht. Meine Ohren fühlten sich an, als triebe jemand sechszöllige Nägel in die Trommelfelle. Ich strebte nach oben, dorthin, wo die Sonne aus dem blauen Mittelmeer einen glänzenden Spiegel machte.

Ich schien dazu einen Tag, zwei Tage zu brauchen. Das Blau verwandelte sich in Rot. Meine Beine strampelten nicht mehr. *Laß dich sinken,* riefen die Stimmen. *Laß das Mädchen los. Atme ein!*

Ich wurde ganz ruhig. Das war meine Tochter. Wenn hier jemand sterben mußte, dann würde ich das sein.

Mein Kopf durchbrach die Wasserfläche. Ich atmete ein. Frankies Gesicht war kalkweiß. Eine Welle klatschte über uns. Ich hustete, ließ mich an dem blauen Hang in die Höhe tragen. *Lebe!* dachte ich. *Bitte, Frankie, bleib am Leben!*

Jemand rief etwas, ich wandte den Kopf und sah Bianca.

Das Haar klebte an ihr, sie lag auf dem Wasser wie eine Robbe. »Hier«, krächzte ich. »Hier!« Mehr bekam ich nicht heraus.

Wieder schlug mir eine Welle ins Gesicht. Das Atmen fiel mir immer noch schwer. Frankie, dachte ich, atmest du auch?

Da schwamm etwas auf unserer Welle: groß, braun, viereckig, lag es ruhig in der See. Ich hielt darauf zu und zog dabei Frankie hinter mir her. Zehn Meter, fünf Meter. Das Ding verschwand. Wasser im Gesicht. Husten, spucken, schwimmen ... Frankie, bist du noch da?

Meine Hand berührte Holz. Es war eine Gräting, die beim Untergang der *Laurel* aufgeschwommen war.

Ich zog mich und Frankie hinauf, ihr Kopf rollte haltlos herum. Keine Ahnung, ob sie noch atmete. Ich beatmete sie von Mund zu Mund, ihren Kopf zwischen meinen Knien. Diese Haltung war völlig falsch, aber das Beste, was ich tun konnte, denn unser Gewicht drückte die Gräting unter Wasser.

Ihre Lippen waren warm. Sie lebt, dachte ich, sie lebt! Schlaff wie eine Puppe. Ich wollte weinen, hatte aber keine Zeit dazu.

Etwas brummte wütend übers Wasser. Auf einem Wellenkamm sah ich mich um und erkannte ein Schnellboot, das mit großen sportiven Gischtwolken von See zu See sprang. Leute brüllten, zogen uns heraus. Frankie zuerst. Ich zitterte, wußte nicht, wo ich war, und stammelte wie ein alter Mann: »Vielleicht ist sie tot.« Wir legten sie auf den Boden des Schlauchboots. Wasser lief aus ihr heraus. Dann beatmete sie jemand von Mund zu Mund.

Ich krächzte: »Eine Frau ist noch im Bach.«

»Wir sehen sie«, beruhigten sie mich. Undeutlich bekam ich mit, daß sie Bianca über die Seite zogen, tropfnaß.

Aber ich beobachtete Frankie mit all meiner Willenskraft. Sie mußte am Leben bleiben. Sonst entwickelten sich die Dinge so, wie Crespi geplant hatte.

Jedenfalls die meisten. Nicht alle. Denn der Mann, der Frankie beatmete, richtete sich auf und grinste. Er hatte einen dicken schwarzen Schnurrbart. »Elle vit«, sagte er.

Sie lebt.

Ich fühlte, wie mein Grinsen an den Fußsohlen begann und sich nach oben ausbreitete. Ich kniete mich hin und umschlang Frankie. Ihr Atem war ein warmer Hauch auf meiner Wange.

Sie lebte. Aber sie war noch immer bewußtlos.

Der Motor heulte in einem langen, ohrenzerfetzenden Jaulen auf. Schon lagen wir am Wellenbrecher.

Wir betteten Frankie auf den Kai, mit einem Kissen aus Ölzeug unter dem armen Kopf. Der Beton war heiß, er roch nach Kalk und Staub. Sirenengeheul näherte sich, die Krankenwagen kamen.

Die Notärzte übernahmen den Fall. Dann waren wir irgendwo in einem Krankenhaus. Es war sauberer als ein englisches Hospital, Blumen standen auf dem Empfangstisch. Ein Doktor schüttelte den Kopf und murmelte etwas von Röntgenaufnahmen. Sie schoben Frankie fort. Später kam der Doktor zurück.

»Schädelbruch«, teilte er mir mit. »Ein Blutgerinnsel im Gehirn.«

O Gott, dachte ich. Frankie ...

»Wir müssen sie nach Montpellier bringen«, sagte er. »Sie muß operiert werden.«

»Wann können Sie etwas Definitives sagen?«

Er hob die Schultern. »Frühestens nach vierundzwanzig Stunden.«

»Wo ist sie jetzt?«

»Sie wird für den Transport vorbereitet.«

»Ich möchte sie sehen.«

Er nickte. Ich folgte ihm durch grüne Korridore, die nach Desinfektionsmitteln rochen. Die Leute sahen meine trocknenden Kleider, meine nackten Füße und schauten mich so ängstlich an, als ob ich eine Bakterie wäre.

Frankie lag auf einer Trage, bewußtlos. Ihre Sommersprossen zeichneten sich braun von der wachsbleichen Haut ab. Sie atmete flach. Die Bögen ihrer Augenwimpern ruhten leicht auf den jungen Wangen.

»Machen Sie sich nicht allzu viele Sorgen«, empfahl mir der Arzt, aber in seiner Stimme lag keine Ermutigung.

Ich nahm Frankies Hand, sie war warm und lebendig, aber schlaff. »Viel Glück«, wünschte ich ihr. Dann verließ ich das Hospital und fühlte in meiner zusammengepreßten Hand die Wärme, die sie darin zurückgelassen hatte. Der Wind war trocken und staubig, er brannte mir in den Augen.

In einer Bar unten an der Straße trank ich einen Cognac. Crespi, dachte ich, das ist dein Ende.

Ich warf Geld in den Telefonschlitz, rief den Gutachter Bonnard an und erzählte ihm, daß ich für Arthur Crespi arbeitete. »Große Überraschung«, sagte ich. »*Laurel* ist abgesoffen.«

»O je«, erwiderte er in seinem zynischen Marseiller Tonfall. Man konnte am Telefon förmlich den Rauch schwarzer Zigaretten und den Pastis riechen. »Tragisch.«

»Sie stehen für eine Stellungnahme zur Verfügung?«

»Meine Kinder müssen schließlich essen.«

Und mein Kind war auf dem Weg nach Montpellier mit einem Blutgerinnsel im Gehirn.

»Sind Sie im Büro?«

»Zu Hause.«

»Wir sollten uns treffen.«

»Also gut, im Café des Sports. Am Tisch neben der Telefonzelle.«

Ich legte auf.

32

Ein schwarzer Mercedes fuhr am Café vor. Ein Fenster glitt herab, Bianca saß dahinter. »Steig ein«, sagte sie. »Wo bist du gewesen?«

Wortlos stieg ich ein.

»Wohin?«

»Innenstadt.«

Sie fuhr langsam durch den Staub, den der Wind aus den Planen der Baustellen klopfte. »Wie geht es Frankie?« erkundigte sie sich.

Ich sagte es ihr.

»Das tut mir leid«, murmelte sie.

»Du kannst nichts dafür.«

»Für die Rettung meines Vaters«, fuhr sie so formell fort, als wären wir kaum miteinander bekannt, »möchte ich dir aufrichtig danken.«

»Je vous en prie«, entgegnete ich mit derselben Förmlichkeit. Dann legte ich meine Hand auf die ihre. »Und vielen Dank, daß du dich um Frankie gekümmert hast.«

Sie hob die Schultern. »Das war doch selbstverständlich.«

Wir waren auf dem Platz unter den Platanen angelangt. »Hier steige ich aus«, sagte ich.

»Bis später?«

In meinem Kopf formte sich eine Idee, aber die hatte nichts mit Später zu tun. Ich kletterte aus dem Wagen. Bianca rief mir nach: »Ich warte in der Villa.«

Ich bedankte mich für die Fahrt und suchte mir einen Weg durch die Menge zum Café des Sports. Der Mann am Tisch neben der Telefonzelle hatte die hier übliche tiefe Sonnenbräune, trug verwaschene Jeans und eine Mütze mit langem

Schirm weit in den Nacken geschoben. Vor ihm auf dem Tisch stand ein Glas Pastis. Ich drängte mich durch die Tische voller Touristen und Einheimischer, die den Abend genossen, und setzte mich neben ihn. Er blickte auf, musterte meine Kleidung und grinste. »Ach so«, schmunzelte er. »Gluck, gluck, gluck.«

»Gluck, gluck, gluck.« Ich lächelte zurück, und mein Gesicht fühlte sich an wie eine Maske, die man einem anderen über die Haut gezogen hatte. Bonnard trug eine goldene Kette am Handgelenk, zwei goldene Ringe und eine goldene Rolex, offensichtlich alles echt. Sein kupferbraunes Gesicht mit dem gekünstelten Lächeln wirkte dumm. Ich fragte: »Als Sie Ihr Gutachten erstellt haben, welche Firma war da Ihr Auftraggeber?«

Sein Glas war auf dem halben Weg zum Mund. Er setzte es wieder ab und hob die buschigen schwarzen Augenbrauen. »He!« wunderte er sich. »Nun mal langsam!«

Nett und freundlich klärte ich ihn auf: »Ich führe im Auftrag von Lloyd's of London eine Untersuchung über die betrügerische Versenkung der *Poisson d'Avril* und nun auch der *Laurel.*«

Seine Hand stieß das Glas klappernd auf die Untertasse. *»Non«,* stieß er hervor.

»Es ist kein böser Traum«, heizte ich ihm weiter ein, »keine Begegnung der dritten Art. Es widerfährt Ihnen. Jetzt. Hier. Sieben Menschen sind tot – wegen Ihrer getürkten Gutachten. Ich biete Ihnen Strafminderung an – wenn Sie auspacken.«

»Aber M'sieur Crespi ...«

»M'sieur Crespi hat selbst reichlich Probleme, er kann Sie nicht länger schützen. Denken Sie darüber nach.«

Schweiß stand auf seiner Stirn wie Tau auf einer Flasche Aquavit. Er war zu verängstigt, um klar denken zu können. Schließlich fragte er: »Wie sieht diese Strafminderung aus?«

Da wußte ich, daß ich ihn an der Angel hatte.

Bonnard begann zu erzählen. Nachdem er fünf Minuten lang gesprochen hatte, holte ich ihm ein Stück Papier von der Bar. Er schrieb darauf und unterzeichnete mit seinem Namen. Es war ein volles Geständnis mit allem, was er wußte, und Crespi stand ganz oben auf seiner Liste. Ich stopfte das Papier in die Tasche. Bonnard starrte auf den Eiswürfel am Boden seines Glases, als ob er eine Kristallkugel wäre, in der er das Ende der Welt voraussah. Ich überließ ihn seinen trüben Gedanken.

Neben der Eisbude am Platz standen mehrere Taxis. Ich stieg in eines und ließ mich zur Villa Occitan bringen.

Der Butler ließ mich ein. Das Haus wirkte kühl und schien ein neues, stärkeres Echo zu haben, als ob sich seine Leere vergrößert hätte. Ich ging nach oben. In meinem Zimmer duschte ich und kletterte in saubere Kleider. Dann schob ich das Band mit Feuillas und Crespis Gespräch in die Tasche. Anschließend rief ich den Flugplatz in Montpellier an und buchte für mich einen Flug nach London – in zwei Stunden.

Das Telefon stand unten im großen Salon, dessen Blenden gegen die Sonne geschlossen waren. Hier war es schattig, fast dunkel. Der Akt über dem Kamin schimmerte blau und golden, Schatten und Fleisch. Ich erledigte noch einen Anruf, bei Crespis Büro in Les Digues, und sprach dabei mit starkem englischem Akzent. »Hier ist Lloyd's. Wir haben große Probleme mit einem Gutachter in Ihrer Stadt. Es ist unbedingt erforderlich, daß wir uns morgen mittag in London treffen. Im üblichen Büro. Wenn es Schwierigkeiten gibt, rufen Sie diese Nummer an ...« Ich gab ihm Mary Ellens Büronummer bei Lloyd's.

Als ich auflegte, fragte eine Stimme hinter mir: »Warum fährst du nach London?«

Bianca stand in der Tür. Ihre Haut war von Salz und Sonne gegerbt, ihre Augen schimmerten tief und dunkel.

»Ich bringe Crespi zur Strecke. Morgen treffe ich ihn in London.«

Sie ging zu einem Schrank, holte eine Flasche und Gläser und goß uns ein.

»Danke«, flüsterte sie.

Wir schwiegen. Ich konnte eine Fliege hören, die im Nebenraum summte.

»Nun denn«, ich hob mein Glas, »ich muß los.« Es war guter alter Cognac. Er rollte die Kehle hinunter und machte die Knie wieder steif, verjagte die Ängste, die in meinem Hinterkopf lauerten.

»Ich habe Neuigkeiten aus Béziers. Die Ärzte sagen, daß mein Vater ... am Ende ist.«

»Am Ende?«

»Er darf nie mehr arbeiten. Sein Herz ist zu schwach.«

»Das tut mir leid.«

»Keine Ursache. Der Patron ist fertig, aber auch Crespi ist erledigt. Also bin ich la Patronne.« Sie machte einen Schritt auf mich zu. Ihre Lippen lagen weich auf meinem Mund. »Danke«, sagte sie wieder.

»Bist du einer der Direktoren von Atlas Industries?«

Sie lächelte. »Mein Vater hielt nichts von Frauen im Geschäft. Er denkt nicht wie du.«

»Wie meinst du das?«

»Du warst immer der Meinung, daß ich hinter deinem Rücken konspirativ gewühlt habe.«

Ich trank noch einen Schluck Cognac. »Kurz bevor er getötet wurde, erzählte mir Thibault, daß nur du seinen Aufenthaltsort kanntest. Und Jean-Claude fand uns.«

Sie widersprach: »Ich habe ihn nicht verraten.«

Wir blickten uns fest in die Augen. Vor drei Wochen war sie scheu wie ein junges Füllen gewesen, jetzt waren ihre Augen ruhig und stetig. Sie blickten durch mich hindurch auf das, was in Sainte-Jeanne-des-Sables getan werden mußte, jetzt, da sie la Patronne war. Ihre Augen blickten nicht wie die einer Lügnerin.

Allerdings ist es nicht leicht, einen Lügner nur durch Augenkontakt zu entlarven.

»Also gut«, sagte ich heiser.

Mein Taxi hupte an der Hintertür. Ich stieg ein.

Auf dem Flugplatz von Montpellier rief ich das Hospital an. Sie erklärten mir, daß Frankie im Operationssaal sei. Vierundzwanzig Stunden, wiederholten sie.

Ich wählte Mary Ellens Nummer. Sie war nicht bei der Arbeit und auch nicht zu Hause. Ich kletterte ins Flugzeug.

Frankreich erstreckte sich staubig braun unter meinem Fenster, aber ich beachtete es nicht. Ich grübelte über den kleinsten gemeinsamen Nenner nach.

Vor einiger Zeit war ich der Meinung gewesen, daß Thibault der kleinste gemeinsame Nenner sei; danach dachte ich, es wäre Crespi und nach Crespi Atlas Industries.

Aber hinter allem steckte ein anderer.

Als ich Thibault zum ersten Mal besucht hatte, war er verschwunden gewesen. Als ich ihn zum zweiten Mal ausfindig machte, erschienen kurz darauf Crespis Gorillas. Als ich ihn vor Saint-Martin-de-Ré aufstöberte, hatten sie ihn umgebracht.

Dasselbe war im Fall von Kapitän Kallikratides abgelaufen. Nachdem ich ihn gefunden hatte, starb er.

Der kleinste gemeinsame Nenner war also Michael Savage. Und der Kreis von Menschen, dem Michael Savage vertraut hatte.

Keine Menschen.

Eine Person.

Ich mußte an die unbekannten Augen denken, die mich beobachtet hatten. Jetzt waren sie mir nicht länger unbekannt.

Das Flugzeug landete. Die Passagiere der Ersten Klasse

gingen weit vor uns ins Ankunftsgebäude. Ich sah eine schlanke kleine Frau, die das Haar in einer Außenrolle trug und in teuren Jeans steckte. Ich war mir ziemlich sicher, daß es Bianca war. Aber als ich schließlich die Formalitäten hinter mir hatte, war sie längst verschwunden, falls sie es überhaupt gewesen war.

London wirkte kalt und grau und wenig einladend. Ich war müde. Bisher hatte ich Mary Ellen noch immer nicht erreichen können. Ich checkte im miesen Synge Hotel ein, starrte zwanzig Minuten lang auf die unechte Samttapete, dann schlief ich bei eingeschaltetem Licht ein. Am nächsten Morgen rief ich wieder das französische Krankenhaus an. Frankies Operation war erfolgreich verlaufen, soweit man das bis jetzt beurteilen konnte. Aber sie war immer noch bewußtlos. Vor dem Ablauf von fünf oder sechs Stunden würde sich nichts Neues ereignen.

Ich rief Mary Ellen an. Dieses Mal war sie da und freute sich, von mir zu hören. Ich erkundigte mich: »Können wir uns treffen?«

»Später«, vertröstete sie mich. »Ich habe am Morgen viel zu tun. Wie geht es Frankie?«

»Ich habe sie gefunden«, sagte ich. »Ich komme rüber.«

Ich frühstückte, dann ging ich zu High & Mighty, kaufte mir einen dunklen Anzug, ein gestreiftes Hemd und einen Schlips mit Blumenmuster. Das alles zog ich an und bürstete mir die Haare hinter die Ohren. Niemand würde mich für einen Zaren der Versicherungsbranche halten, aber zumindest würde man mich bei Lloyd's einlassen.

Um elf kletterte ich in die U-Bahn.

Die Leadenhall Street war bevölkert, aber der Druck in meinem Rücken hatte nachgelassen. Ich schob mich in Richtung der Lime Street vorwärts, wo das Gebäude von Lloyd's die umgebenden Häuserblöcke dominierte wie ein gigantisches Gewächshaus.

Ich nannte dem Wächter meinen Namen, dann wartete ich, bis ich Mary Ellen durch den langen Gang herankommen und sich ihren Weg durch das Gewimmel bahnen sah. Sie trug ein zweireihiges Kostüm, eine schwere weiße Seidenbluse und eine Goldkette um den Hals. Sie grüßte ein paar Leute, die sie kannte. Das Lächeln veränderte ihre asketischen Gesichtszüge, sie sah glücklich aus. Vielleicht lief alles etwas besser als üblich.

Bis jetzt.

Sie küßte mich auf die Wange, schnell und sachlich, schließlich war sie bei der Arbeit. Sie führte mich durch das Atrium zurück. Es reichte zwölf Stockwerke hoch über uns bis zum Dach, ein viereckiger Innenhof mit den Trägern des Tonnengewölbes. Wir erreichten ihre Box. Mary Ellen musterte mich von oben bis unten und legte dabei einen Finger ans Kinn. Sie benahm sich wie eine Kunstkritikerin vor einer Fälschung. »Was treibst du in London, verkleidet wie ein Harlekin?«

»Es geht um Frankie.«

Sie wandte sich um und fragte hastig: »Was ist mit ihr?« Ihr Gesicht wirkte plötzlich weiß und gespannt.

»Sie liegt in einem Krankenhaus in Montpellier.« Ich erzählte ihr, was sich ereignet hatte.

Als ich fertig war, sagte sie nur: »Oh.« Aber der Kugelschreiber in ihrer Hand zitterte. Blicklos schaute sie über die Boxen und die flackernden Bildschirme, als ob sie eben aus einem bösen Traum erwacht wäre. »Laß uns gehen«, flüsterte sie.

»Bleib' hier in deiner Box.«

Sie blickte mich aus den Augenwinkeln an. Was immer sie da sehen mochte, es schien sie zu überzeugen.

Drei Makler waren herangetreten, standen wartend hinter ihrem Stuhl. Sie lächelte sie kurz an. »Gebt mir eine Stunde Zeit.« Die Makler wanderten weiter durch den Dschungel von Lloyd's.

Auf den anderen Plätzen der Box saßen vier Männer, Underwriter wie Mary Ellen. Sie nahmen von uns keine Notiz.

»Ruf' das Krankenhaus an.« Ich wählte die Nummer für sie.

Es gab keine Neuigkeiten.

»Warum bist du hier?«

»Ich will den Mann sprechen, der Frankie in Lebensgefahr gebracht hat. Dieser Mann ist hier.«

»Hier?«

»Bei Lloyd's.«

Sie starrte mich an. »Was hast du herausgefunden?«

»Du hast mir geholfen, Informationen über Atlas Industries zu bekommen. Atlas gehört Arthur Crespi, dem Chef von Frankies Schlägerfreund Lucas Baragouin alias Jean-Claude Dupont. Crespi verfügt über große Geldmittel, die gewaschen werden mußten. Einen Teil schleuste er in Tochterfirmen von Atlas ein. Die Liste der Töchter habe ich von Jon Green bekommen. Eine ganze Reihe davon sind Versicherungsagenturen.«

Mary Ellens Augen waren grau wie kalte Bergseen. »Und weiter?«

»Sie haben Versicherungen verkauft – billig. Und von Zeit zu Zeit wurde ihnen ein faules Ei ins Nest gelegt: ein getürkter Untergang wie bei der *Poisson d'Avril.* Oder bei der *Laurel.* Was sie dafür brauchten, war ein Großhändler, der die kleinen Policen in einer großen Police zusammenfaßte und dann unter die Underwriter verstreute. Dieser Großhändler mußte natürlich in die Betrügereien eingeweiht sein. Er wußte, wenn man mehrere kleine Schadensansprüche an verschiedene Versicherungen stellte, erregte man keinen Argwohn. Außerdem würde er abwiegeln können, sollte jemand mißtrauische Fragen stellen.«

Mary Ellen nahm den Telefonhörer auf. Ihre tüchtigen kanadischen Finger huschten über die Tasten: die Nummer einer Mailbox im Haus. Sie lauschte und legte dann den Hörer auf. »Willst du mir einreden, daß es hier systematische Betrügereien gegeben hat?«

»Völlig korrekt.«

»Von jemandem bei Lloyd's?«

»Korrekt.«

Sie war sehr blaß. »O mein Gott«, stöhnte sie.

»Übrigens«, sagte ich, »hat dir Justin erzählt, was auf dem Band war, das ich dir geschickt habe, damit du es an ihn weitergibst?«

»Nein«, entgegnete sie. »Hätte er das tun sollen?«

Der Geräuschpegel bei Lloyd's klingt wie das Murmeln in einer gut frequentierten Bibliothek. Einen Moment schien es zu verstummen, so daß ich nur das Blut in meinen Ohren singen hörte. »Ja«, meinte ich. »Ich denke, das hätte er tun sollen.«

Ich vertraute Mary Ellen vorbehaltslos, hatte ihr von allen meinen Unternehmungen berichtet. Und jemand anderer hatte das ausgenutzt.

Das Telefon piepste, Mary Ellen nahm den Hörer ab. Ich blickte auf meine Uhr. Es war fünf Minuten vor zwölf.

»Oh«, sagte Mary Ellen, »verstehe.«

»Das war Justin«, bemerkte ich. »Du hast ihm ein Rückrufsignal in der Mailbox hinterlassen. Aber er hat gerade eine Besprechung.«

»Woher weißt du das?«

»Ich denke, daß du die Polizei anrufen solltest.«

Sie starrte mich nur an, machte keine Anstalten, das Telefon zu bedienen.

»Der erste Paragraph des Grundgesetzes bei Lloyd's«, erinnerte ich sie, »lautet: Das Verhältnis zwischen Makler und Underwriter beruht auf absoluter Vertraulichkeit. Ist das dein Problem?«

Ich stand auf und ging weg. Als ich zurückblickte, starrte

Mary Ellen das Telefon an, als ob es eine Giftschlange wäre. Ich betrat die Rolltreppe.

Die Rolltreppen bei Lloyd's bestehen aus durchsichtigem Kunstglas und Metall und schwingen sich im Zickzack in die Höhen der Atriumkathedrale empor wie Himmelsleitern. Der rechteckige Innenhof ist von Büroetagen umgeben, die sich zu ihm öffnen wie Galerien. Das transparente Dach erhebt sich über Bürowürfeln aus Stahl und Glas. Ganz oben, im zwölften Stock, beschattet von vorbeiziehenden Wolken und beleuchtet von theatralischen Sonnenstrahlen, residiert der Präsident wie Jupiter im Olymp.

Justins Büro befand sich im vierten Stock in einem Seitenflügel am Ende einer Galerie, hinter einem Irrgarten aus Boxen voll wackeliger Aktenschränke, die von flimmernden grünen Bildschirmen beleuchtet wurden. Die Sekretärin in seinem Vorzimmer sagte: »Mr. Peabody ist in einer Besprechung.«

Ich lächelte sie an. Wir hatten uns schon gesehen, es war nur mein Anzug, der sie verwirrte. »Ich bin der Anlaß dieser Besprechung«, erklärte ich und marschierte hinein.

Justin stand am Fenster und blickte in die Richtung, wo er die St.-Paul's-Kathedrale hätte sehen können, wenn da nicht fünfzig Büroblocks im Weg gewesen wären. Er drehte sich um, als er hörte, daß sich die Tür öffnete, und lächelte. Aber als er mich sah, erlosch das Lächeln. Plötzlich wurde er leichenblaß. Schließlich dachte er, daß er einen Geist sah. Aber er faßte sich schnell. »Mickey, alter Junge«, säuselte er. »Ist das eine Überraschung! Paß auf, ich habe jetzt eine Besprechung, aber zum Lunch ...«

»Dieses kleine Ärgernis mit der *Poisson d'Avril* – ich habe es geklärt.«

Vor dem Licht in seinem Rücken zeichnete er sich nur als Umriß ab. Er sah aus wie ein Berg mit Ohren. Schnell kam er auf mich zu, überragte mich um Haupteslänge. Sein

Gesicht war von der Sonne gerötet. »Was meinst du damit, du hast es geklärt?«

»Ich habe herausgefunden, wer den Betrug organisiert hat, wer die Nutznießer sind, wie es abgelaufen ist. Ich habe die Geständnisse von beteiligten Mittelsmännern und Tonbandaufzeichnungen vom Geständnis der Bosse.«

Unter seinen Augen hingen häßliche weiße Tränensäcke wie Fischschuppen. Sein Mund glich einem Schlitz, seine Wurstfinger kneteten die Nähte seiner Nadelstreifenhose. »Ich weiß nicht, wovon du sprichst.«

»Oh, du kannst mir sehr gut folgen. Während ich an dem Fall arbeitete, hast du dich von mir führen lassen, wohin du wolltest. Was ich dir nicht sagte, hast du von Mary Ellen erfahren. Absolutes Vertrauen zwischen Makler und Underwriter, wie? Nur daß dich Crespi als seinen Grossisten eingekauft hat, hast du ihr nicht erzählt. Hohe Raten, phantastische Aussichten. Viel Geld für nichts, wie, Justin?«

»Ich weiß nicht, wovon du sprichst«, wiederholte er.

»Ich denke, Mary Ellen hat dir immer alles gesagt?«

Er öffnete den Mund, schloß ihn dann wieder. Die Mattigkeit war aus seinem Gesicht verschwunden. Es war jetzt kalt, hart und gemein. »Wage es nicht, Mary Ellen zu beschuldigen«, zischte er.

»Ich bin mit ihr verheiratet.«

»Du hast ihre Zeit, weiß Gott, lange genug vergeudet. Sie hätte jemand anderem eine gute Ehefrau sein können.«

»Dir.«

»Warum nicht? Ich hätte ihr alles bieten können, was sie wollte. Aber sie zuckte immer zurück ...«

»Um sie in deine Pfoten zu kriegen, hast du dich also entschlossen, deine Underwriter zu betrügen und das Leben ihrer Tochter zu gefährden.«

Darauf wußte er nichts zu sagen.

»Verkauf' mich nicht für dumm, Justin. Du brauchtest

Geld für deine teuren Gewohnheiten. Du bist ein Mitglied bei Lloyd's. Vielleicht waren ein paar Verluste auszugleichen, ein paar schlechte Jahre, die dir zu schaffen machten. Dazu kamen deine Yacht, die Rechnungen für die Hemden und die Autos ...«

»Was denkst du eigentlich, wer du bist?«

»Ich bin der Bursche, den du angeheuert hast, um dich abzusichern. Der blöde Ire, der es niemals schaffen würde, deine Manöver zu durchschauen. War es das, was du Arthur Crespi erzählt hast?«

»Entschuldige mich!« Er stieß mich hart zur Seite, seine Hand war wie die Schaufel eines Baggers. Ich stürzte rückwärts über einen Sessel, mein Kopf prallte gegen die Wand. Die Tür knallte zu. Ich sprang auf, eilte ihm nach, aber Justins breite Schultern bewegten sich schon in Richtung Rolltreppe. Schnell schlängelte er sich durch Männer in ebenso teuren Nadelstreifenanzügen wie seiner.

Ich begann zu rennen. In einem Bogen lief ich um das Gewirr von Boxen, ihre Bildschirme flimmerten vor meinen Augen. Ich kam vor Justin an der Rolltreppe an. Es war eine Minute vor zwölf.

Ein Mann kam nach oben, blickte auf seine Uhr. Er hatte ein braunes Gesicht und trug einen dunklen Anzug, aber aus einem glänzenderen Stoff als bei Lloyd's üblich. Ich wandte mich ab und blickte auf einen der Bildschirme.

Das Gesicht gehörte Arthur Crespi, hatte aber alle dynamische Zuversicht eingebüßt. Jetzt war es fahl und aufgedunsen, die Augen huschten unstet und wachsam umher. Er war auf dem Weg zu der Besprechung, die ich für ihn bei Justin Peabody eingefädelt hatte. Aber er wirkte nicht wie ein Geschäftsmann auf dem Weg zu einer Konferenz, sondern sah eher aus wie ein Marseiller Gangster, der auf dem Weg war, jemanden zu töten.

Justin erreichte den Kopf der nach unten laufenden

Rolltreppe, sein Gesicht glänzte vor Schweiß. Jetzt sah er mich und leckte sich die Lippen. Er wollte in die Welt da draußen flüchten, weit weg, irgendwohin, wo es ruhig war. Er hatte es eilig.

Ich wollte ihn bis zum Eintreffen der Polizei hier festhalten. Also blockierte ich seinen Weg. »Du kannst nirgendwohin verschwinden. Mach' keinen Blödsinn.«

Er wich vor mir zurück, in Richtung des Boxendickichts auf der Galerie. Ich folgte ihm. Die Menschenmenge wurde dünner. Wir kamen in eine abgelegene Ecke, gebildet von der Brüstung des zentralen Atriums. Aus den Augenwinkeln sah ich Crespis breiten schimmernden Rücken in Richtung von Justins Büro marschieren.

»Also gut«, knurrte Justin. Er hatte sich umgedreht und stand jetzt mit dem Rücken vor einer leeren Box; es war die letzte vor der Umrandung der Galerie, ihre Besitzer waren zum Lunch gegangen. Schweiß tropfte aus Justins blonden Borsten, verursachte dunkle Flecken auf dem Kragen seines teuren blauen Hemds. »Wieviel?«

»Wieviel für was?«

Wir waren zwei Männer, die vor einer Box einen Vertrag abschlossen: eines der fünftausend Geschäfte, die in dieser Minute bei Lloyd's getätigt wurden.

Die Sonne kam hinter einer Wolke hervor. Ein Strahl stach durch das Bullauge oben im Gewölbe, vergoldete den Marmor und den Beton. Justin kniff geblendet die Augen zusammen. »Mach' keine langen Umstände«, fauchte er. »Ich bin in Eile.«

Ich öffnete den Mund, um ihn zu bitten, doch mitzukommen und Crespi alles zu erklären. Doch ich schloß ihn wieder.

Justins Gesicht sah aus wie immer, aber das war nur oberflächlich. Gewöhnlich waren sein Hals und die Wangen entspannt, glatt wie die Haut eines Delphins. Jetzt jedoch hatten sich dicke Muskelknoten an den Kinnladen gebildet, die Halssehnen fraßen sich förmlich in den Kragen, die Fältchen um seine Augen zuckten unkontrolliert. Es war das Gesicht eines Mannes, der mit dem Rücken zur Wand stand. Er hatte aufgehört, logisch zu denken. Adrenalin jagte durch seine Arterien und kreischte: *Raus! Raus!*

Mein Mund war plötzlich trocken wie Löschpapier.

Wir standen mitten im geschäftigen Getriebe von Lloyd's. Aber ich war Justin im Wege.

Seine eine Hand schoß blitzschnell vor, packte mich an der Jacke. Die andere traf mich im Nacken, warf mich gegen das helle Eichenholz der leeren Box. Wir waren nur zwei Männer, die sich in einer ruhigen Ecke einen Spaß erlaubten. Bei Lloyd's bringt man einander nicht um.

Justins Finger waren so kräftig wie hydraulische Zwingen. Sie begannen sich um meinen Hals zu schließen. Ich schlug mit Händen und Füßen nach ihm, konnte ihn aber nicht entscheidend treffen. Ich bekam keine Luft mehr.

Das gläserne Gewölbe füllte sich mit roten Lichtern. Draußen rollte die Sonne aus den Wolken wie ein blutunterlaufenes Auge. Ich hörte Düsenmaschinen heulen, doch es gab keine Düsenmaschinen in diesem Höllenschlund unter einem gläsernen Himmel. Die Düse war in meinem Kopf und wurde immer lauter. Dunkelheit senkte sich herab – auf mich, auf Frankie und Mary Ellen.

Da sah ich ein Gesicht hinter Justins linker Schulter: ein braunes Gesicht mit krausem schwarzem Haar und schweren Tränensäcken unter den Augen. Crespi.

Das Gesicht sah alt und gemein aus. Mir kam der alberne Gedanke, daß ich auf keinen Fall als letztes auf dieser Welt das Gesicht von Crespi sehen wollte.

Mit gefletschtem Gebiß vollbrachte Crespi eine physische Anstrengung. Justin gab ein häßliches Geräusch von sich, das sogar das Dröhnen in meinem Kopf übertönte. Der eiserne

Griff um meinen Hals ließ nach. Seine Hände griffen nach hinten, auf seinen Rücken. Er strauchelte zur Seite, in Richtung der Brüstung. Er bewegte sich so hastig, als sei sie gar nicht da.

Ich stützte mich mit beiden Händen an der Box ab. Meine Knie waren weich und wollten mich nicht aufrechthalten. Langsam rutschte ich zu Boden. Crespi stand jetzt über mir, ein langes dünnes Messer in seiner Rechten.

»Und nun zu dir«, schnarrte er.

Das Dröhnen in meinem Kopf wurde von einem Aufschrei übertönt: Savage, du verdammter Narr! kreischte es. Justin ist zum Schweigen gebracht, jetzt muß er nur noch dich und Bianca töten, dann ist er halbwegs auf der sicheren Seite. Es wird keinen absoluten Beweis gegen ihn geben.

Ich versuchte, auf die Füße zu kommen, aber sie gehorchten mir nicht.

Du hast alles versaut, dachte ich.

Ein Tropfen von Justins Blut fiel von Crespis Messerspitze. Er lächelte dünn und kalt. Ich bin ein Ehrenmann, besagte dieses Lächeln. Rache ist süß, besonders wenn man sie mit dem Nützlichen verbinden kann. Und da mich hier niemand kennt, werde ich in der Menge untertauchen und unerkannt entkommen ...

Und Savage wird dann tot sein.

Eine Gestalt tauchte hinter Crespis Schulter auf. Eine kleine Frau, schlank, mit schwarzem Haar und rotem Mund: Bianca. Sie blieb stehen, zog einen Schuh aus und schlug mit ganzer Kraft zu. Der spitze Absatz drang in Crespis rechtes Ohr. Er riß die Hände zum Kopf, drehte sich und ließ das Messer fallen. Jemand rief: »Polizei!« Ich fühlte mich wieder stärker und zog mich in die Höhe.

Justin hatte mir den Rücken zugewandt. Auf der linken Seite, knapp unterhalb der Stelle, wo sich unter den Nadelstreifen das Herz befinden mußte, breitete sich ein dunkler

Fleck aus. Sonnenlicht fiel darauf und färbte ihn karmesinrot. In der Mitte befand sich ein kleiner Einstich, wie ein ungesäumtes Knopfloch im extrafeinen Wollstoff.

Justin stolperte weiter und stieß mit der Hüfte gegen die Brüstung. Sein Kopf klappte nach vorn, seine Beine schossen nach oben. Er fiel.

Ein ferner dumpfer Aufschlag folgte. Aus der Tiefe des Atriums stiegen erschrockene Schreie zu uns auf wie Rauch von einem ausbrechenden Vulkan.

Ich taumelte vorwärts und brach in irgend jemandes Box zusammen. Mein Kopf fiel auf die Computertastatur. Der grüne Bildschirm wurde schwarz.

Eine Polizistenstimme stellte fest: »Der hier ist verletzt.« Leute hoben mich hoch und stellten mir Fragen. Crespi wurde zwischen zwei Uniformen abgeführt. In dem ganzen Durcheinander erkannte ich nur eine Stimme, eine Frauenstimme: Mary Ellens. Aber es war nicht die ruhige, beherrschte Stimme der Kanadierin, sie war laut und befehlend. »Aus dem Weg, Sie Schwachkopf!« rief sie. »Ich bin seine Frau!«

Die Menge teilte sich. Mary Ellen drängte sich durch, das Haar aufgelöst, die Wangen gerötet, die Augen feucht.

Sie setzte sich neben mich und nahm mein Gesicht in beide Hände. Weinend fragte sie: »Bist du in Ordnung?«

Ich versuchte zu sprechen, aber die Worte wollten nicht herauskommen. Also blinzelte ich statt dessen.

»Du irischer Bastard«, sagte sie.

Bianca stand hinter ihr in einem Leinenkleid, das aussah, als ob es von Rolls-Royce maßgeschneidert sei. Sie war wunderschön. Die Männer um sie herum, führende Underwriter in teuren Anzügen und alten Schulkrawatten, hörten nicht auf, sie mit ihren Buchhalteraugen gierig abzuschätzen.

Bianca erklärte: »Alles, was ich getan habe, geschah nur, um meinen Vater zu schützen.«

Ich nickte. Mein Hals schmerzte zu stark zum Sprechen.

Bianca fuhr fort: »Dazu gehörte auch, daß ich deine Telefongespräche mitgehört habe.« Sie machte eine Pause. »Vielleicht kommst du mal wieder nach Sainte-Jeanne?«

»Vielleicht«, krächzte ich.

Sie nickte, dann sagte sie: »Danke.« Sie drückte mir die Hand und ging im geisterhaften Widerschein der Bildschirme fort.

Mary Ellen starrte ihr nach. »Wer, um Himmels willen, war denn das?«

»Eine Freundin.«

Danach fielen die Polizisten über uns her wie Spatzen über einen Pferdeapfel.

Es dauerte zwölf Stunden, bis ich sie wieder los war.

Ich fuhr mit zu Mary Ellens Apartment. Wir setzten uns aufs Sofa und riefen das Krankenhaus in Montpellier an. Mit meinem gequetschten Kehlkopf knarzte ich das Fräulein in der Vermittlung an und wartete darauf, durchgestellt zu werden. Vor dem großen Fenster dampfte ein Schleppzug aus mehreren Leichtern gegen die Tide an.

»Hallo?« hörte ich Frankies Stimme.

»Wie geht's dir?«

»Verdammt schlecht«, entgegnete sie. »Was hast du denn mit deiner Stimme angestellt?«

Ich gab den Hörer an Mary Ellen weiter, und sie unterhielten sich. Der Doktor hatte gesagt, daß Frankie in einer Woche entlassen werden könne. Mary Ellen legte auf. »Wir sollten nach Montpellier fliegen«, sagte sie.

»Ja.«

Sie ging in die Küche und kam mit einer Flasche Burgunder und zwei Gläsern zurück. »Ich habe mich wohl sehr in Justin geirrt«, meinte sie.

»Ich auch.«

Wir wollten beide nicht über Justin sprechen. »Vor morgen

bekommen wir keinen Flug nach Montpellier.« Sie machte eine Pause. Die langen Wimpern verbargen ihre klaren grauen Augen. »Warum übernachtest du nicht hier?«

An der Decke tanzten die Lichtreflexe der Themse. Eine Vase voller Rosen stand auf dem Tisch. Hinter der Tür wartete das kühle Schlafzimmer mit dem großen Bett. Sie nahm mich bei der Hand.

»Ja, warum eigentlich nicht?« krächzte ich.